国際課税・係争の
リスク管理と
解決策

デロイト トーマツ税理士法人
山川博樹【編著】

中央経済社

はしがき

　昨今の OECD BEPS プロジェクトや自動的情報交換の発展を通じて各国政府間の情報共有のインフラがいよいよ整い，世界各国の当局はより多くのデータを手に，より深度ある税務調査に臨む姿勢を見せています。そして，その潮流を敏感に察知した多国籍企業においては各国で勃発しうる税務調査・係争を本社管理する必要を認識し始めています。

　現状日本企業にあっては，その課税リスクはアジアに集中しているといえるでしょう。2018年2月に東京・大阪・名古屋において，インド・インドネシア・中国のタックス・コントロバシーチームの参画を求めてパネルを行い，現地の調査・係争のリアルな状況，現地の実務に即したノウハウ，そして究極的には親会社による最適な管理の在り方等について具体的な議論を行いました。

　第1部は，この税務調査・係争のパネルディスカッションを取りまとめたものです。各国の調査・係争の手続や態様は，日本とも，国ごとでも大いに異なり，各国スペシフィックな対応が求められます。日本の常識が通用しない課税も多々見られます。現地のプロセスや判例を熟知し，事案の本質と当局の出方を見抜き issue by issue／case by case で最良の判断を実行していくことが重要です。

　ここで，世界中で多発する税紛争の情報をどのように本社に吸い上げて，本社の責任の下でどのように解決にむけた対応を行うのかという課題が生じています。「企業のための羅針盤」として，「本社はグループの課税リスクの管理をしたい」，でも「どこまでやればよいかわからない」，「範囲を広げると要員的にカバーしきれない」というジレンマを感じる多くの日本企業にあって，本社がどのように適切に容喙（ようかい）していくのかを指向しています。この課題は，近時最早なおざりにできなくなった買収子会社を対象にして，職務範囲と責任権限の一層の明確化が求められるに至り，一層難しいものとなっています。一朝一夕に解決が図れる類のものではなく，この本の各論を含む全体にわたって潜む課題といっても過言ではありません。

はしがき

　そして，第1部の補論として，長田大輔氏がこれら3か国の国際課税及び執行体制の最新動向をフォローしています。

　このように第1部では，アジア3か国の主に国際法人課税の紛争の解決に焦点をあてましたが，第2部では，税務紛争の解決という共通の切口を軸に視点を拡げています。

　国際課税の内外の最新動向と経営視点からの税務紛争管理を概括し，付加価値税や関税の領域の税務係争解決，我が国の最近の国際税務訴訟の分析，Post BEPSの移転価格の論争を想定した実務対応や紛争解決実例の紹介，我が国税務調査の手続と着眼の現状，及び我が国脱税事案の概観等にわたる多岐の論点について，デロイト トーマツ税理士法人及びDT弁護士法人の新進気鋭のアドバイザー・弁護士が筆を振るっています。

　第1章は筆者による「国際課税の最近の動向とこれからの税務紛争管理」。2018年夏時点での国際課税をめぐる内外の最新動向と日本企業の所要の対応を概括しています。BEPS防止措置実施条約の批准，新CFC税制の運用，イントラグループサービスや移転価格事前確認に関する新たな運用，金融の資本の対価の議論，及び今後の国際課税税制の改正の展望等を解説するとともに，近々に迫るCbCR等移転価格文書の各国税務当局の共有が引き起こすであろう世界各国での課税リスクやドラスティックな米国トランプ税制への日本企業の対応，そして電子経済に係るOECD及びEUの最新の発信を踏まえた今後の見通しを述べています。最後に，経営視点から税務紛争管理を概括しています。

　以下いくつかポイントをお示しさせていただきます。BEPS防止措置実施条約に関しては，各国当局のPPTの運用に賢明な実務判断を行い，また現地の代理人PE認定の強化に十分留意すべきとします。新CFC税制の運用にあっては，着々と実務規範が明らかになっていますが，今般米国税法上の取扱いに関係する論点が浮上しており，注目点といえます。事前確認の運用にあっては，新興国当局のスタンスを踏まえ，人的リソースと課税確保の観点から，執行の方針の転換も見られるところであり，留意が必要です。移転価格税制の改正の前提となるOECDの移転価格ガイドラインに関係するHTVIアプローチの適用，利益分割法の適用，及び恒久的施設への所得の帰属に関するガイダンスの

エッセンスを紹介しており，今後世界の制度及び執行にどう落とし込まれるのか，注目されるところです。近時の動向として，移転価格文書，特にCbCRに対する各国当局の見方をおさらいし，関心の高い中国やインドにおける移転価格紛争解決の現状に若干言及しています。一筋縄ではいかない解決困難なケースへの対応を想定しておくべきです。電子経済の対応に関しては，OECD中間報告書の公表を踏まえ，日本の経済界はどういう立ち位置から発信すべきであろうか，その1つの道筋に言及しています。これから自国のGAFA企業への狙い撃ち課税は容認できないとする米国がどういう思考・代案を出してくるのか，それを見定め方向を模索することを示しています。最後に，これからの税務紛争管理については，これをリスクマネジメントの一部と捉え，具体的管理ツールに触れるとともに，本社主導型をとる欧米企業の柔軟でしなやかな現地対応を含む具体的管理の実例を示しています。更には，海外現法のことはわからないではすまない時代になってきたという視点から，海外企業買収後の我が国CFC税制課税リスクや無防備なCbCRの活用がトリガーとなる現地移転価格課税リスクも，税務ガバナンス上の事柄と捉えられようと示唆しています。

　多国籍企業の経営のあり方という視点からは，近時買収拠点をも視野に入れ，経理・財務・税務等CFO所管の全業務，人事管理及び法務などバックオフィスを変革・インテグレーションすることについて，いかなるメリットがあるのかを含めての課題感も想定されましょう。税務プロパーで本社管理を強めるとしましても，企業カルチャーをしっかりと踏まえて，各社の目標・頂きを設定して工程管理を決めていくことになるでしょうし，人が絡む事柄ですので，役割と責任の運用に真に魂を入れこむことの道筋の重要性を忘らないことは大切といえるでしょう。

　第2章は，溝口史子氏による「付加価値税法領域の税務係争解決」。付加価値税制度の先進地域であるEUにおける欧州付加価値税の法制度について概説し，付加価値税の税務係争解決のプロセスを，EU加盟国であるドイツの税務調査に端を発した税務案件を例に，ドイツ国内法による税務調査から，欧州法による先決付託まで，実務運用を交えて解説しています。

　欧州の税務実務は救済手続を利用することが前提となっているため，日本企

はしがき

業もプロアクティブに訴訟を活用する選択肢があってもよいのではないかと示唆するとともに，付加価値税課税リスクは売上をベースに高い税率で課されるコストインパクトに止まらず，サプライチェーンを止める副次的影響をも引き起こしかねないものであり，ビジネス阻害要因としてより積極的に管理する必要を説いています。

　第3章は，福永光子氏による「関税をめぐる税務紛争の解決」。関税の課税額を決める3つの要素（関税評価，関税分類，原産地）について説明した後，主な執行機関である税関との関税をめぐる係争案件においても，これら3つの要素の何れかが争点となるため，それぞれの要素に関する紛争事例を1つずつ紹介しています。

　関税はグローバルバリューチェーンを形成する企業にとっては看過すべきではない税務コストであるが，財務諸表上売上原価に組まれてしまうことなどから企業としてしっかりとした管理がなされていない実情にあるとし，中国における関税評価案件やFTA利用のための原産地規則をめぐる案件等，係争案件が増加している現下の機会に自社の関税対応のあり方を見直すことで，大きなコスト削減とリスク回避に繋がることを示唆しています。

　第4章は，北村豊氏による「国内の税務係争解決の最新動向—CFC税制の経済活動基準（適用除外基準）—及び—移転価格税制における独立企業間価格の合理性—」。前者については，最近，CFC税制に関する判例が，増加する傾向にあります。CFC税制に関する公表された判例は，これまでに20件以上存在しますが，このうち約半分に当たる10件以上が，ここ5年ほどの間に下されています。もっとも，税務係争事件のうち実際に裁判所で争われるケースは，氷山の一角にすぎません。CFC税制の適用をめぐる潜在的な税務係争事件は，増加の一途をたどっているようにみえます。CFC税制に関する多くの判例では，外国の関係会社が経済活動基準（適用除外基準）を満たしているか否かが，主な争点となっているため，この点に関する判例の最新動向について取り上げています。

　後者については，独立企業間価格は，その算定方法により，大きく金額が変わり得るため，納税者と税務当局との間で，見解の相違が生じやすいといえます。実務的には，相互協議により問題の解決が図られることが多いですが，何

らかの理由により相互協議が調わない場合は，税務当局が主張する独立企業間価格の合理性について，日本の審判所・裁判所の判断を仰ぐことになります。移転価格税制に関する判例・裁決例は，ここ10年ほどで増加しており，既に25件以上の蓄積があります。移転価格税制に関する判例・裁決例において主な争点となっている独立企業間価格の合理性を中心に取り上げています。

第5章は，梅本淳久氏による「リミテッド・パートナーシップ（LPS）の最新裁判例を踏まえた税務係争問題の解決策」。最高裁平成27年7月17日判決の示した法人該当性に関する判断方法は，簡潔明瞭な内容となってはいますが，実際の当てはめには，設立根拠法令，パートナーシップ契約及び我が国の私法の規律に対する深い理解が必要であり，税務係争の"火種"となり得る要素を多く含んでいます。同章では，国税不服審判所において国税審判官として調査・審理に携わった経験を有する著者が，米国LPSの判例を中心に，LPSの税務上の取扱いについて詳細に解説しています。

第6章は，手塚崇史氏による「Post BEPSの関連者間契約書作成の必要性と実務」。契約書はなぜ作成する必要があるのか。我が国以外の法域も含めて私法の領域では合意内容の証拠化という意味合いが強いといえましょう。しかし，関連者間では証拠化の要請はさして強くはなくむしろ租税法との関係で契約書の作成が強く要請されます。しかも，近年のBEPSに伴う各国の税制の改正の動きに伴って，契約書に定めるべき内容も新しい局面に入りつつあります。本稿では，それらの動向を踏まえた契約書作成の必要性について検討しています。

契約書の作成については，BEPSの前後を問わず，たとえ関連者間でのものであったとしても寧ろ税務面からは以前から重要であり，その必要性や意義を解説しています。そしてBEPS後においては，関連者間の契約書作成の重要性は新しい次元にいたったということができ，それまでの簡素な契約書を超えて，取引ごとにその特徴，特に契約当事者が果たす機能と負担するリスクを詳細に定めた契約書が必要になった，ということができるとし，親会社がリスク負担する製造委託契約と親会社がリスク負担する研究開発委託契約を例に契約書の定めの留意点を解説しています。

このような契約書を用意・作成することで税務調査や税務係争におけるリス

はしがき

クのコントロールも可能となります。

　第7章は，山田真毅氏による「移転価格算定におけるリスクの理解」。2015年10月に公表されたBEPS報告書行動8―10において，グループ内におけるリスクの負担関係がフォーカスされました。少なくとも日本においては従前移転価格のプラクティスの中でリスクの扱いは地味であり，移転価格文書にリスク分析の記載があってもそれが実際最終的な分析の結果にどのような影響を与えているのかよくわからないケースの方が多く，比較可能性要素を検討する際にもリスクはイメージがしにくく，その類似の程度を判断するのは容易ではないためリスクに関する分析はなおざりにされやすかったのが現状であったと，整理しています。リスクの負担は契約条件で定めることができるため，低税率国に所在する法人にリスクを多く負担させることに伴って人員の大幅な異動を必要としないことから，税務タックスプランニングがみられ，それを防止することに目標を置き，その対策として，リスク判断を行う機能をリスク負担において不可欠な機能としました。そこでは，最終的な判断を行うというポイントだけではなく，実務的な能力と権限が付与されていることも重要であると，整理されます。

　本稿では，上記のような現状認識の下で，移転価格税制においてリスクをどのように理解すべきかについて考察を行い，また現実の実務の世界でどのように扱われているかについて判決を引用して考察との関係について検討しています。移転価格税制においては所得の配分や対象取引の当事者となるグループ企業の利益率がどの水準にあるべきかという点がフォーカスされるが，この点を踏まえると取引当事者に負担するリスクと負担する固定費用の関係について一定の関係があるといえる，とします。この考え方は，BEPS行動計画の成果に基づいて改訂されたOECD移転価格ガイドラインの登場前に判例において既に採用された考え方であり，日本における移転価格実務においても参考になろうと評しています。

　第8章は，上條綾子氏による「バーチャル組織に対する移転価格対応」。バーチャル組織とは，関与するメンバーが物理的には離れた場所にいながら，情報ネットワークを通じて戦略的な提携を行う仮想組織であり，研究開発などを含

む重要な意思決定がこの仮想組織の会議体でなされることがあり，既に様々な業態で取り入れられています。バーチャル組織は意思決定の実態の認定において税務当局と論争になりやすいといえますが，企業自らが，バーチャル組織の商業上の関係性，無形資産の構築への貢献活動，重要なリスクのコントロール及び引受けの状況を分析・整理し，契約書の中で明確にすることで，潜在的な移転価格リスクへの防御となる，とします。

ここ数年の企業の関心は，限られたリソースで継続的に移転価格文書化作成業務を運用するにはどのような方法が必要かを考えるのが優先で，上記のバーチャル組織のような複雑な事例は検討が先送りされがちな課題であるが，税務当局との見解の相違，とりわけ取引実態の再構築の可能性を防御すべく，積極的に調査に対する備えを行うべき，としています。

第9章は，矢内卓人氏による「インドにおける紛争解決事例の紹介」。本稿では，税務を事業上の重要な検討要素と認識している先進的な大手日系企業が，子会社の進出先国で受けた移転価格追徴課税に対する具体的な紛争解決対応を事例として紹介しています。今般，多くの日系企業が対応に難しさを感じていると考えられるインドの事例を紹介しています。

インドの国内争訟手続と，政府間相互協議のプロセスを実務的に詳細に解説したうえで，インド子会社が日本親会社だけでなく，シンガポール兄弟会社とも取引をしていたケースで，インド当局からインド子会社が受けた更正通知の内容からはどの取引への課税か明確でなかった事案についての対応を明快に紹介しています。プラクティカルな内容であり，実務家の税務対応の一助となろうかと思われます。

第10章は，有安寛次氏による「最近の我が国の税務調査」。我が国の税務調査は平成23年（2011年）の国税通則法改正による調査手続の法制化により，手続には大幅な制度上の規制が加わりました。本稿では，税務調査手続が執行実務上どのように変わったか，そしてそのことが調査を受ける側にどのような影響を与えているかを詳述し，次に，最近の調査の動向について調査のポイントや調査対応の留意点を含めて解説し，最後に最近の調査において益々重要性が高まっている海外取引関係の資料情報について，説明しています。

はしがき

　第11章は，千葉直人氏による「最近の脱税事案の概観」。脱税事案が刑事事件として起訴されるケースは，数としては決して多くはないものの，納税者に与える影響は非常に大きいといえます。このように刑事事件化されるケースというのは，どのような事案であり，どのような問題点があるのでしょうか。本稿では，公表された最近の脱税事件のうち否認事件に関する裁判例，「偽りその他の不正行為」における逋脱の故意が争われた事案，及び所得等の帰属主体が争われた事案を概観し，その傾向ないし問題点について検討を加えています。

　日本企業の移転価格問題は1980年代米国子会社がIRSの洗礼を受けたことに始まり，当時その対抗措置として導入された移転価格税制の執行が我が国で始まったのが1987年7月ですので，30年余の時が過ぎました。現在，米国の移転価格課税の脅威は全体の中の1つとなり，地域的には新興国に止まらず世界の隅々までに，税目においても間接税・関税に拡がりをみせました。折りしもBEPSプロジェクトの最大の所産であるCbCRの世界の税務当局の共有化をまもなく迎え，税務調査が世界で強化される時代に入ります。各国の税務当局が多国籍企業グループ全体の税務情報を集約・同時共有し，各国各々の課税確保のために調査を実施する時代です。紛争の解決にあたって，一筋縄ではいかない困難の多発も想定されるでしょう。

　国際的事業の先行きを見通すことは益々難しくなってきましたが，国家主権がいよいよ激しくぶつかり合う「税」を管理する経営意識を高めること，現状に鑑み親会社の主体的な対応を確実に強めていくことは，間違いないことかと思われます。

　本書が，今後ともさらに国境を越えて企業活動を発展させていこうとされている企業関係者の方々のお役にたてれば誠に幸いです。

2018年9月

デロイト トーマツ税理士法人
パートナー
山 川 博 樹

目　　次

はしがき

第1部：多発するグローバルな税務係争と解決に向けた羅針盤
―税務調査・係争の現場とポストBEPSの移転価格対策―

1　グローバルな税務調査・係争対策の最前線 ……………………2
　1　各国の税務調査及び訴訟件数・3
　2　税務調査の傾向とケーススタディ・7
　　○各国の税務調査の傾向・7
　　○各国の税務調査対応のケーススタディ・11
　　○各国における税務調査対応ノウハウ・21
　3　小　括・24

2　各国の税務係争の最前線 ……………………………………26
　1　税務訴訟の件数と手続の流れ・26
　2　税務係争対応のケーススタディ・30
　　○各国の税務係争対応のケーススタディ・31
　　○各国における税務係争対応ノウハウ・39
　3　小　括・44

3　企業のための羅針盤 …………………………………………46

補論　インド，インドネシア，中国における国際課税・税務執行体制の概要

1　はじめに …………………………………………………………… 50

2　各国における国際課税及び税務執行 ……………………………… 51
　1　インド・51
　2　インドネシア・55
　3　中　国・60

3　日本企業が近年直面している税務上の課題と課税措置への対応方法 ……………………………………………………………… 65

第2部：国際課税の動向と税務紛争解決

第1章　国際課税の最近の動向とこれからの税務紛争管理 … 72

　1　2018年の我が国の制度改正・執行の進展の概要と今後の展望 ……………………………………………………… 72
　　(1)　MLIの批准・72
　　(2)　BEPS行動7を踏まえた国内法の改正・78
　　(3)　CFC税制に関する海外M&Aに伴う海外子会社等再編円滑化の措置・79
　　(4)　新CFC税制の運用・83
　　(5)　移転価格事務運営方針の公表・91
　　(6)　その他執行上の進展―資本の対価の議論・98
　　(7)　2019年以降の展望・99
　2　近時の国際動向 ……………………………………………… 111
　　(1)　CbCRを用いた税務リスク分析手法に係る税務当局

　　　　　　向けガイダンスの公表・117
　　　(2) 想定される各国税務当局の見方等・120
　　　(3) Public CbCR・124
　　3　トランプ税制（米国税制改革法「Tax Cuts and Jobs Act」）対応 ……………………………125
　　　(1) 全体像・126
　　　(2) 税源浸食対策税（BEAT: Base Erosion and Anti-Abuse Tax）・127
　　　(3) 資本参加免税制度（海外子会社受取配当免税）及び国外未配当への強制合算課税（1回限りのみなし配当課税，トールチャージ）・128
　　　(4) GILTI（Global Intangible Low-Taxed Income）・130
　　　(5) FDII（Foreign Derived Intangible Income）・130
　　4　BEPS報告書行動1－電子経済への対応 ……………132
　　　(1) OECD中間報告書・134
　　　(2) EU提案・138
　　　(3) 今後の見通し・140
　　5　これからの税務紛争管理 ……………………………144
　　〔参考〕 税務に関するコーポレートガバナンスのアップデート ……………………………………152

第2章　付加価値税法領域の税務係争解決 ……………173
　　1　欧州付加価値税法の仕組み ……………………………173
　　2　税務調査 ……………………………………………176
　　3　異議申立て，国内裁判所における税務訴訟 …………179
　　4　欧州司法裁判所における先決付託手続 ………………181
　　5　日本企業と税務訴訟 …………………………………183

目次

第3章 関税をめぐる税務紛争の解決 ……186
1 関税額を決める3つの要素 ……186
2 関税評価をめぐる係争事例 ……193
3 関税分類に関する係争事例 ……198
4 原産地に関する係争事例 ……206
5 まとめ ……212

第4章 国内の税務係争解決の最新動向 ……214
―CFC税制の経済活動基準（適用除外基準）― ……214
1 最近増加しているCFC税制に関する判例 ……214
2 CFC税制の経済活動基準（適用除外基準） ……215
3 事業基準に関する判例の傾向と対策 ……216
4 実体基準に関する判例の傾向と対策 ……219
5 管理支配基準に関する判例の傾向と対策 ……220
6 非関連者基準・所在地国基準に関する判例の傾向と対策 ……222
7 おわりに ……225

―移転価格税制における独立企業間価格の合理性― ……228
1 思わぬ課税リスクへの実務上の対策 ……228
2 独立企業間価格の算定方法 ……229
3 独立価格比準法に関する判例・裁決例 ……230
4 再販売価格基準法に関する判例・裁決例 ……231
5 原価基準法に関する判例・裁決例 ……233
6 利益分割法に関する判例・裁決例 ……235
7 取引単位営業利益法に関する判例・裁決例 ……239
8 おわりに：推定課税のリスク ……240

第5章 リミテッド・パートナーシップ（LPS）の最新裁判例を踏まえた税務係争問題の解決策 ……244

1　はじめに …………………………………………………244
　　2　平成27年最高裁判決 ……………………………………244
　　3　平成28年東京地裁判決 …………………………………250
　　4　実務上の留意点 …………………………………………263
　　5　おわりに …………………………………………………270

第6章　Post BEPSの関連者間契約書作成の必要性と実務
………………………………………………………………271
　　1　はじめに …………………………………………………271
　　2　契約書作成の必要性〜法務面からの検討 ……………272
　　3　契約者作成の重要性〜税務的な側面からの検討 ……277
　　4　契約書における具体的な条項（BEPS行動8−10
　　　を受けて）…………………………………………………282
　　5　契約書ひな形の利用について …………………………286
　　6　おわりに …………………………………………………288

第7章　移転価格算定におけるリスクの理解 ………………289
　　1　移転価格税制の中のリスク ……………………………289
　　2　リスクはなぜ探索に値するのか ………………………291
　　3　経済的に重要なリスクとは何か ………………………295
　　4　日本の移転価格税制における事例 ……………………298
　　5　結　び ……………………………………………………300

第8章　バーチャル組織に対する移転価格対応 ……………302
　　1　はじめに …………………………………………………302
　　2　バーチャル組織の移転価格対応上の課題 ……………303
　　3　無形資産に関する取引の分析の枠組み ………………304
　　4　リスクの特定及び引き受け ……………………………307
　　5　取引実態の認定 …………………………………………310

目次

  6 まとめ……………………………………………312

第9章　インドにおける紛争解決事例の紹介……………314

  1 はじめに…………………………………………314
  2 インド……………………………………………314
   (1) インドにおける移転価格課税の特徴・314
   (2) インドにおいて移転価格更正後に二重課税を回避する方法・316
   (3) 事例紹介・326
   (4) インドでの移転価格課税に対応する型・331

第10章　最近の我が国の税務調査……………………………334

  1 はじめに…………………………………………334
  2 調査手続の法制化………………………………334
  3 最近の税務調査の動向…………………………341
  4 資料の重要性について…………………………348

第11章　最近の脱税事案の概観………………………………361

  1 はじめに…………………………………………361
  2 逋脱の故意が争われた事案……………………361
  3 所得等の帰属主体が争われた事案……………364
  4 裁判例の傾向等について………………………367
  5 おわりに…………………………………………370

多発するグローバルな税務係争と解決に向けた羅針盤

税務調査・係争の現場とポスト BEPS の移転価格対策

1　グローバルな税務調査・係争対策の最前線

河野　インド，インドネシア，中国の各国代表によるグローバルな税務調査・係争対策の最前線と題したパネルディスカッションを行いたいと思います。まず，各国の税務「調査」の最前線についてディスカッションし，次に，各国の税務「係争」の最前線についてのディスカッションを行います。最初に，パネリストの紹介をさせていただきます。

　まずインドからは，シンが参加しています。シンは，デロイト インドのシニアディレクターで，元インド歳入庁で20年以上のキャリアを持ち，任期中，所得税ディレクターや所得税コミッショナーを歴任し，30か国を超える国との租税条約の交渉にも関与するなど，様々な経験を有しています。

　インドネシアからは，ヘルと杉本が参加しています。ヘルは，デロイト インドネシアのパートナーで，税務調査官として5年，4大監査法人の税務コンサルタントとして21年の経験を有しています。杉本は，デロイト インドネシアのテクニカルアドバイザーで，2008年よりジャカルタ事務所で勤務しており，主に日系企業への税務及び非監査業務を担当しています。

　中国からは，フランクとサイと板谷が参加しています。フランクは，デロイト中国天津事務所のパートナーで，中国天津市の外国課税部門の元税務官です。中国の改革開放政策後に国際課税を取り扱った初期メンバーの1人で，現在まで30年以上の税務経験を有しています。サイは，デロイト中国上海事務所のディレクターで，日系企業向けの個人所得税及びビザ関係業務を中心に，14年以上の実務経験を有しています。板谷は，デロイト中国上海事務所のパートナーで，デロイト中国上海事務所をベースに，日系企業税務及び法律コンサルティングサービスチームの全国責任者を務めています。

　最後に，日本から，有安が参加しています。有安は，デロイト トーマツ税理士法人のディレクターで，主として国際税務を担当する調査官として，国税当局に二十余年勤務したのち2005年からデロイトに参加しています。税務係争解決チームのメンバーとして税務調査／不服申立て対応等のアドバイスも精力的に行っています。

　モデレーターは，山川が務めさせていただきます。それでは，山川さんよ

ろしくお願いします。

1　各国の税務調査及び訴訟件数

山川　ありがとうございます。それでは，税務「調査」の最前線のパネルディスカッションに移りたいと思います。まず，マクロ計数と手続を簡単に押さえさせていただきたいと思います。

図表1-1をご覧ください。税務調査及び訴訟件数です。日本の法人税調査件数は97,000件で，内数として，調査部所管大法人の調査件数は2,600件，実調率8％です。インドは4,400万件，全税目の件数です。インドは時効が短く，1期ごとに更正する執行ですので膨大です。インドネシアは，数字が取れません。中国は，2017年，デロイト中国対応の日系企業調査件数で150件で

図表1-1　税務調査及び訴訟件数の各国比較

	日本	インド	インドネシア	中国
税務調査件数	97,000* *上記は2016/7-2017/6における法人税調査件数。なお，調査課所管大法人への調査件数は約2,600件	43,905,780 (2016/4-2017/3)	N／A	N／A* *デロイト中国2017年対応の日系企業調査件数は約150件
訴訟発生件数	126* (2016/4-2017/3) *地方裁判所における発生件数	37,506* (2015/3) *税務裁判所（ITAT）における係属件数	12,486* (2015) *税務裁判所における発生件数	768* (2016) *初級人民法院における発生件数
納税者勝訴率	5.6％* (2016/4-2017/3) *地方裁判所における割合	62％* (直近10年) *税務裁判所（ITAT）におけるTP案件全部勝訴割合	58.3％* (2015) *税務裁判所における割合	8％* (直近3年) *初級人民法院における割合

（出所）　国税庁公表「平成28事務年度 法人税等の調査事績の概要」，「平成28年度における訴訟の概要」，他各国デロイト事務所提供情報

す。上海のみならずオール中国対応となります。その中に、移転価格と関税はそれぞれ15%、個人所得税は14%を占め、残りのケースはM&A、海外送金、PE課税等が含まれています。

　税務当局は主張立証責任の存否を認識しつつ調査に当たるわけですが、立証責任は日本とインドは一般に政府側にあります。他方、インドネシアは基本的にはむしろ納税者側にあるように運用されているようで、これがインドネシアの困難の事由の1つです。また、中国の裁判所は職権調査ができるといいます。

　次に調査手続です。**図表1-2**をご覧ください。特に記載はありませんが、インドの調査時効は、移転価格が3年、移転価格以外が2年です。

　ですから、インドの調査官は、6～8ヶ月の調査期間で更正処分を打ってきます。その対象は、通例、1事業年度のみです。非効率ですが、これが実態といえます。調査期間の短さが結果的に、係争で取消しが多い事由の1つといえようかと思われます。

　次にインドネシアですが、**図表1-3**をご覧ください。税務当局からSPP

図表1-2　インドにおける調査及び訴訟プロセス

(1) 通常の裁判

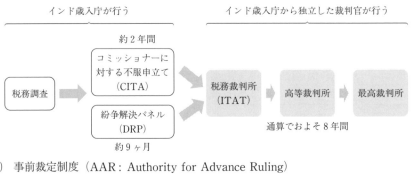

(2) 事前裁定制度（AAR：Authority for Advance Ruling）

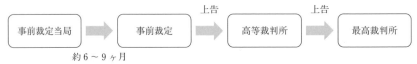

1 グローバルな税務調査・係争対策の最前線

図表1-3　インドネシアにおける調査及び訴訟プロセス

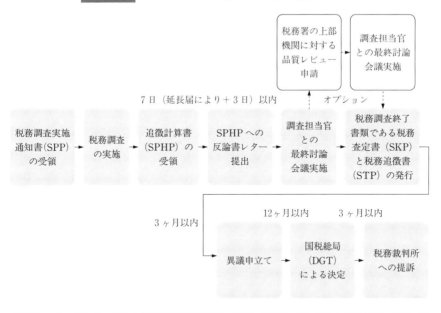

（出所）　デロイトインドネシア事務所提供情報，及び，「詳解　インドネシアの法務・会計・税務」（中央経済社）等

という税務調査実施通知書が発行されます。その後，提出された書類をベースに，数ヶ月間，オンサイト・臨場ではない書面審査でのやり取りがなされ，SPHPという追徴計算書の書面開示がなされます。それに対する答弁を経て，最終的な処分（税務査定書：SKP，税務追徴書：STP）の発行となります。

このSPHPの内容に反論したい場合は，7日以内，延長も含め，最大10日以内に書面を提出する必要があります。その後，**図表1-3**でいいますと，右上の上部機関（地方事務所）に対する品質レビューがありますが，そこでの対象は，税務署が修正根拠とした条文に誤りがある等の限られたケースのみとなります。

対応の肝は，SPHPが書面で出てくると，反論書を書くための時間が非常に短く限られますので，それまでに，問題のアイテムを極力潰しておくこと，

特に移転価格の場合，書面審査という形式の中で，いかに移転価格の前提となるビジネスを調査官に理解してもらえるかということになりますが，インドネシアでは，調査官にノルマがありますので容易ではありません。

中国の税務調査については，**図表1-4**をご覧ください。これは先進的な江蘇省の例になりますが，全国的に大きな違いはないといいます。**図表1-4**の一番左の税務調査通知からスタートしますが，書面での税務調査通知の手前で，自己調査が要求されることもあります。自己調査とは，当局が申告漏れの疑義を感じたときに，個人・法人を問わず納税者自身に修正を行わせるもので，これが行われるかどうかはケースバイケースです。自己調査を要求するかどうかは，税務当局が申告漏れの疑義を感じだときに手間を省くためで，納税者自身により行われる自己調査の結果を見て，調査対象企業を選定します。

図表1-4にあるように，書面での税務調査通知が届くと，日本と同じようなオンサイト・臨場調査が行われ，基本的には1年以内に終了するという仕組みです。少し移転価格に関してフォローすると，こちらも正式な調査立案なしに過年度所得の自主修正により，大宗の徴税を図ります。特殊な点としまして，同業をまとめての産業合同調査を行っており，今は，製造は一巡で，

図表1-4 中国における調査プロセス（江蘇省の例）

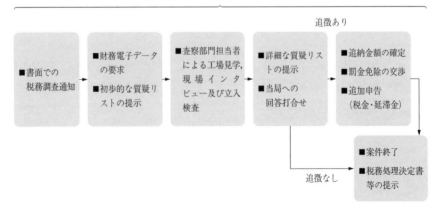

小売・ホテルへの展開が始まったといいます。また，企業グループの合同調査も行われます。

最近の変更点は，立案に際しての，本庁の批准がなくなり，調査件数の増加が予想されます。

以上が各国の税務調査の概要説明になります。次に最近の調査の傾向について聞いたうえで，移転価格調査対応のケーススタディ(TPのケース，TPのケース以外)，税務調査対応のノウハウについて3か国からお話を伺いたいと思います。それでは，インドからお話をお聞かせいただきます。最近の調査の傾向はいかがでしょうか。

2　税務調査の傾向とケーススタディ

各国の税務調査の傾向

●インドの税務調査の傾向

シン　インドにおける税務調査の傾向は，全体的にアグレッシブで，特に移転価格についてはそういえます。2005年に新税制が導入され，2010年に極めてアグレッシブになりましたが，2016年に加熱する訴訟を抑制したいこと，またAPAの利用が出てきたことからややアグレッシブさが抑制されている状況です。今後，TPについてはアグレッシブな課税が減り，それに伴って税務訴訟も今と比べると多少は少なくなると予想されます。

またBEPS行動計画の影響を受け，PE認定がより一層広がっています。一般的な傾向としては，PEの認定自体は国側の主張が認められるケースも少なくありませんが，帰属所得の認定においては納税者側の主張が認められるケースが多いです。税務当局内部の傾向としては，政策決定にかかわるようなトップクラスの部局はあまりアグレッシブではありませんが，現場レベルではアグレッシブになっているところがあります。その理由の1つは，ノルマかもしれません。金額ベースのノルマはありませんが，件数ベースのノルマがありますので，税務調査官としては，それを達成するために頑張るということになりがちです。

より最新の情報としては、電子処理手続の導入です。税務当局がEメールで納税者に連絡をし、納税者も調査官にEメールで応える、つまり物理的なやりとりがなくなり迅速化されます。調査での調査官とのやりとりなどに時間をとられることがなくなりますので、私ども専門家は納税者側での準備に時間をかけることができるようになっています。

● インドネシアの税務調査の傾向
山川　インドでは、PEに対する帰属所得の算定に関し、AOAルールが適用されているようですね。インドネシアはいかがでしょうか。

ヘル　インドネシアにおける税務調査の傾向も、インドに似ていてとてもアグレッシブです。その背景には、予算にすでに増差税額が織り込まれているという事情があります。組織を挙げてのノルマ主義といわれています。毎年12月には極端な増差更正が入り、税収が不足すれば国税庁のトップが責任を取ることもあります。例えば、前払いした法人税を還付請求することは納税者の権利としては当然なのですが、還付請求をすると必ず調査がくるといわれており、逆に処分を受けて課税されることもあります。2017年は、税務当局は目標を87％しか達成しておらず、ノルマを下回っています。2018年は予算目標が増えていますので、予想としてはノルマ達成のために、2018年はもっとアグレッシブになるのではないかと思っています。
　また、調査官は多くの情報を得るために関税当局と協力し、法人税と関税の連合調査も実施します。これはより使える情報を手に入れるためです。つまり関税当局からのデータを追加情報として、調査官が調査を行っています。昨年の税務調査においては、2つの問題がありました。1つは行政上のもの。もう1つはBEPSです。BEPSを受けて、移転価格の調査が積極的になっていることはインドと同様です。また、居住者証明にインドネシア独自の様式があるために、世界レベルで送金が止まるという状況もありました。

● 中国の税務調査の傾向
山川　腐敗は減少しているといいます。組織的なノルマ主義が根底にあるとい

うことですね。なお，居住者証明に関しては，国税庁の関係部局が迅速に連携を組み，適切な対応がなされていようかと思います。

中国はいかがでしょうか。

フランク　クライアントの中にはいろいろな省に会社がある企業もありますが，中国の税務調査は，各省によって，税務当局の注目点，調査の重点が異なることがあります。税務調査においては，最近では次の3つの傾向があります。①税務調査の対象企業の効率的な絞り込み，②複数地域における調査，③国税・地税の連合調査です。

①によって大手企業への税務調査の確率が高くなるように思います。また，②によって，地域により法律が違うことがあるのでグループ会社にとっては対応が難しくなることが考えられます。③によっては，法律の執行力が強化され処分が一層厳しくなる可能性があります。

移転価格調査が積極的であることも他の国と同様です。また，ごく最近の傾向としては，自主調整や自己調査というように，納税者側が自主的に納税額の修正を行うよう求められることが増えてきています。

関税も最近のホットトピックスの1つです。移転価格とのコンフリクトもあり，関税との両面対応が必要になるようなTPと関税のせめぎあいで苦しんでいる事例もあります。これは，ロイヤルティの対象技術が輸入貨物に関係する場合，輸入している原材料，部品，設備等の価格にロイヤルティを上乗せして関税を計算すべきという要求です。一般に日本人マネジメントは移転価格については比較的留意していますが，税関対応については現地スタッフ任せになり，また外部の通関業者に任せきりでブラックボックスになってしまっている例も少なくありません。日本本社と中国子会社間の原材料，部品，設備の取引価格設定，ロイヤルティの料率設定，契約書の文言など，移転価格，関税両面からの考慮が必要となっています。

● 日本の税務調査の傾向

山川　日本企業固有の苦悩でしょうか。3か国との比較の観点からみて，日本はいかがでしょうか。

第1部 多発するグローバルな税務係争と解決に向けた羅針盤

有安　日本における一般税務に関する課税の傾向としては，税務調査手続の厳格化に関する規定が国税通則法に織り込まれ2013年から施行されています。それを受けて，調査結果についての審理チェックが重視され，税法，根拠資料に基づいた慎重な課税が行われる傾向にあります。それゆえに，調査の際に調査官が要求する資料も増加する傾向にあります。この辺りは，各国のアグレッシブに行われている税務調査とは違うところかなと思います。

　また，移転価格の傾向としては，法人税調査の際には原則として移転価格調査もその調査範囲に含められることとなったことがあります。これも国税通則法の改正によって法人税調査は原則として法人税全体を調査対象とすることになったからですが，移転価格調査重視という世界的な流れにも乗ったものといえます。

　OECDによるBEPS行動計画の中で公表されたガイドラインでは，関連者間取引において取引当事者が果たす機能及び負担するリスク，取引当事者間でのリスクの管理・コントロールの実態が所得配分と一致していることがより厳密に求められ，その検証の出発点として関連者間契約書を用いることが提示されました。

　従来から日本の移転価格調査において関連者間契約書の確認は行われていましたが，今後は本ガイドラインを踏まえて，税務当局による事実認定における関連者間契約書の果たす役割が高まると思われます。加えて，従来は，APA申請中はその取引に関する移転価格調査は行われていませんでしたが，APA申請をしていても移転価格調査が開始されているケースが出てきており，そのような調査も違法でないことを確認的に明示した通達も発遣されるやに聞いております。

　各国における税務調査の傾向は，それぞれのお国柄を反映して違いはありますが，日本の調査とは全然違いますね。ただ，OECDのBEPSを受けて，特に移転価格の調査が積極的になっていることは共通しているように思います。

山川　ありがとうございます。国税通則法上，移転価格調査と一般の法人税調査を別異に区分することは困難だったかと思われます。一般の法人税調査の

中で，移転価格の着眼を重視する傾向にあります。では次に税務調査対応のケーススタディに移りたいと思います。**図表1-5～図表1-7**をご覧ください。各国における日本企業の子会社や支店等，あるいは，これにとどまらず参考に資する日系以外の企業に係るものでもよろしいかと思います。実際に調査を受けた移転価格課税事例やそれ以外の事例についての対応のケーススタディについてご説明いただけますか。インドから移転価格のケースをお願いいたします。

各国の税務調査対応のケーススタディ

●インドの税務調査対応のケーススタディ

図表1-5-①　インド　TPのケース

- インド子会社は，日本親会社から原材料を輸入し，技術ノウハウの供与やブランドの提供を受け，その対価を支払った。対価の算定方法は，取引単位営業利益法であった。
- インドの税務当局は，比較対象法人の利益率と比較すると，インド子会社の利益率が低すぎると指摘し，取引単位営業利益法で算定された対価が高すぎると主張した。
- インド子会社は，スタートアップに伴う一時的な費用等について，特殊要因調整をすべきであるから，算定された対価は適切であると反論した。その結果，インド税務当局は，この反論を受け入れた。

シン　調査はアグレッシブになっていますが，悪いものばかりではありません。税務調査段階で合理的な議論が認められることもあります。

　この事例では，インド子会社が，日本の親会社グループ会社との間で様々な国際取引を行っており，原材料を輸入し，技術ノウハウの供与やブランドの提供を受けて，その対価を支払っていました。インドにおいて製造設備を拡大した年度において，スタートアップ費用等がかかったために，インド子会社の収益性が大きく落ち込みました。そのため，インドの税務当局に目をつけられるところとなりました。

このインド子会社をサポートしたデロイト インドは,本件における独立企業間価格の算定方法としては,インド子会社における収益性が低くても,取引単位営業利益法が最も適切であると考えておりました。また,収益性の点については,一時的に発生するスタートアップ費用等を特定して,適切な差異の調整をすることで対応すべきと考えておりました。そして,その方向で税務調査官と議論をし,調査段階で納税者の主張を認めていただくことができました。

インドの移転価格税制の条文上は,差異の調整は,比較対象企業の収益性についてのみ行うべきように読めます。他方,納税者の収益性について差異の調整を行うことができるとは読みにくいため,この点は,インドの移転価格税制における論点の1つとなっています。この点について,私どもは,税務調査官に対し,本件においては,比較対象企業の収益性について差異の調整をするために必要なデータが入手可能ではないので,信頼性の高い結果が得られないことを説明しました。その結果,納税者の収益性について差異の調整をすることが認められました。

この事例は,インドの移転価格調査において,取扱いが明確でないような論点についても,きちんと合理的な主張をすれば,認められる場合があることを示すものといえます。

山川　このような特殊要因調整は,相互協議を含む移転価格実務で,一般に行われているものです。最初は調査官の理解がいたらなかったところ,最終的には主張が通った事例です。引き続き,移転価格以外のケースをお願いします。

図表1-5-②　インド　TP以外のケース

■日系企業は,インドの顧客に対し,機械装置や原材料などを販売した。そして,顧客に対し,直接に,機械装置の据付サービスや技術サポートなどを提供した。
■インド税務当局は,日系企業の従業員のインド滞在期間が全体として6ヶ月以上にわたっている点などを指摘し,日系企業はインドに恒久的施設(PE)を有すると主張した。

■ 日系企業は，個々のプロジェクトごと・従業員ごとに滞在目的や滞在日数を明らかにし，各従業員の滞在期間は 6 ヶ月未満であるなどと反論した。その結果，インド税務当局は，この反論を受け入れた。

シン 次に，非常に興味深い事例を紹介したいと思います。恒久的施設（PE）の認定に関する事例です。この事例に登場する会社は，製造業等を営んでいる日本の会社です。この会社は，ある事業年度において，直接に，又はインドの販売会社を通じて，大きな機械設備や原材料などをインドのお客様に対して販売しました。また，この会社は，機械設備の据付サービスや技術サポート等を，直接にインドのお客様に対して提供しました。

この事例では，税務調査官は，インドのお客様に対して提供された技術サポートの詳細を，その事業年度においてインドに出張した従業員のリストと共に提供するよう求めました。このような事例では，一般に，インドの税務当局は，インドに出張した全ての従業員の滞在日数を合算して，PE 認定がなされる 6 ヶ月の滞在期間を超えているという主張をしてきます。この事例でも，税務調査官は，この会社がインドにおいて「事業を行う一定の場所」を有しているとか，「監督活動 PE」を有しているといった主張をしてきました。

この会社をサポートしたデロイト インドは，プロジェクトごとに，又はお客様ごとに，その事業年度においてインドに出張した従業員の詳細を準備し，それぞれの従業員の出張目的（例えば，監督目的や技術サポート目的など）も明らかにしました。そして，それを証明する証拠資料として，各従業員のパスポートのコピーや旅程表やタイムシートなども提出しました。税務調査官に対しては，主に，監督活動サービスが提供されたプロジェクトの期間は，いずれも 6 ヶ月を超えるものではなく，日印租税条約 5 条 4 項にいう「監督活動 PE」には該当しないことを主張しました。

また，この会社は，インドにおいて，事務所や支店といったビジネスをするための場所を有していないことを説明しました。そして，インドに出張したいずれの従業員も，インドにおいて自由に使うことができるビジネスの場

第1部　多発するグローバルな税務係争と解決に向けた羅針盤

所を有しておらず，したがって，日印租税条約5条1項及び2項にいう「事業を行う一定の場所」を有していないことを説明しました。その結果，税務調査官は，私どもの主張を受け入れて，インドにおいてPEを有しているという主張を撤回しました。

　この事例は，インドにおいても，税務調査段階において，しかるべき証拠をきちんと提出して法令に基づいた合理的な主張をすれば，認められる場合があることを示すものといえます。

● インドネシアの税務調査対応のケーススタディ

山川　もともと課税提案は極めて荒いですが，条約の解釈に基づき，精緻に事実分析を行い，抗弁すれば，調査で認めさせうる余地もあるというケースです。

　インドネシアの移転価格のケースをお願いいたします。

図表1-6-①　インドネシア　TPのケース

- インドネシア子会社は，日本親会社から，原材料を輸入し，その対価を支払った。対価の算定方法は，取引単位営業利益法であった。
- インドネシア税務当局は，異なる比較対象法人を選定し，利益率のレンジを見直し，そのレンジから外れたとして，日本親会社からの仕入価格をレンジの中央値になるように調整すべきと主張した。
- インドネシア子会社は，コントラクト・マニュファクチャラー（契約製造会社）としての機能を果たし，リスクを負担するにすぎなかったため，税務当局が選定した比較対象企業は適切ではないと反論した。その結果，インドネシア税務当局は，この反論を受け入れた。

杉本　インドネシアの移転価格のケースとしては，通信業を営む会社のケースがあります。2015年度の移転価格調査ですが，当初は売上原価について指摘がなされました。議論の対象は，①比較対象企業の選定，②単年度ベース（税務当局の主張）か複数年度ベース（クライアントの主張）か，③利益指標の選定でした。結果は，デロイト インドネシアが，税務当局の説得に成功し，

1　グローバルな税務調査・係争対策の最前線

税務当局が選定した比較対象企業は，機能とサプライチェーンの点で異なっており，クライアントが選定した比較対象企業がより適切という結論になりました。税務当局は，売上原価についての指摘を落としました。インドネシアでは通常の法人税調査の中の1項目として移転価格調査が行われ，500～600万程度の増差所得を得るためにコンパラ分析を行い，中央値で課税することもあります。

　当局のコンパラブルよりもデロイトのコンパラブルが良いということを証明し，調査段階で認めさせることができました。特にインドネシアでは，臨場調査ではなく机上調査で行われるケースが多いので，ペーパーを出す際，丁寧に説明すれば認めさせることもできるという事例です。概要をもう一度おさらいすると次のようになります。

---
① 関連者間取引：インドネシア現地法人が親会社から原材料を購入
② 算定方法：取引単位営業利益法（TNMM）
③ 税務署の更正内容：税務署が選択した比較対象企業を含め，利益率レンジの見直し。そのレンジから外れたために親会社からの関連者間取引の仕入価格がレンジの中央値になるように調整
④ 反論：移転価格文書ではインドネシア現地法人をコントラクト・マニュファクチャラー（契約製造会社）と位置づけていたが，税務署が選択した比較対象企業は，コントラクト・マニュファクチャラーとしての機能・リスクと異なり，より多くの機能を持ち，より大きなリスクを背負っている（おそらくフル・フレッジ・マニュファクチャラー），というものでした。

山川　机上調査において，現地法人の機能の実態の説明を尽くし，奏功した事例です。では，移転価格以外のケースをお願いいたします。

図表1-6-② インドネシア　TP以外のケース

■インドネシア税務当局は，日本親会社のインドネシア子会社が支払った一定の費用に関し，支払費用の中身を精査せずに，その全額について源泉税を支払うべきと主張した。
■インドネシア子会社は，まず，源泉税がかかる支払費用とそうでない支払費用があることなどを示して反論し，SPHPに記載される項目の数をできる限り減

15

> ■ 次に，それでも SPHP に記載された項目について，詳細に反論した。その結果，インドネシア税務当局は，ほとんどの項目について反論を受け入れた。

ヘル　インドネシアでは，税務調査を受ける際には税務当局とのコミュニケーションが非常に重要になります。この事例は日本の子会社の事例です。実はこの事例は，当局が追徴計算書(SPHP)を発行する前の協議の段階で，いくつかの税調整の可能性について言及しているものでした。その中には未照合の項目についてのもので，付加価値税や源泉徴収税などの追徴税が発生する可能性がありました。

そこで，私どもは SPHP が発行される前に調査官とのコミュニケーションを積極的にとり，前年度の決算を説明したり，未調整項目についても根拠となる計算方法を示したり，根拠条文の提出などを行うことで，最終的には調査官が SPHP に全てを書き込まないという結論になりました。まだ SPHP の中にはいくつか調整項目が残ってしまいましたが，少なくとも先ほど申し上げたような調整はなくなりました。SPHP を受け取ると対応期間が 7 日間しかないので，発行される前に対応しなければなりません。したがいまして，SPHP が発行される前に調査官とコミュニケーションをとり，正当な主張ができるようにしなければなりません。

また，コミュニケーションも重要ですが，税務調査に入られる前に裏づけとなる文書や利益の計算の根拠など，準備をしておくことも大事になります。特に還付請求を行った場合は準備をきちんとしておかなければなりません。

● 中国の税務調査対応のケーススタディ

山川　ネット所得課税は手間がかかりますので，グロスの源泉課税は追徴税額ノルマ主義の下，取りやすいのかもしれません。結果からみますと，十分な検討もなく課税しているようにみえます。課税処分が合理的でないことについて，基本的には納税者側に立証責任があるものと運用されていることを肝に銘じ，十分な反証材料を揃えておくことが重要です。

1　グローバルな税務調査・係争対策の最前線

では，中国ではいかがでしょうか。移転価格のケースからお願いいたします。

図表1-7-①　中国　TPのケース

■中国子会社は，日本親会社に対して，ロイヤルティを支払った。ロイヤルティの算定方法は，取引単位営業利益法であった。
■中国税務当局は，中国子会社の利益率が低いにもかかわらず，多額のロイヤルティを支払っていることなどについて，中国子会社に対し説明を求めた。
■中国子会社は，自らの機能とリスクについて説明し，移転価格ポリシーの合理性について税務当局の理解を求めた。その結果，中国税務当局は，この説明を受け入れた。

フランク　中国の移転価格のケースとしては，江蘇省国税リスク対応部門が，企業所得税の確定申告後，企業の財務データや納税データをシステム上でスクリーニングし，リスクポイントの多い企業を選び，質問リストを提出して回答を求めたケースがあります。江蘇省は調査が厳しいことで有名です。税務当局はデータベースで調べていますが，デロイトも当局と似たデータベースを構築し，活用しています。

対象とされたある企業は直近3年間に利益が小さいにもかかわらず，一定額のロイヤリティを払っていることの合理性について税務局に質疑され，事情説明とともに，ロイヤリティ及び関連者間取引の価格決定ポリシーに関する資料の提出を要求されました。質疑の過程において，当該企業のロイヤリティ料率が過去に変更されている点，その他関連者間取引との重複性，日本本社と現地法人の利益状況の差などに関する論点についても注目されました。当該企業直近3年間における移転価格リスク評価を行い，所属業界の発展状況，関連者間取引，価格決定ポリシー，機能・リスクの負担状況などを整理したうえで，税務機関に回答を提出したところ，結果としては，追徴されずに済んだというケースがあります。

山川　機能・リスク分析にフォーカスされた典型的な移転価格調査事例といえ

ましょうか。移転価格以外のケースはいかがでしょうか。

図表1-7-②　中国　TP以外のケース

■ 外国企業が，中国の顧客に対し，技術サポートを提供し，多額のサービス報酬を受け取った。
■ 中国税務当局は，外国企業に対し，国税と地方税の連合調査を行った。
■ 国税については，外国企業は中国に恒久的施設（サービスPE）を有すると指摘し，外国企業に対し企業所得税を追徴した。また，地方税については，外国企業の出張者に対し，個人所得税を課した。

サイ　移転価格以外のケーススタディについてですが，上海，北京で個人所得税の納税システム（金税三期）が導入され，そのビッグデータを使ってリスクを識別し，自己調査を要請するケース，当局が調査を行うケースが増えています。金税三期のビッグデータを活用した調査の特徴としては次のとおりです。現段階において，税務調査局の案件選別システムは既に金税三期と同期されており，申告データをもとに，リスクの高い企業が自動的に選別されます。例えば，申告金額が急に低くなり，正常な変動範囲を超えた場合，システムが自動的にリスクを税務局に提示することになります。また，同じ業種，同じ規模，同じ利益水準の企業で，明らかに外国籍個人の給与額が低い企業も質問される可能性があります。さらに，共通データに係る指標を抽出し分析することで，適時に業界の税務リスク分野を識別できるようになります。例えば，日系企業の場合，通常，年に2回の賞与が支給されることが，データの分析によって簡単にわかります。そのため，帰国した個人について，支給された賞与のうち，中国勤務と関連する部分は納税したかどうか等の問い合わせがくる可能性があり得ると考えています。

　このような強力なデータ分析能力及び自動化された税務監督能力により，税務局の税務リスク調査に係る能力と効率が大きく向上することが予想されます。

　このシステムを通して，税関，銀行，公安，出入国，労働局等で使用されるシステムから取得したデータとリアルタイムで接続，検証できるようにな

る見込みです。例えば、長期出張者の場合、原則として中国での滞在日数は183日を超えますと、中国で個人所得税の納税義務が発生します。ただし、実務上、この規定を知らない場合、未納税のケースも少なくありません。将来、金税三期システムが自動的に出入国のデータを分析して、183日滞在を超えたデータを抽出し、リスクを提示することが可能になる見込みです。税収徴収管理の効率も大きく向上することになると考えております。

　他方で、金税三期システムにより、各税制優遇に対するオンライン申告が可能となり、国税局と地税局が情報を共有することで内容の重複した申告をさけることができるなど、納税者にとっても便利になります。

　これから全国的に波及する先鞭的な手法といわれている税務調査のケースとして、蘇州市国税局と地税局が連合して、ある非居住者企業に対して申告漏れを発見したケースがありました。これは、はじめて国税と地税との連合調査が行われた事例です。この非居住者企業は中国国内居住者企業（中国現地法人）と技術支援協議を締結し、国内居住企業が合計2,230万ユーロのサービス費用を支払っていました。またこの非居住者企業は中国国内においてPEを構成しないと判断し、技術支援プロジェクトの出張者の個人所得税も申告していませんでした。蘇州市国税局と地税局は合同で本案件に対して税務検査を行い、最終的に企業所得税500～600万元及び個人所得税3,100万元を追徴しました。これをきっかけとして、蘇州市地税は国外に一定額の非貿易費用を支払っている企業に対し、PEを構成している場合には関連の出張者に対して個人所得税を納付するよう要求しています。非居住者企業としては、当該プロジェクトが実際にPEを構成するのかを確認し、PEを構成する場合、出張者の所得に関するデータを適時に本社に依頼することが求められています。

●日本の税務調査対応のケーススタディ

山川　これまでの事例のような理不尽な課税というわけではなく、ビッグデータの活用と連合調査という、組織的・システマティックな執行強化が調査の実を上げてきているということでしょうか。また、非貿易送金が選定の1つ

のトリガーにみえます。

では，3か国との比較の観点から，日本の調査はいかがでしょうか。

有安 日本の調査では事実認定とその事実の税法へのあてはめという作業が調査の中心をなしています。また，挙証責任は課税庁側にあるとされていますので，調査は原則として会社での資料確認と会社へのヒアリングを重ねながら，課税根拠資料収集をすべく行われています。

税務調査における私どものサポートも，調査官に事実を正しく認識してもらうことが重要なポイントであり，また無理な条文へのあてはめを指摘することも重要なポイントです。

いずれの国も，調査官からの荒っぽい指摘に対して，丁寧な反証を行うことによって課税を未然に防げる可能性があるということがわかりました。日本でも同様な対応を行いますが，指摘の荒っぽさが日本では考えられないレベルですね。これも，税収ノルマの存在や調査期間の制約等日本とは違う背景によるものかと思います。

インドネシアでは調査官が会社に出向くことがないとのことですが，そのような状況では事実認定が正しく行われていない恐れが非常に高いですね。また，SPHPが出たら検討期間が7日しかないとのことですので，基本的に挙証責任が納税者側にあるものと運用されていることも考えるといったんSPHPが出てしまうと覆すのが難しそうです。

また，中国における国税と地税の同時調査というのも日本では考え難いですね。日本では国と地方では基本的に調査情報の共有はされていないと認識しています。

インドや中国でもPE課税が積極的に行われているようですが，日本ではそれほど積極的ではないですね。PE認定の困難さ，認定後のPE帰属所得確定の困難さからPE認定課税はかなりハードルが高く，あまり課税件数は多くないと思われます。みなし利益率等によって帰属所得の確定のハードルが低いこともあるのかと思いますが，PE認定リスクについては日本の感覚ではだめですね。

山川　ありがとうございます。それでは，どうすればうまくいくのか，次は税務調査対応のノウハウについてお話しいただきたいと思います。今ご説明いただいた6個のケーススタディは，日ごろサポートされている事件のごく一部に過ぎないと思います。多数の実例を踏まえて，自国現地あるいは日本の本社におけるTax Controversyのマネジメントに関してのノウハウがありましたら，ご教示いただければと思います。まず，インドからお願いいたします。

各国における税務調査対応ノウハウ

●インドにおける税務調査対応ノウハウ

シン　調査への対応に関しては3つのポイントがあると思っています。それは，コミュニケーション，透明性，法的な側面になります。

　まずはコミュニケーションです。調査官と全ての事実の共有を行うことが重要です。文書や契約が重要なことはさることながら，帳簿もしっかりと保管しておかなければなりません。

　また，調査が訴訟につながることもあるという心構え・準備も重要になります。訴訟の段階で事実関係を伝えても難しいため，事実関係は調査の段階で調査官にきちんと伝えて透明にしておかなければなりません。

　法的な側面では，調査官が他の事例ではどう対応していたのかなど，先例がどうなのかということを確認しておくことも重要です。特にドキュメンテーションや文書の保持がどうであったのか。特にインドでは重要です。

　なお，主張が通らないときのために代替的な議論の準備もしておく必要があります。

●インドネシアにおける税務調査対応ノウハウ

山川　取引に入る前に税の検討を行ったり，想定される当局の主張に対してきっちりと理論武装しておくこと，対先進国型の対応が意味を持つようにみえます。

　では，インドネシアはいかがでしょうか。

杉本　訴訟でもいけるという印象がありますので，それを踏まえた対応が必要となります。インドネシアでの調査対応は，SPP という調査実施通知書発行から SPHP という徴収する計算書が出されるまでの数ヶ月間にどう対応すべきか，その後の手続においては何が可能でどう動けばいいのかを検討することが重要です。インドネシアでは臨場調査は通例ではなく，提出した書類の評価をもとに調査が進みます。SPP 発行の後の資料請求は帳簿や契約書等，基本的な書面が求められますが，メール文書等の事実の裏づけをとるようなものまで求められることはありません。ただ，資料を提出すると対面の場面がない中，勝手に解釈をされる恐れがあるので，極力サマリーや注釈をつけて提出する必要があります。誤解曲解を招きかねないものは提出に際して十分慎重に考えていく等の対応が必要です。

　結果的に，SPHP に 20～30 の否認対象項目を掲げられないことが大事です。基本 7 日間で対応しなければならないので，全ての項目に対応することは難しくなります。リスクが大きなものを優先すべきであり，金額の重要性等に基づいて行う必要もあります。膨大な 1 年間の Invoice を全て確認する等，物量作戦での対応となることもあり，こういう場合でも是認にすることも可能であり，信頼関係の下で種々のノウハウがあります。SPHP の後の内部レビュー手続についてもコミットがあるわけではないので，税務署長の裁量でひっくり返ることもあります。したがいまして，ロジカルな書面による対応が重要です。また，インドネシアでもヘルスチェックは重要です。例えば，間接税の還付申請をするときに，そもそも，形式的に法令に従って納税できているのかをチェックしておくことは重要です。

●中国での税務調査対応ノウハウ

山川　書面調査において，SPHP 発行の前と後でどう対応するかですね。
　　　では，中国はいかがでしょうか。

板谷　恐らく日本企業にとっては，日本では極力修正申告で済ませ，ワークするが訴訟に行かないケースというのが大多数だと思います。中国では訴訟は機能していません。そのような中でどう対応するか。中国の自主調整は「自

主」と呼ばれているものの，企業が自ら行うというよりは「自主調整しなければ調査する」と，当局から強制されているイメージが強く，企業側としては非常に少額で済んで短期で決着するのであれば，自主調整で終わらせようとするケースもあります。しかし，当局からいろいろと指摘され，自主修正に応じず，本格的な調査に踏み切るケースもありえます。そのような場合は正式な税務調査となることもあります。日本の場合も，国税が指摘しっぱなしになるケースもあると思いますが，中国でも自主調整を求められ，それを進めていたけれども，当局がその後触れなくなって終わったケースもあります。当局のノルマの達成度によって，それ以上追及されなくなったケース等もあります。いずれにしてもどう対応するかについては，リスクを定量的に把握してからどう対処すべきか方針をたてることが非常に重要になってきます。

　もう一点としては，中国税務当局はIT化・システム化が進んでおり，データ分析を進めています。これにより調査企業の対象選定が行われています。例えば，ある企業が売上が毎年そこそこ緩やかに伸びていて利益も安定しているのに，増値税（VAT）がなぜか増えたり減ったり大きく変動しているような場合には，税務当局内に自動的にアラームが鳴るようなシステムが作られており，税務調査対象企業として選定されます。

　それに対応するためにデロイトでも税務当局と同じようなシステムを構築しており，監査報告書，納税申告書をシステムの中にインプットすると調査を受けるリスクが定量的に把握できるような仕組みになっています。

● 日本の税務調査対応ノウハウ

山川　ビッグデータの解析を駆使した調査選定，行政的手法を活かした自己調査と正式調査の使い分けにどう対応するかですね。
　3か国との比較の観点からみて，日本はいかがでしょうか。

有安　日本では調査官は納税者が納得するまで説明し，反論の機会を与え，最終的に自主修正を出してもらうというのが調査のプラクティスであり，反論の機会も時間も十分にありますが，各国では必ずしもそうではないことがよ

くわかりました。そのため，調査に際してはプロアクティブに動かないと課税されるリスクが非常に高くなりますね。日本の調査対応と同じに考えては間に合わないという感を強く持ちました。

　基本的にラフな指摘をして否認しようとする調査官に対しては，事実関係を正しく理解してもらうことが課税回避の重要なポイントであることは各国共通しています。そのための手法は国によって調査手法も違うことから異なったものとなりますが，それだけに調査対応に精通したプロの支援が不可欠という感を強く持ちました。

　中国におけるIT，ビッグデータを活用しての調査対象先の選定というのも日本では考えられない脅威ですね。デロイトがそれと同じようなシステムを持っているというのは強みです。まさにプロアクティブに動けますね。

　日本の課税当局は所得金額，税額等のごく一部の情報しかデータとして持っていませんので，そこからの選定は不可能です。例外的に行われているのは国外関連者との取引情報（別表17の4）を移転価格部門で毎年データ入力して移転価格調査の選定に利用しているぐらいではないでしょうか。

　もっともこれは今後CbCRのデータが各税務当局から提供されることにより変わっていくとは思いますが。

3　小　括

山川　ありがとうございました。ここで，税務調査のパネルを小括させていただきたいと思います。

　調査の態様・プロセス・重点項目など，各国と日本とでは大いに違うということがわかりました。もっとも，新興国といいましても，すでに圧倒的な経済力を誇示しているわけですが。

　税務調査は，国の主権行使の最たるものです。先進国政府の外資系多国籍企業のインバウンド取引に対しての人的リソース配分等を含めた処し方，ここにいたるまでの来し方を振り返りまして，新興国・途上国の税制・執行のアグレッシブな現状を特段どこまで追及できるのであろうかという思考には一理あり，あくまで根底にはでございますが，大人のマインドが必要かもしれません。

さはさりながら，目指すべきところを目指さなければいけないわけです。すでに中国やインドの政府高官は，税務の民主化・先進化を，経済指向の視点から発信しており，経済発展に沿って税環境の問題は収束する方向感への期待もあるのかもしれません。METIのインプットなどを踏まえMOFも積極的に取り組んでおられる，OECD・国連・IMF・世銀のinclusive frameworkもこのような指向の促進を多分に含んでいると考えられます。

このように，マクロ的背景はこれありといたしまして，足元で直面する税務の厳しさは，生半可ではありません，理不尽で事業の存続を危うくしかねない事例すら生じています。現地の手続を熟知し，事案の本質と当局の出方を見抜いて，最良の判断を行い，実行していく，これをこれから調査が強くなる時代にあっては，親会社の最適な関与のもとで行っていくことになります。

ここで，喫緊の対応として，特段，重要な拠点で調査リスクを把握すべきと目星をつけた拠点について，現地の状況を早期に把握すべく，一度でもリスクアセスメント・チェックをやっておくことが，第一歩かと考えられます。重要リスク拠点について，具体的なリスクを把握し，調査が入ったらどう対応するかを想定するためです。

本社主導のもとで現地のアドバイザーが，例えば，PE認定のリスクや課税された場合の影響額などを試算し，それを東京につないで親会社に報告することは，これまでも中国・タイ・ベトナム等で数多くの実例があります。

また，例えば，中国では，中国当局対応のための模擬調査も行われます。税務当局と同じようなシステムをアドバイザーも持っていて，現場調査を待たずとも，現地調査されるようなリスクチェックができます。ヘルスチェックは，本社の観点からはやりたいかもしれませんが，チェックされるほうの中国子会社からはあら捜しをされているようで嫌だ，合弁先が嫌だということもあり得ます。親会社側に申告書等があれば，初期的なヘルスチェックができますので，取れるべき優遇税制を取っていない，自己否認漏れ，計上時期のずれ等が把握されることも少なくありません。

また，インドネシアは，当面，当局側のレベル感の問題や，また突っ込みが網羅的であり，法人税ではヘルスチェックのような悠長なことをいってい

られない面もあるかもしれません。しかし，少なくとも定められた手続ルールを正しく履行していることをレビューする意味で，VAT・源泉税還付のレビューチェックが行われています。

2　各国の税務係争の最前線

山川　それでは，各国の税務「係争」の最前線のパネルディスカッションに移りたいと思います。北村さんから「係争」に係るマクロ計数と「手続」について説明をさせていただければと思います。それでは，北村さん，よろしくお願いいたします。

1　税務訴訟の件数と手続の流れ

北村　北村でございます。それでは，私のほうから，インド・インドネシア・中国における税務訴訟に関する件数と手続の流れについてご説明いたします。
　図表1-1をご覧ください。こちらが，税務訴訟に関する最近のデータで，厳密なものではありませんが，各国のおおまかな特徴がおわかりいただけるかと思います。

　まず，インドですが，日本の地裁に相当する税務裁判所（ITAT）に係属中の件数は年間37,000件以上で，納税者勝訴率は移転価格事案については6割以上です。他の事案もおおむね同じくらいの納税者勝訴率のようですが，一部勝訴を入れると納税者勝訴率は9割程度になるということです。

　次に，インドネシアですが，日本の地裁に相当する税務裁判所（Tax Court）に持ち込まれる件数は年間12,000件以上で，納税者勝訴率は6割程度ですが，私どもデロイト インドネシアの経験ではもっと高く7～8割程度です。これは私どもとしては納税者の主張に合理性がないものについては，税務訴訟をおすすめしていないことによります。

　これに対し，中国は，日本の地裁に相当する初級人民法院に持ち込まれる件数は年間768件程度で，納税者勝訴率は1割未満です。

　また，日本では，地方裁判所に持ち込まれる件数は年間126件程度で，納税者勝訴率は，統計上は1割未満ですが，私どもの経験では5割くらいではないかと思います。これも納税者の主張に合理性がないものについては，税務

2 各国の税務係争の最前線

図表1-1 税務調査及び訴訟件数の各国比較（再掲）

	日本	インド	インドネシア	中国
税務調査件数	97,000* *上記は2016／7-2017／6における法人税調査件数。なお、調査課所管大法人への調査件数は約2,600件	43,905,780 (2016／4-2017／3)	N／A	N／A* *デロイト中国2017年対応の日系企業調査件数は約150件
訴訟発生件数	126* (2016／4-2017／3) *地方裁判所における発生件数	37,506* (2015／3) *税務裁判所（ITAT）における係属件数	12,486* (2015) *税務裁判所における発生件数	768* (2016) *初級人民法院における発生件数
納税者勝訴率	5.6％* (2016／4-2017／3) *地方裁判所における割合	62％* (直近10年) *税務裁判所（ITAT）におけるTP案件全部勝訴割合	58.3％* (2015) *税務裁判所における割合	8％* (直近3年) *初級人民法院における割合

（出所）　国税庁公表「平成28事務年度　法人税等の調査事績の概要」，「平成28年度における訴訟の概要」，他各国デロイト事務所提供情報

訴訟をおすすめしていないことによります。

このように国ごとに税務訴訟の位置づけが全く異なることが，データからも明らかに読み取れます。それでは，国ごとに税務訴訟の手続の流れを見てみましょう。

図表1-2をご覧ください。まず，インドの税務訴訟手続の流れです。インドでは，日本の地裁に相当する税務裁判所（ITAT）に案件を持ち込む前に，原則として，日本の不服審判所に相当するコミッショナーに対する不服申立て（CITA）又は紛争解決パネルに持ち込むことが必要とされています。これはインド歳入庁内部の手続ですが，法律解釈が主な争点となるものはコミッショナーに対する不服申立て（CITA）に，事実認定が主な争点となるものは紛争解決パネルに持ち込まれます。ここで決着がつかなければ，いずれのルー

第1部　多発するグローバルな税務係争と解決に向けた羅針盤

図表1-2 インドにおける調査及び訴訟プロセス（再掲）

(1) 通常の裁判

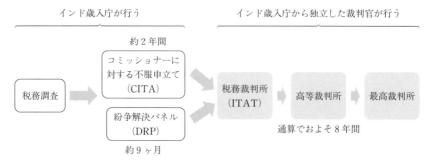

(2) 事前裁定制度（AAR：Authority for Advance Ruling）

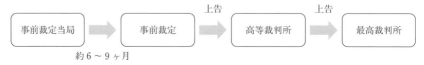

トをたどった場合でも，税務裁判所（ITAT）にいきます。インド歳入庁から独立した裁判官が，法令解釈と事実認定の双方について判断することになります。ここでも決着がつかなければ，高等裁判所，そして最高裁判所にいくことになりますが，高等裁判所以降はもっぱら法令解釈が対象とされますので，事実認定については基本的には税務裁判所（ITAT）で決着をつけることになります。インドは，税務調査がかなり荒っぽいこともあって，税務裁判所（ITAT）にたくさんの案件が持ち込まれます。もっとも，税務裁判所（ITAT）は，法令と判例に従って合理的かつ中立的で，予測可能性の高い判断を示す傾向が強いといわれており，納税者勝訴率が高いのが特徴です。

　図表1-3をご覧ください。次は，インドネシアの税務訴訟の手続の流れです。インドネシアでは，日本の地裁に相当する税務裁判所に案件を持ち込む前に，国税総局に対し異議申立てをすることが必要とされています。もっとも，これは税務当局内部の手続ですので，ここで課税処分を覆すのは難しいです。そうすると，結局，税務裁判所にいくことになります。ここでは，事実認定と法令解釈の双方について判断がなされます。ここで決着がつかなければ最高裁にいくことになりますが，最高裁では，税務の実体論については

2 各国の税務係争の最前線

図表 1-3 インドネシアにおける調査及び訴訟プロセス（再掲）

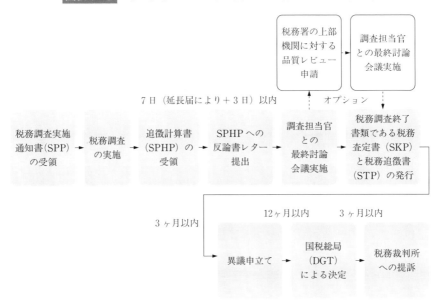

（出所） デロイトインドネシア事務所提供情報，及び，「詳解 インドネシアの法務・会計・税務」（中央経済社）等

判断せず，もっぱら税務裁判所の手続に違法性があったかどうかを判断することになります。したがって，税務の実体論である事実認定と法令解釈については，税務裁判所で決まってしまうことになります。インドネシアでは，インドと同じように税務調査が荒っぽいので，やはり税務裁判所にたくさんの案件が持ち込まれます。もっとも，税務裁判所は，おおむね法令に従って合理的かつ中立的な判断をする傾向があるといわれており，納税者勝訴率が高いのが特徴です。ただし，インドと比べると，過去の判例はあまり重視されていないようで，裁判官により判断に多少のブレが生じることがあるようです。

図表 1-8 をご覧ください。次は，中国の税務訴訟の手続の流れです。中国でも，日本の地裁に相当する初級人民法院に案件を持ち込む前に，原則として，上級税務機関に対し税務行政再審をすることが必要とされています。そ

図表 1-8 中国における税務行政再審と税務行政訴訟プロセス

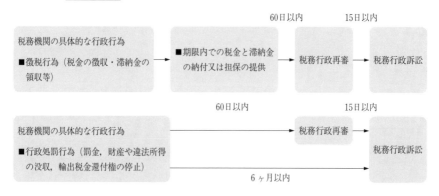

して，そこで決着がつかなければ，初級人民法院において税務行政訴訟を行うことになります。もっとも，中国では，納税者勝訴率は低く，税務訴訟はあまり機能していないといわれています。その理由は，人民法院が，法令に従って合理的かつ中立的な判断をすることを期待しにくいからだといわれています。また，中国でも税務訴訟をするとその後の税務調査に影響することもあるようで，税務訴訟の件数が少ないのは，そのためといえるかもしれません。日系企業により税務訴訟が活用された例はまだないようです。

実は，日本も税務訴訟の件数は少なく，納税者勝訴率も低いという意味で，中国と似ているのですが，その理由は中国とは異なっているようです。日本では，税務調査が他の国と比較すると極めて慎重かつ保守的で，修正申告の慫慂がなされることも多く，そもそも不合理な課税処分がなされることが少ないので，税務訴訟の件数が少ないのはそのためではないかと考えられます。また，裁判官は，法令と判例に従って合理的で中立的な判断をする傾向が強いので，納税者勝訴率が低いのは，税務訴訟が機能していないからではなく，もともと不合理な課税処分が他の国と比べると少ないからだと考えられます。

2 税務係争対応のケーススタディ

山川　ありがとうございます。では，税務係争対応のケーススタディに移りたいと思います。各国において，日系企業の海外子会社等が巻き込まれた移転

価格その他の税務係争への対応をサポートした経験は数多くあると思いますが，係争対応に関するケースについて，移転価格のケースとその他のケースをお話しください。いずれもインバウンド課税係争の実例です。まず，インドの移転価格の係争について，シンさんよろしくお願いいたします。

各国の税務係争対応のケーススタディ

● インドの税務係争対応のケーススタディ

図表1-9-① インド TPのケース

- インド子会社は，日本親会社から製品を輸入して，その対価を支払った。
- インド税務当局は，インド子会社が支払った広告宣伝費（AMP）が日本親会社のブランド形成のために使われているとして，製品の対価を下げるべきと主張し，課税処分をした。
- 税務裁判所（ITAT）は，過去の裁判例を根拠に，広告宣伝費の支払に関し，別途，独立企業間価格を定めるべきとして，インド税務当局に差し戻した。ところが，インド税務当局は，再度，製品の対価をさらに下げるべきと主張し，課税処分をした。
- インド子会社は，過去の裁判例を根拠に再反論した結果，税務裁判所（ITAT）は，課税処分を取り消した。

シン　インドでは，広告宣伝費用（AMP）を子会社が負担していた場合，親会社のブランドの形成のための費用なので，日本からお金をもらえたとした移転価格執行があります。この事例に登場する納税者は，日本の親会社の100％インド子会社です。インド子会社は，日本の親会社から製品を輸入してインドにおいて販売していました。この事例で移転価格の更正処分が下されましたが，その処分理由は，製品の輸入に係る独立企業間価格の算定に当たり，日本の親会社のブランド形成のために用いられている広告宣伝費用を勘案すべきというものでした。税務調査官は，LG電気事件で判示された「明確な基準テスト」に依拠して，この更正処分を下しました。しかし，税務裁判所（ITAT）は，この更正処分に対する判断をいったん留保して，ソニーエリクソン事件

控訴審判決で判示された方法に従い，広告宣伝費用に関する取引について別途独立企業間価格を算定させるために，本件を税務調査官に差し戻しました。

ところが，税務調査官は，再び，ソニーエリクソン事件控訴審判決で否定された「明確な基準テスト」に依拠して更正処分を下しました。そこで，インド子会社をサポートしたデロイト インドは，税務裁判所（ITAT）において，更正処分は判例法違反であることを主張しました。その結果，税務裁判所（ITAT）は，更正処分を取り消しました。

この事例は，インドの税務調査官は過去の裁判例に反するような不合理な更正処分を平気で出してくるのに対し，インドの裁判所においては，過去の裁判例に基づいて合理的な判断がなされることを示すものといえます。

山川　日本のアウトバンド事例の調査実務で，親会社のブランド維持のための現地子会社の広告宣伝費を親会社が負担することを認めるケースがあり，これは，インド当局の AMP 費用の親会社チャージの考え方と裏返しの発想ともいえます。

では，引き続き，移転価格以外の係争事例について，お願いいたします。

図表1-9-②　インド　TP以外のケース

- ■日系企業は，インドに駐在員事務所を置くとともに，インドの顧客に対し，機械装置や部品等を販売し，据付等に関し技術サポートを提供した。
- ■インド税務当局は，駐在員事務所の従業員に対する委任状（POA）の文言などを根拠に，日系企業は恒久的施設（PE）を有するとして，課税処分をした。
- ■日系企業は，委任状に記載された条項の読み方などについて反論した。その結果，税務裁判所（ITAT）は，課税処分を取り消した。

シン　移転価格以外のケース（PE認定）について説明いたします。この事例に登場する納税者は，日系企業で，インドに駐在員事務所を有しています。ある事業年度において，この日系企業は，装置や部品等をインドのお客様に対し販売し，その据付に関する技術サポートや装置の監督に関するサービスをインドで提供していました。税務調査官は，当初，駐在員事務所の従業員に

対する委任状中の様々な条項に着目し、この駐在員事務所はPEに該当すると主張しました。そして、紛争解決パネルでは、税務調査官の見解が支持されました。

この日系企業をサポートしたデロイト インドは、税務裁判所（ITAT）において、委任状に記載された条項は、駐在員事務所の従業員に対し、中核的なビジネス活動をする権限や、契約締結権限を付与するものではないことを主張しました。また、駐在員事務所における活動の詳細について説明し、いずれの活動もリエゾンオフィスとして認められるものを越えるものではないことを、膨大な証拠資料に基づいて示しました。

税務裁判所（ITAT）は、これらの事実認定に関する議論と委任状の解釈に関する議論を考慮した結果、この日系企業はインドにおいてPEを有しないと結論づけました。そして、税務当局もこの判決を受け入れて控訴しませんでした。

この事例は、インドの裁判所においては、事実認定と契約解釈に関する証拠に基づいた議論がきちんと合理的に評価されることを示すものといえます。

● インドネシアの税務係争対応のケーススタディ
山川　契約解釈と事実認定で判断がなされた事例です。
　インドネシアについて、移転価格係争事例からお願いいたします。

図表1-10-①　インドネシア　TPのケース

- インドネシア子会社は、シンガポール親会社からマネジメント・サービスや技術サポートの提供を受け、その対価を支払った。
- インドネシア税務当局は、そのようなサービスは実際には存在しないなどと主張し、対価の支払を全額否認する課税処分をした。
- インドネシア子会社は、インドネシア税法の規定に従って、マネジメント・サービスに関する関連者契約のほか、サービスを提供した従業員のリスト、CV、タイムシート、パスポート等の詳細な資料を提出して反論した。その結果、税務裁判所（Tax Court）は、課税処分を取り消した。

杉本　インドネシアの移転価格係争事例として、インドネシア法人からシンガポールに所在する地域統括会社に支払っていたマネジメント・サービス、及びテクニカルアシスタントフィー（IGS）について税務調査の段階で調査官からこれらのサービスの実体がないと主張され、全額否認された事例です。納税者の立場としては、税務調査や異議申立ての段階で、これらのサービスの必要性に関して、インドネシアの会社にはこれらを行える人材はいない、またこのサービス取引の実体として契約書やEメールの交信記録を提出したが、それでも証拠不十分として税務調査でも異議申立てでも認められなかったものです。この件に関して、税務裁判所に提訴して、まずインドネシアの税法の条文を示し、サービスの実体を示すものとして、シンガポール地域統括会社のサービスを行った人材のリストや各人材の経歴・能力の一覧表、それらのサービス提供に当たる職務内容やサービス提供のためにインドネシアへの渡航関係履歴などを提出しました。また、シンガポール統括会社のほうでこれらの費用についてきちんと記帳されていることを証明するために、独立した会計事務所に意見書の提出をお願いしました。その後にサービスの提供にかかったコストの計算、実際に行った成果物を提出しました。シンガポール統括会社によるサービス提供がビジネス上普通に行われることだということも伝えました。この結果、全額認められました。

　　　ここでわかりますように、こういった特にサービス等に関しては、実体を証明できるものをきちんと作成・保管しておくことが重要です。

山川　契約と役務の実態を示す資料を尽くして、取消しに至った事例ですね。それでは続けて、移転価格以外の係争事例につきましてお願いいたします。

図表1-10-②　インドネシア　TP以外のケース

- ■インドネシア子会社は、日本親会社に対し、商標の使用についてロイヤルティを支払った。
- ■インドネシア税務当局は、ロイヤルティは第三者に対して支払われるものであって、関連者に対して支払われるものではないと主張して、ロイヤルティの支払を全額否認する課税処分をした。

> ■インドネシア子会社は，知的財産に詳しい大学教授の意見書に基づいて，ロイヤルティは関連者に対しても支払われるものだと反論した。その結果，税務裁判所（Tax Court）は，課税処分を取り消した。

ヘル　関連者・日本親会社へ支払ったロイヤルティ否認のケースですが，支払額の修正ではなく，当該支払は理屈上，不要なはずとのことで全額否認されたものです。当局いわく，第三者の持つ無形資産の使用に対して支払うのであれば理解できるが，親会社／グループ会社であれば無償で共有するものではないか，という理屈です。裁判でのヒアリングでも，裁判官がこのような無形資産の取扱いについて詳しくなかったため，当初は当局寄りになっていました。裁判官に許可を取り，次回のヒアリングで専門家から説明させていただくということで，大学で知的財産に関する教鞭を取っている教授に法廷に立っていただき，無形資産の使用には通常対価が伴うことなどを説明いただきました。裁判官にも理解いただけたようで，その後裁判官の見解や理解も納税者寄りになるなど，十分な成果があり，勝訴を勝ち取ることができたケースです。

● 中国の税務係争対応のケーススタディ

山川　無形資産の使用の有償性を認識してもらった事例です。兎にも角にも，理解してもらう必要があります。

　では，中国ですね。インド，インドネシアとは事情が異なり，税務訴訟のケーススタディ事例はないものと思います。不服申立ては進展してますでしょうか。また，移転価格課税の二重課税排除のための相互協議や，二国間事前確認の選択の可能性や進め方についてのノウハウなどもお話いただけますか。

フランク　あえて税務訴訟に突き進む価値のある案件というのはあるのかですが，一般的には，税務の本質的な議論であれば訴訟は望ましくないと思います。なぜなら，中国の税務訴訟は，税務当局の手続上の瑕疵等のみが審査対

象となります。訴訟の管轄機関である裁判所（人民法院）は税法に対する専門的知識を持っていないところもあり，税務については裁判所ではあまり議論できず税務当局の主張をひっくり返すことはありません。したがって，訴訟はよい手段としてはあまりすすめられません。

　一方で，最近は，訴訟の一歩手前で不服申立てをして，納税者が勝っている事例があります。上級国税局への行政再審になります。つまり，市レベルの税務当局の決定に不服がある場合は，省レベルの税務当局に行政再審を行うことになります。中国では日本のように不服審判所のようなものはありません。蘇州は蘇州市税務局，その上が江蘇省税務局。そこが上級国税局になります。不服申立てを扱う専門機関はありません。移転価格で上級国税局までいくケースはないと思います。

　日系企業は慎重なので行政再審などは使っていないと思います。それは，現地の税務当局との関係性を気にして，対応が悪くなることを懸念しているからです。しかし，欧米企業では多く使っており，納税者が勝っているケースも出てきています。ここ数年は，合理的に納税者が勝つケースが増えてきています。日系企業は慎重なのであまり多く利用されないかもしれませんが，中国・欧米企業が多く使っている中で，その方法を排除する必要はないかと思います。それによってデメリットとして，現地当局との関係が悪くなると，その後意地悪されるという懸念，そういったケースは完全にないとはいえません。実際に当局との関係が悪くなってその修復に1～2年要したケースは1件くらいありました。行政再審は確かに，当局にとってはウェルカムということではないでしょうから。

　不服審査に進む決定をされる場合でも企業が単独で税務当局とやりあうことを躊躇されることも少なくないと思います。デロイト 中国には多くの税務局，税関OBを中心とする税務交渉チームがあり，不服審査における説明ロジックを整理し，かつ税務局との関係維持にも配慮しながら進められる経験とノウハウを有しています。

　移転価格ではAPA，MAPがあるので，国内で戦うよりは，国際間で戦う方が合理的です。税務訴訟になったケースもありますが，手続的な問題が争点になっているものが多いです。裁判所の判断は必ずしも中立的ではないの

で、税務訴訟や上級国税局への行政再審で、納税者に有利な判断を得ることは期待しにくいです。税務訴訟で納税者側勝訴のケースとしては、税務局が調査を経て査定利益（PE 課税等でよく用いられる方法）に基づく課税通知を納税者に発行し課税処分を行ったあと、上級税務局より調査のやり直しと実際利益に基づく課税を命じる内部通達を発行、結果として納税者がより多くの税額を払わされたという事案につき、人民法院（裁判所）が、納税者のあずかり知らぬところで行われた税務局内部の通達そのものを無効としたものがあります。

● 日本の税務係争対応のケーススタディ

山川　北村さん、いかがでしょうか。日本の法律家の目から見て 3 か国で起こっていることについてご意見をお願いいたします。また、日本における争訟スタンスへの示唆が何かありますでしょうか。

北村　はい、各国の税務訴訟には、それぞれの国のお国柄が反映されているようで興味深いですね。まず、インドですが、TP のケースでは、過去の類似する判例に従って、とても合理的な判断が下されているように思います。このような判断が下されるなら、納税者としては、課税処分が下されたときは、同じような論点が問題となった判例を調査すると結果を予測することができますので、税務訴訟をするかどうかの判断をしやすいと思います。また、税務訴訟の件数が多いので、判例の蓄積が進んでおり、精度の高い予測をしやすいことも、納税者にとってはありがたい環境といえるでしょう。

　　PE のケースも、委任状（POA）の読み方が問題となったわけですが、裁判所は、法律的に委任状をどのように解釈するかという問題と理解して客観的で合理的な解釈を支持したということで、これも裁判所にいけば合理的な判断をしていただけるケースと理解することができます。荒っぽい税務調査とのギャップが大きいですが、インドでは調査期間が限定されているので、税務調査が不十分になるのはやむをえないのだとすると、納税者としては、税務調査対応の延長線上に税務訴訟対応があると理解した方がよいと思います。もちろん、納税者の主張に合理性があるかどうかの分析と費用対効果の分析

が前提となりますが，これだけ納税者勝訴率が高いことを考えると，逆に税務訴訟にいかなければ馬鹿を見るということになりかねません。これは，税務執行の運用状況が日本とは真逆だということだと思いますが，日本では，税務調査が慎重で保守的ですので，実際に打ってくる課税処分で明らかに不合理なものは少ないですが，インドでは税務調査がラフに行われますので，明らかに不合理な課税処分も珍しくありません。ですので，税務訴訟の場で自分の身をちゃんと守らないと危ないということだと思います。日本と同じ感覚で税務訴訟を考えてはいけないということがよくわかります。

次にインドネシアですが，TPのケースは，内部コンパラと外部コンパラとを比較して，どちらがより適切かを客観的に分析して判断したもので，インドネシアの裁判所もちゃんと合理的な判断をしてくれることがわかります。また，無形資産のケースは，当局の主張がびっくりではありますが，裁判所では専門家の意見書も踏まえ合理的な判断がなされることがわかりました。インドネシアにおいても荒っぽい税務調査とのギャップが大きいですが，インドネシアでは，課税処分が合理的でないことについて基本的には納税者側に立証責任があるように運用されているようで，この点が日本とは全く異なります。日本では，課税処分が合理的であることについて税務当局側に立証責任がありますので，納税者は，基本的には受け身の対応をするということになりますが，インドネシアでは，納税者側からちゃんとプロアクティブに対応して自分の身を守らないと，不合理な課税処分が残ってしまいますので，恐ろしい国ということになるかもしれません。しかも税務調査中での対応は，7日以内とか10日以内というような日本ではありえないような短期間での対応を迫られますので，当然ながら時間切れになってしまいます。ですので，インドネシアでも，税務訴訟対応は税務調査対応の延長線上にあると考えて，税務調査中に反論しきれなかったものを税務訴訟中に反論するというくらいに理解しておかないと危ないと思います。やはり日本と同じ感覚で税務訴訟を考えてはいけないということがよくわかります。

他方，中国ですが，裁判所に合理的で中立的な判断を期待するのは難しそうだということと，税務訴訟をすることがその後の税務調査に影響しかねないということですので，現実的な対応としては，課税処分が出る前に税務当

局といかに交渉するかということになるのではないかと思います。もっとも，最近は税務訴訟にいく前の行政再審の利用が増えてきているようで，中国企業や欧米企業は活用しているようです。不合理な課税処分があれば，日系企業も行政再審の活用を検討してよいと思います。行政再審についてもその後の税務調査に影響するようなこともあるようですが，中国の状況も時代とともに変わってきているので，あまり昔のイメージにとらわれずに，常に最新の情報を入手して判断した方が良いと思います。

山川　ありがとうございます。各国における税務係争は，それぞれのお国柄を反映しており，日本とは様子が違います。そこで，各国において税務係争にどのように対応するのが望ましいか，税務係争対応のノウハウをそれぞれお話いただければと思います。まず，インドからお願いいたします。

各国における税務係争対応ノウハウ

●インドにおける税務係争対応ノウハウ

シン　北村さんがおっしゃった中で非常に重要なことがあるのですが，審査官・税務当局がアグレッシブになっていますが，納税者にとって有利な判断がないといった状況にはなっていません。統計をみましても，約3,700の処分・決定を移転価格について分析すると67%以上は納税者に有利な判断がでています。ですから，不利なのは1,400件ほどです。高等裁判所にいく前の移転価格の判断についても67%ぐらいは納税者に有利な判断になっているので，最近のデータですが，訴訟案件の中でも税務当局への訴訟が一番多いのですが，こういった判断の傾向を見てみると，訴訟する価値があると思います。

　　もうひとつ高等裁判所・最高裁判所の決定について見てみると，インドでは，彼らが法の創造者であるということ，裁判所が法律を作っているということです。最高裁判所の決定がそのまま法律になるということです。最高裁判所までいかずに，高等裁判所の判断がそのまま確定することも多くあります。高裁，最高裁の判断が鍵になるわけですが，最も重要な判断は，移転価格にせよ移転価格でないにせよ，所得税を課すためには，本当に経済的に所得の発生という事実がなければならないということです。

また，課税当局は納税者とは立場が違い，もともとビジネスをわかっていません。したがって，それをわかってもらう必要があります。例えば，法律の妥当性もさることながら，ビジネスの慣行をわかってもらうことが重要です。当局としては移転価格においては独立企業間価格がどのように計算されたかをみるということです。連続した関連する取引がある場合はそれを1つの取引として見ることもあれば，個別に見ることもあります。個別に見てもらう必要がある場合は，それぞれの案件は別々だということもきちんと伝えなければなりません。

有利な判決を受けるためには，納税者側としては事実をできるだけ詳細に伝える準備をしておくということです。

● インドネシアにおける税務係争対応ノウハウ

山川 ありがとうございます。裁判官が欧米の裁判例を学び参考にすることもあると聞き及ぶところです。それでは，インドネシアはいかがでしょうか。

杉本 インドネシアでは，まずは税務裁判所への提訴をするかどうかを判断するに当たり，現地において裁判で勝てるかどうか評価する必要があります。これを一定のタイムラインの中で適切に行う必要があります。特に同じジャカルタ国税局管内であっても税務署によって類似案件をバラバラに課税してくるような事態もありえます。こういうような場合の対応も考えて行わなければなりません。特に，移転価格の場合，訴訟と相互協議とはどのように使い分けるか。APAはどの程度有効かを考えなければなりません。他の全ての国でもそうですが，中立の裁判官をどのようにして納税者側の味方につけるか，裁判官にこちらの主張内容を理解してもらわないと意味がないので，スライドを用いたプレゼンを行い，わかりやすく裁判官に説明する必要があります。先の事例にもあったように裁判官の中にはロイヤリティの支払根拠がわからない方もいるため，そのような場合には大学の知財の先生・専門家に説明をしてもらうというアレンジも必要になります。特に移転価格はビジネスのことがわからなければ十分な判断が困難であるため，このような努力が重要です。

もう一点は，訴訟を行うかどうか判断するノウハウの1つとしては，納税者がエビデンスを持っているかどうか，十分に準備できるかどうかが重要になります。税務調査中では反証する時間が短いため，十分に証拠がそろわないこともあります。しかし，十分に証拠がそろわなくとも，その後において第三者からエビデンスをそろえることができれば勝訴の可能性が高くなりますので検討する必要があります。逆にいうと，税務調査官は反証に値するような証拠を収集せずに，挙証責任が納税者にあることにかまけて課税をしてくるからです。税務裁判官がどのような根拠で課税したかを調査官に問うたときに無言で答えられないこともありますが，このような案件ですら異議申立てを棄却されることもなく税務裁判でしか解決できずに訴訟にいたってしまっているので，何とか税務調査の中でおさえることができるようにすることが重要です。

● 中国における税務係争対応ノウハウ

山川　理屈を駆使するだけではなく，国際ビジネスをどう理解してもらうかもキーにみえます。では，中国はいかがでしょうか。

板谷　いままでは税務訴訟はおろか行政不服申立て，行政再審は制度としてはあるもののなかなか使えませんよね，といった状況ではありましたが，少なくとも最近では，中国・欧米系企業などでは行政再審を使っています。この状況を見てみると，最初からないものとするのではなく，取り得る手段の1つとして考える段階にきているのではないでしょうか。もちろん，どんどんやろうとは思いませんが，使わないと最初から決めつける必要はありません。税務当局との関係維持や強力なアドバイザーをつけながら進めるといったことも考慮しつつも，制度を使うといった時代になってきているのではないかと思っています。

　一方で，移転価格の分野では，あいかわらずそういった方法ではなく，二国間で二重課税を排除する，APA・相互協議を申請する必要があります。実際にそうするべきだと思います。しかし，中国ではAPAも相互協議もなかなか進まないのではないかと思われる方もいるかもしれませんが，うまく進め

るヒント・コツは，難しいところもありますが，APAについては，規定上もはっきりしていますが，バリューチェーン分析など，申請において行われた分析資料が詳細でしっかりしたものについて，優先的に受け入れ処理を行うということが明確にされています。書類の準備をしっかりとするといったことがまずは重要になります。

　また最近の税務当局の傾向として，過去のAPA案件にありがちな，見慣れた業界で，ほぼ製造機能のみの中国子会社に対してTNMMに基づき一定の利益を配分するというような，新鮮味のない申請をそれほど受けたがらない一方，これまでの申請事例では少ない研究開発等の新しさのある業務や珍しい業種に関わる申請，より複雑な分析手法を用いた申請については，税務当局も新しいノウハウを蓄積したいという意欲から，比較的受け入れやすいといった状況も見て取れます。そういったところも1つのヒントにしてもらえればと思います。

　一方で移転価格の調査で更正を受けた企業はあいかわらず，相互協議で二重課税をどう排除していくかがキモになります。相互協議を進めるポイントとして，強引な中国税務局の調査に対して，なすすべもなく高い利益率で課税を受けたというような状況は，相互協議に際して，日本側当局に対してはあまり良い印象を与えないと考えます。やはり，中国税務当局に対して，しっかりとした内容で納税者としてコミュニケーションをとること，とことん議論を尽くすというプロセスを積み重ねるよう，親会社として中国子会社を導くことが重要と考えます。また中国側で課税通知を受けそうな早めの段階で日本側の当局に相談を入れることも，相互協議をスムーズに進めるために，親会社が初期段階でできることとして挙げられます。

● 日本における税務係争対応ノウハウ

山川　当局にとって，BAPAは調査より効率的に新しいビジネスを知りうるというメリットがあります。かつての金融グローバルトレーディングはその例です。また，相互協議を見据え，移転価格調査段階から親会社が現地子会社を導くことの重要性は，あらゆる国での課税に当てはまるといえます。

　北村さん，いかがでしょうか。3か国との比較も踏まえて，日本はいかが

でしょうか。

北村 国ごとに税務訴訟を取り巻く環境には大きな違いがありますが、日本の親会社にとっては、要するに、自分のポジションについて、株主その他の関係者にどのように説明するかということになります。その意味では、どの国で問題が生じていてもやるべきことは実は共通しています。それは、納税者のポジションに合理性があるかどうかをしっかりと検証するということです。もし課税処分が出たとしても納税者のポジションに合理性があるのであれば、インドやインドネシアにおいては、費用が効果に見合う限り、税務訴訟に進むのが基本的なアプローチになります。これに対し、中国では、課税処分が出てからでは遅いので、課税処分が出る前に、納税者のポジションの合理性を検証しつつ税務当局と交渉して、課税処分が出ないようにするというのが基本的なアプローチになるでしょう。

では、日本はどうかということですが、税務訴訟の件数が少ない点と納税者勝訴率が低い点は、確かに中国に似ています。もっとも、日本では裁判所が法令と判例に従って合理的で中立的な判断をすることが期待できます。また、税務訴訟をしたらその後の税務調査に影響をするというようなことは、少なくとも今はありません。そして、日本の税務調査は慎重で保守的なので不合理な課税処分は少ないですが、それでも時々はあります。ですので、日本でも納税者のポジションに合理性があるかどうかを検証し、課税処分が出たとしても納税者のポジションに合理性がある場合には、費用が効果に見合う限り、税務訴訟に進むべきことになろうかと思います。ただし、インド、インドネシアとは違い。日本では税務調査中に反論をする機会が十分にあるので、税務調査中に納税者が自らのポジションの合理性を説明して課税処分が出ないようにすることが重要ということになるでしょう。

それからもう1つ、本当は根深い問題として、修正申告の慫慂の問題があります。納税者は必ずしも納得していなかったとしても、税務当局の示唆に従い、修正申告に応じているケースが少なからずあるはずで、こういったケースは、そもそも処分が出ないので、訴訟件数として挙がってこないということがあります。そういったケースにおいても、税務の透明性・予測可能性を

高める観点から，今後は納税者のポジションに合理性があるかどうかを論点ごとに検証するアプローチが重要になってくると思われます。

3 小 括

山川　ありがとうございました。それでは，税務係争のパネルを小括させていただきたいと思います。猛烈なスピード感で経済発展するアジア諸国における，当局サイドからのインバウンド税務問題について，訴訟という最終プロセスまでを見据えて，「大人の解決」と「理念に沿った解決」を咀嚼した最も賢明な解決手段は何かという課題です。

　法治国家としての基本原則の1つである「法律による行政の原則を貫徹させるための行政訴訟」，これは申すまでもなく，税より広い枠組みで，また主に，国内の紛争の解決を念頭に律せられ，そうはいいながらも，国によっては，近時政府の対内直投による経済発展の視座が司法にも及びつつ，推進されているようにみえます。ここでは，インバウンド税務に，行政訴訟が現実的に有効であるのかを判断していくことになります。

　ディフェンス最優先でありますが，現実に起こった調査事案について，修正に応じ効率的に事を終えるのか，裁判で決着をつけるのかは，issue by issue，ケースバイケースであり，現地のプロセスを熟知し，事案の本質と当局の出方，そして司法判断の動向を見抜いて，最良の判断を行い，これを実行するということであろうかと考えられます。

　本日のディスカッションで各国の実情が見えてまいりました。インドとインドネシアでは，裁判所は，一定レベルの納税者の合理的な主張が認められるようであり，納税者の勝訴率は高いといえます。インドは制度上調査期間が短く，インドネシアは組織的なノルマ主義を取り，課税処分は一般にラフであり，税務調査の延長上に普通に税務訴訟が見える面があります。ただ，勝訴率は一般に高いとはいえ，特にインドネシアにおいては，先進国並みのロジカルな判例が期待できるのかが検証されているのか，また極めて理不尽な課税が確実に取り消されるのかについては，なお疑義・懸念はあろうかと考えられます。中国は，近時不服申立て（行政再審）の利用価値がようやく出てきたところです。

移転価格に関しては，3か国とも調査は極めて盛んです。中国は相互協議や二国間事前確認の歴史は十数年ありますが，今後一層の円滑な進展が期待されるところです。相互協議に至る前に親会社の立場でよくリードしておくこと，バリューチェーン分析のしっかりした文書化を実行しておくことなど，コツがあるといえそうです。インドとインドネシアは，相互協議は，まだ緒についたばかりながら，概して有効に機能する方向感があり，二国間事前確認は全体の中で件数的に多いとはいえませんが，種々の制約のもとで概してワークしはじめている状況といえるでしょう。調査後国内争訟が普通に続く実態から，相互協議は並行して進んでいく実務です。

さて，翻って日本ですが，税務当局は概して保守的な執行が軸であり，納税者も概して行政とコトを構えることを好まず，修正申告を軸に対応することから，執行の風土・実情は，欧米そしてアジアとも大きく異なるといえます。我が国の税務訴訟は，件数が少なく，納税者の勝訴率が10％未満と低いわけですが，これは，課税庁が慎重な課税処分をしているからといえます。ただ，納税者サイドから見た場合，勝訴率の数字を見て，税務当局と納税者が対等と考えている企業がどれほどあるか，つまり，処分を簡単に覆すことは難しいだろうという観念があるのかもしれません。こういうことから，企業は訴訟に伴う様々な逸失利益を勘案したうえで金額の影響が極めて大きいものないし業の本質に関連するものについてのみ訴訟をしているという実態があるのではないかとも考えられます。

ご存知のとおり，近時，全国の国税局調査部は，官民双方の効率を念頭に，大企業のトップマネジメントの税務コミットメントを意識した，能動的税務ガバナンスを推進しています。さらに，国税庁の最近の発信物からは限られた人的リソースを本来調査すべき対象に振り分けて厳格化を図りつつも，大企業との間で一層高みの信頼関係の構築を指向しているようにみえるところです。

納税者としては，税務当局との間で底堅い信頼関係を築きつつも，なお issue by issue，ケースバイケースで税紛争の解決方法を的確に判断し，税務上の論点・見解の相違について，裁判で判断してもらいたいとの意向に間違いはないと考えられ，合理的に判断することが推奨されましょう。

3 企業のための羅針盤

山川 最後に，企業のための羅針盤として，どのように今後の実務に対応していけばよいかをお話させていただきます。

　企業のための羅針盤ですので，単にこのような反論書をつくればよいというレベル以上の話をさせていただこうと思います。まずは端的に，現に起こっていることを知ること・把握することが重要になります。

　世界の当局は開示された情報を共有するインフラが整ったいま，世界で調査の時代に入るといえます。まずは調査や争訟が起こらないための指針の実行がまずもって必要で，これが基本ですが，本日のパネルディスカッションでは調査や争訟が起こってしまったワースト・有事対応を考えてきました。いまの状況でよいのかという問題です。

　本日ここまで，世界で最も課税リスクの高い3か国の税務調査・係争をかいつまんで，かつリアルにみてきましたが，その対応は各国独自で専門性を要するスペシフィックな対応が求められるということがわかりました。

　実際，各国現地法人だけの対応では限界があるのかもしれません。税務担当は，一般に外国人でして，現地法令には習熟されていても，移転価格や日本のCFC税制等の国際課税に通じているとは限りませんし，税務を知らない事業部の日本人スタッフに判断してもらうのは困難です。といいましても，現地国の人を入れ替えたり増やしたりすることも簡単ではありません。

　要は，「本社はグループの課税リスクの管理をしたい」，でも「どこまでやればよいかわからない」，「範囲を広げると要員的にカバーしきれない」というジレンマを感じているのではないでしょうか。地域別の実態調査を行って結果をみたうえで，本社が容喙（ようかい）していく，つまり現地をリスペクトしつつ，合理的に気持ちよく口をはさんでいく，地域・会社を絞ろうという会社もあるかと思います。欧米多国籍企業のコントロールとはやや異なります。

　実態として，すべての国の税務調査に本社が関与していくことは不可能であり，実際に税務調査が行われた場合に，その過程ないし事後的に状況の報告をもらい，アドバイスをすることが精一杯かもしれません。またM&Aをした会社の取扱いについて，一定規模の陣容を要した会社については，なか

なか本社のコントロールが効かない，特に税務面で効かないという状況が起きがちであり，ここについても意を用いる必要があると思われます。容喙を超え，職務範囲と責任権限の一層の明確化が求められます。

　会社によっては，経理部において子会社を含むグループ税務を統括していくための要員を捻出していくことは，能力的にも要員数的にも困難なこともあろうかと思います。

　本来，理想をいえば，係争対応を含めた世界中の課税リスクを管理するための方針，つまり，親会社の管理への関与度合いやいざコトが起こった場合の現地判断の範囲を事前に定めておくこと，が必要であり，それをどこまでどのように順守させるのか，また有事の時にはどのように対応し，どこに報告させるのかを，ガイドする仕組みが必要になってきます。

　ここでアドバイザーとして，必要なコストを整理しつつ，実現すべき事項を会社と相談しながら示しつつ，動かしていくという選択肢があり得るところでしょう。経営層を動かすためにロジック作りも重要になってくると思います。アドバイザーには，海外ネットワークと多数の実例を知っているというメリットがあります。

　確かに中期的にはこのような仕組みが重要ですが，さりながら，現下の足元は，現状把握，まず知ることが第一です。これはすべての会社に共通していえることです。現状がわかるとどこが弱いのかがわかるので，仕組み作りにも反映させることができます。また，仕組みの必要性がリアルに響くのかもしれません。

　そこで，各国の移転価格税制・文書化制度のアップデート情報に加えて，各地での税務調査・係争の状況を把握することが考えられます。社内に税務ネットワークがなければ，経理主計の連結パッケージの担当者から相手国拠点の通例の窓口の方，経理の出向者や local account manager に，例えば現実問題として個別に Excel シートを送ってメールのやり取りを行うことが考えられます。

　この約2年，先に取り組まれました CbCR の情報に add on していただきます。アンケートは現地の税務担当者が落とし込みやすいように表にしておきます。現地の人は英語の対応は基本的にできます。

例えば，日本側で事務量に余裕のある，毎年9月から10月頃に同じ頃，同じ相手先に恒例として送ります。最初はいくつか質問がきますがだんだん慣れてきて容易に情報の収集ができるようになります。集計は当初は人海戦術になりますが，システマテッィクにメール集計ができる可能性があります。更には，海外・国内におけるグループ会社が抱える税務係争リスクの状況を，一覧性の高いフォーマットで出力したり，売上金額・税額・課税提案金額・買収時期等の情報をもとに，税務係争リスクの高い会社にフラグを立てて抽出するなど，効率的に全体を管理するツールの活用も考えられましょう。

こうして，税務調査の端緒や書面調査レベルの状況を把握しておくとその後の予測が可能となり，有事の対応リスクを軽減できます。これによって調査は現地子会社一任体制を改善することができるといえましょう。

このような恒例のアンケート集計を，本社でCFO・本部長クラスの，例えば経理・システム・総務等の執行役本部長レベルのdecision makeをする人に，毎年あげておくことは有用です。実際現地でリスクが発現してコトが本格化した場合に動きやすくなるからです。

更には，本社側では，情報を取る窓口になった途端に，毎年手間がかかるうえに，現地の税務調査の責任を一切・一層負わされると考えるかもしれませんので，マネジメントはここで現実のリソースや能力を踏まえてみてやる必要があるわけです。他方，子会社側では，現地での追徴は，現地担当者の失態ととらえられると報告が上がらないかもしれないため，現地担当者の評価に直結しない形で報告が上がるような仕組みが必要になります。

また，情報の流れの整理も必要で，例えば，中国に多数の会社がある場合には，北京・上海等の地域統括会社にいったん情報を収集することが考えられますが，中国の地域統括会社は，歴史のある重鎮事業部子会社に対して立場が弱い可能性もあるため，とりまとめだけになるかもしれません。こういうプラクティカルな整理が必要です。

税務問題の結果責任の全てを税務担当の責任に帰すことは必ずしもフェアではないといえます。端的には，極めて見通しのききにくい相手国当局の出方によって対応のやり方が変わってくるからです。このような側面からも，CFO・本部長クラスに上げておくことは重要です。

情報の収集に関しては，今般，移転価格ローカルファイルをやってみて，あらためて現状把握ができていないことに気がついた会社は多いと思います。調査の事実に気づいていなくてびっくりした会社もあります。現地がローカルファイルをつくっていることを知らなかったこと，つくっていても見たことがなかったこと，現地で OM のレンジアウトを普通にやっていること，こういうことがはじめてわかった会社は少なくないと思います。

　「さすがに巨額な課税提案の情報は，現地から本社に入ってきます。そのくらいのリスク管理はキープされています」という会社が多いでしょう。ただ，税キャッシュアウトは最大のコストであるのみならず，追徴は経営にダメージを与え，reputation を毀損することもあります。これをグローバルベースでコントロールしようとするのであれば，本社による，一定規模以上の税務調査・係争管理を事前にやっていくことは重要です。

　さてその後，現実に調査・係争に入ると，どうするのかですが，月1・週1などモニタリングの頻度をあげ，子会社側で対応する権限と責任の範囲を明確にしてやり，一定の資料提出には親会社のチェックをかけるなど，戦略的対応ができる仕組みを早期につくりあげることが重要になります。

　特に，移転価格は，親会社の資料と分析をもとにはじめて合理的な説明をなしうることがあること，後の政府間相互協議を想定して，親会社から調査時に OECD ルールに沿った対応をするように現地に指示をしておくことがとても有用であることに留意すべきです。

　課税リスクの事前把握，及び有事の係争対応をいっぺんに管理できればこれに越したことはありません。世界は調査の時代，税法を的確に遵守し，税務当局との信頼関係を礎としつつも，有事にいたった局面においては，もはや税務は企業価値を守るための戦いともいえましょう。国によって戦い方が違います。文化的なもの，慣習，税務執行の風土，出方等知り尽くして対応することが重要です。

　以上で，私からの「企業のための羅針盤」としてのまとめを終わりにさせていただきます。本日は誠にありがとうございました。

(2018年2月14日（水）収録）

補論　インド，インドネシア，中国における国際課税・税務執行体制の概要

1　はじめに

　本項では，第1部にて掲載した，2018年2月に実施した弊デロイト トーマツ税理士法人主催のセミナー「多発するグローバルな税務係争と解決に向けた羅針盤―税務調査・係争の現場とポストBEPSの移転価格対策―」の内容に関連し補論として，インド，インドネシア，中国の3か国に関して「各国における国際課税及び税務執行」，並びに，「日本企業が近年直面している税務上の課題と課税措置への対応方法」について概説する。本セミナーにおいて各国専門家が解説した税務調査や税務係争対応に係る各国特有の内容について，本項にて背景となる情報を補足することで，読者の理解を補完できれば幸いである。

　「2　各国における国際課税及び税務執行」では，本セミナーの中で税務調査・争訟における国際課税に係る主な論点として挙げられた「移転価格税制」及び「恒久的施設（PE：Permanent Establishment）」の2つに焦点を当て，各国の制度，経緯，国内法や租税条約等について概観する。

　また，「3　日本企業が近年直面している税務上の課題と課税措置への対応方法」では，Deloitteが2017年度を対象に実施したアジアパシフィック各国における税務環境に係るアンケート調査「2017 Asia Pacific Tax Complexity Survey」の結果，経済産業省が2018年2月に公表した平成29年度対日直接投資促進体制整備等調査事業「BEPSプロジェクトを踏まえた移転価格税制及び各国現地子会社等に対する課税問題に係る調査・研究事業」の調査報告書の内容を基に，インド，インドネシア，中国の3か国の税務環境と，日本企業が近年直面している課税事案及び課税措置への対応方法について概観する。

2 各国における国際課税及び税務執行

1 インド

(1) 国際課税

① 移転価格税制

インドにおいては，OECD移転価格ガイドラインに準拠し，2001年に移転価格税制が導入され，1961年インド所得税法92条から92F条（Income Tax Act 1961, Sections 92 to 92F of Income Tax Act）において規定されている。近年では，2012年度予算案により事前確認制度（APA：Advance Pricing Agreements）が2012年7月から導入され，2015年10月には直接税中央委員会（CBDT：Central Board of Direct Taxes）が移転価格税制に係る通達 Notification No. 83/2015［F. No. 142/25/2015-TPL］を公表し，比較対象企業の選定方法や複数年度の財務データの使用，独立企業間価格算定方法，幅（レンジ）を用いた独立企業間価格の算定等に係る具体的な指針を規定した。

OECD加盟国及びG20各国によるBEPS（Base Erosion and Profit Shifting，税源浸食と利益移転）プロジェクトにおける行動計画（Action plan）13（移転価格関連文書化の再検討）最終報告書の勧告を踏まえ，2016年には2016年財政法（Finance Act 2016）によりマスターファイル及び国別報告書（CbCR：Country-by-Country Report）の概要・導入を公表し，その後翌年2017年には直接税中央委員会（CBDT：Central Board of Direct Taxes）は通達 Notification No. 370142/25/2017-TPL によりインドにおけるマスターファイル及び国別報告書（CbCR：Country-by-Country Report）に係る提出義務や記載内容，提出期日等の具体的な規定を公表した。

インドの移転価格税制はOECD移転価格ガイドラインを基礎としつつも，インド独自の移転価格の考え方やルールが規定されており，留意が必要である。インド移転価格税制の対象となる「関連者」とは，一方の法人が直接又は間接に他方の法人の経営，コントロールあるいは資本に対し関与のある関係にある者を指し，具体的には26％以上の資本の持分がある場合や，取締役会へのコントロール・影響力を持つ場合，原材料や完成品の供給に当たり価格や取引条件

等に影響力を持つ場合等，日本の移転価格税制とはその対象・範囲が広範となっている。また，その他，インド国内の関連者同士で行われる特定の取引について，特定の状況下で定められた基準額を超過する取引が行われる場合には移転価格税制の対象となる。これまでは，独立企業間価格の検証に当たっては納税者の移転価格の前後3％（卸売取引については前後1％）の幅（レンジ）に算定される独立企業間価格の平均値に収まるかで独立企業原則を満たすか否かが判断され，インド独自の特徴的な規定となっていた。世界的に共通する見解と平仄を合わせるため，その後幅（レンジ）の考え方は拡大され，比較対象企業データの上位35％と下位35％を除いた中央35％～65％の幅（レンジ）に納まっているか否かについても対象取引が独立企業原則を満たすかの判断に当たり使用されることとなった。したがって，インドで導入されている幅（レンジ）の考え方は，これまでインド税務当局が用いていた幅（レンジ）よりも広くなっているものの，しかしながらOECDが導入している四分位範囲（レンジ）に比べてより幅が狭いことに留意が必要である。

② 恒久的施設（PE：Permanent Establishment）

インドにおいて，恒久的施設を通じて事業を行う場合には，法人税，源泉税等の対象となる。

インドが各国と締結する租税条約はOECDモデル租税条約に準拠しており，日本インド租税条約において恒久的施設とは，「事業を行う一定の場所であって企業がその事業の全部又は一部を行っている場所」として，事業の管理の場所，支店，事務所，工場，作業場，鉱山，石油又は天然ガスの坑井，採石場その他天然資源を採取する場所，保管のための施設を他の者に提供する者に係る倉庫，農業，林業，栽培又はこれらに関連した活動を行う農場，栽培場その他の場所，店舗その他の販売所，天然資源の探査のために使用する設備又は構築物（6ヶ月を超える期間使用する場合に限る）を含む，と定められている。また，6ヶ月を超える期間存続する建設工事現場，建設，据付若しくは組立工事，6ヶ月を超える期間行われる建設工事現場又は建設，据付若しくは組立工事に関連する監督活動，石油の探査，開発又は採取に関連して行われる役務又は施設の提供，インド国外の企業に代わって当該企業の名において契約締結の権限を有し

この権限を反復して行使する,在庫を保有し反復して注文に応じる,専ら又は主として当該企業自体又は当該企業及び当該企業と支配・被支配の関係にあるグループ企業のために反復して注文に応じる代理人の存在も恒久的施設と認定される。

他方で,恒久的施設に該当しないものとしては,「企業に属する物品又は商品の保管又は展示のためにのみ施設を使用すること」,「企業に属する物品又は商品の在庫を保管又は展示のためにのみ保有すること」,「企業に属する物品又は商品の在庫を他の企業による加工のためにのみ保有すること」,「企業のために,物品若しくは商品を購入し又は情報を収集することのみを目的として,事業を行う一定の場所を保有すること」,「企業のために,その他の準備的又は補助的な性格の活動を行うことのみを目的として,事業を行う一定の場所を保有すること」が挙げられている[1]。

日本インド租税条約においては,恒久的施設に帰属する事業所得の範囲について,日本が他の国との間で締結している租税条約と異なり,恒久的施設が直接関与し寄与する帰属所得のみならず,間接的であっても所得に寄与している部分があればその間接に帰属する所得についても課税される等,PE課税の範囲が広く留意が必要である。

(2) 税務執行
① 税務組織の概要と税務調査の傾向

インドにおける税務行政の組織等については**図表補-1**のとおり図示される。

直接税中央委員会(CBDT：Central Board of Direct Taxes)は直接税を所管し,間接税関税中央委員会(CBIC：Central Board of Indirect Taxes and Customs)は間接税及び関税を所管する。

インドにおいては,第1部の図表1-1で示されているとおり,年間の税務調査件数が著しく多く,また近年においてもその件数は著しく多い状態が継続しており,税務当局により調査がアグレッシブに行われている。移転価格税制に関して,インドにおいて近年調査対象となる企業としては,以下が例示される。

● 赤字又は利益率の低い企業
● ロイヤルティ,マネジメントフィー等の支払を行っている企業

第1部　多発するグローバルな税務係争と解決に向けた羅針盤

図表補-1　インド財務省組織図(2)

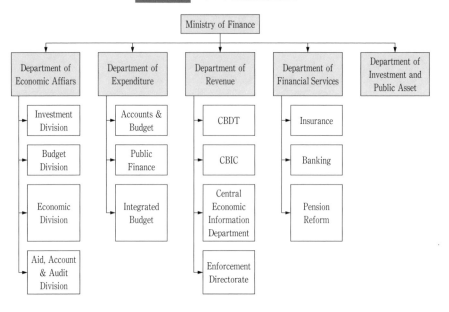

図表補-2　移転価格税制に関する直接税中央委員会（CBDT：Central Board of Direct Taxes）の体制図(3)

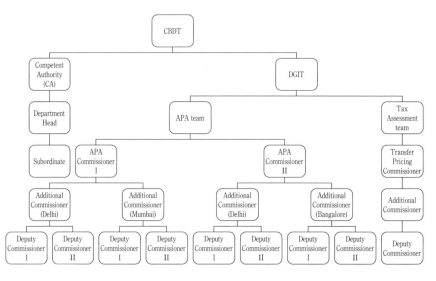

●インド国外の親会社保有の無形資産を用いて，インド国内において広告宣伝やマーケティング活動を行う企業

なお，移転価格税制に関連しては，法人税申告の際に会計士による移転価格の証明書として，対象年度における関連者間取引について開示を行う「Form 3CEB」をインド税務当局に提出を行う必要がある。「Form 3CEB」の提出により，対象年度における取引内容や金額，取引相手の所在地，適用した移転価格算定方法等の情報をインド税務当局に開示することになるが，その未提出企業はインド税務当局が税務調査対象とすべき企業の一例として明示している。

また，インドにおける時効期間はこれまで4年間であったが，2016年財政法による所得税法の改正に基づき，対象年度末から45ヶ月以内へ短縮されている。また，2017年度予算案により，税務調査の完了期間についても，現行の年度末から33ヶ月以内から，2017年度は30ヶ月以内，2018年度は24ヶ月以内に段階的に短縮されることになり，インドの税務調査がより迅速化されることとなる。

2 インドネシア

(1) 国際課税

① 移転価格税制

インドネシアにおいては移転価格税制に関して，1993年に国税総局長通達SE-04/PJ.7/1993が公布されたが，あくまで法的拘束力のない通達に留まっていたが，その後2008年税制改正における所得税法36号により移転価格税制に関する規定が示された。納税者が特殊な関係にある関連者と取引を行っている場合，その取引価格が独立企業間価格であることを分析した文書の作成と保管が義務づけられ，文書に記載すべき内容等，細則は仮に交付される財務省規定にて示されることとされた。その後，2010年に公布された税務総局長規定 PER-43/PJ/2010，及び，翌年2011年に公布された改訂ガイドラインである税務総局長規定 PER-32/PJ/2011により，移転価格税制における基本的な枠組みや手続，移転価格文書の作成義務化が定められた。その後も，2013年公布の税務総局長規定 PER-22/PJ/2013にて移転価格調査に係る手続や調査手法に関する技術的なガイドラインが示され，2014年公布の財務省規定240/PMK.03/2014に

て相互協議、2015年公布の財務省規定07/PMK.03/2015にて事前確認制度（APA：Advance Pricing Agreements）に係る手続や実施方法につき定められる等、移転価格税制の整備が進められている。2016年においては、財務省規定213/PMK.03/2016が公布された。インドネシアにおいても、OECD加盟国及びG20各国によるBEPS（Base Erosion and Profit Shifting、税源浸食と利益移転）プロジェクトにおける行動計画（Action plan）13（移転価格関連文書化の再検討）最終報告書の勧告を踏まえ、マスターファイル、ローカルファイル、国別報告書（CbCR：Country-by-Country Report）の作成義務、作成基準や記載内容、作成期日等に関する詳細な規則が定められた。

なお、インドネシア移転価格税制の対象となる「特殊な関係にある関連者」とは、一方の法人が他方の法人の株式等の25%以上を直接又は間接に保有する関係にある者を指し、また適用税率が異なる場合にはインドネシア国内の関連者同士の取引も対象となる等、日本の移転価格税制とはその対象・範囲が異なる点に留意が必要である。

② 恒久的施設（PE：Permanent Establishment）

インドネシアにおいて、恒久的施設を通じて事業を行う場合には一般に居住納税者と同じ納税義務を負い、法人所得税や税引き後純利益に課されるブランチプロフィットタックス（支店利益税）、各種源泉税、付加価値税（VAT：Value Added Tax）等の対象となる。ブランチプロフィットタックスについては、免除条件や適用される租税条約に基づく軽減がある。

日本インドネシア租税条約において恒久的施設とは、「事業を行う一定の場所であって企業がその事業の全部又は一部を行っている場所」として、事業の管理の場所、支店、事務所、工場、作業場、農場又は栽培場、鉱山、石油又は天然ガスの坑井、採石場その他天然資源を採取する場所を含む、と定められている。また、6ヶ月を超える期間存続する建設工事現場、建設若しくは据付工事、1課税年度において合計6ヶ月を超える期間行われる使用人その他の職員を通じて提供されるコンサルタントの役務又は建築、建設若しくは据付工事に関連する監督の役務提供、インドネシア国外の企業に代わって当該企業の名において契約締結の権限を有し、この権限を反復して行使したり、在庫を保有し反復

して注文に応じる代理人の存在も恒久的施設と認定される。

　他方で，恒久的施設に該当しないものとしては，「企業に属する物品又は商品の保管又は，展示のためにのみ施設を使用すること」，「企業に属する物品又は商品の在庫を保管又は展示のためにのみ保有すること」，「企業に属する物品又は商品の在庫を他の企業による加工のためにのみ保有すること」，「企業のために，物品若しくは商品を購入し又は情報を収集することのみを目的として，事業を行う一定の場所を保有すること」，「企業のために，広告，情報の提供，科学的調査又はこれらに類する準備的又は補助的な性格の活動を行うことのみを目的として，事業を行う一定の場所を保有すること」，「(前述の)活動を組み合わせた活動の全体が準備的又は補助的な性格のもので，その組み合わせた活動を行うことのみを目的として，事業を行う一定の場所を保有すること」が挙げられている[4]。

　インドネシアにおいては，法的に認められた拠点（法人，駐在員事務所等）を持たなければ納税者として登録することが認められないため，インドネシアでの活動がPEに該当するような場合でも，前述のような拠点がなければ自らPE申告・納税を行うことはできないこととなる。

(2) 税務執行

① 税務組織の概要と税務調査の傾向

　インドネシアにおける税務行政の組織等については以下の通り図示される。

図表補-3　インドネシア財務省組織図[5]

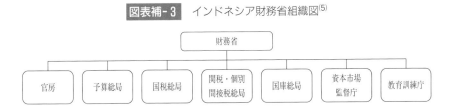

図表補-4　インドネシア税務行政機構図[6]

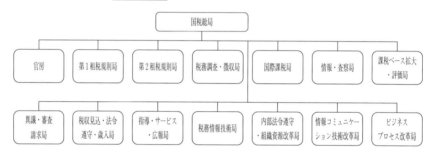

図表補-5　インドネシア国税総局組織図[7]

　国税総局は，税制の企画・立案，歳入計画・管理，税制執行等の責務を負う。国税総局の組織の内で「税務調査・徴収局」が税務調査や徴収を担当し，「第2租税規則局」が所得税法，国際課税等を担当，「国際課税局」が事前確認制度（APA：Advance Pricing Agreements），国際協力，情報交換等を担当，「異議・審査請求局」が異議や審査請求の審査を担当，「税収見込・法令遵守・歳入局」が歳入計画，歳入管理，納税者コンプライアンス管理等を担当する。また，税務行政機構として近年では，納税者を規模別に所掌するように税務署が整備されている[8]。

　インドネシアにおいては，2008課税年度以降，時効期間は5年間となっている（ただし，犯罪行為については時効期間は10年間）。過払いの税務申告に対する調査の期限は申告書の提出から1年となっている。

　インドネシアでは調査が非常にアグレッシブに行われており，数十億～数百億円規模の更正を税務当局から受けた事例も発生している。また予定納税制度や輸入時の法人所得税前払制度により，当該年度の法人所得税が過払いとなる

申告書を提出した場合，当該申告書に対する税務調査が必ず行われることも留意が必要である。前述のとおり，過払いの税務申告に対する調査は1年以内に終了する必要があることから，税務調査がよりアグレッシブになる傾向がある。また，法人所得税が還付対象となった場合，同期間の移転価格，付加価値税（VAT：Value Added Tax），源泉税等の税務項目も調査対象となり得る。また，関連者とのロイヤルティ取引は重点調査対象とされており，納税者が妥当性・実在性を証明しない限り，インドネシア税務当局はインドネシアから国外へのロイヤルティの支払につき損金算入を認めない傾向がある。なお，移転価格税制のみを対象に調査する移転価格調査は行うことはできず，法人所得税を対象とする税務調査の項目の一つとして移転価格税制は調査の対象となる。また，インドネシアにおいて調査・更正を受けた場合に，二国間の相互協議にて解決を図ることも検討されるが，日本とインドネシアとの間では近年では年に2～3回程度相互協議が行われている。合意に至った事例は出てきているものの，インドネシアにて還付を行うケースでは合意することが非常に難しい状況である。

　インドネシアにおいて近年重点的に調査対象となる企業としては，以下が例示される。なお，後述のTax Amnesty Programとは，インドネシア居住の納税義務者（個人又は法人）を対象とし，過去から2015年12月31日までの課税年度において課税対象となる資産につき申告・納税漏れがある場合に，2016年7月1日～2017年3月31日までの期間に納税者が自ら2015年12月31日時点の資産を開示し，それらに対して一定の税額の納付を行えば租税特赦を享受できる制度である。

- 時効を迎えていない課税年度についてTax Amnesty Programに参加していない納税者
- 建設業界におけるサプライヤ等，インフラ建設に関わる業界
- 電気通信，eコマース，インターネット・プロバイダー等のデジタル産業に関わる業界
- グループ企業とその関連会社
- 鉱業，プランテーション，水産業
- タックスホリデイ等，税務優遇措置を享受している納税者。なお，前述の

過払いによる還付申告を行う納税者を含む
- 前述の調査手法に関する技術的なガイドラインにおいて規定される，定量的・定性的なデータ・情報による測定指標に基づき税額に大きな乖離があると考えられる納税者

3 中 国

(1) 国際課税

① 移転価格税制

中国においては1991年に移転価格税制が導入された。その後,「外商投資企業および外国企業所得税法」,「外商投資企業および外国企業所得税法実施細則」,「租税徴収管理法」とその実施細則,「関連企業間取引の税務管理実施弁法」（国税発［1992］237号）,「関連企業間取引の税務管理規定（試行）」（国税発［1998］59号）等，税法及び移転価格税制の実施に関する通達の公布を経て，移転価格税制の執行が行われてきた[9]。

2009年には,「中華人民共和国企業所得税法」の第6章「特別納税調整」の実務運用ガイドラインとして，移転価格税制，外国子会社合算税制・過小資本税制等の特別納税調整の詳細を規定する,「特別納税調整実施弁法（試行）」（国税発［2009］2号文）が公布された。移転価格税制に関して中国税務当局が特別納税調整に関する事項に関してどのように執行等を行うべきかが明示され，例えば，移転価格調査については「関連者間取引金額が大きい，或いは各種の関連者間取引を行っている企業」,「長期的に欠損があるか，僅少な利益しかなく，或いは利益の変動が激しい企業」,「利益水準が同業他社より低い企業」等を「重点調査対象企業」とすることを明示し，また移転価格文書化制度（同期資料）については「関連者との有形資産取引が年間2億人民元以上若しくはその他の取引が年間4,000万人民元以上ある納税者」について中国の納税申告期限である5月31日までに移転価格文書（同期資料）を毎年準備する義務を新たに定めた。本規定の公布は，中国税務当局が当時の国際的な移転価格税制に関するガイドラインにより近づけ中国国内法を整備したことと共に，中国国内における移転価格税制の執行を強化する方針の表れでもあった。

近年では，2012年より進行しているOECD加盟国及びG20各国によるBEPS

（Base Erosion and Profit Shifting，税源浸食と利益移転）プロジェクトにおける行動計画（Action plan）を踏まえた更なる国内法整備が進められており，2015年6月に「コストシェアリング管理の規範化に関する公告」（国家税務総局公告2015年45号），2016年6月に「関連者間取引申告と同期資料の管理に関する公告」（国家税務総局公告2016年42号），2016年10月に「事前確認管理の規範化に関する公告」（国家税務総局公告2016年64号），2017年3月に「特別納税調査調整及び相互協議手続きに関する公告」（国家税務総局公告2017年6号）が公布され，当該6号公告の公布をもって前述の2009年公布の「特別納税調整実施弁法（試行）」（国税発［2009］2号文）の改訂が完成されることとなった。とりわけ，2016年6月公布の「関連者間取引申告と同期資料の管理に関する公告」（国家税務総局公告2016年42号）では，BEPS行動計画13の最終報告書における勧告内容を反映し，一定の要件を満たす納税者に対し，マスターファイル，国別報告書（CbCR：Country-by-Country Report），ローカルファイル及び特殊事項文書を含む同期資料の準備を義務づけると共に，中国税務当局のこれまでの税務実務や考え方を反映し，取引価格に対する地域性特殊要因の影響等について言及する等，国際的なガイドラインに即しつつも移転価格税制に係る中国自身の考え方・方針を明示している点は特徴的である。

　なお，中国において移転価格税制の対象となる「関連者」とは，一方の法人が他方の法人の株式等の25％以上を直接又は間接に保有する関係にある者を指し，また中国国内の関連者同士の取引も対象となる等，前述のインド，インドネシアと同様に，日本の移転価格税制とはその対象・範囲が異なる点に留意が必要である。

② 恒久的施設（PE：Permanent Establishment）

　中国において恒久的施設に関しては企業所得税，営業税，個人所得税の課税対象となる。

　中国が各国と締結する租税条約は基本的にはOECDモデル租税条約あるいは国連モデル租税条約を基にしており，日中租税条約第5条において恒久的施設とは，「事業を行う一定の場所であって企業がその事業の全部又は一部を行っている場所」として，事業の管理の場所，支店，事務所，工場，作業場，鉱山，

石油又は天然ガスの坑井，採石場その他天然資源を採取する場所を含む，と定められている。中国国内において事業を行う物理的施設が存在すれば恒久的施設が認められることとなるが，それ以外にも，6ヶ月を超える期間存続する建設工事現場，建設，組立工事，据付工事若しくはこれらに関する管理監督活動，単一の工事又は複数の関連工事について12ヶ月の間に合計6ヶ月を超える期間行われる使用人その他の職員を通じて提供されるコンサルティング活動，中国国外の企業に代わって当該企業の名において契約締結の権限を有し，この権限を反復して行使したり，反復して注文を取得する注文取得代理人の存在も恒久的施設と認定される[10]。

他方で，恒久的施設に該当しないものとしては，「企業に属する物品又は商品の保管，展示又は引渡しのためにのみ施設を使用すること」，「企業に属する物品又は商品の在庫を保管，展示又は引渡しのためにのみ保有すること」，「企業に属する物品又は商品の在庫を他の企業による加工のためにのみ保有すること」，「企業のために，物品若しくは商品を購入し又は情報を収集することのみを目的として，事業を行う一定の場所を保有すること」，「企業のために，その他の準備的又は補助的な性格の活動を行うことのみを目的として，事業を行う一定の場所を保有すること」が挙げられている[11]。

企業が行う事業や中国国外からあるいは中国国内で行う活動は様々である中，中国への技術移転に関連する技術者の派遣や滞在日数の取扱い，中国現地での営業活動の有無や中国における活動が準備的又は補助的な性格の活動か否か等の恒久的施設の認定に係る判断に関して，中国税務当局と納税者との間で見解の相違が発生する事例が多く，後述する通り，中国に進出する日本企業が恒久的施設に関し課税を受ける事例が近年多く発生している。

（2） 税務執行
① 税務組織の概要と税務調査の傾向
中国における税務行政の組織等については以下のとおり図示される。

補論　インド，インドネシア，中国における国際課税・税務執行体制の概要

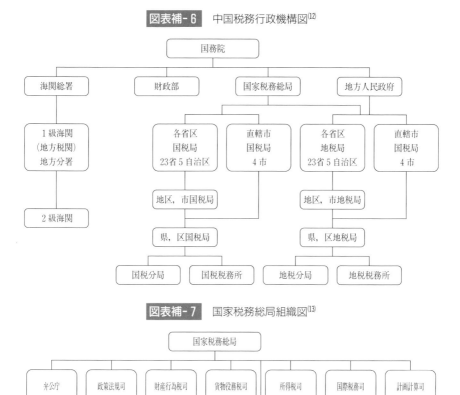

図表補-6　中国税務行政機構図[12]

図表補-7　国家税務総局組織図[13]

　国家税務総局は，国税を管轄する国税局，地方税を管轄する地税局を管理監督する責務を負い，通達の制定，税務執行方針の策定及び下部機関に対する指揮・監督，財政部が執り行う税務に関する法律，条例及びその実施細則の制定に参画する[14]。国家税務総局の組織の内で「国際税務司」が国際租税を担当し，移転価格調査の監督・承認，事前確認制度（APA：Advance Pricing Agreements）における海外税務当局との交渉・相互協議の実施，租税回避防止関連の実務と管理・監督を遂行する。また現在，国際税務司の内部に「租税回避防止３処（第３部門）」が新設され，全国規模の移転価格調査を担当することとなっ

ており，移転価格調査実施のための組織強化が行われている⑮。

　最近の税務当局の動向としては，2015年に中国共産党中央弁公庁と国務院が「国税・地税の徴収管理体制改革深化方案」を公布し，税の徴収管理体制の改革に着手している点が挙げられる。具体的には，税務当局が申告等で取得したビッグデータを活用し企業の納税状況に関し予めリスク評価を行い，その結果に応じて企業へリスク提示や事情聴取，税務調査等の対応に繋げる取組みが進められている。また，国家税務総局は「千社グループ計画」と呼ばれる，大企業の納税状況の分析・集中管理を国家税務総局及び省レベルの国税局が行う取組みも2015年から進めている。国際的にあるいは中国国内において経済界の上位に位置し，納税規模が大きく，業界を代表し好調な成長を遂げている大企業グループ及びそのメンバー企業を「千社グループ」とし，それら千社グループに該当する企業の財務データ等を収集し中国における租税政策の策定時に活用する，従前よりも上位の国家税務総局及び省レベルの国税局が当該企業の納税状況に関するデータを集中管理し，データベース化・分析等を行うことが進められている。その他，近年ではこれまで行われていなかった国税局と地税局との合同調査が行われており，2014年以降合同調査が強化される傾向にある。

　中国において近年調査が重点的に行われる業界としては，服飾・アパレル，家具，携帯電話，金等を取り扱う中国税務当局が脱税の発生が多いと考える業界，増値税の改革に関連して建設・据付，不動産，生活サービス，交通運輸に関わる業界等が例示される。また，自動車，製薬，化粧品等，中国における需要の高まりにより高収益を獲得している可能性がある業界についても着目される傾向にある⑯。なお，前述の2017年3月公表の「特別納税調査調整及び相互協議手続に関する公告」（国家税務総局公告2017年6号）の第四条では，中国税務当局が重点的に調査対象とすべき企業として，以下のリスクの特徴を有する企業が挙げられている⑰。

　(1)　関連者間取引の金額が大きいか，あるいは類型が多い
　(2)　長期的に欠損がある，僅かな利益しかない，あるいは利益の変動が激しい
　(3)　業界の利益水準より低い
　(4)　利益水準が負担する機能及びリスクと対応しない，あるいは収益と負担

する原価が対応しない
(5) 低税率国家（地区）の関連者と関連者間取引を行っている
(6) 規定に従って関連する申告を行わないか，あるいは同期資料を準備していない
(7) 関連者から受け取った債権及び権益の性質を有する投資の割合が規定の基準を超えている
(8) 居住者企業，あるいは居住者企業と中国居住者により支配され，実際の税負担が12.5％を下回る国家（地区）に設立される企業について，合理的な経営ニーズ以外の理由で利益配分しない，又は利益配分を減少させている
(9) その他，合理的な商業目的のない税収プランニング又はアレンジメントを実施している

3 日本企業が近年直面している税務上の課題と課税措置への対応方法

　Deloitteでは2016年12月〜2017年1月において，アジアパシフィックに所在する企業の役員331名を対象に，アジアパシフィック各国における税務環境に係るアンケート調査「2017 Asia Pacific Tax Complexity Survey」を実施している。2017年度における，「税務調査の頻度」，「税務調査の公平性」，「不服申立て制度への信頼度」，「税法令の複雑度」，「税法令の予測可能性」，「執行の透明性・統一性」，「税務当局と納税者の関係」の7項目に関して，対象者が各国の税務環境について回答した結果は以下のとおりまとめられる。インド，インドネシア，中国はいずれも，税務調査の頻度が高く，また税務調査の公平性が低い，執行の透明性・統一性が低いとの意見が多かった。また中国を除き，インド，インドネシアに関しては税務当局との関係性についても納税者の懸念は高く，インド，インドネシア，中国に所在する企業は特に税務リスクが高いといえる。

第1部　多発するグローバルな税務係争と解決に向けた羅針盤

図表補-8　各国の税務環境[18]

国名	税務調査の頻度	税務調査の公平性	不服申立て制度への信頼度	税法令の複雑度	税法令の予測可能性	執行の透明性・統一性	税務当局と納税者の関係
日本	高	高	中	高	高	高	良好
中国	高	低	低	高	低	低	普通
シンガポール	中	高	高	低	高	高	良好
マレーシア	中	中	中	中	中	中	普通
タイ	中	中	低	中	中	中	普通
インドネシア	高	低	低	高	低	低	険悪
ベトナム	中	低	低	中	低	中	普通
フィリピン	中	低	低	中	低	中	険悪
インド	高	低	中	高	低	低	険悪
オーストラリア	中	高	高	高	高	高	良好
ニュージーランド	中	高	高	中	高	高	良好

　また，経済産業省が2018年2月に公表した，平成29年度対日直接投資促進体制整備等調査事業「BEPSプロジェクトを踏まえた移転価格税制及び各国現地子会社等に対する課税問題に係る調査・研究事業」の調査報告書では，海外で事業展開を行う日本企業6,565社を対象に，現地で直面している課税問題に係るアンケート調査を行った結果が紹介されている（有効回答2,042社）[19]。アンケート調査は2017年11〜12月に実施され，過去6年間に国際的な二重課税の原因となるような課税措置を受けた国・地域，課税事案の内容，課税措置への対応方法，税制・執行面での要改善点等が紹介されている。

　課税事案が発生した国・地域の第一位は中国（31.2％），第二位はインドネシア（22.8％），第三位はインド（11.6％）となっており，日本企業がこれら3か国で課税に直面する事例が数多く発生している。

図表補-9 課税事案が発生した国・地域（過去6年以内）[20]

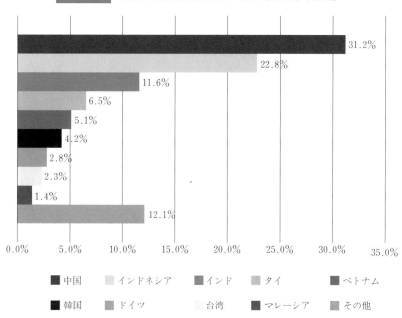

　また，インド，インドネシア，中国において過去6年以内に日本企業が直面した課税事案（有効回答数215）は**図表補-10**に示すとおりであり，移転価格税制に関する事案がいずれの国でも40％以上と最も多く，次いで「恒久的施設（PE：Permanent Establishment）」，「ロイヤルティ」に関する事例が多く発生している。

　インド，インドネシア，中国で発生した課税事案に対する日本企業の対応（有効回答数215）は**図表補-11**に示すとおりである。

　中国においては不服申立てや裁判での係争は過去6年間でほぼ行われておらず，中国税務当局による課税措置を納税者が受け入れるケースが大半を占め（約69％），その他相互協議を通じて二重課税の解消を図ることが多い。他方で，インド，インドネシアにおいては，不服申立て及び裁判での係争が大半を占めており，税務当局による当初課税措置を納税者が受け入れる割合は低いといえる。

　税務調査における税務当局の主張や指摘事項，調査が行われる対象年度・期

第1部　多発するグローバルな税務係争と解決に向けた羅針盤

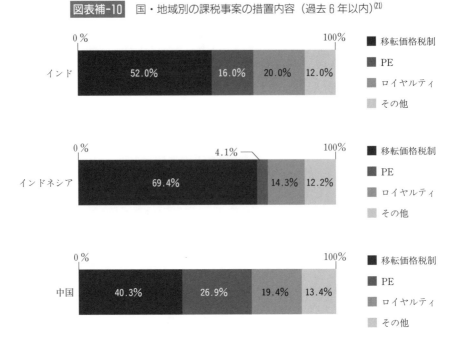

図表補-10　国・地域別の課税事案の措置内容（過去6年以内）[21]

間，時効，税務争訟制度及び相互協議の有効性や要する期間等は各国でそれぞれ異なっており，それらを踏まえ税務調査時，及び，更正後において執るべき最善な対応を，日本本社と現地法人の両社で協議・判断し実施していくことが重要である。

補論　インド，インドネシア，中国における国際課税・税務執行体制の概要

図表補-11　各国・地域での課税事案への対応の内訳（※複数回答）[22]

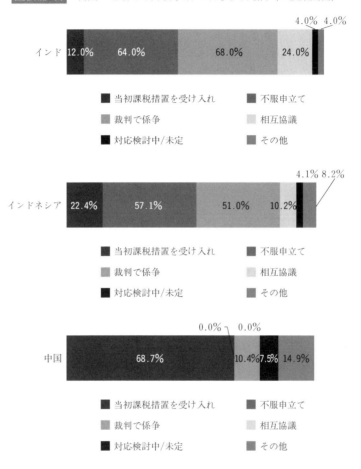

第1部　多発するグローバルな税務係争と解決に向けた羅針盤

(注)
(1)　「平成29年版　租税条約関係法規集・Ⅰ」（公益財団法人　納税協会連合会）
(2)　Ministry of Finance, Government of India (https://www.finmin.nic.in) 参照。
(3)　Deloitte Haskins & Sells LLP ニューデリー事務所にて最近の知見に基づき作成。
(4)　「平成29年版　租税条約関係法規集・Ⅰ」（公益財団法人　納税協会連合会）
(5)　伏見俊行編著「アジア　税の基礎知識」（税務研究会出版局）
(6)　伏見俊行編著「アジア　税の基礎知識」（税務研究会出版局）
(7)　伏見俊行編著「アジア　税の基礎知識」（税務研究会出版局）
(8)　伏見俊行編著「アジア　税の基礎知識」（税務研究会出版局）
(9)　監査法人トーマツ編「中国の投資・会計・税務Q&A」（中央経済社）
(10)　監査法人トーマツ編「中国の投資・会計・税務Q&A」（中央経済社）
(11)　「平成29年版　租税条約関係法規集・Ⅰ」（公益財団法人　納税協会連合会）
(12)　伏見俊行，楊華著「中国　税の基礎知識」（税務研究会出版局）
(13)　伏見俊行，楊華著「中国　税の基礎知識」（税務研究会出版局）
(14)　監査法人トーマツ編「中国の投資・会計・税務Q&A」（中央経済社）
(15)　各地方における移転価格調査は，地方税務機関が国家税務総局の承認を得て執り行う。
(16)　税務研究会『国際税務』2017年　Vol.37　No.10「特別企画Ⅰ：中国・移転価格税制＆新文書化制度 UP TO DATE　新文書化制度を踏まえた中国移転価格税制　最新動向と実務対応に関するQ&Aケーススタディ」
(17)　国家税務総局公告2017年6号第四条の記載についてはデロイト中国参考仮訳を参照。
(18)　Deloitte, "2017 Asia Pacific Tax Complexity Survey," (https://www2.deloitte.com/content/dam/Deloitte/global/Documents/Tax/dttl-tax-deloitte-2017-asia-pacific-tax-complexity-survey.pdf)
(19)　経済産業省，平成29年度対日直接投資促進体制整備等調査事業「BEPSプロジェクトを踏まえた移転価格税制及び各国現地子会社等に対する課税問題に係る調査・研究事業調査報告書（2018年2月）」『別添資料「国際課税問題及び租税条約に関するアンケート調査」に係る集計結果』
(20)　同上別添資料より作成
(21)　同上別添資料より作成
(22)　同上別添資料より作成。複数回答のため，割合の合計は100％を超える。

（長田大輔）

第2部

国際課税の動向と税務紛争解決

国際課税の最近の動向とこれからの税務紛争管理[1]

1　2018年の我が国の制度改正[2]・執行の進展の概要と今後の展望

（1）　MLIの批准[3]

　我が国はBEPS行動15のMLI（Multilateral Instrument：BEPS防止措置実施条約）を批准している。2018年秋までに，相手国も批准，かつ認識が一致している国のリストをOECDに寄託するとされる。現在78法域署名。2018年6月に新たに8ないし10か国が署名予定。5法域が批准し，2018年7月1日に発効した。本協定は39条より構成されており，その多くの規定は課税強化規定である。2017年6月7日パリの署名式に，67法域署名，現在76法域署名。BEPS報告書の現地国での導入やOECDや他の国際機関による継続的な関わりには，相当のコミットメントとリソースを必要とするものであり，MLIの内容の拡がりの規模は現在の政治的意思の存在を確認させるものである。BEPS報告書の内容は，既に2017年11月21日付のOECDモデル条約及びコメンタリーに反映されている。また，そのミニマムスタンダードは，「第3部　条約の濫用」の「第6条　対象租税協定の目的（租税条約の目的は，脱税又は（租税条約漁りによるものを含む），租税回避を通じた非課税又は租税の軽減でないことを前文に明記）」，「第7条　条約の濫用の防止」，「第5部　紛争解決の改善」の「第16条　相互協議手続」等である。原則として留保せず適用となる本協定の規定に該当することとなる租税条約の条項を通知し，相手国が通知した租税条約の条項とマッチングした場合に，当該租税条約の条項の該当部分が本協定の規定に変更となる。実務への応用は，日本及び相手国の通知，そしてそのマッチングの状況を確認する必要がある[4]。

1　国際課税の最近の動向とこれからの税務紛争管理

　MLIにおいて各国のPE関係の規定の採用は数％～約30％強に留まり，低調であるが，この点PE帰属利得の取扱いが不確実であるために，各国が選択を躊躇しており，待ちの姿勢にあるとの指摘がある。

　MLIの主要項目と日本のおおよその，留保せず適用，適用を留保，選択肢のあるものについてその選択等の状況は**図表2-1-1**のとおりである。

図表2-1-1　MLIの主要項目と日本の対応等

主要項目	その内容及び日本の対応等
第1部：適用範囲及び用語の解釈	
第1条：条約の適用範囲	留保の余地なし
第2条：用語の解釈	
第2部：ハイブリッド・ミスマッチ	
第3条：課税上存在しない団体[5]	第1項は，全面的に又は一部において課税上存在しないと取り扱われる団体等を通じて取得される所得は，一方の締約国（国内法）においてその国の居住者の所得とされる限りにおいて，（条約上）その国の居住者の所得とみなされる旨を規定。日本は留保せず適用。 　第2項は，他方の国の居住者によって取得されることのみを理由として，当該他方の国で課税することを許容している場合には，二重課税排除の規定は，適用しないとする。日本は適用を留保。
第4条：双方居住者[6]に該当する団体	個人以外の双方居住者について，居住地国につき，合意できない場合には一切の特典を与えないことにも変更できるとするが，日本は適用を留保。居住地国につき合意できない場合には，両国が同意する以外の特典を与えないという規定を適用。
第5条：二重課税の除去のための方法の適用	協定参加国は二重課税排除方法につき，選択することができるとされる。日本は，留保していないが，署名時において何ら選択の通知を行っていない。

第3部：条約の濫用	
第6条：対象租税協定の目的	脱税又は（租税条約漁りによるものを含む）租税回避による二重非課税又は租税負担の軽減の機会を創出することを租税条約の目的としないと規定。日本は留保せず適用。解釈指針が示されたこととなり実務上当局及び仲裁等における条文の解釈に大きな影響を与えるといわれている[7],[8]。
第7条：特典を受けることができる者の適格者等への制限	行動6の最終報告書による勧告は，ミニマムスタンダードとして3つの方法の導入を示したが，本協定においては，PPTがミニマムスタンダードとされ，PPTと簡易版LOBとの組み合わせをPPTのみの選択に代わり選択することが許容されている。主要目的テスト（PPT）の条約文は，obtaining that benefit was one of the principal purposes of any arrangement or transaction that resulted directly or indirectly in that benefit（租税条約の特典を直接又は間接に受けることがその仕組み又は取引の主たる目的の1つであったと判断することが妥当である場合には，その特典を与えない）である。詳細版LOBを採用しておらず，この採用を希望する参加国はPPTの選択をせず，ミニマムスタンダードを充足する二国間合意を達成する努力の選択が認められる。日本は，留保を付さず，LOBを採用せず，PPTを選択。PPTの運用については，主観的な判断となりやすい[9]ため，2017年11月21日付OECDモデル条約第29条コメンタリーのパラ181乃至186まで等の事例が参照されようか。明らかな租税条約の濫用的事例を超えた実務判断に有用な事例を模索する必要があるが，現実には難しいのかもしれない。こういうことからOECD加盟国のみならず，新興国におけるPPTの適用関係につき，世界の多国籍企業の事前の適切な判断が求められる。
第8条：配当を移転する取引	資本等の持分が一定の割合を超える法人からの配当について減免を与える対象条約の規定はその所有期間が365日以上である場合に限り適用する

	とされる。日本は適用を留保。
第9条：主として不動産から価値が構成される団体の株式又は持分の譲渡から生ずる収益	株式又は同等の持分の価値の50％を超えるものが，その譲渡に先立つ365日の期間のいずれかの時点において，他方の当事国内に存在する不動産によって直接又は間接に構成される場合には，当該他方の当事国において租税を課することができるとされる。日本は留保せず適用。
第10条：当事国以外の国又は地域の内に存在する恒久的施設に関する濫用の防止	国外の恒久的施設の所得が免税又は軽減された課税を受ける場合において，その恒久的施設が第三国から所得を稼得し，本店所在国にその恒久的施設があったとしたら課される租税の額より相当程度軽減（60％未満）されているときは，当該租税条約は適用しないという規定となっている。日本は，留保していないが，何ら通知を行っていない。相手国からの適用の通知の内容により本規定は適用。
第11条：自国の居住者に対して租税を課す締約国の権利を制限する租税協定の適用	租税条約は自国の居住者に対する課税に影響を及ぼすものではないと規定するいわゆるセービング・クローズである。日本は適用を留保。
第4部：恒久的施設の地位の回避[10]	
第12条：問屋契約及びこれに類する方策を通じた恒久的施設の地位の人為的な回避	代理人が反復して契約を締結し，又は当該企業によって重要な修正が行われることなく，日常的に締結される契約の締結のために反復して主要な役割を果たす場合，代理人 PE とされる。さらに密接関連者（原則として50％超の資本関連者）については，独立代理人とされず，代理人 PE を認定されることになる。日本は留保せず適用。
第13条：特定の活動に関する除外を利用した恒久的施設の地位の人為的な回避	第2項は，在庫保有等の活動につき，補助的又は準備的である場合にのみ PE とならない旨を規定する。日本は留保せず適用。
	第4項は，細分化防止規定である。欧米多国籍企業が恒久的施設を構成する場所と活動を細分化し，恒久的施設の認定を回避しているとされたた

		め,導入された規定である。日本は留保せず適用。
	第14条:契約の分割	建設工事現場,据付プロジェクト,コンサルタント活動につき,合計30日を超えた場合PE認定すること,及びその期間につき密接関連企業が行う活動を加えることが規定されている。日本は適用を留保しており,従来のOECDモデル条約が規定する12ヶ月の期間が適用されることになる。
	第15条:企業と密接に関連する者の定義	全ての事実と状況を勘案したうえで,ある者が他の者をコントロールする場合,又は両社が一人の者にコントロールされている場合,それらの者は密接に関連する者とされる。ただし,いかなる場合にも50%超の受益持分,又は議決持分若しくは価値持分を有している場合にはコントロールしていることとなる。日本は留保せず適用。
第5部:紛争解決の改善		
	第16条:相互協議手続	1項において,その課税をもたらす最初の通知がなされてから,3年以内に当該一方又は他方の当事国のいずれかの当事国の権限ある当局に対して相互協議の申立てができるとし,2項及び3項においては,権限ある当局の事案の解決に向けた誠実な努力義務を規定する。更に2項においては当事国の法令上のいかなる期間制限にもかかわらず,成立した合意は実施されなければならないとし,更に3項においては,対象とする租税条約に規定がない二重課税問題についても相互協議が行えるとする。日本は留保せず適用。
	第17条:対応的調整	日本は留保せず適用。
第6部:仲裁[11]		1項はベースボール・Last best offer型(いずれかの解決策を選択する。相互協議において議論を集約させやすいと考えられる。18か国が選択。日米租税条約はこれを採用)の仲裁を,2項はIndependent option型(仲裁委員会は独自に裁定。権限ある当局の議論に影響されず,中立的に事案を検討することができると考えられる。7か国が選択。日蘭租税条約はこれを採用)の仲裁を規定している。日本は後者の型の仲裁規定を選択。

| 第7部：最終規定 | |

　第7条の条約の濫用防止については，原則として全ての国が PPT（Main Purposes Test）を選択。12か国が PPT と簡易版 LOB を選択。更に7か国が詳細版 LOB につき交渉を希望という状況。このように簡易版及び詳細版ともに LOB の広がりは限定的といえよう。日本政府は MLI では PPT を選択するが，二国間条約は相手国の方針を踏まえての対応とされよう。上述のとおり，PPT の運用は主観的な判断を伴いやすいため，慎重な実務判断を要するものといえよう。

　第4部の恒久的施設の地位の回避である。第12条の代理人 PE 認定の強化については，原則コミッショネア契約は恒久的施設を有するものとみなされるようにみえるが，英国等，半数を超える参加国が適用を留保。第13条の倉庫等の PE 認定の強化については，オプション A（在庫保有等の活動の全てにつき，補助的・準備的である場合のみ恒久的施設としないことを規定。いわゆるインターネット通販を対象としていよう）を選択した参加国は約3分の1。オプション B を選択した参加国は多数。活動細分化防止による PE 認定の強化は多数の国が適用。2017年版 OECD モデル条約はオプション A を採用。製造業の製品を保管するのみの倉庫，更に VMI（Vendor Managed Inventories）の取扱いは，一義的には課税対象とならないであろうとする見解がある。PE 関連の規定はそれほどの広がりを見せてはいないようにみえる。ただ，日本はほぼフルで留保せず適用しており，日系現地子会社がこのような契約・活動・アレンジメント等を行っている場合等，特に新興国においては拡大解釈の懸念があり，注意が必要である。PE に関連する第13条全体を留保し，適用しない国はカナダ，中国，香港，韓国等。日本は，第14条の契約の分割の適用を留保しているが，質の高いインフラ輸出推進の政策[12]にアラインしているといえよう。

　第16条の相互協議手続については本質的な部分の留保は原則として認められていない。第17条の対応的調整は全体を留保することができるため，かなりの協定参加国が留保していることに留意が必要である。仲裁については，25か国が留保を付さず適用を意図している。ただ，選択肢が複数あり，また仲裁の対

象を制限することもできるため、どの程度の数の租税条約にどのような範囲で導入されるのかが注目される。

インド、インドネシア、ラテンアメリカ諸国は租税条約の適用関連の課税について、概してアグレッシブな傾向といえよう。イギリスは主要項目のかなりの部分を留保。日本は、オランダ同様、主要項目のほぼ全てについて留保せず適用としている。

(2) BEPS 行動7を踏まえた国内法の改正

BEPS 行動7を踏まえた国内法の改正が行われている。「代理人 PE」関係については、インバウンドのコミッショネアアレンジメント等については、移転価格課税により執行は安定しているようにみえ、「PE の例外」関係についても既に PE 認定処理が行われているようにもみえるところであるが、BEPS 報告書を受け、ほぼフルの国内法導入を図ったものと思われる。専属的に親会社等のための業務を行う代理人は独立代理人に当たらないとし、独立代理人の範囲を限定し、代理人 PE の範囲を拡大する改正は、例えば、ネット通販業等の販売サポート子会社に影響しよう。倉庫を保有管理し商品を発送、売上管理、ウェブのメンテ、販売サポート・プロモーション等の機能・リスクに見合う、ALP 手数料・分与口銭を親会社からもらっていれば（コスト＋α）、代理人 PE を認定されても帰属所得の問題は出てこないであろう。PE 認定されると、税のキャッシュアウトはなくても毎年申告の手間を要する。条約相手国が PE に関連する MLI の条項の適用を留保する場合でも、ALP 手数料を指摘される可能性はあろうか。日本の外国法人課税は AOA ルールを実行しており、移転価格の思考で対応している。実務的には、例えば、販売サポート子会社の細かな機能・リスクに見合うコンパラブルを公開データから探すのは困難にみえ、親会社のコスト・営業利益を求め、所得配分アプローチの色合いが強いケースもあろう。また、ファンド課税にかかる金融庁のホームページの Q&A や参考事例を見直すことも検討されようか（例えば、事例集 P.3「以下のいずれの事情もない限り、当該国内の投資運用業者は、当該国外ファンドの組合員または当該国外投資運用業者の独立代理人に該当すると考えられる。」の事例等）。

（3） CFC税制に関する海外M&Aに伴う海外子会社等再編円滑化の措置[13]

　もともと旧CFC税制の下，実効税率20%未満で適用除外基準を満たさない法人について生じていた潜在的課題であり，制度改正要望もみられたところである。旧税制下ではペーパーカンパニー等の概念は導入されていなかったため，上記に記した法人を対象とした問題の解消要望があったものと思われる。2017年の改正で，ペーパーカンパニー等の概念が導入され，受動的所得の範囲が拡大される等，CFC税制が強化された。この結果，それ以前は問題のなかった税率20%〜30%のレンジに落ちるペーパーカンパニー等（例えば，欧州のオランダやルクセンブルグ等のSPC）が新たな問題の対象として浮上した。そこで企業としては，PMIの中でペーパーカンパニー等を整理したくとも，キャピタルゲイン課税の問題が生じ，実際困難を生じることとなるわけであるが，当局はペーパーカンパニー等をけしからんとしつつ，これらを消せる方法を提供しないのはご無体であるという実務感覚であったのではなかろうか。今般の改正は，このような要望を反映したものといえ，過去5年間の宥恕措置等，ペーパーカンパニー等の整理を後押しするスタンスが強く出ているようにみえるところである。

平成30年度税制改正大綱（P110-111）

特定外国関係会社又は対象外国関係会社（注1）（以下①において「特定外国関係会社等」という。）が，外国関係会社に該当することとなった外国法人の統合に関する基本方針及び統合に伴う組織再編の実施方法等を記載した計画書に基づいて，一定の期間内（注2・3）に，その有する対象株式等（注4）を当該特定外国関係会社等に係る内国法人又は他の外国関係会社（特定外国関係会社等に該当するものを除く。）に譲渡をした場合において，その譲渡の日から2年以内に当該譲渡をした特定外国関係会社等の解散が見込まれること等の要件を満たすときは，その対象株式等の譲渡による利益の額（注5）を，当該譲渡をした特定外国関係会社等の適用対象金額の計算上控除することとする。
（注5：対象株式等を発行した外国関係会社の合併，解散による残余財産の分配その他の事由に伴って特定外国関係会社等において生ずる対象株式等の譲渡による利益の額を除く。）

　現行の法令上，海外M&A（買収等）により傘下に入った特定外国関係会社（ペーパーカンパニー等のこと）又は対象外国関係会社（ペーパーカンパニーで

図表2-1-2　海外M&Aに伴う海外子会社等再編円滑化措置・チャート

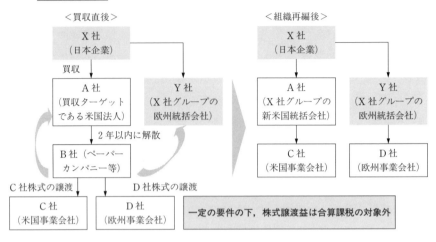

（出所）「経済産業省平成30年度経済産業関係税制改正について P.47」を基にデロイト トーマツ税理士法人が作成

はないが、経済活動基準を満たさない会社）、**図表2-1-2**のB社を整理するにあたり、当該ペーパーカンパニー等が有する一定の外国関係会社、**図表2-1-2**のC社・D社の株式等を譲渡した場合は、外国子会社合算税制により、その譲渡益は、**図表2-1-2**のX社の合算課税の対象となり、PMI（Post Merger Integration：いわゆる買収後経営統合）の遂行を阻害する場合があった。改正後は、一定の要件を満たす場合は、その譲渡益は合算課税の対象外とされることになる。政令の適用対象金額の計算において、合算対象から除くという規定ぶりである。

特定外国関係会社等（**図表2-1-2**のB社）が、外国関係会社に該当することとなった「外国法人の統合に関する基本方針及び統合に伴う組織再編の実施方法等を記載した計画書（PMI計画書）」に基づいて、一定の期間内にその有する対象株式等（**図表2-1-2**のC社・D社）の譲渡をした場合において、所要の要件等を満たすときは、その対象株式等（**図表2-1-2**のC社・D社）の譲渡による利益の額を、当該譲渡をした特定外国関係会社等（**図表2-1-2**のB社）の適用対象金額の計算上控除することとされる。

C社・D社株式の譲渡には，C社・D社株式の売買のみではなく，合併・分割・現物出資・現物分配等の組織再編行為が含まれるので，例えばB社がA社に吸収合併されC社株・D社株が譲渡される場合，B社を清算し，C社株・D社株がA社に譲渡される場合等が考えられる。例えばB社を清算して，株主A社への残余財産の分配中，C社・D社株式の現物分配が含まれるため，このC社・D社株式に係るB社の譲渡益を日本に取り込まないという整理であろう。

図表2-1-3 海外M&Aに伴う海外子会社等再編円滑化措置・項目

項目	要件等
対象株式等（C社・D社）の譲渡をする特定外国関係会社等（B社）	●特定外国関係会社又は対象外国関係会社（一定の内国法人が株主等である特定外国関係会社又は対象外国関係会社を除く。）（「特定外国関係会社等」という。）。X社が株主である場合を除くということ。主体はA社ではなく，B社であるべきとする。いわばA社というクッションがあって，日本で譲渡損が出ることはなく，救済するということか。日本の直下でB社を潰しても，日本のCFC税制を発動させるということ。B社のペーパーカンパニー等で譲渡を行い，B社を清算，解散，2年以内にX社やX社の連子内法以外の第三者に売却し，日本資本から離脱させる見込みの場合救済する。
特定外国関係会社等（B社）の解散	●C社・D社株式の譲渡の日から2年以内に当該譲渡をした特定外国関係会社等（B社）の解散が見込まれること等。
対象株式等（C社・D社）の譲渡先	●当該特定外国関係会社等に係る内国法人（X社は該当）又は他の外国関係会社（特定外国関係会社等に該当するものを除く。）（経済活動基準を満たす十分に実体のある会社ということ。「特定部分対象外国関係会社」と定義されている。図表2-1-2のA社もY社も該当する。）
対象株式等（C社・D社）	●外国関係会社（特定外国関係会社等に該当するものを除く。）の株式等で特定関係発生日（買収等）に有するもの

譲渡期間	● 居住者等株主等による当該特定外国関係会社等に係る直接・間接の株式保有割合等が50％を超えることとなった場合における当該超えることとなった日（「特定関係発生日」（買収等）という。）から原則として当該特定関係発生日以後2年を経過する日までの期間内の日を含む各事業年度 ● ただし，特定外国関係会社等（B社）の平成30年4月1日から平成32年3月31日までの間に開始する各事業年度については，特定関係発生日（買収等）から当該特定関係発生日以後5年を経過する日までの期間内の日を含む各事業年度。経過措置として，改正附則で政令を読み替えている。
適用対象金額から控除する利益の額	● 対象株式等を発行した外国関係会社（C社・D社）の合併，解散による残余財産の分配その他の事由に伴って特定外国関係会社等（B社）において生ずる対象株式等（C社・D社）の譲渡による利益の額は，適用対象金額から控除する利益の額から除かれる。みなし配当事由（譲渡対象法人C社・D社が合併や清算等を行った場合のペーパーカンパニー等B社でC社・D社法人株式の譲渡損益・みなし配当を認識する場合。）を除いている。今回の税制は，実体のあるC社・D社を合併・清算することが目的ではなく，従来B社を整理しようとすると，C社株・D社株の譲渡益に係るCFC問題が足かせになっていたので，その譲渡益をCFC課税の対象外とすることで，B社の整理（合併・清算等）を促進するという制度趣旨である。C社・D社を清算すると，身もふたもないが，C社・D社をB社に吸収合併させることは，B社の整理と同じ効果があるように見えるが，B社を整理（例えばB社を合併や清算等で消滅させる，または外部に売り払う）ということにB社に実体を持たせるという意味まで含んでいないということであろう。

1　国際課税の最近の動向とこれからの税務紛争管理

図表2-1-4　対象株式等（C社・D社株式）の譲渡期間の適用関係：特定外国関係会社等（B社）が3月決算の場合

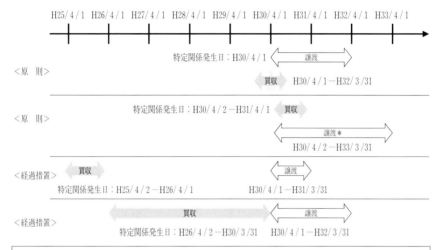

譲渡期間の要件：居住者等株主等による当該特定外国関係会社等に係る直接・間接の株式保有割合等が50％を超えることとなった場合における当該超えることとなった日（「特定関係発生日」という。）から原則として当該特定関係発生日以後2年を経過する日までの期間内の日を含む各事業年度
経過措置：特定外国関係会社等の平成30年4月1日から平成32年3月31日までの間に開始する各事業年度については、特定関係発生日から当該特定関係発生日以後5年を経過する日までの期間内の日を含む各事業年度

＊将来、やむを得ない事情でC社・D社株式をX社やY社に譲渡できない場合には、附則の読み替えで5年間の宥恕規定がある。5年の間にC社・D社株式をX社やY社に譲渡すればよいという規定であり、一般的ではないが、例えば株主変更にあたり、当局の承認が必要かつ容易ではない中国にC社・D社が存在するような場合が該当しようか。

（4）　新CFC税制の運用

　2017年12月21日にペーパーカンパニーの取扱い等に係る改訂法令解釈通達が発遣され、2018年1月末に関係Q&Aが公表された。そして、2018年5月18日に逐条解釈が公表されているが、特段これまでの取扱いを確認すること以上の内容はみえない。2018年8月にペーパーカンパニーの実質基準・管理支配基準や経済活動基準等の推定課税にフォーカスし、どのような文書を用意する必要があるか、また海外M&Aに伴う海外子会社等再編円滑化措置に関し、どのようなレベル感のPMI計画書を求められるのかの例示等、について追加のQ&A

が公表されている。通達の整備にあたっては,「改正税法のすべて」に記載されている事項についても,その対象とされることが望ましいといえようか。職員に対する事務的な命令の内容を充実させることにより,執行の安定性をより高くするようにみえる。

実務上悩ましい論点は少なくなく,ここではそれらについて以下若干の考察を加えている。

① 特定外国関係会社（措法66の6②二）
(実体基準)
- ペーパーカンパニーの実体基準については,主たる事業を行うために必要と認められる固定施設があるかないかの判定であるので,持株業のような人の活動を要しない事業である場合にはそもそも主たる事業を行うに必要と認められる固定施設を有しないことになろう。投資管理や統括業務等を行わない株式保有業にあっては,実体基準を満たすことは一般に難しいといえようか。

(管理支配基準)
- ペーパーカンパニーの管理支配基準は法人全体にかかるものといえよう。
- Q&Aにおける管理支配基準の「行為の結果と責任等が自ら帰属すること」については,具体的なイメージは難しいのかもしれない。通常は,事業計画を作って,実行してモニタリングするというPDCAサイクルのイメージではないか。
- SPC自身,中核会社の傘下で複数のSPCに投資しているケースがある。個社では管理支配していないが,グループで管理支配している。例えばWハットで役員の人件費をSPCに負担させることが考えられる。しかし,何十社のSPCを1人の役員が分担管理し,1社当たり1週間ずつの管理支配行動を行うとする。こういう議論は現行税制上通らないであろう。グループとしての管理を認めないとする制度論になろうか。
- 期首で事業譲渡をするとペーパーカンパニーになるため,期末に譲渡を行い期中ペーパーカンパニーにならないようにする。法令上明確ではないが,通例,状態を一年を通してみる。しかしながら,統括会社特例は,文理上,状態を期末に判定することになっているようにみえる。同じ適用除外基準の中

で判定の期間に整合性が取れていないようにみえる。
- 日本が米国 LLC を保有し，それが米国でパススルー，日本で法人の場合，日本法人は出資者として米国で納税し，加えてそれがペーパーカンパニーであれば，日本でも CFC 課税がなされ，2 回納税することになる。これまでは，ペーパーカンパニーの課税を米国では気にすることがなかったが，今後このような二重課税に甘んじることになるのであろうか。
- 孫会社までは合算された CFC からの日本への配当は，基本的に100％免税であるが，ひ孫会社以下からの配当についても，100％免税を拡大してほしい，という従前からの要望がある。

② 対象外国関係会社（措法66の6②三）
（事業基準・所在地国基準・非関連者基準）
- 主たる事業の判定は，日本標準産業分類の大中小いずれを用いるべきかについて決まりはない。ライセンス業については，特定所得の規定において自己開発のものを受動的所得から除外しているが，事業基準においては，自己開発のものとそうでないものの区別がなく，バランスが悪いようにみえる。
- サービス業を営む法人が所在地国基準を満たすかどうかは，その役務を提供する者の所在地で判定するものと考えられるが，明確化されていないようにみえる。
- 「一般事業法人のグループ内金融会社は，貸金業に該当することから，限定列挙業種に当たらないため，所在地国基準が適用されることとなり，一般的にはソースルールで判断するのではなく，主に所在地国で契約及び融資が行われていれば，所在地国基準を満たし，合算対象外となる。」（国際税務2014年1月別冊 P.50　拙稿）。
- 非関連者基準に関しては，サプライチェーンが予め決まっているものは，関連取引と見做されると厳格化されているが，「改正税法のすべて」では，一時的に不必要な非関連者を入れて迂回取引を行い，脱法行為が見られたことへの対処と説明されており，一般の実務において問題になり得るメジャーなイシューではないものと思われる。

【参考　2017.10.24最高裁判決】
　2017年10月24日最高裁判は、破棄自判であり、内容は概ね予想どおりであった。地域統括業務は、株式保有業に含まれない。主たる事業の判断は、収入・所得金額、使用人の数、固定施設の状況等の総合勘案である。本件では、所得金額は株式保有業が多いものの、地域統括業務は相当の規模と実体を有するものであり、事業活動として大きな比重を占めていたといえるから、地域統括業務が主たる業務である。その他の適用除外基準もすべて満たすので、更正処分は違法である。今後の実務への影響は以下のとおりであろう。
➢主たる事業が地域統括業務であれば、統括会社特例を使わなくても、事業基準を満たしうることが明言された。が、実務では、安全策として統括特例を使うケースが今後も多いか。
➢収入・所得金額を重視すべきとはいっていないので、その他の業務に相当の規模と実体があり、事業活動として大きな比重を占めているといえれば、その他の業務の方が主たる業務といいやすくなった。
➢本件では、所得ベースでは受取配当の占める割合が8、9割であったが、「その配当収入の中には地域統括業務によって域内グループ会社全体に原価率が低減した結果生じた利益が相当程度反映されていた」と認定できる事案であった。したがって、「収入、所得、使用人、固定施設」のどの要素にウェイト付けをしても、主たる事業は「地域統括業務」であったといえる事案だったかと思われる。逆に、上記のような認定ができない事案において、「収入、所得、使用人、固定施設」のどの要素にどれだけウェイト付けをすべきかは明らかではなく、今後も実務において悩みのタネといえるであろう。

③　適用対象金額（措法66の6②四）
●英国のグループリリーフ制度は、A会社の損、B会社の益があって、それは相殺が可能であり、BにおいてAの損失を相殺できるというもの。これは、連結納税ではなく、AとB各々が納税主体であり、連親・連子の関係にはない。Aの損をBが使えるという設定である。租研のレポートにおいて、外国法令基準を想定し、非課税所得に該当しないとしている。本邦法令基準を使うと、いったん日本の税制に引き直すため非課税所得の該当性の問題にはならない。
●グループ内での資産の簿価譲渡が税務上認められている国は多い。譲渡者・譲受者が合算課税の対象となるか疑義が生じる場合がある。しかしながら、同一国で課税権が担保されている限りにおいて、非課税所得には該当しない

（非課税所得について，譲渡者は分母加算が不要である。譲受者については，資産を取得するのみで所得が発生しないので書く必要がないのではなかろうか。分母加算は不要であろう）。
- CFC を合算する，日本で合算した後に現地で追徴が起こる。調査等で更正された場合の合算所得の修正について，調整規定がない。更正で増減の修正があっても無視である。そもそも現地の申告の前に親で申告をする仕組みであるため，更正に限らず，ベストエスティメイトによる見積りと，実態がずれていたとしても，実務上見直しをしない。これが実態であり，これでいいのかという議論があろう。
- 子会社清算のために行う債務超過会社に対する債権放棄により，債務免除益が合算所得を構成する可能性がある。現地税務上は NOL があるが，日本の CFC 税制上は NOL がない。現地の債務免除益を NOL と通算し納税しなくとも，日本の CFC 税制上現地の NOL がない。現地で傷んで潰して NOL を使って課税されていないのに，日本では CFC として課税されているという実態がある。これはおかしくないのか，という議論がある。

④　部分合算課税（措法66の6⑥⑧）

- グループファイナンス子会社[14]は，「財務業務」と「貸付業務」の双方が必要であり，前者の，資金計画の作成・資金需要の予測等の親会社又は資金管理会社への報告，資金計画の策定・金利設定等，資金計画に基づく具体的なグループファイナンス方法の検討等の業務を要することになる。これは，テンポラルな M&A 案件についても，取引単位でグループファイナンス会社がこのような機能を果たしていなければ，そのパッシブインカムは課税されよう。
- 「通常必要と認められる業務のすべてに従事していることが要件」と「業務委託」との関係であるが，外国関係会社が仕様書等を作成し，指揮命令をしていることが必要（航空機リース，グループファイナンスの貸付業務等）とされる。なお，移転価格の研究委受託における実質的な委託者要件はさらに厳格とみて良いであろう。
- 自己開発を被合併法人の開発に含めるのか。そもそも同じグループに CFC A と CFC B が存在し，CFC A が自己開発 IP に基づきロイヤリティ収入を得

たとしてもパッシブインカムではないと整理されていたところ，Bへの吸収合併によってIPがCFC Bに移転し，Bが自ら開発していないので，パッシブインカムであるというのはおかしくないか。これは同一グループ内であればB社における自己開発とみるべきではなかろうか。

⑤ 推定規定

- ペーパーカンパニー等でないことを明らかにする文書として，例えば事業の管理支配を自ら行っていることを明らかにする書類は何だろうか。経済活動基準は，All Entityについて課税されないための基準。このキーは，主たる事業の総合判断であり，これについてのポジションペーパーが想像される。例えば，製造業であって持株業ではない。統括事業であって持株業ではない。仮に持株業であったとしても統括会社特例を満たす。このようなポジションが考えられるが，一般には収入や利益が譲渡益や配当に負けても，人と固定施設の利用状況からみて，製造業の実態があるとのポジションを重視すべきである。

- 欧米企業及び日本企業でもグローバルタックスチームのある企業においては，税務チームが税のインターナルポリシーを作ることが多い。例えばPEに該当しないためには，こういうことをやってはいけない，というものを事業部に撒いておく。変なことをして揚げ足を取られないようにポジションペーパーを作っておき，それがなければ国税と戦えないと考える。税務目的のためだけのポジションペーパーを作ることに日本企業は抵抗があるが，このようなものも想像され得る。また，Job Description（事務分掌規定）を欧米企業は明確にしている。日本企業は，税について殊更に文書を書くと，変に目立つと考える。しかし紙に落としていないと当局に適切に対応できないこともある。

⑥ 租税負担割合（措法66の6⑤，⑩）

- トリガー税率の性格は企業の事務負担軽減基準に変わった。20%はパッシブインカムに課税する閾値であり，そしてペーパーカンパニー等でなくても，経済活動基準を満たしていなければ，All Entityに課税をされてしまう閾値

である。実務上の配慮基準であり，今後何を尺度に変えるのかという議論は難しくなるようにみえる。
- 米国法人が外国の子会社株式を譲渡し，キャピタルゲインが発生した場合，米国税務上，外国子会社のE&Pに係る金額は配当と扱われ，これからは免税となる。例えば100投資，売却500の場合，CG400が税務上配当となる。これを日本の目線で見ると，税務上配当と認識してもらうことは難しいため，日本ではキャピタルゲインとみられ，非課税所得として分母に加算され，租税負担割合20％未満となって，経済活動基準を満たさなければ合算課税となろう。米国で課税されていないのに，日本で課税されるのはおかしいという議論である。しかしながら，米国以外欧州でも株式譲渡益を配当とみる国は多く，既に起こっている問題ではある。
- 米国会社法上，株式譲渡であるが，米国税務上は資産譲渡の扱いになる選択がある。対象会社のNOLが期限切れになるような場合にNOLをのれんに転換して15年償却（アモチゼーション）メリットを取るプランニング（課税所得が減るというプランニング）がよくある。非課税所得とこのようなプランニングとの関係をどう考えるか。

⑦ 米国税制関連
- 30％未満の税率の国でペーパーカンパニー等に該当すればEntity単位での課税が生ずることになったため，実効税率20％〜30％までのゾーンについて，米国，ドイツ，フランス等についてペーパーカンパニー等がないかどうかをみる必要が出てきた。そこで，米国法令基準の下，米国の連結納税における租税負担割合を算定する際の非課税所得に何を加算すべきかが論点になってきた。今後，2020年3月期の申告から解決すべきである。租研レポートはいくつかの方法を示しているが，オーソドックスな方法は単体申告であればどうなるかを仮定計算して持ってくる考え方である。一通りの整理はなされている。
- そこで，連結納税子会社あるいは税務上支店の取扱いとなるSMLLC（Single Member LLC）については個社として現地で対外的な申告書を作成せず，多くはPro Formaと呼ばれる社内的な書類を作成するだけであるため（日本

のような個別所得帰属額という概念が米国ではないのかもしれない)，外国法令を適用できなくなる懸念があるというが，実際外国法令基準の適用ができず，本邦法令基準を使った場合，重要な項目はすべて日本の税法に置き換え，減価償却計算等を行うこととなるが，現実問題厳格な計算は困難であろう。

- 連子がペーパーに該当する場合，連親が米国で納付した法人税のうち，ペーパー由来の法人税相当額（我が国CFC税制上の外国税額控除のこと）を日本の適用対象金額の計算上，減算できなければおかしいだろう。日米で二重課税が生じているからである。
- 連親がペーパーに該当する場合，実体ある連子の所得相当額を連親の適用対象金額の計算から除外されなければおかしいだろう。これも日米で二重課税が生じているからである。
- 米国のFDIIの適用により租税負担割合が20％未満となる場合，経済活動基準を満たしていたとしても，部分合算課税の論点は残る。
- 日本のCFC税制における，米国税法上構成員課税の適用を受ける事業体の取扱いに係る論点や米国税法上連結納税制度の適用を受ける事業体の取扱いに係る論点等については，要件の判定単位について，個社別判定からグループ判定（例えば，構成員とパススルー事業体を一体として扱う，また連結納税グループ全体として扱う。）への転換も主要論点として映るようにもみえるところであるが，法令の改正は根幹的で大きなインパクトを伴うものであり，極めて慎重な検討を要しよう。他方で，運用レベルでの対応も，所要の限界も想定されよう。運用で個社別判定を離れ，グループ判定を行うことの問題として，除かなければいけないものまで一緒くたにグループ判定に取り込まれてしまう可能性があり，この場合実体のない会社を日本のCFC税制で取り込むという趣旨から逸脱するからである。会社個社ごとに見ていくのが基本であり，現地の保険規制の下での主幹事的な会社と保険会社自身のように，2つを1つで見ることが妥当なものについては，法令改正を経て対応を図っているところであり，基本ラインはスペシフィックに特例を認めるという考え方といえようか。こうした背景の下で，国税庁は，運用面での手当の観点から，産業界における，極めて煩雑な事務負担，米国等でまっとうなビジネスをやりにくくなる実情やビジネスの実態にかい離した法の適用の矛盾はな

いのかなどの視点を十分に踏まえ，関係部局等と協議をしつつ，Q&A 等の公表を検討されておられよう。

（5） 移転価格事務運営方針の公表（2018年2月23日）

　グループ企業間でみられるサービスとして，特定のサービスと一般的な運営・管理サポートがある。現地国において，現地国法人が支払ったこれらのサービス報酬は損金算入費用となるが，現地国当局は，実際にサービスが提供されたのか，そしてその報酬額は現地国の移転価格税制に基づく独立企業間価格であったのかについて調査が行われ，認められない可能性がでてくる。同一グループ内の関連者間におけるマネージメントフィー，本社費用等は発展途上国をはじめとする多くの国において，税源浸食とみなされ，BEPS プロジェクトの対象となった。OECD 移転価格ガイドライン第7章の改正の一環として，低付加価値サービスに関して選択可能な簡素法，「モデレートな5％マークアップ」が導入された。

イ　企業グループ内における役務提供[15]
- BEPS 最終報告書では，予算，会計，その他のグループ内で行われる低付加価値役務提供に関して，従来の独立企業間価格の算定方法に加え，「簡易な算定方法」が提案された。この「簡易な算定方法」が OECD 移転価格ガイドラインに反映されたことを踏まえ，パブリックコメントを行ったうえで，事務運営指針が改正された。
- 追加された簡易な算定方法は，低付加価値 IGS について，役務提供に係る総原価に，マークアップ5％を乗じた金額を加算した対価の額を独立企業間価格として使用する方法である。従来の算定方法の場合，マークアップについては類似する取引を行う独立第三者企業を選定して算定するベンチマーク分析が必要であるが，簡易な算定方法の場合は，低付加価値 IGS の要件を全て満たしていれば，ベンチマーク分析を実施せずに一律5％のマークアップを適用することができる。なお，簡易な算定方法は，企業が従来の算定方法に加えて選択するものであるため，日本の税務当局が簡易な算定方法により更正処分を行うことはないと考えられる。マークアップ5％（3-10(1)）の要

件は，役務提供が支援的な性質のものであり，当該法人及び国外関連者が属する企業グループの中核的事業活動に直接関連しないこと，当該役務提供の内容が研究開発，製造，販売，原材料の購入，物流又はマーケティング等のいずれにも該当しないこと等（参考事例の事例23）。

- 総原価法は，従来通り役務提供に係る総原価を独立企業間価格として使用する方法である。適用要件については一部改正が入っているものの，実質的な取扱いの変更はないと考えられる。なお，要件を満たしている場合は，企業が総原価法を独立企業間価格の計算に使用することが従来可能であった認識であったが，パブリックコメントにおいては，「総原価法は調査において国税当局が必要に応じてその適用を検討するものであって，法人が選択できるものではありません。」と国税庁より回答されている。これは，(3-10(2)，(3))で「……調査を行う場合に，……検討する。」と規定していることに起因する回答と考えられるが，(3-10(2)，(3))は内容的に変更が入っていないことを踏まえると，取扱いについても従来と変わらず，総原価法の適用条件を満たしている根拠を具備しておけば調査でも適用が認められるものと考えられる。総原価法（3-10(2)(3)）の要件[16]は，役務提供が支援的な性質のものであり，当該法人及び国外関連者が属する企業グループの中核的事業活動に直接関連しないこと，当該役務提供の内容が研究開発，製造，販売，原材料の購入，物流又はマーケティング等のいずれにも該当しないこと等，加えて，当該役務提供が当該法人又は国外関連者の事業活動の重要な部分に関連していないこと等（3-10(2)に関し，参考事例の事例5）である。状況に応じ，総原価法で足りるという適用のあり方。

- 実務的にはマークアップ5％の要件と，総原価法の要件の違いが重要になることがあろう。「当該役務提供が当該法人又は国外関連者の事業活動の重要な部分に関連していないこと」の解釈がキーになろう。『事業活動の重要な部分』とは，「法人または国外関連者の利益の獲得に大きく貢献する活動や事業の成否を決定づけるような活動を指す。」とされる。このような定性的な説明ではわかりにくいため，従前からの付随的役務提供（3-10(2)）の考え方にある定量基準を持ち込むことが考えられたものと思われる。結果的に費用の相当額を占める場合には売上にも比例的な影響になるはずなので，一貫した考え

方が整備されている。マークアップ5％の要件と，総原価法の要件との違いは，単体会社としての主要な事業活動に当たらない場合に総原価法の適用が可能になると観念されよう。OECDガイドラインでは，総原価法にかかる記述は乏しく，総原価法を容認する要件は日本独自のオリジネーションである。

- OECD移転価格ガイドラインに，役務提供に該当しない「親会社がもっぱら自らのために行う国外関連者の株主としての活動の例」が示されたことを踏まえ，3-9(3)に例示が追加された。具体的には，「親会社の株式の上場」「親会社による国別報告事項に係る記録の作成等」，「親会社が会社法第348条第3項第4号に基づいて行う企業集団の業務の適正を確保するための必要な体制の整備等」等が役務提供に該当しない例と記されている。
- 特に銀行について鑑みると，国税庁のパブリックコメントへの回答によると，親会社が専ら自らのために銀行規制に係るガバナンス活動を行う場合は，ここでのコーポレートガバナンスに関する活動に該当するため，株主活動に該当するとしている。では，本支店間で考えた場合にもそのまま，本店の株主費用は支店には負担させないという議論になるかであるが，親子間と本支店間とは異なり，後者は，同一の法人内であり，本店にとっての株主費用は支店にとっても同様に便益となる費用であり，それ故に負担を求めるべきではないか，という考え方が該当するのか検討する必要がある。

　ここで，本店経費配賦の観点から，インバウンドの外国法人の例で考えてみる。配賦対象の本店経費については，法人税法第142条第3項第2号に「法22条第3項第2号に規定する販売費，一般管理費その他の費用には，外国法人の恒久的施設を通じて行う事業及びそれ以外の事業に共通するこれらの費用のうち，当該恒久的施設を通じて行う事業に係るものとして政令に定めるところにより配分した金額を含むものとする」と規定されている。移転価格税制でいうところの株主費用には株主総会や有価証券報告書に相当する文書の発行等の費用等が考えられるが，これらは支店の事業にも関係する費用と解すべきか検討の余地があると考える。支店の事業にも関係する費用である場合は，株主費用を支店にチャージすることは妥当であるといえるであろう。ここで，外国法人がこれまで株主費用を配賦していなかったところ，新たに配賦すると，支店の事業にも関係する費用と解すべきか否かの判断が変わる

ことになる。なぜ本支店共通の費用と見做していなかったものを共通したものとみるようになったのか，という整理が必要になる。国内外の事業に共通する費用の考え方は，外国税額控除の施行令に規定されており，共通費用の考え方は外国税額控除と外国法人との間で違いはないものと考える。法人税法第142条第3項第2号とほぼ同じ規定，つまり国外所得金額の計算において共通経費がどのように扱われるかを規定した法人税法施行令第141条の3第6項及び同令第141条の8第2項が規定されている。アウトバウンドにおいてある費用を国外源泉所得に係る所得を生ずべき業務とそれ以外の業務に共通したものとみる場合，当該費用は本店配賦経費としてチャージを行うという整理が可能であると考えられる。
- 本店等の関与がある外部取引のみ文書化すればよい，ということは法令からは読み取れないが，PEと第三者との取引に本店等の関与がある場合には，内部取引の説明の中でカバーすれば足りるという考え方からは，支店完結の取引についてまで文書化する必要は必ずしもないといえようか。本店等の関与がない取引があれば，外部取引として列挙したうえで，当該取引に本店等の関与がない旨（支店で完結している旨）を記載しておけば良いという考え方もあろう。もっとも，外部取引について内部取引と同様な機能リスク分析を行っても間違いではない。例えば，銀行業では第三者顧客に対するローンについて，PEが本店の審査を仰ぐケースがある。このような場合，審査機能は本店配賦経費の対象となるのが通例ともいえ（ただし，通常現法には配賦しない），内部取引として認識しないという実務といえよう。
- 日本企業のアウトバウンド目線と同じ考え方がインバウンドにも適用される。

☐　事前確認[17]
- 3-22(1)：確認対象事業年度の前の各事業年度について，調査が行われている間に事前確認の申出を行ったとしても当該調査は中断されない。
- 3-22(2)：事前確認の申出を行ったとしても，確認対象事業年度の前の事業年度に係る調査の開始は妨げられない。
- 3-22(3)：事前確認に係る手続が行われている間は，確認対象事業年度に係る申告の内容については調査を行わない。

- 3-22(4):調査に当たっては，申出を行った法人から事前確認審査のために収受した資料（事実に関するものを除く）は使用しない。ただし，当該法人の同意があるときはこの限りではない。
- 6-14(1):次に掲げる場合に該当することにより，事前確認を行うことが適当でないと認める場合には，局担当課は庁担当課と協議のうえ，事前確認を行うことができない旨を説明する。
  - ハ：事前確認の申出が過去に行われた事前確認の申出であって，事前確認を行うことができないこととされたものと，その内容において同一であると認められる場合。
  - ヘ：事前確認審査において把握した事実に基づき，確認対象取引に係る独立企業間価格の算定方法等が最も適切な方法であると認められないことが明らかになったにもかかわらず，確認申出法人が事前確認の申出の修正に応じない場合，事前確認の申出及びその取下げを繰り返す場合等。

    通常であれば企業から提示された申出内容を修正させることは想定されていないと考えられる，ここで事前確認を行うことが適当でないものとして国税庁が主に念頭に置いているのは，申出内容に合理性がなく，明らかに誤りがあると考えられるような極端なケースであると考えられる。移転価格においては，事実関係の正確な認定や，移転価格算定方法（TPM）や利益水準指標（PLI）の選択において，事案によっては論争的な局面もある。二国間事前確認においては，相手国税務当局との間でOECD移転価格ガイドラインの解釈や，移転価格の運営についての考え方の違いなどの影響も受けるため，TPMの選択等の評価によって事前確認を行うことが適切でないと判断されることがないよう，慎重な対応を期待したいところである。事前確認を行うことができない旨が日本当局より通知された時点で，確認対象事業年度について調査をしないという効果は消失する。

    なお，日本の当局の年次報告書のレビューは他国の当局と比べ厳格であり，計算上のケアレスエラー等にも留意が必要であろう。
- 6-14(2):次に掲げる場合に該当することにより，事前確認審査を開始し，又は継続することが適当でないと局担当課が判断した場合には，局担当課は，

庁担当課と協議のうえ，事前確認審査を開始し，または再開することが適当であると判断するまでの間，当該事前確認の申出に係る事前確認の手続を保留する旨を説明する。

ニ：庁相互協議室から，庁担当課を通じて，当該事前確認の申出が当該相手国税務当局によって収受されていないものと認められる旨の連絡を受けており，かつ，当該申出が当該税務当局によって収受された旨又は収受される見込みとなった旨の連絡を受けてから事前確認審査を行うことが適当であると認められる場合。

ホ：庁相互協議室から，庁担当課を通じて，事前確認審査を終了したとしても，当分の間相互協議が行われることが見込まれない旨の連絡を受けた場合。

- 6-15(2)：事前確認の申出について次に掲げる場合に該当するときは，局担当課は，当該事前確認の申出を取り下げるか否か，又は相互協議を伴わない事前確認を求めるか否かを聴取する。この場合において局担当課はしかるべき処理を行う。

  イ：庁相互協議室から庁担当課を通じて，相互協議の合意が成立しなかった旨の通知を受けた場合。

  ロ：及び経過的取扱い(2)：庁相互協議室から庁担当課を通じて，当該相手国税務当局によって収受されていないものと認められる旨の連絡を受けており，かつ確認対象事業年度のうち，最初の事業年度の開始の日の翌日（2018年2月16日より前に行われた事前確認の申出については，2018年2月16日と読み替えるものとする）から3年を経過する日までに申出が収受された旨又は，収受される見込みとなった旨の連絡を受けていない場合。

  　　3年経過ルールについては，日本の確認申出書に相当する文書の収受の認識が重要であり，相手国の仕組みによって何が日本の確認申出書に相当するのかの整理が必要になると考えられる。申出が収受される見込みがない場合の認定は，企業やアドバイザーから見込みの有無の情報提供を行うことは可能であるが，最終的な判断は国税庁で行われると整理できると考えられる。また，国税庁はパブリックコメントにおいて，当

該規定は3年が経過すると自動的に適用されるものではなく，相手国税務当局に対して，事前確認の申出を収受しているか又は収受する見込みがあるかについて確認したうえで適用の要否を判断すると回答している。

- 6-11(3)：事前確認審査における資料提出期限は，45日を超えない範囲で設定することが規定された。当初の案では30日となっていたところ，パブリックコメントで寄せられた意見を踏まえて今回の改正では45日と変更された。従来は資料提出期限の具体的な日数は明記されていなかったが，法人の予測可能性を確保するという事前確認の目的を達成するためには，一定の範囲内で提出期限を定めることが迅速な事前確認審査に資すると考えられるため，一定の期限を設けることは合理的な取扱いと考える旨パブリックコメントにおいて国税庁から回答されている。今後，企業としては，例えば国外関連者の財務データや機能・リスク分析に係る資料等，事前確認において通常要請される資料が提出期限に間に合うように，一層周到に準備を行い，事前確認に臨む必要があろう。

「事前確認の申出を行ったとしても，確認対象事業年度の前の事業年度に係る調査の開始は妨げられない」旨の規定は，従前からの確認事項ではあるが，このタイミングで移転価格事務運営要領に明記した意味について考えてみたい。日本当局は，ここ数年来，厳しい定員事情の中で，諸外国と比べても決して見劣りすることはないレベル感で，事前確認対応の人的リソースの積極的な拡充を図ってきたところであるが，現状，発生事案の増加と，早期対応が内外で求められる中，限られた人的リソースをむしろ能動的に振り向けたいという事情が背景にあるのではと考えられる。事前確認審査の保留，事前確認の取り下げ，事前確認を行うことが適当でない場合の各要件の追加についても，同様の背景を有していると見受けられる。このような人的リソースを当局側のリスク重点事項に優先的に振り向けようとする動きは，比較的多くの当局に共通してみられる動きとも見て取れよう。しかしながら，企業にとって独立企業原則に則った移転価格対応を行っていたとしても，移転価格課税リスクを完全になくすことは容易ではないこともまた事実であり，当局としてもBEPS行動計画14の趣旨に沿った二重課税排除に向けた努力が一層期待されるものと考えられよう。

我が国の二国間事前確認の由来は90年代初頭、日系米国子会社が米国税務当局から網羅的かつ巨額な課税提案を受けていた窮状を打開すべく、日米当局間でロールバックを適用することにより一気に解決したことにある。過去の自国管轄企業の利益率を下げる方向での二国間事前確認（ロールバックを含む）を容易に受任しない中国、及び今後想定されるところの他の新興国のスタンスを踏まえて、人的リソースと課税権の視点からの日本当局の新たな対応と見ることができるのではなかろうか。

（6）　その他執行上の進展[18]―資本の対価の議論[19]

- 金融グローバル・トレーディングの議論は、三国間以上の課税管轄にまたがることが多く[20]、バイの協議を効率的に組み合わせて一貫性のあるコンセンサスを得ることが期待される。資本の対価（Capital Contribution）の議論も例外ではない。
- OECD・PEレポートの考え方は、リスクをマネジメントする拠点の他に、資本サポート（リスク保有）を行う拠点があり、損が出ると資本サポート（リスク保有）拠点が負担をして完結をする（他にリスクが飛んでいかない）という原則に基づいているようにみえる。マーケットリスク、信用リスク、オペレーショナルリスク等のリスク・カテゴリーに着目して、何らかのリスクをアプリオリに対象とするリスクから排除しようとするものではない。Risk Waited Assetsを認識して、資本保有しているのであれば基本的にはそれらを考慮せざるを得ないと考えられよう。リスクをとる拠点が損をとることは理解されるが、本当にその拠点がリスクをとっているのかという疑念がもたれるところが税論点である。信用リスクについては、一般に貸倒引当を立てることに議論がある中、信用リスクを自由にとって対価を与えることに抵抗感があるのであろう。オペレーショナルリスクについては、バックオフィスにしくじりがあった場合、本当にブッキング・エンティティに損を残すべきか（つまり、バックオフィスの所在するエンティティへ損をチャージすべきではなかろうか？）について疑念があろうが、損が残ることの論拠及びエビデンスを出せば納得がいくのではなかろうか。
- 日本は、OECD・PE Reportの考え方に基づき、2012年に資本対価を容認す

る旨の事務連絡を発遣しているが、それ以降資本対価を routine return とみていたように一見みえる（しかし，資本対価の配賦を残余利益が正の場合に限定しているので完全に routine return として整理していたわけではない）が，現下利益分割法の中でnon-routine return とみて，残余を分割して処理する方向感もあろうか。例えばトレーダー報酬（次の段階で更に拠点ごとに割り振る）と資本対価の比重を，人的機能と資本の重要度合いを事実分析し，更に全体の金額合意の方向感を睨みつつ，9：1，8：2，7：3などと整理していく実例も想定されよう。

- BEPS 行動8のキャッシュボックスの考え方を踏まえると，一見，資本貢献の価値を低くみるべきとの考えを導くようにみえるが，金融規制を受ける金融機関のグローバルトレーディングモデルにそのまま通用するものではなく，資本対価の議論に特段の影響を与えることはないといえようか。

- 関係各国ともに，資本対価を一切認めない，税務上はバーゼル委員会の規制資本に依拠しないという見解から離れ，3か国間以上の相当程度のコンセンサスに向けた進捗の可能性も期待されようか。各国当局ともに，この分野の担当のCAがアサインされていることの寄与もあろう。さはさりながら，仮に隔たりを完全に埋めることができず，理屈の合意に至る部分と金額合意の部分に分立される場合には，事後調査の実施にあっては，理屈の合意に至る部分が活かされることが，効果的効率的な二重課税排除の観点から期待されようかと思われる。

（7） 2019年以降の展望

BEPS 行動8[21]にかかる国内法（移転価格税制）の改正については，広範かつ明確な無形資産の定義，無形資産のDEMPE分析，HTVIに関する所得相応性基準の整備等が検討の対象となろう。所得相応性基準について，平成29年度与党税制改正大綱は，「所得相応性基準の導入を含め，必要な見直しを検討する。」と明記する。

　国内法改正の前提となるOECD移転価格ガイドライン関連作業の現時点の概要は，下記A），B），C）のとおりである。これらを踏まえて国内法の立案検討がなされよう。

A）HTVIアプローチの適用に関するガイダンス

OECDは，HTVIに係るガイドライン第6章の附則として，HTVIアプローチの適用に関するガイダンスを公表しており，そこでのアプローチの適用条件を2020年レビューに向けてモニタリングの予定である。HTVIアプローチの適用に関するガイダンスは，HTVIアプローチのOECD移転価格ガイドラインへの導入を踏まえ，各国税務当局が当該アプローチの適用に関する理解を共有し，整合性のある形で適用することにより二重課税の防止を図ることが目的である。

HTVIアプローチは，(i)信頼性を有するコンパラブルが存在せず，かつ，(ii)取引開始時点において将来キャッシュフローや収益予測の不確実性が高く，譲渡時点で当該無形資産の最終的な成功の水準に係る予測が難しい無形資産の譲渡等が関連者間で行われた場合において，納税者による事前の予測と事後的結果の間で乖離が生じた場合，当該事後的結果を事前の価格設定取決めが適正に行われていなかったことを示す推定証拠に用いて調整を行う権限を税務当局に認めるアプローチである（2017 OECD・TPG・パラ6.189）。

ただし，納税者において，以下のいずれかに該当することを立証した場合には，当該推定は破られ，HTVIアプローチの適用は免除される（同上，パラ6.193）。

- 財務上の予測と実際の結果の大きな乖離が
  a）価格設定後に生じた予見不可能な進展又は事象であって取引時点では関連者が予想することはできなかったものによって生じたこと，あるいは，
  b）予見可能な結果の発生可能性を適切に評価に織り込んでいたこと
- 関連者間取引が二国間／多国間APAによって確認対象とされていること
- 取引時点における財務上の予測と事後的結果との乖離が取引時点で設定した対価の20％未満にとどまること
- 20％以上の乖離が生じないまま，第三者からの収入が初めて生み出された年から5年の商業期間が経過したこと

HTVIガイダンスの構成は**図表2-1-5**のとおりである。

HTVIアプローチの適用にあたっての基本的な考え方について，「（税務当局

図表 2-1-5　HTVI ガイダンス

パラグラフ	内容
1-9	HTVIアプローチの適用に当たっての基本的な考え方
10-15	"Timing Issue"への対応
16	価格調整の方法
17-33	参考事例
34-39	HTVIアプローチに係る紛争の予防と解決

の視点からみて，予測収益やキャッシュフローも本来より高く，若しくは低くあるべきだったのであり，関連者が行った蓋然性判断については疑いを持って精査すべきであるとの反証可能な推定が働く。）ただし，事後的に発生した収益やキャッシュフローを，取引時においてこれらが発生する蓋然性を考慮に入れることなしに，評価の基礎とすることは誤りである。」（パラ6）とし，時間を遡る際，time of value に関し，リスクを適切に考慮して割り引く必要があると言及している。また，「税務当局は，これらの評価を行うにあたり，事後的結果だけに着目するのではなく，納税者が知り得たはずであり，考慮に入れ得たはずの情報で，事後的に税務当局にとっても利用が可能となった複数年度におけるその他の関連情報も考慮に入れることができる［かもしれない］。」（パラ8）とし，税務当局が年度のチェリーピッキングを行うことがないよう牽制している。

Timing issue への対応については，相当時間をかけて議論をしたとされる。Timing issue は，関連者間において無形資産の譲渡等が行われてから，当該無形資産から収益が発生し始めるまでに時間的な開きが存在することにより，通常の調査サイクルでの対応が困難となるほか，調査が可能となるまでに国内法で定められた更正期間を徒過してしまう可能性が生じる問題であり，必ずしもHTVIに限定された問題ではないが，取引開始時点で未完成にとどまっている，あるいは，取引開始後数年間は商業的な利用が期待されないといった特徴を有するHTVIにあっては，「孵化期間」（incubation period）が長く，timing issue が深刻化するおそれがあると整理された。これへの対応については，「税

務当局において，可能な限り早期に HTVI 取引が行われた事実を把握し，可能な限り早期に着手することが重要であり，税務当局においては，早期の着手等を可能とする調査手続・体系を構築すべき」（パラ10，13）とし，当局の自助努力をまずは求めつつ，「それでも，更正期間が短く，調査サイクルも短い国にあっては，HTVI アプローチの適用にあたり困難に直面する可能性がある。」（パラ15）と整理している。そして，「このガイダンスは，これらの国に対し，timing issue を克服することを目的とした法制上の措置の実施を義務付けるものではないが，これらの国が，timing issue への対応にターゲットを絞った税務手続や法律の改正（例えば，「HTVI の定義に該当する無形資産や当該無形資産に係る権利が譲渡・使用許諾された事実を税務当局に迅速に報告させる情報申告制度の導入」や，「一般の更正期間制限の修正」などが含まれる。）を行うことを妨げない。」（パラ15）と対応策に言及している。この場合，対応的調整義務については，全期間についてこれを負うとするのがマジョリティであった可能性もあろうが，OECD 第9条コメンタリーにおいてこれが言及されるかどうかについは否定的かもしれない。なお，2008年ドイツ法は10年以内へと更正期間を拡張修正しており，1986年米国法は更正期間にかかわらず定期的調整は可能としている。オランダ及びメキシコ等は OECD ガイダンスを直接適用可能とする法制という。日本も，相手国を抑止する措置が必要との観点をも踏まえて，法制を見直していくことも検討されよう。

価格調整方法の選択に関する基本的な考え方は，
- HTVI アプローチの適用に当たり，税務当局は適正な方法を用いることができる。
- 当該適切な方法には，納税者自身が採用したものとは異なるが，比較可能な状況のもとにある独立企業であれば，取引価格の設定に内在する評価の不確実性を考慮に入れて採用したであろう代替的な取引価格の支払方法（"alternative pricing structure"）を反映した方法が含まれる（筆者注：コーポレートファイナンスの考え方を受容するということであろう。）。
- ただし，そもそも HTVI 自体が，信頼可能なコンパラブルの存在しない無形資産であるのだから，納税者が用いた支払方法に代替する方法は比較可能な

無形資産を含む非関連者間取引を参照し決定されたものであるとの立証を，税務当局に期待してはならない（パラ16参照）。
である。

また，調整方法の具体例としては，以下の単独例又は複合組合せを挙げている。

- "milestone payment"
- 毎年のロイヤルティによる支払（料率改定条項付き／無しの双方を含む）
- 価格調整条項の設定

HTVIアプローチに係る紛争の予防と解決については，「HTVIアプローチの適用が二重課税をもたらす場合には，関連租税条約に規定された相互協議手続にアクセスすることによる当該二重課税の解決を認めることが重要である。」（パラ37）として，相互協議の対象となることを明らかにしつつ，「HTVIアプローチの文脈では，条約25条の下，納税者は，条約の規定に適合しないと認められる課税処分が行われたり，課税通知がされたりするのを待つことなく，相互協議手続を開始することができるという点，すなわち，納税者は，一方又は双方の締約国の行為が当該条約の規定に適合しない課税をもたらすものであり，そのような課税が行われるリスクが可能性として存在するだけでなく蓋然性を有することさえ証明すれば相互協議手続を開始することが可能である，という点が，timing issueへの対応や二重課税解消の観点から特に重要。」（パラ38）とされ，早期に相互協議手続に持ち込むことの重要性が特に強調されている。

日本企業にあっては租税回避を目的として国外関連者に無形資産の譲渡を行うという実態が一般にはみられない状況下，移転価格税制の適用において事後の結果を用いる事後調整の仕組みを導入済みの米国とドイツにおいては導入時に個別具体の紛争が生じていたこと，両国ともに導入後に同制度に係る更正事例や税務訴訟のケースが特に見当たらないこと，特に米国企業にあってBEPS行動が顕著にみられたところであるが，BEPS報告書発信後の米国政府の同制度に係る対応はこれを存置させるに留まる以上の動きはみえないことなどの事情から，現下日本に立法事実は存在するのであろうかという議論もみられるところではある。米国やドイツの納税者にあっては，関連者間契約の中に，ロイ

ヤルティ料率の変更や独立企業間価格への調整を行う条項を盛り込み合意をしておく実務がみられるというが，価格のみの調整条項を加えるものか，その他取引条件を含めたところでの見直し条項ないしは契約破棄条項を導入すべきかは，企業の判断に委ねられよう。所得相応性基準の制度を持っておくことが，所得相応性基準をめぐる議論が生じたとき，政府にとって課税確保や二重課税調整の視点から，より効果的な取組みができるといえるのであろう。

B) 利益分割法の適用に関する改訂ガイダンス

OECD の利益分割法に係る議論[22]に関しては，包摂的枠組参加国の承認を終え，公表済である。この改訂ガイダンスの目的は，BEPS 行動 8 —10（移転価格税制と価値創造の一致）による移転価格ルールの見直しを踏まえ，グローバル・バリューチェーンに対する利益分割法の適用方法を再整理することにある。

PS ガイダンスの構成は以下のとおりである。
- 利益分割法の適用にあたっての基本的な考え方
    ① 利益分割法が最適法となることを示唆する指標の存在・不存在の意味
    ② コンパラブルの欠如の意味
    ③ 独立企業原則と利益分割法の関係
- 利益分割法が最適法となることを示唆する指標（筆者注：中核部分）
    ① 各関連者によるユニークで価値ある貢献（C.2.2.1）
    ② 高度に統合された事業活動（C.2.2.2）
    ③ 経済的に重要なリスクの引受けのシェア等（C.2.2.3）
- 利益分割の方法
    ① 分割対象利益の特定（C.4）
    ② 利益分割ファクター（C.5）
- 16の参考事例

コンパラブルの欠如の意味が重要である。「コンパラブルの欠如だけでは，独立企業原則のもとでの実際利益分割法の適用を保証するには不十分である」（パラ2.143），「関連者間取引において，一方の関連者が他方の関連者よりも複雑性の低い機能を遂行している場合には，当該一方の関連者への独立企業間報酬のベンチマークに用いるべき高度の比較可能性を有する独立企業間取引が欠如し

ていること自体をもって，利益分割法が最適法であるとの結論を導くことは適切でない」（パラ2.128），「個々のケースでの事実関係にもよるものの，関連者間取引と十分に類似はしているものの，同質とは言えないコンパラブルをベースとした移転価格算定手法を用いた方法が，利益分割法を不適切なかたちで用いるよりも信頼性が高いことが多い」（同上）の記述にみられるとおり，従前のガイドラインとは異なり，コンパラブルの欠如の意味を鮮明にしており，片側検証の優位性を説いている。

ユニークで価値ある貢献（C.2.2.1）については，パラ2.130で，「非関連者間取引においてなされた非関連者による貢献と比較可能でなく，かつ，当該貢献が事業活動から現に生じ，又は将来生じる可能性のある経済的利益の源泉（key source）となる貢献」と定義する。「各関連者によるユニークで価値ある貢献の存在は，利益分割法が移転価格算定手法として適切であることを示す最も明瞭な指標となる。」（パラ2.126）と断言されることの疑問もあろうが，このユニークで価値ある貢献が，汎用性・通用性のある指標として落ち着いたのではなかろうか。

高度に統合された事業活動（C.2.2.2）については，パラ2.133で，「取引の一方の当事者による機能の遂行，資産の使用，及びリスクの引受けが，他方の当事者によるそれらと相互に関連し，これらと切り離して信頼性のある評価を行うことができないような事業活動遂行の態様」と定義されている。具体例として，従前の「金融商品に係るグローバル・トレーディング」に加え，「長期契約の元で取引当事者の双方が多額の投資を行っており，当該投資価値が他方の当事者の事業活動の成否に左右されるなどの高度の相互依存関係にある事業活動」を追加されている。垂直的連続的統合は最適法となるのに否定的であり，水平的並行的統合は最適法となるのに肯定的であるという，明示的二分論は，形式論に過ぎ過剰適用・誤適用に繋がりやすく，現下の多国籍企業の多様な事業実態に鑑みて，最終的にガイダンスとしての採用は見送られたようにみえるが，水平的並行的統合は最適法となるのに肯定的であるとすることからの利益分割法の過剰適用への懸念が，採用見送りの本旨と解すべきであろう。

経済的に重要なリスクの引受けのシェア等（C.2.2.3）については，「経済的に重要なリスクの引受けのシェア」は，「取引の複数の当事者が経済的に重要な

特定のリスクを，(2017OECD・TPGパラ1.60で示されたリスク分析の枠組みの）ステップ4(i)で分析されたとおり（＝契約で定められたとおり）引き受け，さらに，これらの当事者が共同で特定のリスクをコントロールし，各当事者が自身に割り当てられたリスクを引き受けるための財務能力を有している場合」におけるリスク引受けの態様（パラ2.139，2017OECD・TPG・パラ1.95）と定義され，「相互に密接に関連したリスクの個別の引受け」は，「取引に関係する種々の経済的に重要なリスクが，各関連当事者によって個別に引き受けられているものの，これらのリスクが相互に密接な関連性を有し，かつ／又は，（リスクの発現に関し）相関関係を有するがゆえに，各関連者が引き受けている個別のリスクが発現した場合の結果を信頼できるかたちで切り出すことができない場合」における当該リスク引受けの態様（パラ2.140）と定義されている。「利益分割法が最適法になり得ることを示唆する各指標は，相互に排他的なものでなく，むしろしばしば1つのケースにおいて同時に認められるものである」，そして「関連当事者間における経済的に重要なリスクの引受けのシェアや，密接に関連したリスクの個別の引受けの程度は，各関連者の事業活動が高度に統合されている場合において利益分割法を適用すべきか否か，また利益分割法を適用する場合に，実際利益と予測利益のいずれを分轄の対象とすべきかに関する判断にも関係する。」とされ，経済的に重要なリスクの引受けは，高度に統合された事業活動とコインの表裏の関係にあり両面から判断していこうとするものであるので，「経済的に重要なリスクの引受けのシェア等」の指標化によって，利益分割法が最適法となる範囲が拡がったわけではないとする考え方もあろう。実務運用を見定める必要があろう。

　分割対象利益の特定に関し，「実際利益分割法は，実際の取引の正確な描写の結果，各関連者が経済的に重要なリスクの引受けをシェアし，又は密接に関連する別個の経済的に重要なリスクをそれぞれ引き受けている結果，これらのリスクの引受け等の結果として生じる利益や損失もシェアすべきと認められる場合にのみ最適法になる。（パラ2.159）」，「具体例としては，各関連者の事業活動が高度に統合されている場合や，各関連者のいずれもがユニークで価値ある貢献を行っている場合が考えられる。（同上）」とされる。

　「予測利益分割法は，各関連者がユニークで価値ある貢献を行ってはいるもの

の，取引を開始した後に生じる可能性がある経済的に重要なリスクについて，一方の関連者がシェアしていない場合に適切な移転価格算定手法となり得る。」（パラ2.160）とされ，一方当事者が中途で事後的に離脱したようなレアケースを対象としていよう。

利益分割ファクターに関し，資産・資本性ファクターについては，2017年OECD移転価格ガイドラインをそのまま踏襲しており，「有形資産・無形資産や使用資本と関連者間取引における価値創造との間に強度の相関関係が存在する場合に使用することができる。」（パラ2.141）の文が廃止されているが，このような関係が不要というわけではないが，縛られないように配意したものと解されよう。人的ファクターについては，人件費について，「個々のケースにおける個々の状況のもとで適切と認められるその他の指標には，従業員の人件費（例えば，金融商品に係るグローバル・トレーディングなど，個々の取引において価値創出を担う主要な機能の遂行に従事する人員に関するものに限る）も含まれる。」と追加されており，そこには，人為的賃金物価調整への言及はない。また，人員数や投下時間について，価値創造との間に強度のかつ一貫した相関関係が認められる場合には使用可とされ，強い制限がかけられている。

現在の多国籍企業の統合サプライチェーンや他のストラクチャにおいて独立企業間価格を確立することは困難であるため，利益分割法は多用されようとのおそれはもとよりあったのであろうが，本改訂ガイダンスにおいて，適切な歯止めをかけているのではなかろうか。独立企業原則の対極にある定式配分方式は，全ての国々からの賛同及び課税所得の算定・配分に対する合意を得るための多大な努力を要する長期のプロセスが必要となり，おおよそ実現は困難であるとの大前提の下での議論である。OECDの本議論のこれまでの展開においては，分割ファクターにむやみにコミットしすぎなかったことは賢明といえよう。今後電子経済課税問題の打開策として，源泉地国の無形資産の構築を一定の寛容度をもってどうみるのか，こういうイシューが生じた場合，利益分割法の適用のあり方に影響を及ぼす可能性はゼロではないかもしれない。

◯）恒久的施設への所得の帰属に関する追加的ガイダンス

本追加的ガイダンスの目的は，BEPS行動7によるPE閾値の見直しと，

BEPS 行動 8 —10による移転価格ルールの見直しが，PE 帰属所得の決定に対しどのような影響を及ぼし得るかを明らかにすることである。2017年12月に包摂的枠組参加国が文書で承認している。今般恒久的施設として認定される対象が拡がったことを踏まえて，恒久的施設に帰属する利益の判定方法の検討が追加されたことが議論の振り出しである。

　PE ガイダンスの構成中，パラグラフ26-42が中核であり，「源泉地国における従属代理人企業（DAE）の機能遂行の結果，従属代理人 PE（DAPE）の存在が認定される場合に係る PE 認定ルールの見直しの概要と，DAE が非居住者企業（NRE）の関連者であった場合における条約第 9 条（特殊関連企業条項）と条約第 7 条（PE 帰属事業所得）の適用関係の概要」を示している。公開討議草案の細かい数字入りのサンプルは消えたが，その基本的思考は通用すると評価される。DAE が非居住者企業（NRE）の関連者であった場合，Single Taxpayer Approach か Dual Taxpayers Approach かが論点化する。経済界は，前者を強く支持したが，在庫等の法的保有やファンディングをどうみるのかという観点などから，従前同様，後者の Dual Taxpayers Approach の維持を確認し，「代理人による活動は，ホスト国における 2 つの納税者，すなわち，ホスト国の居住者であるところの代理人企業と NRE の PE 双方に関係することとなる。」（パラ33）とした。そして，Dual Taxpayers Approach を維持するとした場合，第 9 条先行適用か第 7 条先行適用かの論点について，大多数の国の意向と同様，第 9 条の実質的先行適用を確認すると読める形になっているという。「代理人が NRE に対し提供するサービスに係る独立企業間報酬は，第 7 条に基づく PE 帰属所得の計算に際して，確定され，PE 帰属所得から控除されるべき要素の 1 つである。」（パラ33，パラ42同旨）と整理されている。そして，「みなし PE（DAPE）ケースへの第 7 条と第 9 条の適用に関するいずれのアプローチであれ，源泉地国における二重課税，すなわち，同一の利益について PE 帰属所得ルールにより PE 帰属所得として課税され，かつ，移転価格ルールにより代理人企業の所得としても課税されることによる二重課税を生じさせないことを確かにするものでなければならない。」（パラ35）とされ，二重課税の防止が強調されている。更に，プレ AOA タイプの条約への PE ガイダンスの適用を確認しており，「2010年版 AOA を採用するものであるか否かにかかわらず，第 7 条に基

づく PE 帰属所得の決定は，"separate entity approach"に基づき決定される。」（パラ6）とされ，「各国は，このガイダンスで示された原則が自国に関連するものであり，かつ適用可能なものであることについて同意している。」（エグゼクティブ・サマリー）とされる。

新しい OECD アプローチである AOA ルールの浸透を図ることが究極の課題であるが，この実行により，2010年改正前（国連モデル第7条第3項参照）のルールに比べ恒久的施設に帰属する所得が減少する傾向が高まることは事実であり，現状，現地の商慣習に基づく様々な推定課税を要求し又容認する実務を採る発展途上国等の反対論は激しいといえよう。第7条を第9条よりも優先させているようにみえた[23]が，結末は好転したといえようか。

金融取引（例えば，トレジャリー機能，グループ内ローン，キャッシュプーリング，ヘッジ，保証，キャプティブ保険）の価格付けに関連する特定の課題についても対処する，金融取引に関する公開討議草案が公表されている。本ペーパーは，一般事業会社の金融取引にかかる様々な論点をカバーしている。基本的に企業グループ内金融取引は柔軟性があり，第三者間金融取引との間に違いがある，金融取引にあっても正確な取引の認定が必要であり，それが比較可能性分析の前提となる，業種・事業環境は，金融取引のポリシーに影響を及ぼすとの問題意識がある。今般新移転価格ガイドラインの枠組の中で金融取引を正しく整合性をとって位置づけることを試みている。必ずしもローンだけではなく，保険や保証，DES，グループ内ヘッジ等をも対象とし，比較可能性の要素として，契約条件，貸手や借手の機能，取引や商品の内容の特性，ビジネス戦略等を列挙しており，財務機能については重要な機能ではあるが，司令塔というよりはむしろ効率的な資金管理を可能とするサポート的な機能と似ているとみている。

ローンについては，グループ内ローンであるので法的な劣後債権でなければ基本的に Secured と考えていいのではないか，実質有担とみていいのではないか，という思考もあるのであろうか。グループ内であることをもって信用面でサポートがなされているかどうかについては，期待できる会社とできない会社があり，ヒストリーを見ればわかるとしている。グループ内金融取引において

情報の非対称はないためcovenantが存在しない，存在する必要がないこともあることを示唆しており，またALPの算定において，自らの信用を確認することなどにおいて，銀行から意見を取ることは実行している取引ではないため，基本的には比較可能性がないとみており，実態として取引された市場のデータを採用することを重視しているようにみえる。

キャッシュプーリングに関しては，ヘッダ・取りまとめ役がサポートといえるのか，シナジーをどう分配するのかが論点であり，集中購買においてシナジーベネフィットをどう分けるのかという発想と近似しているか。グループ内ヘッジについては，様々なヘッジが可能であり，グループ全体の視点と個社の視点がずれることがあろう。

保証については，グループ内保証は相互依存的であり，保証に支払価値があるのか，サポートといってもベネフィットが付与されるのかはっきりしない，保証料を取らないケースがあり得るとの思考を含んでいるようにみえる。

今後，経済界からの意見出しを踏まえ，どのように最終化されていくのか，そしてそれが我が国の事務運営指針等の改定を引き起こすのか，定着した実務にどのように影響を及ぼすのか，が注目される。

さて，移転価格税制以外の税制に係る今後の展望である。

BEPS行動4にかかる国内法の改正については，2012年過大支払利子税制（関連者純支払利子の額のうち，調整されたEBITDAの50％超の部分を損金不算入）の改正が，MNEグループ比率（カーブアウト）ルールを導入するか等も含めて検討されよう。BEPS報告書においては，ベストプラクティスアプローチの勧告の合意が得られており，そこでは損金不算入利子の範囲を対国内・対非関連者にも拡充されており，米国税制もこれに倣った導入を行っている。現行制度が受取配当益金不算入額を調整されたEBITDAに含めているが，BEPS報告書は国内・海外からの受取配当益金不算入額を調整されたEBITDAに含めていない。BEPS報告書は調整されたEBITDAの10～30％の範囲超の部分の損金不算入なので，より厳格である。BEPS報告書は固定比率ルールによって損金不算入額が生じたとしても，[単体事業体の純支払利子]のEBITDA ×グループ比率（グループ全体の第三者への純支払利子／グループ全体のEBIT-

DA)までは追加的な損金算入を容認するルールである。BEPS リスクシナリオを，グループ企業が，a）第三者からの借入れを高税率国に配分，b）グループローンを利用して，第三者に支払う利息額を超える支払利子損金算入を実現，c）第三者又はグループ企業からの借入れを利用して非課税所得を創出[24]とみることに因る。これらの事項が検討対象となろう。外銀・外証を含む金融界への配慮を要するのかどうかも検討対象となろうか。新 CFC 税制に外国金融会社の受動的所得の特例を設けたのと同様，過大支払利子税制においても特例を要するのか，制度の全体の仕上がりをみつつ，検討されていくのであろうか。

　BEPS 行動12報告書は，義務的開示制度のない国に対し，潜在的にアグレッシブ又は濫用的なタックススキーム及びそのプロモータや利用者についての情報を早期に入手するというニーズを満たす制度の設計を可能にする枠組みを提供している。米・英の Mandatory Disclosure Rules は所得税・相続税をも包摂しており，我が国の制度改正においても，同様に国内マターも含め，納税者環境整備の一環として捉えるのであろうか。義務的開示の趣旨は，課税当局が租税回避スキームの情報をいち早く入手するために情報の開示を求めるとするものであり，課税当局はこの入手した情報について，既存の個別否認既定で課税できない場合に淡々と制度改正要望を行うのか，それともこれを機に課税ツールを拡充するために GAAR（包括的租税回避否認規定）を新設すべきかとの議論を惹起する。後者を検討するにあたっては，執行の実情に照らし，実際有効なツールがあり得るのかどうかを詰めることが重要である。租税条約の GAAR ともいえる PPT が導入されることをも十分に踏まえて検討されることになろう。世界の法制化の潮流に照らし，GAAR の導入それ自体の論点化もあり得ようが，現下義務的開示と切り離した立案は見えにくいといえようか。

2　近時の国際動向[25]

　OECD は，全体的なアプローチにより BEPS 行動に対処する意向であるが，行動13で合意された透明性の要件は重要な要素である。税務当局が BEPS 行動を採る納税者を特定し追徴により税メリットをなくそうとするにせよ，多国籍企業の経営陣を牽制し BEPS 行動の実施を削減させようとするにせよ，税務当

局の移転価格分析に関連する十分な情報へのアクセスの有無がキーになるようにみえるからである。BEPS行動13最終報告書は，税務当局が多国籍企業のビジネス及び移転価格設定方針を理解し，税務調査の必要性を判断するために必要とされる情報を提供する際に用いられる三層構造アプローチを提示した。実際，移転価格リスクを把握するためのツール以上の役割を果たしている。

なお，一部の新興国・発展途上国からは，CbCRに，関連者間の支払利息，ロイヤルティ，サービスフィーを含めてほしいとの要望が検討の早い時期に出され，却下されたものの，2020年に所要のデータの分析による内容の見直しを検討する際に，これについても評価することで合意していることに，留意を要する。

現在多数の国の税務当局のサーベイによると，従前以上に積極的に深度ある移転価格調査が実施されており，また制度上ペナルティの強化を図る傾向がみられる。知財に絡むDEMPE分析，機能・リスク移転の事実認定，PE帰属所得の算定等が世界共通の論点である。人的リソースやテクノロジーの移転価格への優先投入，税収本位でのTPMの選好や転換への強いスタンスの現れ，二国間事前確認の運用スタンスの厳格化等，概して各国税務当局とも課税確保への動向が見て取れる。

さて，日本企業の移転価格文書化への対応状況は，CbCR，MFについては，初回提出を終え，効率的な更新・改善を検討している状況であり，LFについては，今般の税務申告期限までの具備，及び調査までに提出可能な文書の作成・整備を目指して動いてきたところである。各々の文書について，ルーティンワークに落し込むための仕組化を目指している。

日本のLF対応については，国外関連者の事業方針を求められるが，具体的な方針がなければ親子間の方針策定・決定・承認という一般的な記載にとどめることになるのではなかろうか。検証対象外取引について国外関連取引に密接に関連する他の取引に係る記載が求められるため，国外関連者とその他の国外関連者との取引，その他連鎖取引等についての記載を検討する必要がある。また，その他当該市場に関する事項の一部として，優遇税制についての記載が望ましいと考えられ，国外関連者において特記すべき優遇税制があれば記載をすることになろう。地域性特殊要因（LSA）の記載は慎重を期すべきである。我が国の執行実務において切出損益の確認は必須項目であるが，対応の基本は，合理

的な基準による費用配賦を行い，効率的に営業損益を切り出すことである。我が国 LF 対応固有の事柄ではなく，LF 作成において重要なことは，①機能・リスク・資産にかかる分析において，ある程度機能ごとにまとめた記載が可能であると考えられるものの，移転価格リスクの高い企業については，厳格に関連取引の事実認定と移転価格のリスク分析を行い，個別に記載することが望ましいと考えられよう。OECD ガイドラインは，無形資産が絡む取引の比較可能性分析にあっては，ⓐ特に一部開発済みの無形資産の将来的な開発に関連するリスク，ⓑ競合他社の作用による無形資産の陳腐化及び価値減少に関連するリスク，ⓒ無形資産に対する権利侵害のリスク，ⓓ製造物責任及び類似のリスクで無形資産の将来的な使用に係るもの，というリスクの考慮を特に求めている。留意点である。②経済分析については，深度ある分析を踏まえての移転価格算定手法に係る指摘が少なからず各国当局から既に入っている状況にあることから，移転価格算定方法の特定は，必要に応じて，その後のビジネスや事業環境の変化を正しく測定し，過去に選択した際の理屈の再検討・補強等を行い，想定される論争的なポイントについては詳細を検討して記載する等，十分に気を配った対応が望ましいといえよう。TNMM の採用により残余利益を親会社に帰属させる移転価格分析からグローバル・バリューチェーンを構成する関連企業による価値創造への貢献度を分析して利益配分を決定する分析思考のシフトが利益分割法の適用の誘因となること，この誘因は先進国に対する誘因にもなりうること，実務的には各関連企業は実態としてどのような活動を行い，コントロールを実質的に行っているのはどの企業であるのかを精査し，税務調査が想定される場合，各関連企業別に損益配分の歪みをチェックする必要もあること等を意識することであろう。現在海外 LF を集約して日本 LF として取りまとめている企業も多いが，現下日本の当局に提出のさせ方に係る統一ルールはなく，日本の法人と取引のある全ての LF を一括で提出することを求められるのか，対象取引ごとに提出を求められるのかは，個々の調査部門や国際情報部門に委ねられよう。中国のように調査のきっかけなく提出を要請されることはないであろうが，法人税調査において一般に要請されると考えておくべきであろう。なお，我が国のローカルファイルには，AOA 文書も包摂されることに留意が必要である。目的は異なるが，重複がある。

企業の立場からは，親会社として一貫した説明力を備えた移転価格文書が整備された例もあるが，他方我が国のローカルファイルのコンプライアンスは充足するが，前提となる移転価格ポリシーや関連者間契約が未整備のままであり，現地ローカルファイルとの整合性も図れていない例も少なくなく，会社の事情によって文書化対応に違いがある，という実情である。今後，税務調査を見据えたリスク・コントロールが一層重要になる。国外関連取引の正確な事実認定を行い，それを踏まえた最適な TPM・PLI の選定を実行し，移転価格のディフェンシブな体制を強化していくことが重要である。

　移転価格の相互協議に関しては，BEPS プロジェクト行動14において，相互協議をより実効性のあるものに改善することが期待されている。相互協議フォーラム（FTA MAP Forum）という場で，相互協議の実施状況を各国が相互にモニタリングすることになり，2016年12月からピアレビューが開始されている。2017年12月から日本を含む第４バッチが対象にされており，日本は対応の最中であるという。ミニマムスタンダードの達成状況は，付託事項と呼ばれる21の評価基準に基づいて評価されるといい，そこでの評価基準は機械的に適用されるのではなく，参加国・地域の改善に向けた努力も考慮されるという。米国と並び，移転価格相互協議の経験の最も長い我が国にあっては，ミニマムスタンダードやベストプラクティスのコモンな事項についての十二分なレベルでの実施・実践や更に近時の前進の努力が評価されるべきは基本ラインとして，参加国・地域の改善に向けた寄与への期待にとても大きなものがあろう。相互協議の早期の解決と新興国・途上国の足らざるを協議の場を通じて改善に向け示唆し導くことの葛藤について，事案に応じて見極めていくことが，ここでの合理的な評価基準において容認されているようにみえる。

　日本企業にとって特に関心の高い中国とインドについて，日本の相互協議担当の方の各論を参照させていただく。

　中国に関しては，繰越事案の増加の理由の１つは，中国側の相互協議担当部署である国家税務総局の反避税処（はんぴぜいしょ）のマンパワー不足であるとするが，近時中国は OECD での議論など国際的な動向を非常に強く意識しており，概ね年２回の協議の頻度をあげたい日本の意向に前向きであるなど，前進が期待できる状況である。

1　国際課税の最近の動向とこれからの税務紛争管理

　論点の対立は，大きな視点からみると，資本輸出国と資本輸入国という立場の違いを背景としたものであり，そのため日中間の主張が真っ向から対立する場面が多いと述べておられる。自己開発の技術とブランドの構築により究極の親会社が残余利益を取得しうる中国企業は，国家の後押しをも受けてハイピッチで現出してこよう。今後日本市場にどう深耕するのであろうか，プレゼンスが増すのであろうか，そして我が国で移転価格課税が論点化するのか。このような事柄が政府間協議の基本ラインにも影響をもたらすのであろう。

　中国課税事案についての留意点として，相互協議に同席する地方局担当者が，調査時に納税者が主張・反論しなかったので課税に納得しているとして課税の正当性を強く主張する場面も少なくないといい，日本の親会社が主体的に動き調査時に徹底的に議論を尽くすことの重要性を示唆されている。また，APA事案については，中国子会社の機能・リスクが反映されていない高水準の申告実績が見受けられ，この水準での合意はそもそも困難であり，他方，中国側で減額補償調整が生ずる場合には議論が紛糾するとし，企業には，移転価格上のリスク・コントロールの適切な実行（ただ，ロイヤルティの送金規制など不可抗力的な要素もあることは公知である）を推奨するとともに，ここは先方から異論もあろうが，中国当局に対しては，（協議では最早妥協に導けない限界が現下あるのであろう）ガイドラインに則った議論の決着など，国際社会の一員としてより責任ある対応を求めていきたいとされている。日中の議論を若干整理させて頂くと，LSAのうちコストセービングの議論は中国の賃金水準の向上により過去のものであろうか。受託製造に関しては，真に機能・リスク限度か，それとも開発や販売機能も絡んでいないか，そうであれば，ROTCを上げるべき，あるいはセグメント損益を検証すべきという事実認定に端を発した論争がみられたのも事実であろうし，これもやや古い議論となりつつあるか。過去の案件として，交渉の土俵に上がることはある。現地の高収益分析により中国固有のLSAのうちマーケットプレミアムが認識される場合，残余利益の帰属を巡り，議論は先鋭化する。中国政府は，市場は必ずしも外部環境要因ではなく，インフラ投資等国家が形成したものと解されている面もあろう。ルーチン・ノンルーチンの議論や手法論にコミットしないのは，RPSMの採用をもってしてもなお解決できないこともあるという認識のあらわれであろう。将来年度の

TPMを理論化するのはよしとしても、過去年度は結果いくら税収は残るのか還付を要するのかこだわりが強い中にあって、ケースバイケースではあるが中には柔軟な解決策を日中間で模索するものもでてくるのであろう。現地高収益案件の解決のポイントは、その理由の分析によるLSAの有無と金額の規模感の整理・把握である。また、（日中両国ともに所要の切出損益をベースとしたバリューチェーン貢献分析指向があり）日中間損益配分の合理性のチェックも肝要といえよう。BAPAの目的は二重課税の排除や経営の透明性の向上であると整理・説明を行うこととなる。中国当局側に予備会談申請を受理するなど柔軟性の芽がみられる。なお、レンジから外れた場合、日本はエッジまでの調整、中国は中央値までの調整という考え方の相違は、二重課税・非課税を引き起こすものであり、整理が必要になってこよう。現下BAPAの補償調整にあってこの状況は変わらない。

インドに関しては、インド子会社が支出した親会社製品の販売促進のために支出した費用をAMP費用と称したうえで、親会社にマークアップを乗せて請求すべきとして課税する事案など積極的な課税が行われているというが、他方、相互協議が年2、3回実施されるようになり、2015年にはAPAロールバックが認められ、2016年にはインドで所得減額が受け入れられた事案が出てきたこと、インドの司法制度が健全に機能していると窺えることなどは評価すべき動きとしている。

インド側課税事案について、国内争訟手続と相互協議が同時並行で進むが、訴訟で有利な判決が期待できるため協議が保留される事案があり、租税裁判所（ITAT）の判決が出た時点で、相互協議を実施した場合のその事案の行く末がある程度みえてくるため、当局と納税者が相談のうえで、最終的に相互協議の取下げや両当局間で協議終了とした事例があるという。

こういうことから、インド側課税事案に対応する際、課税や訴訟の状況を踏まえ、納税者として、どうしても譲れない課税内容であるのか、それとも早期の二重課税の排除にプライオリティをおくのかといった基本的な部分の会社の考え方をまず整理することが重要であると示唆されている。必ずしもシンプルな二分論で整理されているのではないと思われるが、二重課税を極力排除してほしいとする企業側の観点からは、二分論が成り立つほどインドの司法に期待

を寄せていいものであろうか。殊に新興国・途上国相手の協議の役目は，単に早き合意ではなく，ITATの判決のタイムラインを訟務の慣行から堅実に見極めつつ，その範囲内で早きを失しても日本のCAの知見から協議の場を通じた課税の考え方の改善に向けた示唆や導きを経て，より受入れ可能な合意を探る途を期待することに理由があるのではなかろうか。

　総評として，途上国を含め各国とも，OECD等の国際的な動向を強く意識せざるをえないという流れが確実に生じているという一方で，事案ごとに異なる固有の論点について，交渉は常にオリジナルな困難性を伴う中で研鑽を積んでいる，とされる。

　BEPSプロジェクト行動14の議論を踏まえ，相互協議をより実効性のあるものに改善するための所要の取組みが着々と実行に移され，確実に前進の潮流があるようにみえるが，各国当局の各論レベルでの論争の激化と各国共通のリソースの制約という素地からは，移転価格ガバナンスを一層強め，移転価格を事業上の重要な検討要素として認識していくことが重要であろう。個別案件のプラクティスにあっては，テクニカリティを前提として微妙な落としどころを見据えた交渉人としてのスキルがより高いレベルで求められる時代になってきているといえよう。

（1）　CbCR[26]を用いた税務リスク分析手法に係る税務当局向けガイダンスの公表

　CbCRは，国ごとの収入金額や従業員数，有形資産額等の経済活動規模や，税引前利益，納付税額等の税務情報等を一覧するものであり，税務当局が各国で行う税務リスク分析において活用することが提案されている。2017年9月にOECDは，CbCRに関して，実務的な実施に関するハンドブック（Handbook on Effective Implementation），及び効果的な税務リスク評価に関するハンドブック（Handbook on Effective Tax Risk Assessment）を公表している。このうち，後者は，CbCRの情報を税務当局の税務リスク評価プロセスに組み込む方法，CbCRを使用して識別できる税務リスク指標の種類，及び当該プロセスにおいて生じ得る課題に関する指針を税務当局に提供しており，その記載内容の概要は**図表2-1-6**のとおりである。

図表 2-1-6　公表ガイダンスの概要

概　要	「CbCR : Handbook on effective tax risk assessment」該当箇所（例）
税務当局が実施する税務リスク分析の意義，効果的な税務リスク分析を実施するうえでの中核的な要素，他国で実際に行われている税務リスク分析アプローチ例の説明。	Chapter 2 The Role of Tax Risk Assessment in Tax Administration
国別報告事項（CbCR : Country-by-Country Report）に記載される情報の概要，他のリソースから取得される情報と比較した際の国別報告事項（CbCR）に記載される情報が持つ利点。	Chapter 3 Overview of CbC Reporting
税務当局が実施する税務リスク分析への国別報告事項（CbCR）の活用方法の検討，国別報告事項（CbCR）に記載される情報・データに基づく主要な税務リスク指標例の説明。パラ40で主な税務リスク指標を列挙している。CbCRの記載項目をどう調理すればこの税務リスクが高いか低いかを判明できるかを説明している。移転価格操作，アグレッシブな税ストラクチャを含むタックススキームのあぶり出し方を教示している。	Chapter 4 Incorporating CbC Reports Into a Tax Authority's Tax Risk Assessment Framework
国別報告事項（CbCR）を用いた税務リスク分析を行う上での税務当局の課題とその対処方法例。P.49のパラ95乃至パラ109までに当局が間違って使うリスクを挙げている。例えばテーブル1は国ごとのAggregateされた数字であること，同業他社比較も会社の事業上の理由でストラクチャも異なり，単純比較は適切ではないこと等。途上国で濫用的な調査に直面した場合，活用できる余地がある。	Chapter 5 Challenges to the Effective Use of CbC Reports for Tax Risk Assessment
国別報告事項（CbCR）に加えて税務当局が用いるであろうその他のデータのリソース例。	Chapter 6 Using CbC Reports alongside data from other sources

国別報告事項（CbCR）を用いた税務リスク分析結果の活用方法と税務当局がその後行うべきステップ。P.73 のアネックス 3 はリスクアセスメントケーススタディである。MNE・SA という架空の会社についての 2 ヶ年比較，Ratio 分析例を示す。	Chapter 7　Using the Results of a Tax Risk Assessment Based on CbCR Information

　リスク評価は主に下記のプロセスでテストする。税務当局は表 1，表 2 及びその他の情報に基づきハイレベルな機能・リスク分析を行う。また，表 3（表 2 の Others にチェックを付けている場合も含む）には税務リスクに関係する特別な言葉や表現が記載されているかを検討する。主な税務リスク指標を計算し，前年度の数値・情報と比較する。数値に大きな変化がある場合，原因を調査する。国同士の数値，もしくは同機能・リスクを有するメンバー同士の数値を比較する可能性がある。

　また，税務当局は，CbCR 情報により各産業における BEPS 活動の傾向を把握できるため，同産業の他社と比較される可能性がある（他社データを直接比較するのではなく，参考として使用するのみ）。その際，財務諸表作成の違いや商業要因（ビジネスモデルや戦略）なども考慮される。上記のプロセス結果に応じて，追加情報が要求される可能性がある。

　CbCR の情報はハイレベルなリスク評価の強力なツールであるものの，移転価格が不正確であること又は多国籍企業グループが BEPS に従事していることの決定的証拠を単独で表すものとはなり得ないとされている。CbCR を使用したリスク評価によって潜在的な税務リスクが識別された場合には，更なるレビュー又は追加的な情報の要求，並びに必要に応じて（場合によっては税務調査を含めた）コンプライアンスを高めるための行動が発動されるべきと述べている。

　ハンドブック「Annex 3　Example Use of a CbC Report for Tax Risk Assessment」では，対象年度前後の事業年度との表 1 に係る分析指標のデータ比較，表 2 の構成事業体の増減や主要な事業活動の分類の比較を行うことで，グループの中でも重点的に調査を行う国や拠点を抽出する方法が示唆されており，グループの国別報告事項の経年比較に基づくリスク分析を行うことが推奨

される。移転価格税制に係る税務リスク分析を実施するが，移転価格税制以外にも CFC 税制に係るリスク分析での活用も示唆されており，留意が必要である。
　また主な税務リスク指標は以下のとおりである。
① 特定の税務管轄地におけるグループ会社の規模
② ある税務管轄地におけるグループの活動がリスクの低い活動に限定されていること
③ 特定の税務管轄地における関連者間収益の価額が大きいか又は比率が高いこと
④ ある税務管轄地における利益水準が潜在的な比較対象から乖離していること
⑤ ある税務管轄地における利益水準が市場の動向を反映していないこと
⑥ 利益が多いが実質的な活動がほとんどない税務管轄地があること
⑦ 利益が多いが発生した税額の水準が低い税務管轄地があること
⑧ 活動が多いが利益（又は損失）の水準が低い税務管轄地があること
⑨ グループが BEPS リスクをもたらす税務管轄地で活動を行っていること
⑩ グループが，自身の支払っている税率又は税額の低い税務管轄地に可動的な活動を有していること
⑪ グループの構造（資産の場所を含む）に変更があったこと
⑫ 知的財産（IP）がグループ内の関連する活動から分離されていること
⑬ グループが，自身の主要な市場以外の税務管轄地に所在するマーケティング事業体を有していること
⑭ グループが，自身の主要な製造場所以外の税務管轄地に所在する調達事業体を有していること
⑮ 支払った法人所得税が発生した法人所得税を一貫して下回っていること
⑯ グループに双方居住者事業体が含まれていること

（2） 想定される各国税務当局の見方等
● 国別分析として，関連者取引収入割合が高く，税引前利益率が高い国は着目されよう。法定実効税率が低く，1人当たり税引前利益・資産当たり税引前

利益が高い国は注目されよう。収入金額が大きく，かつ非関連者取引収入割合が高い国は，重要な事業活動を行っている国と一般に推測されるが，それに比して税負担が低い，実効税率がマイナスの拠点は着目されやすいといえよう。拠点別分析指標としては，同一事業で，国外の税引前利益率が例えば10％超であるが，日本の拠点が赤字，同一事業のある拠点は赤字であるが，他方別の拠点では高い利益率である場合は，注目されやすい。ある拠点で赤字であるが，関連者間収入率が０である場合，移転価格以外の理由により赤字であることを説明する準備をしておく。日本の拠点も赤字であるが，現地の拠点も赤字である場合，双方で指摘リスクがあるが，儲かっていない状況を説明する準備が必要である。日本では，CbCRについては別表17-4のデータベースへの統合が目指されるであろうし，移転価格の専担組織において，これらのデータ，MF，及び一般調査で受領したLFから移転価格上の問題をあぶり出し，調査選定に資する分析を行うことが想定されよう。全体として連鎖取引（別表17の4の限界）[27]をよく分析・整理しておく必要がある。

- 米国当局は，移転価格担当の高官が，マスターファイル同様CbCRを選定の材料として活用することを明示している。中国当局も，CbCRはどうしても欲しい情報としてMCAAの締結のために積極的に動いていることを明示している。見方は中国市場内における同業者比較を基本としつつ，一歩踏み込み，サプライチェーン全体を確認する手法として活用することを明示している。インドネシア当局は，OECDピアレビューを受け，OECDスタンダードに合致した適切な手続の下でCbCRを活用すること，CbCRにアクセスできる職員もリスク分析を行うチームのみに限定することなどを強調しており，調査選定に活用されることは間違いない。

- ICAP（International Compliance Assurance Program）は，多国籍企業の移転価格文書等の情報を関係当局が一堂に会してそれを共有してリスク評価をマルチで行って，問題がなければお墨つきを与えるという仕組みといえよう。OECD・IRS主導で，8か国・8多国籍企業が参加，すべての国が1企業と対応しているわけではない。日本政府も8か国の仲間入りをしているようにみえ，また，ドイツ・フランスは入っておらず，スペイン・オランダ・イタリアが入っているようにみえる。2018年上半期にパイロットケースとして

スタートするが，方法論や期間等に加え，どのような答えを出すのかについて決まっているのであろうか。走りながら考えつつもパイロットケースを成功させて，きちんとした制度設計を行って本格化させ，参加国を広げていきたいとOECDは考えているのであろうか。ターゲット取引は，移転価格及びこれに付随するPEの問題と想定され，8か国といっても関連者間取引がなければ，その国同士の問題にはならないという整理になろう。8か国の担当が集まって，8多国籍企業のMF／LF／CbCRを持ち寄って，リスク評価を行うのであろう。現下，焦点は参加国の間でハイリスクの活動とローリスクの活動をどのように区分するのかという点であるという。2018年7月に中間レビューを実施している。究極的にマルチMAPという形になるのかどうか。そのような可能性もあるのかもしれないが，そう考えた場合には，現行のMAPやBAPAとの関係や，基本的な位置づけ等について，整理を要しよう。マルチMAPに至る前に，共同調査（joint audit）[28]を行うのかどうか。課税リスクが高くないと目される8多国籍企業は自ら手を挙げてきた会社であろうが，世界の多国籍企業は，関心を持つもの，警戒心を持つもの，双方あるのではなかろうか。

- BEPSリスクの評価のTool kitsは，IMF，OECD，国連，世銀グループの税の協働のプラットフォームである。OECDは，BEPSプロジェクトの参加国拡大に向けて積極的に取り組んだが，発展途上国のニーズが理解されまた十分に反映されなかった点に懸念が寄せられ，国際機関の積極的な参加と専門知識の供与が期待されたという背景がある。移転価格上のコンパラブルデータ欠如への対処という視点，セーフハーバーの開発，特定の資源のケーススタディを含む。基本的に，利益分割法的思考ではなく，比較法アプローチに踏みとどまったTPM思考にみえる。いつリリースされるのかは，現下不明である。

- 2013年の国連移転価格マニュアルの改訂については，予定されていた2017年のリリースが遅れている。ブラジル[29]・中国・インド・南アフリカ・メキシコに加えて，新規のケニア等の移転価格手法が，OECDガイドラインの考え方からどのように乖離しているのか等が注目される。

- CbCRの共有のされ方について，米国はMCAAに参画しておらず，日米当局

は，バイの交渉に前向きに努力をしているものと思われる。この交渉の締結が遅れたとしても，米国は国内法で子会社方式を導入していないので，米国子会社側でCbCRを求められることはなく，IRSへの共有が遅れるだけである。他方，日本のインバウンドにおける子会社方式（措置法施行令39条の12の4）を適用するにあたり，2016年4月1日～2017年3月31日の間に開始する事業年度については，措置法施行令附則23条に基づき，CbCRの自動情報交換協約が締結されていなくても，子会社方式を適用しないこととされている。したがって3月期決算であれば，2019年3月末時点で協約が合意されていない場合，初めて子会社方式が適用されることになる。中国は，CbCRのMCAAに参加しているものの，現状有効になっているのは，フランス・ドイツ・英国の3か国との情報交換のみである。2017年12月期のCbCRは，MCAAが2018年12月末までに有効でない場合，中国で子会社方式が適用されることになる。米国・中国ともに所要のプロトコールにより，初年度より自動的情報交換はワークすると現下予想されるのではなかろうか。ベトナムは，CbCRのMCAAには参加していないため，日本とベトナムでバイのCAAを締結されない限り，自動的情報交換はなされない状況である。法令上の免除理由が特段にない場合には子会社方式が発動され，ベトナム当局に直接提出することになるであろう。

- インドのマスターファイルについては，中国と同様，国内法によりOECDガイドラインとは異なる独自の記載要請が設けられた。インドのMFは，Part A及びPart Bに分かれており，Part AについてはInternational Group（IG）の構成会社であるインド法人全てに作成・提出義務が課されている一方，Part Bを含むMFは，以下の両方に該当する場合に作成・提出が必要になる。
  - ✓ グループの当事業年度の総収入金額が50億ルピー超
  - ✓ 当事業年度の関連者間取引金額が一定額（全取引合計で5億ルピー又は無形資産取引合計1億ルピー）超（※5億ルピー：約8.5億円程度）

  Part Aの内容については，IG構成会社の名称及び住所の一覧，Part Bの内容については，以下のような追加項目がある。
  - ✓ IGの構成会社（グループの売上高，資産，又は利益の10％以上に寄与して

いる会社）が果たす機能，使用している資産，負っているリスク
- ✓ 無形資産の開発と管理に関与する全てのIG構成会社の一覧と住所
- ✓ IGの資金調達に関する詳細な説明（非関連の貸手上位10社の名称と住所を含む）
- ✓ OECD移転価格ガイドラインで「一般的な説明」とされている部分（例：研究開発，無形資産，資金調達等）についての「詳細な説明」

例えば，IGの資金調達に関する詳細な説明（非関連の貸手上位10社の名称と住所を含む）への対応については，インド子会社への開示は通例躊躇されるため，

- ✓ インド版のMFを追加作成しない。
- ✓ インド版のMFを追加作成する。
  - ・インドで借入れを行う場合，既に申告においてインドの貸手の明細を記載提出しているため，その内容を超えない範囲で追加記載する。
  - ・法令上の要請に応じ，日本の貸し手も含めて記載する。インドMFの求めに満たない内容を出すことに消極的であり，現地会計事務所の助けを借りて対応している。

等の対応パターンが考えられたところである。インドのMFは，OECD勧告からの逸脱・事務負担・守秘等の問題があったことは事実であり，経済界としては，それらを指摘したうえで，BEPS行動13の原則に沿うよう改定することを要請すると結論づけ，OECDはこれを受けてインド当局に働きかけを行い，結果を公表すること等も想定される。OECDルールはソフトローであり，MFはミニマムスタンダードとされたCbCRとも性格が異なるものである。我が国経済界の寄与を含め，経済界としての対応の先例となろう。今後同様の事柄について，経済界・OECDの連携によるロシアや中国等への働きかけの可能性も想定されるのではなかろうか。

（3） Public CbCR[30]

2016年4月12日に欧州委員会がPublic CbCRの指令案を提案したのち，2017年6月21日に欧州議会が下記修正案を公表した。

① CbCRの報告項目の一部が公開対象から除かれていたが，修正案ではこ

れを公開対象に含めている。
② 公開対象地域について，EU各国及びタックスヘイブン国限定から全ての税法域に係る情報公開に拡大した。
③ しかし，セーフガードとして，商業的にセンシティブな情報を暫定的に報告対象から除くことを認めた。

①，②は強化策であり，③は軟化策である。民間のNGO[31]などは，③の軟化策に強く抵抗している。今後の動向は，EU理事会のリードに委ねられ，現下見通せない状況になっている。

3 トランプ税制（米国税制改革法「Tax Cuts and Jobs Act」）対応[32]

トランプ税制は，1986年のレーガン税制以来，30年間で最大のインパクトである。当時は，世界で最も先進的な税制とみられていたが，次第に時代遅れで，異端となっていた。世界の動向に反し，税率が高止まりしたうえに，全世界所得を，その高い税率で課税していたからである。そういった意味から，税率を最大35％から21％へ引き下げたこと（2018年1月1日以降開始事業年度から新税率であり，課税年度中に適用税率が変わった場合，日割りの按分計算である），及び10％以上保有の海外子会社からの配当につき100％免税にしたことが，改正のコアといえる。これをもって，全世界所得課税方式をとる主要国は消滅し，海外子会社の稼ぐ所得に本国政府は課税しないテリトリアル方式が世界共通となった。この改正のコア部分はオバマ政権時代から共和党と民主党との間でコンセンサスは得られてきており，固いものである。

トランプ政権の主要公約の未達に対する世論の厳しさを背景に，下院共和党が改正案を発表してから，驚異的なスピード感で下院・上院で改正案を通過させ，2017年12月22日の大統領署名を経て税制改正が成立した。成立が危ぶまれていたが，剛腕ともいわれる。連邦所得税からの地方税控除に上限額を設定する等，中間選挙を強く意識した内容ともいわれる。計算方法の細則や会計処理に関し，ガイダンスの発表は遅れている。財政調整措置なる手続で立法されており，改正後11年目以降に財政赤字が拡大する場合，改正は10年の時限立法と

なる。国際課税の改正項目に関しては，トールチャージの税収増もあり，約3,000億ドルの黒字見込みである。

（1） 全体像

大型減税の方向感は大方計画どおりといえる。トランプ政権起案の税率15％には届かないが，財政規律を加味した見地からは20〜25％のラインへの収束の予測がなされていた中での21％の着地である。増税の方向感からは，BEATの対象から棚卸資産購入費が除外され，GILTIが導入されたが，外国税額控除が容認されており，これらのことから計画未達といえようか。

税法簡素化の方向感からは，BEATやGILTI等複雑化した分野があり，ニュートラルといえよう。法人税率は，実質的に2018年1月1日より21％へ削減（現行は最大35％）された。州の税率は連邦税率に連動しない。州税を含む出来上がりの税率は38.9％から25.75％に下がっている。その他改正項目としては，法人AMT（代替ミニマム税）が廃止された。繰越欠損金に使用制限が入り，当年度所得の80％までしか相殺できなくなった。2年間の繰戻しは廃止され，20年間の繰越は無制限となった。過年度の欠損金については従前と同じルールが適用される。唯一の時限立法（2022年までは初年度のボーナス償却として100％認容され，2023年以降のボーナス償却率が20％ずつ逓減。ガス・水道・電気供給事業は対象外，不動産業も選択により対象外）であるが，固定資産の即時償却が導入された。企業の設備投資を促す目的で，2017年9月28日以降に取得し，事業供用を開始した一定の固定資産（中古資産も含む）について，100％の即時損金化が認められる。内国歳入法第163条の(j) Earning striping rule が改正され，債権者が国内・非関連者であっても一律に適用される。一般に損金算入限度額は2021年までEBITDA相当額の30％，2022年からEBIT相当額の30％となり，2022年からより厳格化される。前述の固定資産の即時償却の適用対象外の者については，適用対象外となる。即時損金化を取る場合，純支払利子の損金算入制限をかけ，即時損金化が適用されない場合，純支払利子の損金算入制限をかけないという仕組みである。本制度で否認された利子は無制限に繰越しが可能である。従前の第163条(j)の重要な適用要件であった負債資本比率（3：2）のセーフハーバーは撤廃された。米国の個人事業者がLLCやパート

ナーシップ等の税務上パススルーとなる事業体を通じて事業を行って得た所得の税率については最高実効税率が29.5％に引き下げられている。会計上の影響として，法人税率が引き下がると，当期税金費用が下がり，PLにプラスの影響が出ることになり，他方繰延税金資産の取崩しによる税金費用（法人税等調整額）が追加計上される。大手金融機関等，繰延税金資産の多い企業は，会計面からは2017年12月期でネガティブな影響が出る会社が多かった。繰延税金負債の多い資本集約型製造企業にとっては，導入時も一過性のプラスを出し，将来的にもプラスのポジティブな影響が見込まれる。

　日米の法人税率は逆転したが，この税率逆転をもってして，日本で税率引下げの議論を行う算段は財政当局にないであろう。

（2）　税源浸食対策税（BEAT：Base Erosion and Anti-Abuse Tax）

　米国法人から国外関連者に支払われる特定費用が過剰となっている場合の追加課税制度を創設した。導入されることへの懸念が大きかった20％の物品税（国境調整）は廃案となったが，今般政治力のない外資系企業を狙い撃ちにしているわけではない。米系企業に対しても本店移転を引き戻す効果を含め，十分にワークするという理解である。国内課税ベースの圧縮を規制する，また米国企業の国際競争力を高めるという見解もある。OECD の指向を見ながらも独自路線といえよう。適用対象法人は，米国法人に加えて，米国に PE や支店があって申告納税している外国法人も対象になる。国外関連者は，当該米国法人を直接又は間接に25％以上保有している者，及び50％以上の資本関係でつながる関連者である。税源浸食割合（税源浸食的支払の当年度の損金算入総額に対する割合）が３％未満である場合に適用除外となる（銀行業については２％であり，より厳しい）。税源浸食的支払の範囲は，役務対価(マークアップが不要であるものは適用対象外)，支払利子（国外関連者に対する利払いは第163条(j)による損金算入制限とBEATを両方考える必要がある），償却資産を国外関連者から購入した場合のその年に生じた減価償却額（即時償却の適用がある場合には全額），再保険のプレミアム等が含まれる。COGS は gross income の reduction の要素であり，gross income からの損金算入（deductions）対象ではないた

め，対象外である。内国歳入法第263条Aの規定により例えば技術ロイヤリティ等については capitalize して COGS に含めるというルールがあるが，これが BEAT 適用の対象外といえるのかどうか明確化を待つところである（もともと COGS に含めていたところは，BEAT 適用対象外になろうが，COGS に含めていなかったところを今般含めることとして，BEAT 適用対象外として認容されるのであろうか，という見解はあるが，いずれにせよ結論は見えていない）。BEAT 税額は課税所得に税源浸食的支払から生じる損金算入額を足し戻して10％税率を生じた額と通常の税額（各種税額控除後）とを比較して，前者がより大きかった場合の差額とされる。AMT とは異なり，翌年以降に通常税額が出た場合でも税額控除は取れない。ここで通常税額の計算上，R&D 税額控除等の一定の税額控除については，足し戻すことが2025年までの時限措置で認められている。税率については2018年に開始する課税年度は5％，2019年以降は10％，2026年以降は12.5％に上がる（金融機関についてはそれぞれ1％上乗せされる）。いずれにせよ21％よりは低い。国内法の源泉税の対象となる支払は，適用除外とされ，国内法に定める源泉税率は30％であるので，条約の適用により，10％源泉税の対象となっている場合には支払額の3分の1について適用除外，3分の2は適用対象と考えるとする見解がある。

（3） 資本参加免税制度（海外子会社受取配当免税）及び国外未配当への強制合算課税（1回限りのみなし配当課税，トールチャージ）

10％以上保有の海外子会社からの配当につき100％免税（現行は100％課税対象及び間接外国税額控除）。日系米国子会社も，米国外・孫会社を保有する場合に恩恵を受ける。

米国企業は2.7兆ドルの海外留保利益をため込んでいたとされ，従前の制度では将来の米国還流時に課税を見込んでいたものが，テリトリアル方式の導入で課税を手放すと，税収面での悪影響が生じる。そこで既存の海外留保利益は従前の35％より低い税率で1回限り課税し，その後米国へ配当還流するのは非課税にするルールである。日本では採用されなかった。出資割合10％以上の外国子会社及び米国税法上の CFC に留保される，1986年以降に発生した累積未配当利益が合算対象。ここでの留保利益は米国税務上の留保利益（E&P）のこと

で，その算定時は2017年11月2日あるいは，2017年12月31日のいずれかでE&Pの額の高い方の時点となる。現金同等のものは15.5％，その他は8％の税率が適用。合算時に子会社が外国で納めた法人所得税について，一部制限付きの間接外国税額控除が可能なため，実際の課税インパクトは更に小さくなる可能性が高い（例えばメキシコ子会社の未配当利益であれば，理論上は3％未満となる）。1回限りの課税とはいえ，時効は6年であり，M&Aの際には正確な計算につき要注意である。トールチャージの計算においては，米国傘下の海外子会社全てのE&Pの額，金銭・金銭同等物の額，支払外国税額の額の集計が必要となり，大きな実務負担が求められる。

　過去海外の留保所得について，繰延税金負債を計上しているケースでは，トールチャージによる税金費用の増額によるマイナスの影響より，テリトリアル税制導入に伴う繰延税金負債の取崩しによるプラスの影響が大きくなるケースが考えられるという。APB23の税効果会計基準に基づいて永久に米国に配当還流させない宣言をして，繰延税金負債の計上を行っていない企業[33]にあっては，テリトリアル税制導入によるプラスの影響はないため，税引後当期純利益が大きく減額するという。

　全体として米国企業への影響はどうであろうか。今回の制度改正まで配当還流を待っていて正解であったといえるのであろうか[34],[35]。税率が，旧35％から優遇15.5％まで大幅に削減されているからである。トールチャージで課税された後は，米国に資金を戻しても米国では税金がかからないので，相当大きな資金が海外から米国に戻るとされている。2.7兆ドルの海外留保所得のうち，1.2兆ドル程度米国に戻り，自己株買い等で株主に還元されたり，M&Aや設備投資に使われるといわれている。

　BEPSを引き起こした米国企業に対する影響はどうであろうか。税率が下がり，海外子会社配当が免税となるため，固有の規制法の効果と相俟って，コーポレートインバージョン[36]の動きを多少なりとも緩和することがあるのであろうか。しかしながら，税率の引下げといっても，米国企業にとっては26％程度の課税はなされるレベルである。今後外国子会社配当免税が入った時点で，海外稼得利益は米国に還流させても課税されないため，むしろBEPSに向かうと考えられようか。そういう所得流出の流れをけん制するために，GILTI（「グ

ローバル無形資産低課税所得（IP 等無形資産所得の移転防止合算課税）」）や FDII（「米国法人の国外源泉無形資産関連所得（米国法人の米国からの財貨・サービス輸出インセンティブ税制）」）が導入されるといって良い。

（4） GILTI (Global Intangible Low-Taxed Income)

　米国企業が無形資産を低課税国の CFC に保有させて多額の収益をため込むことを規制する新たな合算所得類型の創設である。CFC の収益の額が当該 CFC の減価償却資産の米国税務上簿価の10％相当額を超える場合に，超過額の半分を合算する。そして間接外税控除は当該 CFC の支払外国税額の80％まで認める。実効税率は10.5％〜13.125％である。合算課税対象となる場合，間接外税控除を適用し，そのうえで外税控除限度額の計算も必要となり，従前の全世界所得課税の仕組が残っていると評されている。

（5） FDII (Foreign Derived Intangible Income)

　米国法人が海外 IP を保有する等して，海外から超過収益を得ている場合の優遇措置である。米国法人の一定の超過収益の額（国外からのロイヤリティ収受だけではなく，高付加価値商品を米国内で製造して輸出する場合の輸出売上も対象）を算出し，そこに全世界所得に占める国外源泉所得の割合を乗じて，FDII の額を算出する。実効税率は13.125％である。輸出売上も軽減課税の対象とすることから，WTO ルールの禁止する輸出補助金に該当するのではないか，との懸念がある。現下，WTO への提訴は行われていない。

　海外子会社の超過収益に GILTI で課税し，米国法人の超過収益に FDII で軽減税率を適用し，米国法人から国外関連者への使用料等の支払いには BEAT の追加課税を行い，米国企業が高付加価値の IP や製造活動を海外に移転させないような制度設計を図っている。ただ現状，無形資産を米国に戻すとする企業は，特に聞かれていないとも聞く。テリトリアル方式が採用されると，低税率国にある子会社に収益を移転するインセンティブが高まり，しかも CFC 税制が機能しなければ，源泉地国で課税対象とならない所得を創出することが有益となる。このような事情を踏まえた制度設計といえよう。

　また今般廃止される米国内生産活動控除は，オイル・ガス・資源発電系も含

め相当広く使われていた。この廃止により，税率差35→21の14％の税インパクトは，最大３％を超えるネガティブに削減されている。

　日本企業に係るコメントである。

　１点目は，新 CFC 税制リスクである。新 CFC 税制は，2018年４月１日以降開始する事業年度の CFC に適用されるが，米国子会社の租税負担割合が30％未満となるペーパーカンパニー等は，対象となるリスクがある。日本企業は，米国全体として，事業を行っているが，事業規制を含む様々な理由により，個々の単体でみるとペーパーカンパニーにみえるものは結構あろう。日本政府からみると，新 CFC 税制の実施まで１年以上の準備期間を与えたということになるが，企業からみれば，米国税制改革という，コントロール不能の外部要因が施行直前に勃発し，子会社の実態把握及びリスク対応策の検討につき，準備困難に陥っている面もあるといえよう。飛躍的に検討対象法人が増えた会社があることも事実であるが，新通達や新 Q&A の解釈規範の中で対応していくことになる。

　次に２点目。税メリットの見地から米国子会社を，カナダ・メキシコ・南米等の米州孫会社の持株会社にするのか，という問題である。既に，従前より，Americas の米州拠点を，米国の統括子会社の管理下に置くことは少なからずあったといえ，寧ろ，2009年に日本に，米国にはない海外子会社配当免税が入ってからは，日本から直接米州会社を持っている場合に比して，非効率となっていたところであるが，今般，米国に海外子会社配当免税が導入されることによって，この非効率が解消されたということが，基本的理解であろう[37]。さて，課題は，これまで，日本の統括下においた Americas を敢えて，米国の統括会社の下に置くかどうかである。海外子会社配当免税の仕組みの日米の違い，GILTI という新税制に巻き込まれないかなどを含め適切な判断が必要である。海外子会社配当免税の仕組みは，米国が日本より優位ではある（出資割合の閾値が，日本は25％以上，米国は10％以上，また，免税の範囲が，日本は95％で，米国は100％）。米国統括会社の下に置く意味があるのは，出資割合が10％と25％の間にある，資源系・ガス電力くらいであろうかとみえるが，そうはいえ，一義的には make sense であろう。留意すべきは，日系子会社も，出資先が CFC とな

131

れば，GILTI に巻き込まれる可能性がある（孫会社はメキシコ・カナダ等，比較的高い税率で課税されているので，GILTI 税制に組み込まれた間接税額控除の適用により，いったん米国で取り込まれても，税額は出ないことになるケースが多いといえようが，申告の手間はかかり，タイミングの問題で，課税が出る可能性もあるため，適切な判断が必要である）。

次に3点目。米国の州法人税を加味した一般的な法定税率は，約26％程度となり，日米の税率は逆転した。前述のとおり，これに加え，米国の支払利息の損金参入制限ルールが，ガラリと変わり，厳格化されている。従前の Earning stripping ルールとは入口が違う。国外関連者に対してのみならず，国内，また非関連者に対する利子も対象にしている。この税制は2017年9月28日以降に取得かつ事業供用開始の固定資産の即時償却が導入され，借金して固定資産を購入した場合，即時償却に加え，利子の損金算入まで認めることに対する抑制策との見解があり，直ちに日本の過大支払利子税制の改正の議論に影響を与えるものではないという見解もある。対米は，これまでは，海外でM&Aを行うときなど，レバレッジを利かせて，貸付・Dead Finance が理にかなっていたが，これからは，資本注入が選択されようか。

財務省規則の一つ手前の Notice は，強制みなし配当課税等特に緊急性の高い項目については早期に発行されていたが，BEAT 等プライオリティの高い項目として位置づけられているものについても，未だ Notice すら発行されておらず，運用のための規則の策定の具体的な時期は未定である。通常12月決算の米系企業よりも3月決算の日系企業の方が米国新税制の適用時期が早いため，今般2018年3期の税務申告書でポジションをとる必要が出てくるケースが多いのではなかろうか。その場合，将来の税務調査に備えてきちんとドキュメンテーションしておくことが重要である。

4 BEPS 報告書 行動1－電子経済への対応[38]

電子経済への対応は，行動1であり，もとより注目事項であった。BEPS 行動の典型ともいえる，低税率国にある「アンドレプレナー」子会社で利益を計上させる中央管理型サプライチェーン・ビジネスモデルの設計・実行も，情報

通信技術の進歩と物流の時間短縮を背景としていることは事実であるが，BEPS プロジェクトの全体的アプローチは所要の成果を引き出していよう。

しかし，電子経済への対応という文脈において，法人税の問題は解決していない。BEPS プロジェクトは独立企業原則を維持し，また OECD モデル条約における現行の源泉地国課税基準，及び居住地国課税基準の見直しにつながる可能性のある議論を避けている，という背景はある。2015年10月の BEPS 最終報告書行動1は，行動3，行動7，行動8－10等の他の行動計画の勧告内容を実施することで，電子経済がもたらす BEPS 問題のうち，いくつかの側面についてある程度は緩和されることを期待し，ドラスティックなことは決めないこととした。そして，タスクフォースの議論を継続した。なお，米国企業は VAT を納めている，価値創造は生産を基礎とし消費を基礎としていない，VAT で対処すべきとの意見は未だあるが，課題は法人税にある。なお，2018年6月21日に米国最高裁判所で1992年の Quill 判決以来支持されてきたセールスタックス課税目的でのネクサス判定に physical nexus を必要とするという判例を覆す判決が出た。すでに米国の多くの州では売上高や取引数を基準とする economic nexus を州法で導入しており（anti-Quill 法と呼ばれる），この判決により，これらの法律が裏書きされただけでなく，今後 economic nexus を導入していない州でも導入が加速する可能性があり，日本企業が米国居住者に対して現地に拠点を持たずに行う資産の譲渡や役務の提供に対してセールスタックスが課税されるリスクが拡大したといえよう。当該判決は電子商取引に対する米国のセールスタックス課税に大きな影響を与える判決である。

2016年杭州 G20においては，政治的なプロセスから，20か国のうち13か国の首脳が早急な解決策が必要とする立場を示したといい，欧州・南米・イスラエル・豪・NZ 等多くの国で関心が高いという。議論のテーマが nexus と profit allocation となることは，コンセンサスとなっている。2020年には，解決策を含み結論を seek する内容の報告書が公表されるのであろうか。日本は，2019年 G20の議長国であり，今後本テーマの議論のとりまとめにおいて重要な役割を担うことになる。

下記は，主に近々の OECD 及び EU の成果物と今後の見通しを述べる。

(1) OECD 中間報告書[39]（2018年3月16日）

　OECDは，BEPS行動1の中間報告書（interim report）の公表を2018年4月20日頃としていたが，スケジュールを前倒して「Tax Challenges Arising from Digitalisation—Interim Report 2018 Inclusive Framework on BEPS」を2018年3月16日に公表した。EUの提案の方が後に出た方がいいと判断したのであろう。2018年3月18日，G20財務相・中央銀行総裁会議は共同声明で，OECDが16日に発表した課税見直しに関する中間報告書を「歓迎する」とともに，グローバルなIT（情報技術）企業への課税見直しについて2020年までに各国が合意できるような解決策の策定に取り組み，合意を目指す方針を確認した。

　中間報告書は長期・短期のいかなる特定の勧告もしなかった。ただ，長期的な解決に係る一般的な国際世論として，ユーザ間の関わり合いの潜在的価値や現地国で収集されたデータの徹底的な使用に注目していると述べた[40]。そして，各国の暫定措置の必要性やメリットについてのコンセンサスはなく，それらの措置の導入を推奨するものでもないとしつつ，租税条約やWTO及びEU協定を含む国際的な取決め上の義務を順守することなどへ考慮が必要であるとのガイダンスに合意している。

　また，同報告書は，税制が電子化の課題に確実に応えていくためには，電子化がどのように事業のやり方を変えているのか，どのように価値を創造しているのかについて，確固とした理解が必要としつつ，そしてさらに，電子化の変革は現に進行中の事柄であるのでそれらが価値創造にどのような影響を与えていくのかをモニターしていく必要があるとしつつ，第2章において，高度に電子化された特定のビジネスモデル（HDB：Highly Digitalized Businesses）にしばしばみられる特性として「現地での物理的存在を伴わない管轄をまたがる現地規模（質量なき規模）」，「知財等への重い依存」，そして「ネットワーク効果を含むデータとユーザ参加，これらと知財とのシナジー」の3つを挙げている[41]。しかし，これらの3つの特性が価値創造に貢献しているのかどうか・貢献しているとするとどの程度貢献しているのかについての見方が国によって様々であり，結果，これらの3つの特性が国際課税ルールに変革をもたらすべきかどうか・変革をもたらすべきとするとどの程度変革をもたらすべきかどうかについての見方も国によって様々であると述べている。とりわけ「データとユー

ザの参画」に関して，それらが企業の価値創造に貢献しているとみるべきかそうでないのか・そうであればどの程度貢献しているとみるべきかについて見方が様々で，それゆえ「データとユーザの参画」が国際課税ルールにどんな影響を与えるのかについても見方が様々であるとされている。欧州国等の多数意見派は，ユーザ参画は価値創造におけるユニークかつ重要なドライバーとの見方を取り（残余利益に預かる），ユーザ参画により，HDBがユーザの詳細情報等を集め，マネタイズすることを可能にしている（プライシング，広告等）とみる。他方米国は，HDBによるユーザからデータを収集する活動は，重要な利得が配分される活動ではないとの見方を取り，ユーザから提供されるデータは，サプライチェーン上の第三者からの他のインプット（ブロードバンドへのアクセスのような第三者へのいわばインフラ使用料，原材料に類するものと言えようか。残余利益に預かることができない）と何ら変わらないとみる。米国は，IT企業が他の国にいるユーザからデータを集めてくるとしても，それは何らかの価値を別の価値に交換しているものであり，価値を創造しているものではないとする。つまり，ユーザが企業に提供する情報の価値は，企業がユーザに提供する，例えば検索サービスの価値と交換されており，価値を創造することなく完結していると考えている。これに対し，欧州の立場はユーザの参加と経済活動は結びついていると考えており，サービスの交換とは考えていないとする。ユーザのデータが関連するビジネスの価値をより幅広い観点から捉えているように見える。

　第3章において，BEPS勧告の効果を述べており，実施段階に移行してから間もなく，顕著な動きはないものの，例えば一部のHDB等における，（a）コミッショネアモデルからバイセルモデルへの移行（例えば，Facebook），（b）知財等の資産のオンショアリング（例えば，Appleの知財のアイルランド移転。アイルランドから米国に移転したわけではないだろう），そして，VATの分野で新しいガイドラインに従った措置が広く実施されたことを指摘する。しかしながら，より広範な直接税への課題については，効果は限定的であると合意されている。

　第4章において，各国独自の政策対応を述べており，（a）PE閾値の代替として，イスラエル，インド，及びサウジアラビア等の対応（イスラエルは通達で

導入しており，条約をオーバーライドしない)，(b)売上税として，インド，イタリア，及びハンガリー等の対応，(c)源泉所得税として，源泉所得税の対象となる使用料を広範に定義，技術的役務の対価に含めて課税，オンライン広告への源泉所得税等の思考があるが，あまり支持はされていない，とされる。また，(d)大規模な多国籍企業に特化した制度として，英国及び豪州の迂回利益税等がある。前者は所得税ではなく，条約の対象外である。後者は英国のそれに追随したが，所得税としている。米国のBEATに条約抵触の疑いがあるのかどうか。

第5章において，メンバー各国は，これらの上記に示した相違を認識しつつも，どのように課税権を管轄国間に配分するのか，そしてどのように利益を多国籍企業が実行する様々な活動に配分するのか，に関する2つの基本的なコンセプトである「nexus（非居住者に対する課税の有無を決めるルール・PEなければ課税なし)」と「profit allocation（課税対象利得の算定及び配分を決定・独立企業原則)」ルールの首尾一貫した見直しに着手し，コンセンサスベースの解決策を求めることに合意したとする。この2つのキーコンセプトに立ち返って，租税条約を見直そうという合意があるという整理である。

第5章において，データ及びユーザ参画が価値創造の源泉と考える場合，こうした価値創造が現行の国際課税の枠組では，きちんと捉えられていないため，それに対処すべきと考えている。対応の方向性について3つの立場がある。第3グループは，課題にはBEPSパッケージで概ね対応できており，見直しは時期尚早とする考え方であるが，アイルランド等少数派が支持するのみであり，最早マジョリティでない。第1グループは，ユーザの参画と収集されたデータが価値を生んでおり，高度にデジタル化した企業のみを切り出して見直すべきとする。HDBに見られるユーザ参画の価値創造に対する貢献が現行の国際課税枠組できちんと捉えられていないため，価値が創造された場所と課税利益を認識する場所の不一致がもたらされている，したがいHDBのビジネスモデルに焦点を絞った見直しを追求する立場である。フランスのリードで欧州が一般にこれを支持するとされる。経済の一部としてリングフェンスするのは無理であろうというのが議論の経緯であり，どう理論構成を収束させるのかという課題は残っていよう。第2グループは，デジタル化は社会全体を変えるものであ

り，高度にデジタル化した企業のみを対象とするのではなく，国際課税の枠組み全体を議論すべきとする。経済の電子化は広範な国際課税制度に対する課題をもたらしており，HDBに特有の問題ではないため，HDBに対象を絞らず，国際課税制度全般について見直しが必要とする立場である。米国，中国，そして途上国が一般にこれを支持するとされる。米国及び中国はともに自国IT企業へのリングフェンス課税には極めて敏感であり，この点は共通である。米国は第3グループからの転換である。BEAT・GILTIの導入等，税源浸食を許さないという確固たるポジションを持つ。特に知財等の流出の防止に焦点をあてるが，移転価格実務は契約・法的所有権の視点から，極めて厳しい状況にあるため，むしろBEATのようなミニマム課税的な思考である。BEATのようなややフォーミュラに近似する課税方式も独立企業原則の枠内であり，租税条約に適合するものであることをオーソライズし，必要に応じ拡充・強化することについてのコンセンサスを得ることを想定しているのであろうか。中国に関しては，BEPS行動1の議論が始まった2013年には，中国は源泉地国課税拡充を主張する最右翼とみられていたが，米国GAFA企業の国内進出には所要の歯止めをかけており，むしろ現下米国同様，自国IT企業をリングフェンスして課税しようとする動きに反対する立場を採っているようにみえ，大きな転換といえようか。戦後，自らが参画して形成したものではない国際課税秩序を見直してはどうかというスローガン的な発想も含まれているのであろうか。

第6章において，暫定措置の必要性，メリットについて関係国の合意はないとする。暫定措置に反対の立場からの懸念として，（a）投資に対してグロスベースで課税することがイノベーション及び福祉に対し，負の影響を与えることを懸念，（b）法人税との経済的二重課税等過重課税の可能性，（c）暫定的な課税措置として実施することの困難性（どういうタイミングで止め得るのか），及び（d）法令順守及び税務執行コストがある。他方で暫定的措置に賛成の立場からの反論として，（a）価値が創造された場所できちんと課税されていないという現状を放置すれば，税制の公平性や信頼を損なうおそれ，（b）暫定的措置に反対の立場からの懸念の問題は不作為がもたらす問題の大きさと比較衡量すべき，（c）暫定的措置の設計の仕方によっては少なくとも幾つかの負の影響を軽減可能，とする。

米国は，米国の雇用と成長に貢献する IT 企業を対象にした課税に「断固反対」（ムニューシン財務長官）しており，国際社会が一致した解決策を見いだせるかどうかは不透明であるとされる。

（2） EU 提案[42]（2018年3月21日）

EU の欧州委員会は，2018年3月21日，IT（情報技術）分野の巨人企業を主な対象とする「デジタル税」の導入を加盟国に提案した（2本の EU 指令案及び1本の勧告案を公表）。今後欧州議会及び欧州理事会での議論・承認を経る必要がある。なお，EU 指令案については，租税上の措置のため，欧州理事会の承認に全会一致の議決を要する。Brexit による分担金減少への対応等政治的プレッシャーの状況にあるという見解もある。中長期的な法人課税ルール改革が実現するまでの暫定措置として加盟国ごとに売上高の3％分を課税，50億ユーロ（約6,500億円）の税収を見込むとされる。これは，EU 全体の法人税収の1％に当たり，結局 GAFA 等米国企業に限らないという。国際協調によるルール見直しも進むが早期の合意は難しいため，EU 独自の課税検討を進めるとされる。欧州委は EU におけるデジタル企業の実効税率の平均は製造業など従来型企業の実効税率の半分であると指摘しており，IT 企業課税のリングフェンス已むなしの決定的な事由にも見える。

欧州委のデジタル税に関する提案は二段構えである。まず1つ目の中長期的な見直し策として，提案①（電子経済への課税に関する EU 共通の解決策）を行い，ビジネスが電子的なチャネルを通じて，ユーザと有意な相互作業を有する場所で，利益が認識・課税されるように法人税ルールを改革することを提案する。有意な significant digital[43] presence 及びその帰属所得ルールに関する EU 指令案，及び租税条約にそれらを反映させることに関する EU 加盟国への勧告案を提示する。物理的な拠点が国内になく現行制度では課税対象にならないケースでも，国内の重要な電子的プレゼンスとして，①EU 加盟国内での電子サービスによる年間収入が700万ユーロ（約9.1億円）超，②1課税年度における EU 加盟国内での電子サービスに対するアクセス・ユーザ数が10万人超，③1課税年度における電子サービスに関する契約締結数が3,000件超，という閾値の1つでも満たせば国内に，significant digital presence を認定し，その電

子的な活動に対して課税する。ここでいう電子サービスの定義は現行のVATルールに沿うこととなる。

　Significant digital presenceにかかる帰属所得ルールは，現行の法人税ルールでPEの帰属所得算定の際に考慮されるリスク，機能及び資産といった要素に加え，ユーザがベースとされ，かつデータが収集されている部分において，電子ビジネスの価値の重要部分が創出されているという事実を帰属所得算定プロセスに反映させるものである。これは，将来において課税すべき利得を配分する際に，ユーザ・データ又は電子サービスの市場価格が勘案されることを意味する。例えば以下のようなものが勘案対象となり得るとする。（a）ユーザ・データから生じる利益（広告の場所等），（b）ユーザと結びつくサービス（オンライン・マーケットプレイス，シェアリング・エコノミー等のプラットフォーム），及び（c）その他のデジタルサービス（ストリーミング・サービス[44]の閲覧料金等）。

　次に2つ目の短期的な暫定措置として，提案2（暫定的措置）を行い，EUにおいて，現状課税を免れている必要な電子的活動に対する暫定的な課税措置として，複数のEU加盟国からの要請に応えるものと位置づける。課税所得とビジネスにおける価値創造の間の乖離が特に大きい電子的活動に限定して，暫定的措置として課税する共通のシステム（デジタル・サービス・タックス：DST）をEU指令案として提示している。年間連結グループ総収入7.5億ユーロ（約975億円）超の多国籍企業で，かつEU域内での電子サービスの提供による年間収入が5,000万ユーロ（約65億円）超の企業に対するもので，ユーザが価値創造に強く関与しているビジネス（①Facebook，Google AdWords，Twitter，Instagram，"free" Spotify等が行うような「オンライン広告事業」，②「SNS等を介してユーザから提供された情報から創出されるデータの販売」，及び③AirbnbやUber等に代表されるような「ユーザ間のモノ・サービスの取引を可能とするデジタル・プラットフォームの提供サービス」）という3つの主要なサービスタイプから得られるデジタルサービス売上高に対して税率3％を賦課する案を提案した[45]。デジタルコンテンツの配信，支払サービス，オンライン販売及びクラウドサービス等は対象外とされる。EU域内及び域外とのクロスボーダー取引も一国内取引も対象である。つまり，EU加盟国と第三国間，又は

139

EU加盟国間の取引で生じた電子サービス収入を対象としており，後者も課税対象とすることで，WTO協定等の内外無差別原則との整合性を確保している。欧州委によると120～150社が対象になるとされる。ユーザの価値創造のコンセプトに従うと，ユーザが所在する国にも課税権があるとされるため，EU加盟国の複数国にユーザが所在する場合には，1か国が税の賦課・徴収を行い，所要のアロケーションキーに基づき，ユーザが所在する他国に税収を配分することが義務づけられる。現在VAT課税で用いられているOne Stop Shopモデルを基礎に実施される。この短期的な暫定措置は，課税対象を従来の利益から売上高へ切り替えるのが柱である。EU提案には同一の所得に対して経済的に二重に課税されるリスクを緩和するため，法人課税ベースから損金としてDSTを控除できる。独自に代替売上税を導入しEU単一市場を乱す勝手な行動に出る国があるため混沌を回避するという趣旨もあろう。

　仏・独・西・伊というEUの有力4か国の蔵相によって提唱されたという。ただ，EUでは税制の変更には加盟28か国の全会一致による承認が必要となる。アイルランドやルクセンブルク等低税率でIT巨人企業を誘致した国は反対姿勢をみせており，調整は難航が避けられないと報じられている[46]。また，米国政府は欧州委のこのデジタル税法案に反発している。

　なお，欧州議会は2018年3月1日に，CCCTBにかかる指令案を公表し，オンラインプラットフォーム及びサービス利用者の個人データの商業目的での収集・活用を基とする要素（データファクタ）追加を提案（4要素）している。

　EUは適切なグローバルベースの進展がなければEUの処方箋は単一市場内で立法化に進むべきであり，委員会はその準備ができている，とOECDに警告しているという。

　デジタル税でCbCR公開は一層重要になるとの見解もある。

（3）　今後の見通し

　OECDの2020年に向けた解決策の策定そしてEUの中長期的な見直し策が想定する，ネットインカム課税を許容しうるバーチャルPE及び帰属所得の立案の可能性に関し，企業が収集したデータの存在価値の帰属を現地に認めるとするとどのような議論に行き着くのであろうか。両極性モデル[47]（一方ではイン

ターネットユーザに対して無料でサービス提供を行いながら，他方で広告業等のほかの企業に一定のサービスを売る目的でこれらのユーザから収集したデータを活用するということに立脚したビジネスモデル）において，データの存在価値自体を敢えて作為的に評価し，現地帰属所得にそれを反映させる意義はあるという一義的な考え方もあろうか。これは，2018年3月16日公表のOECD中間報告書における1つの有力なグループの「データとユーザの参画への依存は，利益が課税される場所と価値が創造される場所に齟齬をきたすかもしれないが，課題は特定のビジネスモデルに限定的に生じているものであり，データとユーザの参画への依存の要因が，現行の国際課税ルールをその基盤の強化を要するほどに蝕んでいるとは考えない。したがい，広範な変革を要する事柄とはみない。」とする見方と軌を一にしよう。なお，残余を取り得ることが直ちに利益分割法が最適手法との選択に直結するのかについては，これに係る新改訂ガイダンスの趣旨や内容に照らしての堅実な議論が必要であろう。

世界の経済界は，OECDはEUとは異なり暫定的措置を支持せず，長期的解決策を思考し，2020年の最終報告書に焦点を充てているとみる。EUのプロセスは極めて政治的であると考える。

さて，日本の経済界は，どういう立ち位置から発信すべきであろうか。事柄は既に政治マターになっている側面があり，結論は予断を許さないといえよう。第一グループの考え方と，米国流の考え方は相いれない。国際情勢は，今後，国際課税ルールの変革を何もしないで収まるレベルなのか・何がしかの前向きな結論を出さなければ収まらない状況にあるのかといった点を正しく読み解き，今般の電子経済の議論をいわば奇貨としてリングフェンスなく幅広く源泉地国課税権が拡張され，人口と消費者数を誇る新興国・途上国等を一方的に利するに至るような変革の流れを作らないことが最重要になってこよう。新興国・途上国は，租税条約上，例えばサービスの提供自体が行われる消費地に課税権を配分する等，仕向地主義の拡大指向をとってきており，国連の税の専門家委員会ではデジタル経済研究に関する新たな委員会を作って取り組むとの情報もあり，突き上げの可能性について重く受け止める必要があろうかと考えられる。2020年の最終報告に向けたOECDベースの合意形成は，「データとユーザの参画」の価値創造への貢献を検討（ネット所得課税）する方向である。リングフェ

ンス課税はやむなしとしつつ，データの販売等が課税の対象とされる可能性があることに鑑み，その売上規模の現地企業又は現地グループの全体売上に占める割合が一定の割合以下の場合には対象とされない等，デミニマス基準やセーフハーバーの設定等，切り分けの議論を一考する余地はあるのであろうか。また，情報収集コストは相当な規模であり[48]，そこへの投資は相当の大きさのリスクを伴うことへの根底の理解が必要であろう。ネット所得課税の重要性，及びデータの存在価値自体を敢えて作為的に評価し，現地帰属（残余）所得にそれを反映させることの大胆さを理解する根拠となろう。そして，profit allocationの議論に際して，現地側の取り分を現地での情報収集コストの比重でみることを想定するとき，テクニカルな課題として，今般のBEPS行動8―10報告書におけるCCAの議論において，貢献を活動費用で測るのか，活動価値で測るのか，また後者の場合，市場価値評価を踏まえて，あるいは市場価値と称して，費用ベースにどのような乗数を適切に掛けるのかとの論点に言及されたが，かかる議論の一層の進展も重要であろう。米国政府は，米国企業の保護者の立場からは，デジタル企業のみを対象にするEU提案の「デジタル税」には全面対決の構えであり，他方税務当局は知財の国外流出の防止に積極的であり，米国政府とIT企業との利害関係は微妙ではある。

　また，日々進行する電子化の変革が価値創造にどのように影響を与えていくのかを注意深くモニターすることが一層重要である。

　今後，ネット所得課税の落としどころを探る場合，データとユーザ価値をもってしてPE認定の閾値を設定するところまでは割り切ったとしても，そこからネット所得を導出する段階で，データの存在自体が価値を創出する思考を作為的に取らざるを得ず，更にそうしたとしても実務的にはとても困難な移転価格手法とならざるを得ず，結局は何らかのBEAT流ミニマムタックスを編み出さざるを得ないのではなかろうか。米国が理念としてこれにのってこられるのか，また世界が承認するルールになり得るのであろうか。

　これから，自国のGAFA企業への狙い撃ち課税はどうしても容認できない，何とかして回避したいとする米国が，G20の政治日程も視野にどういう代案を出してくるのか，それを見定め，そしてこれにアラインしつつ日本の経済界や税収上の益に適う術があり得るのかの模索となるのであろうか。

グロスの withholding 課税への流れを絶対作らないこと，少なくとも，世界中に跋扈しかねない一本的課税措置を止める流れを作るに十分な程度のネット所得課税の形を提案できることが，重要である。電子経済を含む業種業態を想定して，メイクセンスな源泉地国の無形資産の構築を一定の寛容度をもってどうみてやるのかがイシューとなるのであろうか。先般の利益分割法の適用に係る最終報告書に影響する事柄も出てくる可能性もあろうか。

世界はビッグデータを活用する経済に入った。電子経済への対応に係る国際課税ルール作りに関し，PE の捉え方やそこに帰属させる所得を考えるにあたって，重要なデータの取扱量なども重要な要素となり得るとの思考が急速に現出してきたようにみえる。見方を変え，税務執行の観点からは，今後税務当局がビッグデータ（申告書データ・総勘定元帳データ・取引履歴・決済履歴等）を活用することにより，調査選定は精緻化し，個人や法人の脱税やキャッシュボックスを活用した租税回避などをあぶり出しやすくなろう。今後の経済社会の動きを見据え，データを中心とした事務の運営を執っていく必要があるのかもしれない。AI を活用させる対象のビッグデータをどう取り込んでいくのかは重要なテーマとなってこよう[49]。

先の OECD 中間報告書は，喫緊の課題として，オンラインプラットフォーム上のユーザ情報等のビッグデータを活用することについて税務当局間で実務的な国際協力を進めるとしている[50]。我が国においては，国内法上まだこのような共有の前提条件を満たしていないと言えようが，近未来に国際的にこのような議論が本格化することが既に想定される。

経済価値があるところに所得を帰属させるという国際課税の基本論からすると，AI がある場所（サーバから将来はロボットに代わっていく）での経済活動が大きくなるので，経済価値は AI を内蔵したロボットのいる場所になっていく。バランスシート上，ロボットは機械設備という有形固定資産であるが，むしろロボットに内蔵された AI という無形資産が大きな価値を持つ。AI が無形資産であることは間違いないが，償却資産であるかどうかは不明であり，むしろ賢くなっていくため，償却が不要であり，むしろ価値が増加するという見方は無いのであろうか。あくまで我が国の租税政策の見地からは，例えば，国がAI 関連の研究について助成を行い，そのAI が生み出した成果物に由来する収

益の一部を国が回収する政策税制を導入し，AI 無形資産の開発場所を日本に置くメリットを付与しつつ，そして無形資産である以上，容易に海外に移転しないようにするため，例えば，海外のロボットにインストールさせてライセンス料を取るような構造に導くインセンティブが必要になってくるのではなかろうか。

5 これからの税務紛争管理⁽⁵¹⁾

第1部の「 1 グローバルな税務調査・係争対策の最前線」においては，現下のアジアの税務紛争の解決を念頭に，羅針盤を述べたところであるが，ここでは，税務紛争管理が経営の中でどう位置づけられるのかという観点等も含めて述べていきたい。

税務管理は，経営の一部であり，どのようなモデルがベストかは各社によって異なる。例えば，ERP 導入にあたっても，日系企業は ERP を自社向けに細かくカスタマイズして導入し，欧米のベストプラクティスといわれていたものの導入には繋がらなかったという事実もある。日系企業の体質という点で税務管理も重なるのではなかろうか。

税務管理のモデルについても様々な考えが示されているが，2つの軸があると考えられる。

1つは，管理の主体で，本社主体（Centralized）と現法主体（Decentralized），統括会社が関与する中間型（Hybrid／Coordinated）に分けられる。もう1つは，管理のレベルで，コンプライアンス→リスクマネジメント→プランニングという3段階がある。そして，管理レベルごとに，それぞれ誰が管理主体となるかを検討する。多くの日系企業はこれが定まっておらず，管理主体(責任者）が不明確／不在で，権限も曖昧な状況と思われる。

なお，このモデルは税目ごとに異なっても良いのではなかろうか。例えば，法人税のコンプライアンスは現法主体でも移転価格のコンプライアンスは本社主体とか，法人税のプランニングは本社主体でも関税のプランニングは事業統括会社主体といった形が考えられる。

さて，この中で，税務係争管理をどのように位置づけるのであろうか。低リ

1　国際課税の最近の動向とこれからの税務紛争管理

図表2-1-7　税務管理モデルの比較

【ある米系企業のモデル】

	現法主体	中間型	本社主体
プランニング			X
リスクマネジメント			X
コンプライアンス			X

【多くの日系企業（イメージ）】

	現法主体	中間型	本社主体	
プランニング				（不明）
リスクマネジメント				（不明）
コンプライアンス	X			

スクな法人に対するルーティンな税務調査（金額的重要性が低い，他法人に影響することが無い）はコンプライアンスの一部といえ，税務係争管理（金額インパクトが一定額以上の調査対応や不服申立て・税務訴訟及び相互協議）は，リスクマネジメントの一部と捉えられる。アグレッシブなタックスプランニングの要素を含むもの（無形資産の移転等）を行っていれば調査対応（場合によっては訴訟まで）を事前に想定しているはずなのでプランニングの一部という捉え方もできよう。プランニングの管理レベルは，日本企業には一般に当てはまらないともいえようか。

　日本企業の税務紛争管理の状況はどのようなものであろうか。既にある程度の税務管理ができている企業では，調査・係争の対応自体は現法とそのアドバイザーに任せ，本社では現法からの報告を受けてモニタリングのみをするという，本社の税務担当者にとってcomfortableな状況になっていよう。それよりも税務管理のレベル（又は意識）が更に高い企業では，調査・係争の対応にも本社が関与して，更正の回避や更正額の最小化，二重課税の解消をしたいと考えるのであろう。他方で税務管理のレベルが高くない企業では，現法の状況が把握できておらず，現法から相談がくるのは税務調査で更正を受けそうな最終

段階で、どう対応すべきかわからず税務当局にいわれるがままに修正申告に応じて二重課税を甘受しているケースも見受けられるものと考えられる。

そこで、2つの事柄が必要になってこよう[52]。まず、日系企業は、そもそもどのようなモデルかを決めていないので、ベストのモデルが何で、そのための人員配置・予算配分・権限配分・KPI 設定をどうすべきかとの議論が必要となろう。

次に、税務係争管理の業務としては、あくまで理想をいえば上記に述べたモデル構築を前提として、その実行を的確に行う必要がある。ここにおける管理の具体的ツールの例が「喫緊の対応として、特段重要な拠点で調査リスクを把握すべきと目星をつけた拠点について、現地の状況を早期に把握すべく、リスクアセスメントチェックをやっておくこと」(第1部：山川発言25ページ参照)、及び「各国の移転価格税制・文書化制度のアップデート情報に加えて、各地での税務調査・係争の状況を把握すること」(第1部：羅針盤山川発言47ページ参照)と整理できるものと思われる。後者については現地子会社数が20〜30社程度レベルを超えるとExcelベースでの集計等が実務上困難になり、海外におけるグループ会社が抱える税務係争リスクを効率的に管理するため、システム対応が必要になると考えられよう。海外におけるグループ会社の税務申告・税務調査・不服申立て・税務訴訟・代替的紛争解決手段等のデータを定期的に収集するとともに、調査開始、処分、裁決、判決、相互協議の開始・その終結・和解等の事象が発生した場合は随時データを収集する。また、海外におけるグループ会社が抱える税務係争リスクの状況を一覧性の高いフォーマットで出力することも考えられる。更に、売上金額、納税額、課税提案金額等の情報をもとに税務係争リスクの高い会社にフラグを立てて抽出することも考えられよう。オリジナル拠点と買収拠点を別意に捉える必要性もあろうか。オリジナル拠点は、本社が容喙(ようかい)していく、つまり現地をリスペクトしつつ、合理的に気持ちよく口を挟んでいくとしても、他方、買収拠点は、職務範囲と責任権限の一層の明確化が求められるという認識が必要であろう。

まず、税に起因する予期しないキャッシュアウトが生じることを抑制することも本社CFOの職務の範囲であろう。ここで問題解決までの長期化が延滞税やペナルティの追加支払がとても大きくなる可能性を軽視してはならない。そ

して実際に調査・係争の発生が把握されると，現地の調査・係争のプロセスや特徴等を本社 CFO に説明したり，本社の意向を汲みつつ本社の対応方針をきちんと通して，税務当局からの資料提出依頼等に対して対応の要否や優先順位づけをするといったことが考えられる。更には，テクニカル面で個別の争点について現法のポジションや対応方針にチェックをかけていく。この場合類似の争点についての過去の裁判例等を参照する必要がある。また，マネジメント面では，調査・争訟における提出資料の準備状況のモニタリングやリマインド等を行い，また重要局面の戦略的判断を行い，都度本社 CFO に報告することになる。

　理想をいえば上記のモデル構築が前提となるため，それができていないのに一足飛びに税務係争管理を始めようとしても難しい点があろう。ただ，移転価格に限っていえば，BEPS 行動13対応（特に MF・CbCR 作成）を通じて，移転価格コンプライアンスは本社主体でという素地が多くの会社でできつつあるので，それを移転価格リスクマネジメントのレベルに引き上げる，その一部として，せめて移転価格係争管理だけでも本社主体で始めるという方向感はあろうか。

　全ての管理のレベルで本社主体型を取る欧米企業は，どのように具体的管理を行っているのであろうか。比較的バックオフィスの発言力が弱いと思われる製造業において，税務管理モデルのみならず，人材等のソフト面も含め，高度に進んでいる実例を参考に述べることとする。親会社は，グローバルポリシーをその責任の下で親会社所在地当局のみならず，現地当局にも一貫して説明し，理解を求める必要があると考える。現地当局の指摘・課税判断に受動的に従うだけでは移転価格設定が各国でバラバラになって，本社としてもたなくなることを避ける必要があるからである。各現地当局から指摘等を受けると，ポリシーを調整するのか，ポリシーを曲げずに戦い続けることが妥当なのか，大きくは二分論であり，親会社が介入する必要が出てくる。ただ親会社は係争時に介入行動を取る以前に日常的な管理として，子会社の教育・モニタリングや，移転価格オペレーションに注力しており，そのような日常的管理を踏まえたうえで，現地では会計監査，移転価格調査対応，及び関税の事後調査対応等を行い，ここでグローバルベースでの一貫（地域を超え，税目や税務・会計の垣根を超え）

した対応をしているといえる。こうした中で，現地当局の指摘等があった場合，グループ移転価格ポリシー（若しくは，運用ガイドライン）の見直しを行うことがあり得る。

　国外関連者との各種取引の条件は移転価格ポリシー及びその他業務ガイドライン（ビジネスモデルに即した契約書，インコタームズ，請求通貨，債権回収等）に従って設定するが，これらの位置づけは，主に機能・リスク分析を踏まえた移転価格対応だけではなく，各種規制等を考慮した「あるべき論」のグループトップレベルでの落し込みである。会社のビジネス哲学・文化として「あるべき論を実行に」という点で社の個性が出てこよう。現場のオペレーションにまで上記の「あるべき論」をカスケードダウンする流れとしては，①本社によるグローバル（若しくは産業別・事業部別）ポリシー及びオペレーションのガイドライン（移転価格ポリシーは，数あるガイドラインのあくまでも取引価格について規定している一部のガイドラインにしかすぎない場合もある）の文書化に始まり，そして②事業部現場による関連者との契約書（契約ごとに機能・リスク分析を実施して各種条件を詳細に明記）作成に続き，③最後に全ての関連者のシステム設定（例えば，ERP（Enterprise Resource Planning：企業の経営資源を一元管理することによって業務プロセスの効率化を計ろうとする企業業務改善の概念）システム）へのサプライチェーン・システムへの取引条件・価格設定等）を行う。こうして初めて計画されたポリシー（あるべき論）が実行されていく。

　このような体制の下，税務調査の結果や各種規制・制約がポリシー及びガイドラインに影響を与えることがある。

a）ビジネスモデルに関する変更：例えば，EU圏のContract Manufacturerから他の国外の関連者が製品を輸入する場合，二国間貿易（物流・商流の一致）は許容されていたが，Global Business Ownerである例えば親会社を介在する三国間貿易（親会社に物流は介さないが，商流は介す）にスキーム設定するようにポリシーが変更される。親会社が当局の指摘を受けている場合もあろう。知財保有者が，その使用の対価を業績予測に基づいてマージンとして取る。二国間の関連者で片側に赤字が生じることを回避するため，親会社を損益変動吸収体と位置づける。これはビジネスのオーナーシップが親会

社であるとの前提に立っている。その後，特定の国と貿易を行う場合のビジネスモデル設定・変更の指令がポリシー変更を通じて行われることもあろう。機能・リスク限定事業者という整理の仕方に実態が伴わないことへの当局からの指摘等への対応の場合もあろう。

b）特定国のグローバル標準の契約書雛形の修正：例えば，製品の基本売買契約は Contract Manufacturer と Distributor が締結する世界標準版しかなかった。しかし，インドや中国などの特定国が取引相手国になる例外雛形も導入された。相違点は，例えば請求通貨で，「機能・リスクが大きい法人が，小さい法人の現地通貨での請求通貨を受け入れる。」との原則論の下，どういう機能・リスク分担であろうとインドや中国はそれぞれ USD と人民元で固定される。それぞれの送金規制がポリシー及びガイドラインに影響を与えることもあり得る。現実論であろう。

ポリシーやガイドラインの微調整は頻繁に行われることもあり，各国で実施された税務調査結果等が反映されることもあり得よう。強力なグローバルポリシーの下で親会社が中央集権を効かせているといっても，経済理論に基づいた当局の指摘等をポリシーや業務ガイドライン上の指針にどのように反映させるかについては，現場（契約，システム，人のオペレーション等）の実行可能性を検討する必要もあろう。究極の親会社の当局や現地当局の指摘等や種々の規制に柔軟にアラインする場合もあり，グローバルポリシーを頑迷固陋に押し付けることはない。検討を尽くし，妥協すべきは妥協する。ミニマムな妥協点はどこかを探りに行く。最新の情報を現場から吸い上げ，親会社の責任で実行している。

　移転価格を含む税に限らず，全経営テーマを巨大多国籍企業のグループ内 PDCA サイクルで円滑に回すには，いくつかのポイントがある。例えば，a）管理会計インフラ（例えば，EVA 理論[53]の経営政策策定及び ERP オペレーション・システムへの巨額投資），b）多様な KPI による業績評価（評価者に外部コンサルも参加，各階層別の多様な KPI 設定等）である。また，その前提として，例えば家庭的な雰囲気で社員を大事にする文化等も含む固有の社風も影響してこよう。親子会社，職位，人種に関係なく活発に議論しあう文化（ファシリテーション・スキルは全社員の基礎教養で日常的に教育を受ける機会あり等）

を重んずる会社もあろう。

　税務管理のレベル・意識を高めるべきである。重要性の高い事案の発生をタイムリーに把握し、その後の現地での調査・係争にかかる的確な判断を親会社の管理と責任の下で進めることを指向すべきであろう。現地の税務部署に移転価格課税にかかる OECD ルールや日本の CFC 税制等の基本知識や対応骨子を教育することも重要である。

　リスクマネジメント[54]については、合併及び企業買収のような単発の取引、新規ビジネスの開始・サプライチェーンの再編のような継続事業であるかにかかわらず、様々な税務リスク（税解釈リスク・税務に関連するビジネス運営の導入及び変化のリスク・種々の税目の申告及び納税のコンプライアンスリスク・紛争の情報の管理や自社の税務処理に関する内部統制の不備にかかる風評リスク・追徴及びペナルティによる会社の1株当たり利益・純資産を毀損するリスク等）を意識的に把握し、継続的にモニタリングするなど、税務リスクに真正面から取り組む必要がある。

　アウトバウンド M&A、つまり海外企業の買収時に最も留意すべき本邦税制上の論点の1つは外国子会社合算税制（CFC 税制）である。買収したものの、CFC 税制により買収した海外子会社の課税所得が日本の親会社において合算課税を受ける場合には、グローバルレベルでの税効率が悪化し、買収時に見込んでいたキャッシュフローが得られず、結果として買収資金の回収に長期間を要することとなってしまうからである。買収対象企業グループにおいて、軽課税国に所在する子会社がある場合には、CFC 税制の対象になる可能性があり、法定実効税率のみならず優遇税制適用の有無や課税所得の計算体系等についても税制改正の動向も含めてタイムリーに検討を行う必要がある。さらには平成29年度の CFC 税制の改正を踏まえ、ペーパーカンパニー等の該当基準についての検討を行う必要がある。買収後の再編（Post-Merger Integration。以下、PMI）についても、例えば欧州においては組織再編や投資促進の観点から、外国子会社株式に係る譲渡損益の非課税制度を導入している国は多く（英国・オランダ・ベルギー・ドイツ等）、株式買収を行った後の再編プランについては日本の CFC 税制上の論点、すなわち、外国子会社株式譲渡に係る非課税所得が CFC 税制上合算課税の対象となる点が常に重要な障害事項の1つとなってい

る。

　海外 M&A において，デューデリジェンスは過去の租税債務をチェックするもので，買収後の日本の CFC 税制リスクは通常検討対象に含まれないのが実情である。税務コンプライアンスへの取組みが進んでいる会社の中には，買収前に買収対象グループの連結精算表（グループ会社の個別財務データを含む）等を入手し分析することで，予め買収後の CFC 税制リスクを初期的に検討する場合もあるが，多くの日本企業では買収後に CFC 税制リスクのチェックを行うことが通例といえようか。

　買収時は個社別の財務・非財務情報が相当限定されている場合が多いため，日本の CFC 税制リスク判定のための情報入手は一般に困難といえる。したがって，通常は買収後に，日本の CFC 税制リスクを検証し，リスク回避策を講じることになるわけである。過去の租税債務であったとしても買収後は我が国における課税リスクの種になるため，本来は税務デューデリジェンスにおいて，対象とすべきと考えられないか。実際，買収対象グループに何百社も海外子会社がある場合には，いわゆるサブ連結を行っており個社の財務情報は非常に限定されていることが多く，個々の財務状況が入手困難であり，CbCR の作成にあたってのハードルとなったことは記憶に新しい。通常決算目的では個社の財務情報は必要がないため，会計システムを変える必要はない。買収後に現地の経理担当者に対しサブ連結の財務諸表を個社にブレイクダウンした情報をお願いするしかないのではなかろうか。かような状況について，現地財務諸表や税務申告書を作成する目的のみであればブレイクダウンの必要はないが，本社税務調査や税務係争管理への対応までを含めて考えると十分に留意する必要があろう。買収した対象会社は，日本の CFC 税制に関する知識がないため，本社経理がどのような情報を必要としているか理解できず，財務データを最小限に本社に提出すれば良いと考える傾向がある。また，ペーパーカンパニー株式等を保有する統括会社や，サブ連結を行う中間ハブ法人もその傘下の企業の個々の情報がとれないのが実態であろう。調査対象がペーパーカンパニー（例，ケイマン子会社）の場合，対象会社に依頼しても情報入手は不可能なため，同情報を有する関係事業部に情報収集を依頼する必要があるが手間がかかることになろう。

海外現法のことはわからないではすまない時代になってきたといえよう。ここで述べたような我が国 CFC 税制の課税リスクの顕在化も，これからは企業のガバナンス上の事柄と捉えられる向きもでてこよう[55]。また，無防備なまま CbCR が各国当局に共有され現地で移転価格課税が顕在化した場合も，同様の事柄と捉えられる向きも出てこようか。思わぬ税のキャッシュアウトが起こりかねない。これまで我が国の税務調査は，納税者番号制度や情報申告制度が未整備であり，質問検査権に基づく資料情報収集や調査展開が中心であったが，今後は，各国税務当局における名寄せによる税務情報の同時共有が急速に進み，各国税務当局による企業グループ全体の情報集約化に基づく調査の実施が想定される。このようなグローバルな調査リスクに対応し，親会社が主体的にグループ全体の税務情報を集約し対応を図ることは急務といえよう。職務範囲と責任権限の明確化が必要であろう。人事ローテーション・経理と税務の兼務等，人事の仕組みの問題もあろう。税務の専門家を育てることは，一朝一夕ではなく，時間がかかり，企業努力が求められよう。

【参考】税務に関するコーポレートガバナンスのアップデート

1．何が求められているのか
- 企業トップの関心事にどう対応するのか。
  - （ア）近時の国税庁の税務コンプライアンスの向上に向けた動きにどういう背景があるか
  - （イ）自社はどうなっているのか
  - （ウ）同業他社はどうなっているのか
  - （エ）自社はどう取り組んでいこうとしているのか
- 税務担当が実際に自社の税務コンプライアンスを向上させるためにどのように行動すればよいのか。

2．国税庁の税務 CG の取組みの最新情報
- 国税庁は，自助努力を推し進める流れに乗って，税務 CG を本来やるべきこととして進めている。会社にとってのメリットは，課税リスクが少なくなり，

これが否認の軽減につながり，また事務負担も軽減できる。国税庁にとってのメリットは，リソースの確保である。手間をかけないといけない納税者にリソースを振り向けメリハリをつけたい。
- 特官所掌法人に対する取組みにおいて，過去5年間で新規に調査サイクルを延長した法人数は51法人。この取組みの前は，特官調査は，2年一巡と3年一巡が半々であったが，現在は平均が3年一巡にシフトしていよう。連年調査は企業自身にとって事務インパクトが大きいが，全体の計数として極めて少ない。今は3年一巡がメインである。同じ法人が複数回延長していることは普通にあり，連年調査法人が2年一巡に，3年一巡になることもあろう。
- 「評価ポイント」及び「効果的な取組・update」を2016年7月に事務運営指針の別紙として公表した。取組みの当初これを出すことは困難であったが，4年間取り組んだ実績成果を踏まえて，「評価のポイント」として発信できるものがみえてきたといえよう。評価の客観性・品質はますます向上している。
- 調査サイクルの延長は，当該本件調査の増差・不正金額基準を満たすこと，プラス税務ガバナンスA判定で決まる。特に増差・不正金額基準を厳格化しているものではないが，年間おおよそ170件程度の特官調査において，サイクル延長の年間新規10法人程度という実績に鑑みると，相当数の法人がこの増差・不正金額基準を充足せずにドロップするのではなかろうか。まずは増差・不正金額基準を充足することが大事である。実際，ガバナンスの確認項目でAを取れば，増差・不正金額基準を結果的に充足してくるはずである。現在，サイクル延長において，当該調査における増差・不正金額基準を織り込んでいようが，この金額基準を公表することはこれからもなかろう。
- ガバナンスの評価ポイントとしては，取組体制が重要である。税務部署が，海外を含む現場をいかにグリップできるかが最重要。事業部等における税務上の課題が税務部署に確実に組織として上がってくる仕組みを構築・運用されること。こういう着眼からこの取組みはスタートしている。
- 評価ポイントのうち，「2．経理・監査部門の体制・機能の整備運用」が肝であり，そのためには，「1．トップマネジメントの関与・指導」が必要という基本的整理であろうか。日本企業にあって，一般には税務部署はコストセンターという位置づけであるため，トップマネジメントが主体的に動かないと，

第 2 部　国際課税の動向と税務紛争解決

「経理・監査部門の体制・機能の整備運用」は困難とみられている。
- 「1．トップマネジメントの関与・指導」の中では，まず「③税務調査の経過や結果のトップマネジメントへの報告」が重要である。そして⑤，⑥。税務上の問題事項が把握された場合における再発防止策やその運用状況について，税務が提示・トップマネジメントが指導を行っていただくこと。このようなPDCAサイクルを図ると，調査における非違は確かに消滅するはずである。いったん良好法人になるとそれが継続する傾向にあるのは，その証左である。
- ではトップマネジメントに動いていただくにはどうすれば良いのだろうか。会社のことであるが，国税庁の関心事項でもある。だからこの取組みを始めておられる。一部長や特官が税務部長に面談をされるときに，会社のガバナンス上，良かったところや悪かったところに加えて，改善点や再発防止策を会社個々の実情に即して整理をして話をされていよう。そのようなメッセージをトップに対してアピールしていくことは有効であろう。特官調査は期間が長いために，税務ガバナンスという観点から社の体質的な事柄まで認識することも不可能ではなく，社の実情に応じた改善策を示すことが可能である。企業の個別事情に即した具体的な改善点を模索する趣旨で，詳細な意見交換・やりとりが実施されているものとみられる。一般部門法人調査にあっても，担当主査・担当調査官の調査終了時の経理の目が届かないところなどについての所感・示唆も有効であろう。逆にいえば，体質的に脆弱なところが調査のフォーカスとなることも考えられよう。
- 昨今，評価の統一のため，国税はどのように見ているのかと示すことができるようになったことは，国税・企業の相互に意義深い。トップマネジメントに税務コンプライアンスの向上について関心を持っていただき，また，トップマネジメントに対してアピールをしたい会社の税務部長は，直接一部長や特官に対し，どういう話をするのが良いのか，どういうメッセージを送るべきかを，積極的に相談することも一案である。調査終了時に，トップマネジメントに非違の原因分析等の説明を行い，可能であればその後一定期間ごとに説明する時間を取れれば有効であろう。
- A 評価は会社のレピュテーションになると思われるが，調査サイクル延長法人の公表については調査に入ったことがわかるため，国税としては回避すべ

きであろう。ただ，会社が自主的にAを取ったことを公表するのは自由であろう。

- 2012年頃，税務のコーポレートガバナンスの取組みを導入した当時，OECDからの導入物をいかに日本の執行風土の中で最も有効に活用するのか，という視点にも重きがあったのであろう。この施策を進めながらも他にもっと有効な代替策はないのかという観点から，英・米・オランダ等の外国の動向にも目を配りながら取り組んでいたといえよう。現在，税務CGの向上策は，国税組織として対特官所掌法人に対するメインの取組みとして定着してきており，真のコンプライアンスの向上に向けて更に具体的な施策として実施されているといえよう。

- 特官所掌法人ではない一般部門法人において，調査サイクルを伸ばすというアイディアはないが，自主点検票を基に会社の税務担当部署の方々とガバナンス向上に向けた対話をしていく，という選択肢はあろう。事実上部門法人の大規模法人が例えば3年に1回調査を受けているような場合，ガバナンスが良好であれば延長されることもあり得よう。部門法人は，一般論であるが，特官所掌法人とは異なり，税務プロパーがいないため適正申告のマインドセットが弱い，トップマネジメントが従業員に規律を効かせる構図が通用しないという状況も中にはみられる可能性もあろうが，一般部門法人に対しても国税のスタンスはポジティブではなかろうか。さて，この特官所掌法人の取り組みは5年経過し，調査サイクル延長法人は51／約500法人という比重であり今後毎年の拡大が必要かどうかの議論もあるかもしれない。しかしながら，ガバナンスの基準を緩めたところで実が伴わなければ結局のところもとに戻ってしまうため，堅実な議論が必要であろう。

3．税務ガバナンスのこれからの一層の発展と大企業税務

- 国税庁は，適正公平な課税が使命であるが，特に大企業の税務にあっては，企業や専門家との信頼や協力関係なしでは成り立たない。近時，大企業の適正申告に有用な情報を積極的に発信し，税務効率に繋げていくことを考えているようにみえる。
- 2015年4月の申告書提出直前の最終チェック用としての「申告書確認表」や

税務・決算処理の確認用の「税務上の要注意項目確認表」，2016年10月「国際戦略トータルプラン」及び2016年6月「移転価格ガイドブック」等。

- 2015年4月「申告書確認表」は，申告調整の誤りの未然防止のため，研修資料としても有用である。国税に提出する必要はないが，「会社事業概況書」に設けられた「活用の有無」欄にチェックすることになり，調査の際活用状況が確認される。2015年4月「税務上の要注意項目確認表」は，主要勘定科目ごとに誤りやすい項目を抽出し解説を加えたもので，過去の否認・指摘項目を埋め込み，アンテナを張るべきポイントが見えてくる。

- 対大企業のみならず，2016年10月「国際戦略トータルプラン」は，対富裕層を想定して，情報リソースの充実，調査マンパワーの充実，グローバルネットワークの強化を発信している。2017年6月「移転価格ガイドブック」は，企業の移転価格文書化の主体的取組みを後押しする姿勢を打ち出すとともに，新たに挙げた18事例では納税者・調査官の両視点の相違を浮き彫りにしており，調査のレベルをあげてより合理的に進めることを考えているようにみえる。

- 税務 CG の下でのコミュニケーションは，双方の信頼協力関係の構築に寄与しているといえよう。

- 日本の大企業にあっては，アグレッシブなタックスプランニングの懸念は一般にないが，大組織の細部への目配りに着目する余地があるという見方であろう。経営の中で税のことを考えていただく，税への問題意識をもっていただくこと，税務ガバナンスを税務部署のコンプライアンスではなく，企業全体の中での一層実質化しているコーポレートガバナンスと位置づけ，経営者目線で税務や税務リスクをみていただくことが期待されている。企業のガバナンスや内部統制の進展の中，能動的な税ガバナンスが置き去りにされていないかという視点も重要。トップマネジメントの意識に税が入ると税務部署の仕事がやりやすくなることは確かである。

- 国税庁の「評価ポイント」の5つの確認項目は，OECD の Tax Control Framework（TCF）と近似するが，後者は TCF の構築を義務づける点と取締役会が TCF を定める点が強力である。TCF の第一は税務戦略の明確化である。日本企業は，一般に納税を重んじる方針はあっても，脱税や租税回避

の意図とは全くの無縁のサラリーマン的行為（予算消化や海外赤字子会社支援）が税務上，仮装隠ぺい・不正と認定されることがあり，更にこれらが所得隠しと報じられることがあり，レピュテーションを落としてしまう，これを回避することが重要使命という税務執行の風土ではある。社会的制裁に見合うのかどうか，また不正を行った者のトカゲのシッポ切りで終わっていいものかどうか。一般に究極的な実効税率の低減が最重要視される多国籍企業を対象とする諸外国の税務ガバナンスの向上施策とは異なる面もあろうか[56]。

- グローバル視点に立った専門知識の活用，時代を先取りしたリスクマネジメントの実行などにより，グローバル競争力向上を指向する中で，税に関してもガバナンスAを取得されている会社もあろう。国内・国際税務チームの拡充が図られている。事業に対してアクセルを踏みブレーキをかける。連結納税制度の導入をきっかけに，コンプライアンス目線から連結子法人とのコミュニケーション・親法人からの目配りが充実し，これを足掛かりに調査省略年度等において，グループ企業との体制強化や精度向上に向けた情報交換や啓蒙周知活動を行うことにより，税務課題の事前把握が可能になる例がある。

- 税務CGの動きなどをきっかけに，タックスポリシーの社内策定・整備を行う企業は確実に増えたが，一般に開示を行っている企業は多くはない。2017年12月の英国の税務戦略web開示に起因し，本社におけるタックスポリシー開示を検討する会社は増加している。経営のコミットメントがあって初めてなし得る事柄であり，企業理念・社是・DNAに遡及する。生みの苦しみはあるが，開示内容の背後には厚みのある行き届いた税務規定の策定が想定される。グループ全体を対象とした役割・責任体制が整備され，取引・決算・申告・調査の対応が明確になる。この税務CG自体にどういうスタンスで取り組むかも整理されていく。税法の趣旨を逸脱しない，不自然に取り組み，制度の裏をかき二重非課税を企図しない，しかし二重課税の回避は徹底するなど，社の矜持・意思を文字に起こす意義は殊更大きい。

- 国際企業の経営者にとっての税の最大リスクは移転価格であり，移転価格CGは税務CGに必要不可欠といえる。もとより会社法のガバナンスの視点からも恣意的な移転価格の設定は規律されているといえよう。ここ数年，移

転価格文書化が文書化それ自体のコンプライアンスのみならず，グローバルポリシーや海外子会社の税ガバナンスの観点から，履践することが期待されてきた中，取組みの結果が出つつあるとの見方がある。親会社として一貫した説明力を備えた移転価格3文書が整備された例もある（日本企業の基本スタンスはミニマムラインであるが，ミニマムであってもロジカルに必要十分，簡にして要を得たファイリングを作り出すことも可能）。他方，ローカルファイルのコンプライアンスは充足するが，前提となる移転価格ポリシーや関連者間契約が未整備のままである例もあり，会社の実情によって違いは出てくる。なお，現在OECD・WP6のOECD移転価格ガイドライン第4章（紛争の回避・解決）の改訂作業においては，コーポレートガバナンスの議論が包摂されており，日本政府は重要視している。

- 国税との信頼関係の下，税務調査というイベントがなくとも，税務部署の声が出せる体制を確保していくこと，税務上の解釈が困難な場合には，意味があるものを精査して事前照会（事実認定に委ねる要素はあるが基本的に機能している）・質疑を実施し，「申告書確認表」や「税務上の要注意項目確認表」を活用するなど申告審理を経て，効率的な調査を遂行すること，調査を通じた指摘事項をグループ内にフィードバックするとともに，トップマネジメントにも上げ，トップマネジメントからグループ全体に改善方を伝播していただくことであろう。

- 国税はリソースをどこに振り向けるのか。調査の重点化・効率化は，国税の関心事項であることを自ら発信されている。

- 今後，租税条約，情報交換協定，税務行政執行共助条約，CRS（共通報告基準）等，情報ツールに基づく調査に向かっていくことが考えられる。2018年9月から共通様式による双方向の自動的情報交換が開始され，納税者番号による名寄せを前提に銀行口座情報のデータベース化が進展しよう。外国当局から名寄せされた情報が収集される可能性がある。また，推定制度により主張立証責任が転換される方向性も想定されるところである。

- 挙証責任を国が負う中，調査における会社のごね得は容認されないであろうが，他方，証拠ではなく想定に基づく強引な調査は，結局信頼を得られず，円滑・効率を阻害しよう。公示制度がなくなり，調査部調査も大宗を修正申

告が占める中，通則法の下での証拠の評価をどう考えていくのか。調査日数の制約の中，準備調査で論点を絞り切ることは機能的であろうが，着手後本質的な問題の端緒から深掘・展開することは可能か。答の出ない難問についてネゴと修正を繰り返すか，理屈で解決できる論点は争訟に頼り理論化を図るか。今後，ゆくゆくは大量データからAIにより税務上の論点を絞りこむ調査は想定されるのか。論点は多とする。

- 特官所掌法人のガバナンス向上を踏まえ，期ずれ以外の非違を指摘することは一層困難になってこよう。従前の調査の中核である帳簿調査に加えて，世界の趨勢として，今般のBEPS報告書の「価値創造の場所で課税すべき」というコンセプト（BEPS報告書全体に通ずる価値であるが，特に行動8－10）にアラインして，契約は取引の実体を真に反映しているのかという，経済実体の確認評価重視の傾向も想定されようか。Delineation of real transactionを行い，どこにvalue creationがあってどこに所得を帰属させるのが妥当かは，帳簿調査の目線とは異なり，経営者目線を要するものといえよう。また，組織再編関係のスキーム等も含め，制度改正を要する点はないのかという視点をも含め，リソースを振り向けることも想定されるのかもしれない。

- 近時，国際企業として，グローバル目線でのディフェンスが必要である。欧米国際企業においても，BEPS後世界の現地のlitigationを一括管理するニーズが高まっており，現地に税務部署のない日本企業にあっては，特にアジア地域等の関税・付加価値税等をも含めた税litigationの一括管理（調査・不服申立て・訴訟の最良のコントロール）は重要課題となってこよう。ディフェンス最優先ではあるが，現実に起きた内外の調査案件について，修正して効率的に事を終えるのか，司法も視野に決着をつけるのかはIssue by Issueであり，事案の本質と当局の出方を見抜いて最良の判断を親のコントロールの下で行うことが急務となっているといえようか。

(注)
(1) 本稿は，2017年11月27日TKC，2017年12月4日企業研究会，2017年12月7日金融ファクシミリ新聞社セミナー，2017年12月20日日本貿易会，2018年2月14日デロイトトーマツ税理士法人　税務係争解決セミナー，2018年2月22日デロイトトーマツリスクフォーラム，2018年4月20日産業経理協会，2018年6月27日日本機械輸出組合，2018年7月24・27日国際税務

研究会パートナーシップミーティング，及び2018年8月1・3・6日日中移転価格税制の最新動向及び実務対応セミナー（上海・北京・広州）等での講演・パネルに係る拙稿をベースに，情報をUpdateし，再構成したものである。
(2) 2015年10月5日BEPS最終報告書の法制化が継続している。全体像をおさらいすると，BEPSプロジェクトが対象としたBEPS行動モデルは，低課税の仲介国・中間事業体に利益を集中するプリンシパルモデルであった。

　本社と源泉地国の事業体には，様々な関係やフローが生じる。例えば，金銭又は現物の法人投下資本と配当，支店運営のための現金・資産の移転と余剰資金又は支店の営業から生じた利益の送金，貸付金と利息，知的財産供与とロイヤリティ，商品と支払，サービスと支払，従業員の派遣，設備とレンタル等である。税に関し，本国と源泉地国との間で源泉税・源泉地国における費用控除後のネット所得課税・本国におけるネット所得課税と二重課税の調整等の問題が発生する。仲介国・中間事業体を設立する純粋な事業上の理由は，国際持株を通じた企業の所有及び支配の達成・維持，現金・為替リスク・必要資金の借入れ・複数国から生じた余剰資金の投資の一元的管理，地域の管理及び各源泉地国での運営に対する支援サービスの供与，知的財産権の一元的保有・管理，共通の給与体系及び人事政策を維持する人材会社を通じた従業員支援の供与等，複数の管轄地における負債・資産損失リスクの限定，国際船舶運航，キャプティブ保険等と説明される。仲介国・中間事業体の税務上の目的として，仲介国・源泉地国間の租税条約に基づく源泉税の減免及び管轄当局の紛争解決プロセスの利用，本国から見た場合の所得の種類の変更（源泉地国支払いの利息やロイヤリティ等から仲介地国支払いの配当に変更），仲介国・中間事業体に利益を留保することによる本国の所得の繰延べ（本国のCFC税制を適切に遵守する必要がある）等。

　仲介国・中間事業体で新たにネット所得課税や源泉税が発生するため，当該税金を最小化するプランニングが行われてきた。仲介国・中間事業体のネット所得課税の軽減策の例として，①オランダの資本参加免税及びプライベートルーリングに基づくオフショアステータスの適用（テリトリアル方式や国外源泉所得に対する1～5％の税率の適用），②ルクセンブルグのプライベートルーリングによる，他の欧州諸国で稼得した所得に対する租税協定などの税務便益の適用，③アイルランドのプライベートルーリングによる，複数のアイルランド子会社の利益の大半をオフィスも従業員もいない課税対象外の本店に配分することの容認等。

　近年，所得の非課税や低税率の適用を目的としてサプライチェーンやその他のスキームを構築する多国籍企業が増加し，スキームの中心となる仲介国・中間事業体に，無形資産の法的所有権・ライセンス権を保有させ，また商業リスクを負担させ，利益の大半をそこに帰属させることがみられた。これがBEPS行動の典型的なプリンシパルモデルである。
(3) 中澤弘治稿「BEPS防止措置実施条約について」（月刊「国際税務」2018年5月），林博之稿「BEPS防止措置実施条約が投資ストラクチャに与える影響」（大蔵財務協会「国税速報」2017年12月4日），「Malta signs Multilateral Convention to Implement Tax Treaty Related Measures to Prevent BEPS (MLI)」（Deloitte Malta Tax Alert），高嶋健一稿「第1章　多国間税務協定が日本企業に与える影響」（経団連経済基盤本部21世紀政策研究所国際税務研究会平成29年度報告書）及び拙稿「第2章　BEPSプロジェクトの全貌」P81-P88（拙編著『移転価格対応と国際税務ガバナンス』中央経済社）を参考にさせていただいている。
(4) 1246条約のマッチング結果は，第6条（条約前文）：100％，第7条（TPP）：100％，同

(PPT＋簡易 LOB）：3％，第12条（代理人 PE）：17％，第13条（PE－特定活動除外）：22％，同（細分化防止）：33％，第14条（PE－契約分割）：10％，第16条（相互協議手続）：67％，第 6 章（仲裁）：14％とされる。

MLI と個別条約の規定がそれぞれ別に存在することで適用関係の解読が難しいとの実務家の指摘に対し，OECD としては，各国において両者を統合した文書（Synthesised Text）を公表することを推奨しているという。

(5) 1999年1月20日「パートナーシップへの OECD モデル条約の適用に係る OECD 報告書」の中の特定の勧告はモデル条約コメンタリーに採用されているが，大半の租税条約には，パートナーシップを含む，複数国において 1 つの事業体の扱いが異なるハイブリッド事業体の取扱いに言及されていない。今後，MLI の批准を通じてハイブリッド事業体に関する不確定な部分が解決されていこう。

(6) 双方居住性は，租税回避を目的とする取決めにおいて利用されることが多いことが認識されている。

(7) 条約上の特典制限条項は，居住性要件に加え，目的に関する特定要件を満たす納税者に対してのみ条約上の適用を認めるものであり，比較的新しい仕組みである。各国の導管規定，実質主義，及び一般的租税回避否認規定等が適用される事例において，これらが租税条約に優先して適用されるか否かについて裁判所の判断は定まらない。また，一般的に，OECDや国連は，租税条約の濫用に対してその便益を否認することを認める一方で，当局がその具体の措置を取るための要求水準は高いと解されるという。このような事情が背景にある。

(8) 仲介国の中間事業体の選択事由の 1 つに，税務当局の紛争解決のプロセスの利用が挙げられよう。2010OECD モデル条約第 7 条（AOA ルール）への変更が反映された仲介国・現地国間の租税条約の適用を指向して，現地国の支店運営を目的とする仲介国の中間事業体が本国の単なるノミニーではなく真のプリンシパルとして自らのビジネスを運営している場合の取扱いも問題提起されている。

(9) OECD の税の安定性に係る報告書を2018年 7 月までに改訂予定である。モデル条約で移転価格以外の項目で紛争のある分野について，例えば PPT の適用等について，2018年 2 月より WP1で検討中。

(10) 最終報告書が対象とした人為的なストラクチャは，実質的な交渉は現地で行われている契約であるが海外で最終化され承認されている場合，コミッショネア契約，独立した代理人であるが外国のプリンシパルのためにほぼ独占的に業務を行っている場合，短期の建設作業・準備的補助的作業・事業活動や機能を分割するための複数の企業の関与等，恒久的施設の例外要件を満たすために構築されたストラクチャといえよう。

(11) 租税条約に関する紛争を解決する最適な方法は強制的・拘束的仲裁であると考える国はあり，MLI の開発の交渉の一環として MAP 仲裁規定を策定することにコミットしている。仲裁に対しては，OECD や各国，実務家から期待を寄せる声が多数である。

2016年の OECD の MAP 統計によると，解決に要する期間は移転価格ケースで30ヶ月，移転価格以外のケースで17ヶ月であり，二重課税の解消に至った完全合意は全体の59％，部分合意は全体の 1 ％，一方国での救済付与が全体の19％である。

なお，1990年の EU 仲裁条約上の MAP ケースは域内で多数係属しており，移転価格ケースにおいて，仲裁で第三者仲裁人が入ってくることにより税務当局にとって不確実性とコストの増大をきたすため，MAP で解決しようという機運が高まるとの趣旨が活かされ，実際 MAP 合意が促進され，結果，仲裁付託件数は限定的に止まるとの見方がなされているよ

うである。他方，これまで仲裁での決着件数が累計で 5 件程度，係属件数が 2 件程度に留まっているようにみえ，税務当局は仲裁付託を回避するようにみえ，また仲裁は遅延されやすい問題があるとの指摘もあろう。

EU 域内の税紛争解決メカニズムに係る EU 指令は，2019年 6 月30日までに，a）適切に仲裁が機能しなかった場合の国内争訟の活用，b）仲裁局面での標準的解決期間18ヶ月の明示，c）対象紛争の範囲を移転価格及び PE 認定からあらゆる税紛争に拡大，d）仲裁決定の納税者への通知と内容の抜粋の公表義務等を定める，国内法制化を義務づけている。

日系企業で EU 域内での MAP を申請するケースは現下稀であろう。MAP 対象となる取引規模とコストの問題や MAP を検討できる社内リソースの欠如等によるのであろうか。

⑿　2016年に全世界のインフラ分野に 5 年で約2,000億ドルの資金を供給し官民一体で質の高いインフラ輸出をすることとしている。膨大なインフラ投資ニーズのあるインド太平洋地域において，各国が経済をテコに影響力を発揮し地政学的利益を追求する economic statecraft を駆使する中での政策選択といえようか。

⒀　このほか，2018年の CFC 税制に関する制度改正において，金融機関の海外展開を阻害しないよう一定類型の海外金融持株会社を新たな金融機関特例の対象に含める措置を採っている。

⒁　グループファイナンス会社を設立する背景として，多くの国での為替管理及びその他資金移動規制の撤廃があろう。従前は，現金の効率的な活用は困難であり，頻繁な配当の支払を要していたといえよう。

⒂　ガイドライン第 7 章の改定について，2019年に継続検討。

⒃　米国の財務省規則は，納税者が「特定の対象サービス」や「低マージン対象サービス」に関するコストとして，サービス・コスト法を用いてマークアップを上乗せしないコストを請求してもよいとする。ここで，いずれのサービスも事業判断ルール（納税者が，そのサービスが提供者，受益者又はその両方の取引や事業における重要な競争的優位性やコア機能もしくは成功又は失敗を根本から左右するリスクに大きく貢献していないと事業判断の中で合理的に結論づけられるというもの）を満たさなければ対象サービスとは認定されない。

⒄　税務執行上のアプローチについて，ガイドライン第 4 章の改定を2019年に継続検討。論点として，対応的・第二次調整，及び APA 等。

⒅　OECD 行動 8-10最終報告書において，リスクコントロールとリスクを引き受けるための財務能力の 2 つの側面からリスクの引受けを判断することとされたほか，リスクコントロールを行っていない関連者に対する ALP 対価の上限を "risk-free rate" や "risk-adjusted rate" 等とする整理が行われたことを踏まえ，金融業以外の事業を中核事業とする多国籍企業グループ内で行われる金融取引の性質や ALP 対価の決定方法等を整理することが，現下 OECD の金融取引に関するガイダンスの目的である。検討対象とされている主な金融取引類型は，ローン，キャッシュプーリング，ヘッジング，ギャランティ，キャプティブ保険等である。2018年 7 月に公開討議草案が公表され，今後さらに詰めていく予定とされる。Debt と Equity の ALP における扱いについて，未だ意見の隔たりが大きいとされている。

⒆　拙稿「第 6 章　移転価格と価値創造の一致と今後の実務」p.268-p.270（拙編著『移転価格対応と国際税務ガバナンス』中央経済社）を参照。

⒇　寶村和典稿「OECD モデル租税条約25条 3 項について―条約に定めのない二重課税についての相互協議に関する検討―」（税務大学校論叢第89号2017年 6 月），及び秦幹雄稿「最近の相互協議の状況について」（租税研究2018年 5 月）を参考に 3 か国の協議について述べ

る。3か国 MAP は 3 つの租税条約の25条①及び②（個別事案協議）を併せ読むことにより，3か国での協議及び合意は可能にみえる。3か国 APA は，3つの租税条約の25条③第一文（解釈適用協議：「両締約国の権限ある当局は，この条約の解釈または適用に関して生ずる困難または疑義を合意によって解決するよう努める。」)を併せ読むことにより，3か国での協議及び合意は可能にみえる。実務は，金融グローバル・トレーディング案件にあっては，二国間協議の組み合わせとして，連鎖取引案件にあっては，仲介中間国における Proposed Adjustment を実施・想定することによる玉突きの二国間協議を実施することによって，解決に向けた努力が図られているようにみえ，三国間協議は敬遠されているようにみえる。後者の例においては，仲介中間国の当局が解決に向けて動く必要があり，またそのためにその都度交渉が必要となるため，三国間協議を機能させる納税者からの期待は高いといえよう。現在，「租税条約等の実施に伴う所得税法，法人税法および地方税法の特例等に関する法律の施行に関する省令」，「相互協議事務運営指針」，及び「移転価格事務運営要領第六章(事前確認)」のいずれも3か国の MAP 及び APA についての規定がないのが実情である。今般，BEPS 行動14ベストプラクティス11のパラ58は，「自国が公表する MAP および APA プログラムのガイダンスに，多国間の MAP および APA に関する適切なガイダンスを含めるべきである。」とし，さらに同パラ59は，「多国間の MAP および APA の問題に対処するため，OECD モデル条約25条のコメンタリー改正を予定している。」としている。今後，3か国間の MAP 及び APA が活用され，二重課税が効率的に排除されることが一層強く期待される。

なお，2007年2月に制定された OECD 実効的相互協議マニュアルのベストプラクティス No. 2（二重課税を排除するための条約25条③の積極的な活用）は，「租税条約に定めのない場合における二重課税の事例を解決するために25条③（第二文（立法的解決協議）：「両締約国の権限ある当局は，また，この条約に定めのない場合における二重課税を除去するため，相互に協議することができる。」)によって与えられる権限は，租税条約の基本的な目的と密接に関係しており，権限ある当局は，国内法上の障碍がある場合を除いて，関連する事案に対してこの権限を意識的に行使することにより，誠実にこの目的を達成することができる。」としている。

さて現状足下の実務であるが，親会社 A 社・統括会社 B 社・川下の販社 C 社の連鎖取引を想定する。A 社国・B 社国の BAPA においては，C 社の OM レンジを重要な前提条件と設定すること，C 社の実績が OM レンジを外れた場合再協議を行うとすることが現状一般的である。再協議を行い，困難が生じた場合，次期更新 BAPA においてその分合意が難しくなる，という実情があろう。よって一般論として C 社の実績を OM レンジ内に収めるべく，移転価格をコントロールすることが一義的に会社には求められる。同様の連鎖取引において，C 社国の移転価格課税により，B 社国，C 社国の MAP において B 社国の対応的調整が要請される場合，基本的には B 社国における移転価格課税（単なる想定ではない）により，A 社国・B 社国間の玉突きの MAP が実施されるというのが実際の想定であろう。A 社・B 社・C 社間のサプライチェーンにあって利益分割法が妥当な TPM である場合でも現状3か国 MAP は実施されていない。なお，仲裁の実施は目下のところは進んでいないようにみえる。

英国・ドイツ・スイスなど欧州諸国との相互協議は総じて円滑であり通常年2回程度は相互協議が開催されているというが，特掲される論点はこの点である。相互協議で合意された取引の先にある取引について，第三国で課税された経験を持つ国は，相互協議の議論の中

163

で，将来このような第三国課税が発生した場合にどのように対応するかについて強いこだわりを示し，グループ全体のプライシングに責任を有する日本の親会社が第三国課税に関して負担する旨を合意文書に明記すべきと主張するようなことがあるという。日本と第三国との間に挟まれている相手国にとっては，自国の利益が担保されることが重要な関心事であり，日本としては，第三国課税は事後的に生じるものであり，ともすれば APA 期間が全て経過した後に発生することもあるので，両当局が納得できる扱いを前もって定めることは難しく，議論が長期化することもあるという。親会社の方では，第三国所在の孫会社群の移転価格管理と文書化を実行することが肝要であるが，移転価格課税リスクをゼロにすることが難しいのも事実であり，目下妙案はないようである。

　日米間 APA 事案で米国子会社を検証する場合，米国子会社とメキシコ等第三国との取引をどう扱うかについて，米国子会社の利益水準は，第三国所在の国外関連者との間の取引価格の歪みが原因で将来変動してしまう可能性も排除できず，もしそうなってしまったとしたら，米国子会社の利益の実績が結果的にレンジから外れたからといって，そうしたことで変動した利益の分まで日本側又は米国側が補償調整で対応することは受け入れられないとのロジックが働くからであり，従前より，この取引が独立企業間価格で設定されているべきことなどを重要な前提事項の中で条件づけするという方法で対処してきたが，近時，日米の APA 合意後にメキシコなど第三国で課税が発生した場合，どのように対処するのかという疑問の形で IRS 側の問題意識を高めてきており，より踏み込んだ議論を行うことが多くなっているというが，現状日米間といえども確固たるコンセンサスが確立できているわけではなく，個別に対処方法が模索されている状況であるという。現実論として当面はマルチではなく，二国間 APA の枠内で対応するという。

　なお，日・香・中取引は，新規にはみられない状況である。

　世界各国で移転価格課税が増勢する Post BEPS にクローズアップされる論点である。第三国所在法人を機能・リスク限定事業者とキャラクタライズすることが相対的に困難である場合，対応は難しくなろう。現下，中間に挟まれた国のこだわり・焦りが顕われているようであるが，マルチ APA が模索される場合，事案の性質に応じて，親会社所在地国のコミットメントがより深まったサプライチェーン全体を見わたした移転価格の議論が一層進展しよう。

(21)　2015年10月 BEPS 行動 8-10　最終報告書と2017年 7 月 OECD 改定移転価格ガイドラインの構成は172頁の別添参考のとおり。なお，OECD の移転価格に関する作業の現状については，小森敦稿「ポスト BEPS における OECD 移転価格ガイドライン関連作業の進展について（2018年 6 月）」の内容を参考にさせていただいている。

(22)　拙稿「第 3 章　行動計画 8 ～10：移転価格税制（利益分割法と関連する諸問題）」（21世紀政策研究所　研究プロジェクト・グローバル時代における新たな国際租税制度の在り方～BEPS プロジェクトの総括と今後の国際租税の展望～報告書2016年 6 月）を参照。

(23)　税の観点からは，現地法人化は，関連者間における移転価格の信頼性を高め，現地における課税対象を現地法人の活動から生じる所得に限定することにより，現地当局が本社の他の所得に吸引力（Force of Attraction）を適用する影響を排除するメリットが本来あるようにみえる。

(24)　例えば，オランダの税務上支店扱いとされるオランダ国外の事業体を買収する場合，オランダビークルにデットを保有させ，そこから税務上支店扱いとされる買収対象事業体に貸付を行うと，買収対象事業体において支払利子と事業収益が相殺され，他方，買収ビークル

1　国際課税の最近の動向とこれからの税務紛争管理

においては，受取利子が認識されず，保有デットに係る海外親会社等への支払利子が損金算入されるという double dip が取れよう。

㉕　包摂的枠組のメンバー数は2018年5月現在116法域。有害税制フォーラムで行動5との関連で各国の有害税制をレビューしている。50以上の法域の検討対象175の税制のうち，31税制が変更され，81税制は法改正が進行中，4税制が有害ないし潜在的に有害，12税制がレビュー中，47税制は BEPS リスク無しという。税の安定性に関し，VAT／GST 実施における統一性をモニター，グローバルフォーラムを通じて途上国を含むコンセンサスの拡大，情報交換等の執行協力等を行う。税と開発に関し，国連中心で，国境なき調査官が特に石油・鉱物・コーヒー等の分野で，アフリカ・カリブ海諸国当局等を支援するという。なお，2018年までに，日本を含めて102か国・地域が，Common Reporting Standard（CRS：共通報告基準）に従って，自動的情報交換を開始することが表明されている。現状，64か国・地域が情報交換可能であるという。

　　ここでの移転価格相互協議に関する部分は，秦幹雄稿「最近の相互協議の状況について」（租税研究2018年5月）を参考にさせていただいている。

　　ここ30年，企業間取引と情報の行き来が電子化され，国際交易コストは大幅に下がり，地域内に閉じこもっていたサプライチェーンが急速に世界に拡張し，高速輸送システムの成熟・世界規模の工業製品への関税低減は一層それを促した。先進国企業はこの状況下での競争に勝ち抜くため，経営リソースを競争力があるコアビジネスに集中させ，地球規模での展開を最適化するサプライチェーンを構築し，より高い利益を求めるようになったという。このようなグローバルサプライチェーンのビジネスモデルが普及する，世界経済のパラダイムシフトの時期は，中国改革開放の時期と重なり，港，空港，高速道路，及び鉄道等のインフラ建設が整い，巨大な工業用地が開発され，安価で良質な労働力が大量に提供され，グローバルサプライチェーンの新天地が作られ，これを背景に「世界の工場」となった。

　　しかしながら，グローバルサプライチェーンの分業は，それを構成する各部門の利益分配の上に成り立っており，大半の利益は海外での研究開発，主要部品の生産，ソフトウエア開発，ブランド経営等の部門の方に分配され，このようなグローバルサプライチェーンの利益分配の特性から，長期の高度経済成長を経験しながらも経済強国へと十分に成長しきれず，究極の工業国から巨大な富を摂取されたとの認識も成り立とう。工業製品の貿易条件は劣化し，知財の貿易条件は急速に向上しており，世界における富の創造と分配の基軸を踏まえて新たな政策の実現に向かっているものといえよう。中国当局の移転価格にかかるユニークな主張は，このような経済構造の変化をリアルに反映しているものと思料され，今後のスタンスの変化にも留意する必要があろう（周牧之＋徐林編著「中国都市ランキング」（NTT出版2018年6月）141頁及び159頁を参照させていただいている。）。

㉖　95法域がレビュー対象で，国内法及び情報交換の枠組みに関する最初のピアレビューが終了，課題は行動13よりも広範な内容を求めるローカルファイリングへの対応，OECD 指針との整合性等。レビュー結果は今後公表予定であるという。

㉗　連鎖取引については，今後多国間の MAP や APA を実効的に運用すべき時期がきているといえようか。注⒇を参照。

㉘　共同調査は，複数の国の政府が同時期に税務調査を実施し，同時期に情報交換を行うことにより，納税者から同じ情報と説明を受け，協力して取引内容の特徴を把握し，税務上の取扱いについてより迅速に合意するという仕組みである。各々の国で指名されたコーディネーターが事案のマネジメントと調整を行う。日本は外国における公権力行使はできない

という一般的整理である。一般的には，租税回避の疑いのある事案への対応とみられており，ハイレベルでの執行効率を確保し，当局間の税務調査調整により納税者のコンプライアンス負担をも軽減させる目的である。欧州域内でも実施されている。2010年頃より，FTA や欧州委員会で議論の対象となっている。

(29) OECD は，ブラジルの新規加入に関し，移転価格税制の OECD ガイドラインとの整合性確保を検討しているところである。

(30) 岡田至康稿「国別報告（CBCR）公開に係る EU の動向」（「租税研究」2018年1月）を参照させていただいている。

(31) The BEPS Monitoring Group（Richard Murphy 等）は，BEPS 行動が税収に及ぼす有害な影響等について，特に積極的に発信しているという。なお，税とは異種の欧州の規制に関してであるが，「欧米企業は NGO の問題提起に積極的に向かい合い，5 年から10年後に自社が圧倒的な競争優位を獲得できる先進的な規制をデザインするルールメイキング戦略に NGO の力を有効活用している。NGO はかつてのような企業の批判者ではなく，自社の競争優位を具体化する革新的な法制化を実現するパートナーであるという認識をもって向かい合っているのだ。」との見解がある（國分俊史稿「第5章 社会課題を成長機会に転じるルールメイキング戦略」p.126「世界市場で勝つルールメイキング戦略」朝日新聞出版）。

(32) 「米国税務・米国税制改革の日系企業への影響」（デロイト トーマツ税理士法人会計情報 2018年2月），「米国税務・米国税制改正案「Tax Cuts and Jobs Act」の現状」（デロイト トーマツ税理士法人ニュースレター 2017年12月12日），「米国税務・米国税制改正：連邦源泉徴収税制の改正」（デロイト トーマツ税理士法人ニュースレター 2018年2月6日），「IFRS in Focus」（Deloitte IFRS Global Office Newsletter 2018.1.22），山岸哲也・山口晋太郎・小林秀太稿「米国トランプ・共和党政権による抜本的税制改革」（「租税研究」2018年4月）を参照させていただいている。

(33) IFRS 及び GAAP におけるこのような処理が，本国財務諸表上の実効税率の引下げ・税引後利益の増加を容認していたものといえよう。

(34) 全世界所得課税の時代は，必要のない限り外国利益を本国に送金しないロックアウト効果が生じ，また源泉地国で支払った税額が米国本国で税額控除として利用できないと，源泉地国での課税を極力回避するようになっていこう。2004年に，米国雇用創出法の一環として，本国還元利益に対する一時的受取配当益金不算入が実施された後，再度実施の期待感から米国多国籍企業の一層の海外利益移転に拍車がかかったとみてよいだろう。

(35) みなし外国税額控除（tax sparing）は，外国投資誘致国で減免された税金相当額の便益を本国の税務当局ではなく，投資家が受け取ることを確保する仕組みといえるが，全世界所得課税方式を採用する米国において有用であったはずであるが，米国の条約ポリシーにこれを含める考え方はもとよりない。中国，タイ，シンガポールなど優遇税制を導入する国の留保利益を分配せず留保する動機の1つであろうとの見解がある。

(36) 例えば，米国上場企業が，バミューダ・ケイマン・パナマ等税効率の高い場所を本拠地とする親会社の子会社となる。米国税法上，経営層は米国に在留できる。そのような親会社が直接保有する子会社を通して稼得した非米国源泉所得を米国で企業レベルの課税を受けることなく株主に分配することを可能とする。欧米では，80年代以降多くの企業がインバージョン取引を行いその間多くの国がテリトリアル方式に移行したため，主に米国でみられる現象となり，近時米国外への本拠地移転を指向し，戦略的合併の候補の提案が報じられて

1　国際課税の最近の動向とこれからの税務紛争管理

いる。タックスヘイブン国企業との米国政府の契約中止への懸念や条約ネットワーク利用メリットへの考慮から，アイルランドやスイスへの再移転の例も多いという。
(37)　むろん配当の流れに米国子会社を介在させないよう日本企業の直接子会社に組み替える等ストラクチャの変更も想像されよう。この場合，米国における株式譲渡に係る課税の検討が必要である。
(38)　拙稿「第2章　電子経済―法人源泉地国課税の課題に係る一考察」（経団連経済基盤本部21世紀政策研究所国際税務研究会平成29年度報告書）をベースにしている。
(39)　陣田直也稿「電子経済課税に関する国際的な議論の動向（2018年5月）」における訳出に依らせていただいており，その内容を参考にさせていただいている。また，経団連経済基盤本部「OECD-USCIB 国際課税会議の模様（2018年6月）」を参照させていただいている。
(40)　2015年10月5日 BEPS 行動1の最終報告書は，特定のビジネスモデルの収益にとって，インターネットプラットフォームのユーザが欠かせない要素となっていることを指摘している。
(41)　リングフェンスできないことを否定しないが，HDB のようにタックスプランニングを行いやすいモデルを別と捉えている。データ及びユーザ参画の観点から，HDB ビジネスモデルの各々の内容によって，捉え方は必ずしも一様でない。注(38)の拙稿87頁も同じ結論である。HDB ビジネスモデルの中をどう整理するかは，現在テクニカルマターとして目立っていないが，profit allocation を実務的にどう行うかという議論とともに重要な論点といえよう。

　　　HDB ビジネスモデルの各々の内容によって捉え方は必ずしも一様ではないことについて，私見は下記のとおりである。HDB ビジネスモデルに対する課税の考え方は，外国のプリンシパルがプラットフォームを使って現地の人と人を結びつけるという現地の電子的なプレゼンスを認めて，新認定 PE を創出し，更にデータの存在価値自体を敢えて作為的に評価し，現地帰属所得にそれを反映させるというものであろう。ここで，両極性ビジネスモデルと表象される Google 社や Facebook 社モデルにあっては，価値創造の主要な部分の全てが海外で行われていることを踏まえても，殊更に新認定 PE を創出し，更にデータの存在価値自体を敢えて作為的に評価し，現地帰属所得にそれを反映させる意義を見出すことはできるかもしれない。
　　　テレマティックスのようなビジネスモデルにおいては，広告事業のように，取得するデータの対象がユーザ全般にわたり，それを活用する企業も潜在的な広告主である企業全般にわたるというものではなく，一例としては，取得するデータの対象が自社の販売する車のドライバーに限られ，それを活用する企業も自動車保険を生業とする損保会社に限られることになるため（ある情報は甲の顧客にとっては玉であるが，乙の顧客にとっては石に過ぎない。別の情報は丙の顧客にとって玉であるが，丁の顧客にとっては石に過ぎない），Google 社や Facebook 社のようなビジネスモデルとは金額の閾値のレベル感が異なるが，定性的には二極性ビジネスモデルの範疇内のモデルとして，新認定 PE を同様に創出し，更にデータの存在価値自体を敢えて作為的に評価し，現地帰属所得にそれを反映させる意義を見出すことを否定することは困難であろう。しかしながら，第一グループの焦点を絞った見直しを追求する対象にテレマティックスが実際含まれることになるのかどうかは，これからの議論の動向を見極める必要があろう。
　　　デジタルコンテンツ配信事業をどのように考えるべきであろうか。この事業のサプライチェーン上の根源的価値は，音楽配信の場合，音楽家の拠点地，及び配信権者の拠点地にあ

第 2 部　国際課税の動向と税務紛争解決

るといえよう。現状，一般に音楽家も配信権者も消費者市場の源泉地に存在しているため，相対的に課税上の問題は大きくない。失われた帰属所得は，バリューチェーン全体の中で，物流がカットされた部分に相応される所得に過ぎず，ディストリビュータのOMにとどまるため，殊更に新認定PEを創出する実益に乏しいという見方もできるのかもしれない。

オンライン販売事業のPE拡充の議論はBEPSプロジェクトの成果としては手当済みであり，各国の国内法制化を待つ段階にきており，帰属所得の算定実務に注目が向かうところである。この場合，データの存在価値を敢えて作為的に移転価格算定に織り込む考え方を参照する余地があるかどうか。このビジネスモデルは，データの解析を用いたマーケティング効果を活用しつつ，サプライヤーと消費者を効率的に結びつける事業であるが，取得するデータの対象は自社で買物をしてくれるお客様に限られ，それを自社で買い物をしてくれる潜在的なお客様のために活用している。オンライン販売事業へのデータ活用が急速に汎用化していく中，データの存在価値を敢えて作為的に移転価格算定に織り込む考え方のこのビジネスモデルへの当てはめが差別的で不公平な措置にみえないことも重要であり，バランスの取れた帰属所得の算定実務が期待されよう。

Profit allocationを実務的にどう行うかという議論について，いったん敢えて作為的にデータの存在価値を評価する思考を取ったとして，どのようにネクサスPEへの帰属所得を算定するのであろうか。私見であるが，下記のような考え方もあろうか。

① 実質負担者にかかわらず，現地における情報収集のコスト×Y％をNRP（Notional Royalty Payment）から削減すること（Y％の基準がないため，困難を伴う）。情報の価値評価にコストを用いている。情報収集にかけたコストにいくらのリターンが必要かというリターン率の発想からは，掛値のY％が1を超えてもおかしくはないであろう。

② NRP（Notional Royalty Payment）の支払いを含めての二国間の合算損益から，プリンシパル法人と現地関連子会社のコストを控除した，一体の活動から得られた分割対象利益を，プリンシパル側の取り分として，アルゴリズムのプログラマーの当該現地向けに係る報酬（世界共通事項に係る報酬を市場規模や1人当たりGDPなどの各地の購買力を反映させたプロキシーで按分したもの，プラス当該現地向け固有のローカライズの作業に係る報酬），及びデータセンター等関連資産への投資コスト（世界共通事項に係るコストを市場規模や1人当たりGDPなどの各地の購買力を反映させたプロキシーで按分したもの，プラス当該現地向け固有の投資コスト）と，現地側の取り分として，当該現地国での情報収集コストの比重で按分すること。寄与度分析と親和的である。

上記①，②について，テクニカルな複雑さがある。例えば，①においては，そもそもNRPの算定自体が極めて論争的である中，更に情報収集コストの算定のあり方やY％をどう理論化するか等，様々な困難な論点が浮上しよう。②に関しても，各々のコストの取り方等について同様であろう。Profit allocationは2020年のOECDの見直しの柱の1つとなるわけであるが，このような課税手法をはたして電子経済の源泉地国である新興国・途上国がとれるのであろうか。今後独立企業原則に則したprofit allocationの考え方に沿った何らかの外形的な課税の方法が開発される算段なのであろうか。

(42)　陣田直也稿「電子経済課税に関する国際的な議論の動向（2018年5月）」における訳出に依らせていただいており，その内容を参考にさせていただいている。青山慶二稿「デジタル経済の課税に関する国際動向」（租税研究2018年5月）において，EUでなぜこの問題が大きく議論されたのかという点について，各種の公開文書の中でも解説されている一番大きな問題は，EUが目指すデジタル単一市場の形成にあたって，このデジタルエコノミーに対応

するユニラテラルな課税対抗策が拡大すると、デジタル単一市場にとって致命的な痛手になるので、EUとしては統一的な取組みをやらねばならないという判断である、とされている。
(43) 2015年10月のOECD報告書ではeconomicであったが、今般digitalに限定している。
(44) YouTubeやApple music等サーバからオンデマンドで音楽や映像の配信を行う配信サービス業。近時通信インフラが発達したため、ストリーミング・サービスによるトラフィックの支障が生じにくくなっている。また、プレイヤーにデータが保存されないため、著作権の保護が容易である。他方で、ダウンロードはいわばサーバから売切りでデータを保存する必要があるが、保存できると違法コピーが生じやすいとの問題があり、このような事柄を背景の1つとして、今は活用が少なくなっている。
(45) EU域内は共通の税率であり、これにより50億ユーロの税収を見込む。
(46) なお、税とは異種の欧州の規制に関する議論であるが、「ヨーロッパにおいては、法が施行されたからといって即座に順守されることが必ずしも前提とされていないことがあるのだ。…ルールに関する「のりしろ」のある発想は、ヨーロッパの一つの特徴である。」との見解がある（藤井敏彦稿「第2章　ルールで市場を囲い込む欧米、取り残される日本」42頁（「世界市場で勝つルールメイキング戦略」朝日新聞出版）。
(47) 場・プラットフォームを提供することにより、情報を収集し、利益につなげるプラットフォーム・エコノミーが進展している。注(38)の拙稿66頁においては、テレマティックスの一例として車メーカが運転に係る多様なデータを収集し得るデバイス・センサー付きの車を開発し、多数のドライバーに使用させ、車メーカはグループ内データセンターに大量のデータを送信させ、そこでの解析の結果を様々なお客様に売るというビジネスの構築に言及している。このようなモデルは「両極性ビジネスモデル」の性質を帯びているといえよう。日本企業にあっては今般の電子経済への対応の議論の影響を強く受ける業といえようか。特に研究開発に関し、事業戦略自体の変化がみられるのかどうか。もちろん、第一グループの焦点を絞った見直しを追求する対象にテレマティックスが実際含まれることになるのかどうかは、これからの議論の動向を見極める必要があろう。
(48) 注(38)の拙稿の注(48)を参照。
(49) 中国は、現段階ではAIの活用というより、マクロ等の設定に応じたシステム上の異常値の洗出しというレベル感であろうか。資料の徴求に関しては、1992年に公布された税収徴収管理法にて税務機関は税務検査を行うにあたり、納税者の帳簿や記帳証憑、その他関連資料を検査する権利があると規定されている。当該法をも根拠としたうえで、立案前の情報収集を含めた幅広い調査の一環として税務事項通知書なども発行して提供を呼びかけている。税務事項通知書には、企業所得税法及び税収徴収管理法に基づく要求との規定があり、他国との比較では一般に強力であると思われる。移転価格関連でも旧2号通達、そして2017年に発信された6号公告でも当局の要請に応じた対応が求められると規定されている。挙証責任は、納税者が負うと考えられており、本来提供が難しくないものに対応しないと種々不利な扱いを受けることも散見されるとの見解もある。1,000社企業（中国国営企業が大半を占めるが、日系企業も数十社程度含まれると推測されようか）施策において、取引履歴まで含めて資料要求を実際に受けているのかどうかは必ずしも判然とはしない。他方で、自主調整を求める税務執行において、サプライチェーン全体を見渡した事業体全てにかかる財務データ（原価データ等を含む）を徴求する実務もみられるようではある。

　近時、営業税廃止・増値税の統一によるSATのインボイス取引データのシステム管理の

第2部 国際課税の動向と税務紛争解決

進展の脅威を背景として，中国企業や在中欧米系・日系子会社に税務リスクコントロールの進展がみられる。また，税務人件費コスト削減のための RPA・自動化施策と税務リスクコントロールの調和にも関心が向けられる。現地における税務リスクコントロールへの問題意識は高い。

⑸⓪ ICT 化の進展・技術的変革が租税行政に国際面で影響を与えている。

⑸① 世界の税務係争をめぐる環境はどのように変化していくのか，いくつかの見地から方向感をみていきたい。税務当局は蓄積する大量のデータを，AI（Artificial Intelligence）や RPA（Robotic Process Automation）を用いて解析し，更に調査を通じて追加的に徴求して得た資料などから有効な洞察を得られるかどうかは当局に委ねられることになるのかもしれない。技術的変革の影響として想定されよう。

また，欧州域内や米・英・豪等では共同調査が行われており，近時，CbCR の導入を受けて，FTA は，手を挙げた企業の移転価格と PE イシューを対象に，ICAP をパイロットケースとして立ち上げた。成功すれば，MAP のリソースを減らして当局・企業の双方にとって税の安定性を図ることができることになろうと考えているようである。このように税務当局が，国際的に情報と思考を共有しつつある事実は，企業にとって，税務係争にはグローバルにコーディネートされたアプローチを取ることが重要であることを示している。

このような変化のスピード感と当局側の人的リソースの制約は，当局により対応スタンスが必ずしも一律ではなく，ときに誤った対応も見られるかもしれず，強固な税務ポジションを取る場合，係争は免れえないといえよう。先進国の CA にあっては，関連者間取引の正確な認定に即した合意による MAP や BAPA 事案の解決に至るよう，新興国・途上国の CA を導くことへの期待も出てこようか。

先進国の動きを少し見ると，例えば，豪州当局は，産業のプロを雇用し人的リソースを充実させ，Diverted Profits Tax（DPT）を導入し，また国際的自動的情報交換を活用し米・英との共同調査に参加するなど，課税強化を図りつつ，企業の ERP システムにリンクしたテクノロジー調査ツールを活用し，正式な調査以前の申告書のレビューの段階から企業の牽制を図る策を採っているようにみえる。挙証責任の企業への転換を図っている。

米国は，税制改革後は，社内の税務プロフェショナルのいない中堅企業やパートナーシップにも臨場調査のリソースを振り向ける方向にみえる。IRS は，2017年以来，移転価格に関し，調査に関連してあるいは協調的スタンスで29のキャンペーンを実行しており，執行の効率化を図っている。

税の領域ごとに整理すると，

① 移転価格は，概して当局にとってトップアジェンダであり，人的リソースやテクノロジーの優先投入，DPT の導入等による挙証責任の転換による国内の問題として円滑に解決する向き，論争の迅速な解決を確保すべくペナルティを効果的に活用する向きもみて取れよう。企業にとっては，重要緊急案件に人的リソースをその都度割かざるを得ないため，移転価格のように移転価格ポリシーを実務上実行するには事業サイドの人たちの理解が必要である分野は対応が遅れがちであり，特に注意が必要といえよう。

② 付加価値税は，多数の国が導入し，係争になりやすい税目である。各国当局は導入当初同じような係争の経験を踏んでいるといえよう。還付請求に係る係争から，当局の誤りを是正すべく係争に至る件数が増加する。付加価値税の執行には，テクノロジーが利用され，オンラインプラットフォーム上の取引への対処が課題となっている。例えば英国では大口取引者のコンプライアンス強化を重要視し，また調停による紛争解決にチャレンジ

1　国際課税の最近の動向とこれからの税務紛争管理

している。
③　多国籍企業にとって，出張・出向の税務はテクニカルに複雑である。米・英当局は個人の居住地判定，外国税額が実際に納付されたのか，所得の源泉地判定，租税条約の解釈に一層注力しており，特にグローバル人的移動プログラムにフォーカスしている。税務当局間でのテクノロジーを利用した情報の共有は，グローバル移動従業員にとって，データの漏えいのリスクに加え，課税リスクも高まっていよう。
④　刑事的側面も国によっては重要性を増している。ドイツのある州は，特定の個人を刑事訴追するために潜在的な未申告のオフショア銀行口座を含むデータを入手したことは有名である。また，米国のFATCAやFBARは，オフショア所有の資産や銀行口座の未開示への刑事訴追の脅威となろう。また，英国では，シニアアカウンティングオフィサー制度が数年前に導入されている。大企業の税務上のアレンジメントや開示義務の違反に個人的に責任を負わせる仕組みであり，近時その罰金額が増加しているという状況である。

(52)　より革新的に欧米企業のような全ての管理のレベルでの本社主体管理が究極の答えであると思考する場合には海外子会社と本社の橋渡しを一層プロアクティブに進めていくという構造の変革が求められよう。

(53)　Economic Value Added 理論。経済付加価値。毎年のオペレーションから入るリターンから投下資本に対して発生している資本コストを差し引いた経済的価値を示す。

(54)　ジェフリー・カデット著・Post Merger Integration 研究会訳『国際税務プランニングのすべて』（きんざい，2018年），及びデロイト トーマツ税理士法人編『M&Aを成功に導く税務デューデリジェンスの実務（第3版）』（中央経済社，2017年）を参照させていただいている。

(55)　中国の環境規制はずさんと思い込んでいたが，2015年来の急ピッチの制度・執行両面での環境規制強化の後手に回り，日系企業が制裁金や操業停止を相次ぎ命じられ，現地任せにせずに本社主導の対応の必要が論じられているという例もある（日本経済新聞2018年5月28日）。

(56)　米国税制は，税務ポジションの開示を奨励してきたが，「未認識の税務上の便益」を財務諸表上に個別に開示する必要があるという。これは，税務調査を受けた際，十分な裏づけをもって対応できる可能性が50％以上であるかを調査する「more likely than not」テストを満たしていないと判断した税務ポジションに関するもので，実際に税を支払うことになった場合に備えて計上している負債金額である。税の懸念は，追徴税額，加算税，利息，ペナルティのみならず，会計処理やタックスプランニングの判断やポジション，税務リスクの管理方法が業績や評判に影響を及ぼしうるため，従来のCFOの税務上のリスクのみではなく，CEOや取締役の深刻なビジネスリスクを含むものとして認識されるようになっている。このほか，近時，米国企業の役員が株式報酬制度の対象となっていることが，個人的に実効税率の引き下げをモチベートしている面もあり，必要以上にアグレッシブな租税構造を選択し，過度に税金コストを引き下げようとする判断が企業イメージにダメージを与えることもあろう。

(山川博樹)

第2部　国際課税の動向と税務紛争解決

（注21の別添参考）

■ACTIONS 8-10 2015 Final Reports：目次

- Guidance for Applying the Arm's Length Principle
  ➤Revisions to Section D of Chapter I of the TPG
  - D.1. Identifying the commercial or financial relations
  - D.2. Recognition of the accurately delineated transaction 〔取引実態およびリスクの正確な認定〕
  - D.3. Losses
  - D.4. The effect of government policies
  - D.5. Use of customs valuations
  - D.6. Location savings and other local market features 〔地域固有の優位性〕
  - D.7. Assembled workforce
  - D.8. MNE group synergies 〔受動的関係〕

- Commodity Transactions
  ➤Additions to Chapter II of the TPG

- Scope of Work for Guidance on the Transactional Profit Split Method
  - Part I: Current guidance on transactional profit split method and public consultation
  - Part II: Scope of revisions of the guidance on the transactional profit split method

  Discussion Draft:
  Revised Guidance on Profit Splits
  (non-consensus, June 22, 2017)

- Intangibles 〔無形資産〕
  ➤Revisions to Chapter VI of the TPG
  - A. Identifying intangibles
  - B. Ownership of intangibles and transactions involving the development, enhancement, maintenance, protection and exploitation of intangibles
  - C. Transactions involving the use or transfer of intangibles
  - D. Supplemental guidance for determining arm's length conditions in cases involving intangibles
  ➤Additional Guidance in Chapter II of the Transfer Pricing Guidelines Resulting from the Revisions to Chapter VI
  ➤Annex to Chapter VI—Examples to illustrate the guidance on intangibles 〔評価困難な無形資産〕

  Discussion Draft:
  Implementation Guidance on HTVI
  (non-consensus, May 23, 2017)

- Low Value-adding Intra-group Services
  ➤Revisions to Chapter VII of the TPG 〔低付加価値グループ内役務提供〕

- Cost Contribution Arrangements
  ➤Revisions to Chapter VIII of the TPG 〔費用分担取決め〕

■ 2017 OECD Transfer Pricing Guidelines：改訂内容

- 前述の通り，Action 8-10及び13に係る最終報告書で述べられた改訂内容が反映された2017 TPGが2017年7月に公表されている

章	内容	改訂内容	
1	独立企業間原則	一部改訂（第1章D節全面改訂） ⇒実際の取引の正確な描写（契約と実際の行動で検証） ⇒6ステップでリスク分析 ⇒商業合理性テストにより例外的に取引を否認（non-recognition） ⇒ロケーションセービング，集合労働力，グループシナジーの取扱等 ⇒特別措置は不採用	Action 9 and 10
2	移転価格算定方法	一部改訂 ⇒コモディティ取引はCUPで処理 ⇒注）PS法については2017 TPG内ではexpected to be revisedとされている	Action 10
3	比較可能性分析		―
4	紛争の回避・解決		―
5	文書化	全面改訂	Action 13
6	無形資産	全面改訂 ⇒無形資産の定義 ⇒無形資産のリターンの帰属につき第1章D節の分析枠組みを援用 ⇒DCF法の容認 ⇒評価困難な無形資産につき所得相応性基準	Action 8
7	グループ内役務提供	全面改訂 ⇒低付加価値IGSにつき簡素化された計算アプローチ	Action 10
8	費用分担取決め	全面改訂 ⇒貢献は（特に既存無形資産では）費用ではなく価値で測定	Action 8
9	事業再編	一部改訂 ⇒第1章D節全面改訂に伴う改訂	―

付加価値税法領域の税務係争解決

本章では、付加価値税制度の先進地域である欧州連合（EU）における欧州付加価値税の法制度について概説し、付加価値税の税務係争解決のプロセスを、EU加盟国であるドイツの税務調査に端を発した税務案件を例に、ドイツ国内法による税務調査から、欧州法による先決付託まで、実務運用を交えて解説する。

1 欧州付加価値税法の仕組み

(1) 上位法令

欧州付加価値税制度は、欧州連合の機能に関する条約（Treaty on the Functioning of the European Union、旧リスボン条約、以下「EU機能条約」）の第113条により、28加盟国の付加価値税制度の統一が図られている。EU機能条約第113条は、「理事会は、域内市場を創設しその機能を確かなものとし、競争のゆがみを排除するために統一が必要な限りにおいて、全会一致による特別立法手続に従い⁽¹⁾、欧州議会及び経済社会評議会に諮問した後、売上税、物品税、その他の間接税に関する法制度の統一のための法規（provisions）を採択する。」と規定する。この規定に基づき、欧州付加価値税制度に関する立法は、特別立法手続の諮問手続によって採択された法令行為（legal act）であり、立法行為（legislative act）と位置づけられている。

特別立法手続の諮問手続が要求されているため、欧州委員会が理事会及び欧州議会に立法提案を提出、理事会が欧州議会に諮問し、欧州議会が立法提案に対する意見を表明した後、理事会が可決、修正のうえ可決、否決の決定のいずれかを行う流れとなる。経済社会評議会（Economic and Social Committee、現在のEuropean Economic and Social Committee）は、理事会、欧州議会を

補佐する諮問機関である。

　直接税の収斂（approximation）を定めた第115条と比較すると，第115条は明確に指令のみを収斂の法的手段として規定していることに対して，第113条は法規と規定しており，より強固な権限をEUに付与している。これは，統一市場の実現を掲げるEUにとって，間接税の調和は，EUの基本条約の直接的要請であることを明らかにしている。

（2）　下位法令

　EU法の体系は，最上位に条約，協定（例；欧州連合がEU第三国と締結する自由貿易協定）があり，これらはすべての加盟国を一様に拘束する。EU機能条約第288条に定められる法令行為により，EUの諸機関は，EUに与えられた権限を行使する。この法令行為には，規則（regulations），指令（directives），決定（decisions），提案（recommendations），意見（opinions）があり，下位法令と呼ばれている。

　下位法令のうち，規則は直接適用可能（EU機能条約第288条2文）である。これに対して指令は国内実施期限までに国内置換措置を採択する義務を加盟国に課しているため，原則として直接効力はないが，限定された事例での直接効力が認められている。指令は，指令が名宛人とする各加盟国において，達成されなければならない結果についてのみ拘束力を有しており（EU機能条約第288条3文），形式と手段の選択は各加盟国の立法機関に委ねられている。決定も直接適用可能である。決定は，決定の全体が，対象とする者に対してのみ拘束力を有する。この点において，決定と規則はいずれも直接適用可能な立法措置であるが，決定が特定の対象者に効力が限られていることに対して，規則は全加盟国に対して効力があることにおいて異なる。提案と意見は加盟国に対する拘束力がない。

（3）　付加価値税法領域での下位法令

　欧州付加価値税制度の根幹は，「付加価値税の共通制度に関する理事会指令[(2)]」（以下「VAT指令」）によって築かれている。VAT指令は原則として国内実施が前提となっているため，各加盟国がこの指令に沿った国内付加価値税

法を有している。指令は，常に後発の指令によって改正されるため，VAT 指令が導入された2006年以降，「VAT パッケージ」を構成する理事会指令（2008/8/EC），請求書に関する規則に関する理事会指令（2010/45/EU）等全ての改正を含む最新法令を参照しなければならない。欧州司法裁判所(Court of Justice of the European Union)は，加盟国が国内置換措置をする際に，指令の規定の形式や表現をそのまま取り入れることは必ずしも必要ではなく，十分に明確かつ正確な方法で，指令が全面的に適用されることが担保されるならば，一般的な法的趣旨の導入で十分である場合もあるとしている（Commission v. Germany[3]等）。また，付加価値税法の領域では，「付加価値税の共通制度に関する理事会指令（2006/112/EC）を実施する施策を定める理事会規則[4]（以下，「実施規則」）」が実務上最も重要な規則となっている。

　VAT 指令第395条により，欧州委員会の提案を受けた理事会は，全会一致で，税の徴収を簡素化する目的又は租税回避行為の防止する目的で，特定の加盟国に対して指令の規定とは異なる規定を導入することを認可する決定を行うことができる。例えば，フランスとドイツがライン川を挟んで接している箇所で橋が架かっている場合，橋の中心点を課税地の判定の国境とすること等，その内容は多岐にわたる。各加盟国が VAT 指令第395条を根拠として導入している指令とは異なる規定の一覧は公表されている。提案と意見は，VAT 請求書規則に関する解説（2011年10月 5 日公表）[5]，2015年から施行されるテレコミュニケーション，放送，電子的役務の課税地の改正に関する解説（2014年 4 月 3 日公表）[6]，2017年から施行される不動産関連役務の課税地に関する規定に関する解説[7]等，多岐にわたる。これらの解説は欧州委員会の税制及び関税同盟総局（Directorate General for Taxation and Customs Union），加盟国，民間企業の協働で作成されている。

（4）　VAT 委員会

　この他，付加価値税領域で制度の安定のために重要な役割を担う機関として，VAT 委員会がある。VAT 委員会は，VAT 指令第398条に基づき，VAT 指令による規定の統一的な適用を促進することを目的として1977年に設置された諮問委員会であり，加盟国の代表と欧州委員会の代表で構成されている。指令で

加盟国に対して選択権を認めている規定には，VAT 委員会への諮問（consultation）を義務づけているものと，VAT 委員会へ立法後の通知（notification）を義務づけている規定の二種類がある。また，VAT 委員会は欧州委員会や加盟国から提起された付加価値税に関する諸問題を審議し，特定の論点についてガイドラインを公表することができ，このガイドラインは拘束力を持たず，また欧州委員会や EU の公式見解でもないという位置づけではあるが，法令となる前段階の試金石としてのステータスがあり，VAT 実施規則は，当初 VAT 委員会のガイドラインの一部であった取決めが実施規則に採用されている。

（5） 欧州司法裁判所（Court of Justice of the European Union）

　欧州司法裁判所（Court of Justice of the European Union）の判例は，国内実施措置により制定された加盟国付加価値税法の EU 法に関わる解釈について全加盟国の裁判所に対して同種の事案に関する拘束力を有している。欧州司法裁判所は，①加盟国，EU 諸機関，私人により提起される直接訴訟と，②加盟国裁判所の要請により EU 法の解釈等に関して先決判決を下す先決付託手続，③ EU 機能条約に定められたその他の訴訟について判決を下す権限を有している。

　付加価値税の領域では，先決付託手続による先決判決がほとんどであり，その他，欧州委員会が加盟国を提訴したケースが100件弱ある。直接訴訟の場合は，欧州司法裁判所組織の総合裁判所（the General Court）と司法裁判所（the Court of Justice）の二審制であるが，先決判決は司法裁判所の専属管轄である（EU 機能条約第267条）。

2　税務調査

　上記の欧州付加価値税法制度の仕組みに従い，納税義務者は，各加盟国が国内実施措置によって定めた国内付加価値税法による国内税務コンプライアンス義務を履行する。例えば，ドイツ付加価値税法（Umsatzsteuergesetz）は VAT 指令を受けてドイツ国内で制定された法律であり，内容は VAT 指令に準拠している。とはいえ，VAT 指令には，「shall」で規定する加盟国に選択権を認め

ない規定と，「may」を使用した加盟国に選択権を認める規定があるため，各国の国内付加価値税法は必ずしも同じではない。

　ドイツ付加価値税は通常の税務調査の中で調査される場合と，付加価値事後調査（Umsatzsteuer-Nachschau，ドイツ付加価値税法第27b条）といわれる付加価値税のみを調査する事後調査が行われる場合がある。

　後者の付加価値税事後調査は，欧州で蔓延する付加価値税詐欺の早期摘発を目的に近年導入されたもので，「付加価値税の公平な賦課と徴収を確保するため，権限を与えられた税務職員は，課税に重要な事実を検知するために，通常税務調査の枠外で，営業又は自営業を営む者の営業時間又は執務時間中に，事前の告知なく，当該者の敷地及び室内に立ち入ることができる」と規定されている（同条第1項）。税務職員は「税務上の重要性を検知するために必要な限りにおいて，付加価値税事後調査の対象者は権限を与えられた税務職員の要求により，付加価値税事後調査の対象となっている事実関係に関する記録，記帳書類，事業文書，その他の記録を提出し，情報を提供しなければならない（同条第2項1文）」。「このような文書がデータ処理システムによって作成されている場合，付加価値税事後調査の権限を有する税務職員は，保存されたデータを読み，そのために必要な限りにおいて当該データ処理システムを利用することができる（同条第2項2文）」。電子請求書（ドイツ付加価値税法第14条第1項8文）もこの調査の対象となることが明記されている。電子請求書についてはインボイス制度を採用するEUにおいて，VAT指令に規定する情報を含み，その発行及び受領が電子フォーマットで行われるもの，と定義されており，正式なインボイスとして認められており（VAT指令第217条），一般にも特にB2B取引において広く利用されている。「付加価値税事後調査の検知事項に基づき必要と認められる場合，通常の税務調査で必要とされるドイツ租税通則法（Abgabenordnung）第196条に基づく税務調査開始通知（Prüfungsanordnung）を行わず，通常の税務調査（ドイツ租税通則法第193条）に移行することができる。この移行については，書面で告知されなければならない（ドイツ付加価値税法第27b条第3項）」「付加価値税事後調査によって，付加価値税以外の税目の賦課と徴収に重要かもしれない事実関係が検知された場合，当該検知事項の追及は，付加価値税事後調査の対象者又はその他の者の課税のために知ることが

必要である限りにおいて認められている（第4項）」。つまり，当該事後調査の対象となっている納税義務者以外に関わる事実でかつ付加価値税以外の税目に関する何らかの事実が付加価値税事後調査で検出された場合にも，税務当局はこれを利用することが認められている。

　付加価値税事後調査が通常の税務調査と異なる点は，税目が付加価値税に限られているということと，対象期間が2～3ヶ月と短く設定されていることにある。これによって，調査をより頻繁に行うことができ，短期間で完了するため，機動的に違法行為を摘発することができる。また，税務調査開始の通知を行わず，納税義務者に準備する時間を与えないことが特徴である。このような付加価値税事後調査は，VAT指令に根拠を持つ制度ではないが，必要性からEU域内で広く導入されている。この付加価値税事後調査は，納税義務者の敷地に立ち入って検査を行う点で，デスクトップ調査とは異なる。

　デスクトップ調査はさらに頻繁に行われ，実務上，新たに事業を始めたため，新規で付加価値税登録を行い，初期の段階で還付申告を提出すると，ほぼ確実にデスクトップ調査の対象となり，誠実な課税事業者である確信が得られるまで還付は行われない。

　通常の税務調査は，ドイツ租税通則法第193条以下に規定されている。税務調査の対象となる納税義務者は，事業者，自営業者，農林業者，及び同法第147a条に規定される文書保存義務の対象となる個人富裕層（給与所得，キャピタルゲイン，賃貸所得，雑所得の損を考慮しない課税所得の総額が暦年で50万ユーロを超える個人），国外関連者（直接又は間接的に25％以上の資本保有関係にある者，支配関係にある者等，ドイツ外国税法第1条第2項に定義される）を個人又は関連者と共同で有する者である。これらの者以外であっても，源泉税などの徴収義務者，課税のために重要な事実関係の解明が必要であり税務署内での調査が調査対象となる事実の性質と範囲に鑑み妥当ではない場合，又は，納税義務者が協力義務を怠っている場合には，税務調査の対象とすることができる。

　この通常の税務調査の範囲は，納税義務者の課税関係であり，複数の税目，複数の課税期間又は特定の事実関係を対象とすることもできると規定されてい

るが（ドイツ租税通則法第194条第1項），実際に，上記の付加価値税事後調査とは異なり，法人では法人税，営業税，付加価値税について2～3年を対象に行われることが一般的である。移転価格税制を含む国際税務は法人税の調査項目に含まれ，国際税務が問題となりそうな納税義務者の税務調査では，地区管轄税務署の調査官に加えて，地域税務署の国際税務調査の専門官が調査に参加する。調査の頻度は，個人，法人，所在地等によって異なるが，上記のように1回の調査が2～3年を対象とするため，最も頻度が高い場合に，2～3年ごとに調査が行われる。税務調査の開始から終了までの期間は数ヶ月から数年と幅広い。

税務調査の結果は，税務調査によって更正がない場合と納税義務者が権利を放棄しない限り，最終協議（Schlussbesprechung）によって伝えられなければならず，特に争いがある事実関係及び税務調査による検出事項の法的取扱いとその税務上の影響について説明がなされなければならない（ドイツ租税通則法第201条第1項）。税務調査によって刑事訴追手続又は罰則金賦課手続が行われなければならない場合には，納税義務者に対して，刑法上又は罰則金上の判断は，特別手続によることを伝えなければならない。通常は，税理士が同席してこの最終協議が行われる。この最終協議の終了後，納税義務者に対して税務調査報告書（Prüfungsbericht）が送付される（ドイツ租税通則法第202条）。この税務調査報告書は，賦課査定ではないため，異議申立ての対象とはならない。ドイツ付加価値税は，申告納税制度を採用しているが，税務調査の結果，更正がある場合には更正賦課査定書が税務調査報告書とほぼ同時に送付される。税務調査の結果に不服であれば，異議申立てを賦課査定書の到達から1ヶ月以内に行う（ドイツ租税通則法第347条，第355条第1項）。

3　異議申立て，国内裁判所における税務訴訟

欧州連合域内で付加価値税の課税上の取扱いに関する行政庁と納税義務者の間の意見の違いが税務調査などにより明らかとなった場合，各加盟国の法律上の救済手段に訴える。ドイツの場合，法律上の救済は特別救済手続と通常の救済手続に分類され，通常の救済手続には，行政救済手続（außergerichtliche

Rechtsbehelfe)，税務裁判による救済手続（finanzgerichtliche Rechtsbehelfe)，基本法裁判による救済手続（verfassungsgerichtliche Rechtsbehelfe）に分かれる。行政救済手続とは，行政庁に対する異議申立てである。異議申立て前置主義を採用しているため，原則として異議申立てが終了しない限り，税務裁判又は基本法裁判による救済手続に移行することはできない（ドイツ財政裁判所法第44条)。ドイツ租税通則法第347条は，租税通則法が適用される租税に関する行政行為に対して異議申立てを認めている。異議申立ての効果として，課税庁は事案の全面的な審査が義務づけられている（ドイツ租税通則法第367条第2項1文）ため異議申立て以前の状態よりも，納税義務者に不利な賦課査定に変更されることも可能である。この場合，納税義務者に対して事前に通知する義務があり，納税義務者は弁明を行う機会を与えられるとともに，適時に異議申立てを取り下げる選択肢を得る。異議申立てが認められず，課税庁が賦課査定などの行政行為を変更しない場合，異議申立てには正当な理由がないとして却下する正式な決定が必要となる（ドイツ租税通則法第367条第2項3文）。

　ドイツ基本法第19条第4項により，地方裁判所，上級地方裁判所，連邦通常裁判所から構成される通常裁判所による救済手続は，連邦法又は州法により行政裁判所による救済手続が適用されない場合にのみ認められる。税務訴訟は，州の裁判所である財政裁判所（Finanzgericht)，連邦財政裁判所（Bundesfinanzhof）の二審制で構成され，財政裁判所法（Finanzgerichtsordnung）により，手続が規定される。付加価値税の税務訴訟では，付加価値税に関して行われた賦課査定という行政行為の取消又は変更を求める訴訟（Anfechtungsklage）であることが一般的であり，異議申立てに対する決定が行われてから1ヶ月以内に提訴されなければならない（ドイツ財政裁判所法第47条)。訴訟手続は，職権探知主義に基づき（同法第76条第1項）通常，口頭審理（同法第90条）によって行われ，判決（同法第95条）が下される。税務裁判では，請求の趣旨を超えて審理を行うことは認められないため（同法第96条第1項2文)，異議申立ての場合のように，異議申立ての範囲を超えて納税義務者の不利に賦課査定が変更されることはない。

　第一審の判決により，原告である納税義務者勝訴の判決が下された場合，違法な行政行為又は違法な異議申立てに対する決定は取り消される。請求の趣旨

が税額の減額である場合，裁判所は自ら，引き下げられた税額を確認することができる（同法第100条）。判決の効力は，上告が認められない場合，上告を取り下げる場合，又は判決の通知後1ヶ月以内に上告がされない場合に確定する。

原告又は被告が，第一審の判決に不服がある場合，連邦財政裁判所へ上告することができる。連邦財政裁判所は，事実審理は行わず，法の適用に関する審理のみを行うため，上告理由は，法の適用の誤りを指摘する必要がある（同法第118条）。第一審である財政裁判所の決定により上告が認められなかった場合，当事者は，上告が認められなかったことを不服として申し立てることができる（同法第116条）。上告は，同法第115条により，判決が法的明確性，法の発展のために，公共の関心事であることなど，特定の要件を満たす場合にのみ認められる。原則として，連邦財政裁判所判決は，口頭審理を行い当事者の意見を聴取したうえで行われる。

ドイツ国内付加価値税法に関して下された連邦財政裁判所判決は，判例として同種類似の案件に対して一定の拘束力を有する。付加価値税法適用通達（Umsatzsteuer-Anwendungserlass）に引用される場合，案件を超えての適用を行わないとする通達が出される場合など，税務当局の対応は異なる。

4　欧州司法裁判所における先決付託手続

付加価値税の領域で欧州司法裁判所が関与する上で最も重要な手続が，先決付託手続である。国内裁判所において，国内付加価値税法上の論点が争われた場合に，それがEU法の解釈又は効力に関するものであることが明らかになると，国内裁判所は欧州司法裁判所の先決付託手続により，先決判決を求めることができる。

欧州司法裁判所は，両条約の解釈及び適用において法の順守を確保することを役割として設置されたEUの司法機関である（EU条約第19条第1項）。欧州司法裁判所は，国内裁判所の上級裁判所ではない。EU法に関する一般的管轄を有する裁判所は国内裁判所であり，欧州司法裁判所は，EU法の統一的適用を確保するために，EU法の解釈と効力について先決付託手続と呼ばれる手続により，個別の事例についての先決判決を行う（EU機能条約第267条）。

先決付託手続は，各加盟国の裁判所又は調停組織で，国内裁判所又は調停組織の決定に対して国内法による法的救済手段がない場合に，これらの裁判所又は調停組織が要請することができる。ドイツの場合，前述のように二審制を採用しているため，先決付託手続は，上告審である連邦財政裁判所が求めることが多いが，財政裁判所が付託する場合もある。付加価値税法の領域で，現在までに600件を超える先決判決が行われている。手元にある，付加価値税分野の先決判決を集めたIBFD発行の書籍[8]も，目次の1頁に50の先決判決が記載されており，13頁半あるので正確には700件弱の先決判決があり，年々，この部分のページは厚さを増している。重要な先決判決を紹介しようかとも考えたが，あまりに多岐にわたるため割愛する。

　先決判決は司法裁判所（Court of Justice）に対して国内裁判所が付託する。司法裁判所は各加盟国から1名の裁判官と，11名のアヴォカジェネラルで構成される。先決判決の数ヶ月前に，アヴォカジェネラル（l'avocat général，法務官）の意見が陳述され，よくこの時点で速報が回ってくる。アヴォカジェネラルとは，司法裁判所を補佐する立場にあり，6年を任期として，ドイツ，フランス，イタリア，スペイン，ポーランド及びイギリスを常任国とし，残りは輪番国から選任される。アヴォカジェネラルの任務は，司法裁判所の任務を補佐し，欧州司法裁判所定款により関与が必要とされる事案において，完全に公平かつ独立の立場から判決の前段階で理由を付した意見を公に提示することである（EU機能条約第252条2段）。各案件に1名のアヴォカジェネラルが割り当てられ，アヴォカジェネラルの意見は司法裁判所を拘束しないが，非常に権威が高く，アヴォカジェネラルの意見が判決で覆されることはほとんどないため，上記のように速報が回ってくる。アヴォカジェネラルの意見は口頭審理で陳述されるので，これを読んでみると，随想的であり語りかけるような文体となっている。口頭審理の終了後，非公開の審議を裁判官が行い，判決を下す。司法裁判所の審理には，小法廷，大法廷，全員法定の3種類があり，先決付託手続の場合，3人又は5人の裁判官で審理する小法廷における手続となる。

　各加盟国の裁判所が，欧州司法裁判所に先決判決を求めなかったことについて個人を法的に救済する手続は原則として存在しない。個別案件において，争いとなっている法的論点について国内裁判所が判決を下す時点で欧州司法裁判

所判例が存在しない場合に，先決判決を求める義務を明確に怠っている国の責任を排除することはできないとするアヴォカジェネラルの意見も存在する。

また，司法裁判所の先決判決に不服である個人が，何らかの法的救済を求めることはできない。これは，欧州司法裁判所定款が定める例外的に審理の見直しを認める例は，限定列挙であり，先決判決の前提となる裁判の原告・被告は審理の見直しを求める当事者に含まれていないためである。先決判決については，先決付託手続の結果として出される先決判決の宛先となっている加盟国裁判所が適宜，新たな主張を司法裁判所に提出し，司法裁判所がこれを考慮して結論を改める可能性が生まれる。

先決判決は国内裁判所に対して拘束力を有する。付加価値税法領域で司法裁判所に対して行われる先決付託は，そのほとんどがEU法の解釈に関する先決判決であり，国内裁判所は司法裁判所が示す解釈に適合して，実施規則，国内付加価値税法を適用する義務を負う。他の加盟国の国内裁判所は，司法裁判所の先決判決を類似の事案での有権的解釈として扱うことができる。この段階で，実務上は他の加盟国においても，訴訟手続にエスカレーションすれば勝てる，という状況が生じる。また，他の加盟国の特定の規定をEU法違反とするという先決判決を受けて，国内法が改正されることも多い。ドイツ税務当局が通達等において特定の先決判決を「当該事例に限って適用」することを明らかにすることもあるが，これは行政庁に対する指示であり，類似案件で訴訟が提起されればその結論に何らかの影響を及ぼすものではない。

5　日本企業と税務訴訟

欧州付加価値税のアドバイスにおいて，国内法ではこうであるが，EU法ではこうである，といったアドバイスをよく見かける。これは上記のように欧州付加価値税制度が頭ともいえるEU法（条約，指令，規則）と手足となる国内付加価値税法から成り立つ二層構造となっているためであり，現地税理士としてはEU法も考慮したアドバイスを行うことは義務ともいえるが，上記のように，EU法に基づく解釈は，国内法というフィルターを通して適用され，各加盟国の税務当局が積極的に運用に取り込まない限り，裁判により先決判決を考慮する

ことを求めて初めて適用されるため，EU法に依拠した結論のそのような位置づけを理解しておく必要がある。

　経験上，日本企業は一般的に，よほど係争金額が高くない限り，海外で税務訴訟を提起することはない。異議申立てを提起することにすら，懸念を持つことが少なくなく，ドイツ人の納税義務者であれば税理士が異議申立てを提出しなければ懈怠として訴えるかもしれない状況でも，逆に異議申立てをすることに対して難色を示す。訴訟コスト，リピュテーションリスク，煩雑な社内手続が原因と思われるが，欧州の税務実務は救済手続を利用することが前提となっているため，例えば，上記の他の加盟国の類似案件で下された先決判決が自社に有利である場合，積極的に異議申立て，訴訟提起を行い，先決判決の適用を求める選択肢があってもよいのではないかと思う。付加価値税法の領域では欧州司法裁判所の先決判決で日系企業の名を目にすることは少ないが，最近の事例として，2017年12月に出された欧州司法裁判所の先決判決に浜松ホトニクス訴訟（C-529/16）があり，移転価格上の価格調整金による課税価格の下方修正に伴う関税の還付が争われているケースがあった。

　欧州に限らず，世界160ヶ国を超える国で導入されている取引税である付加価値税のマネジメントにおいて最も重要なことは各国の付加価値税法に準拠して個々の取引を処理することである。高いコンプライアンス意識をもってなお，税務当局との間に法令の解釈について意見の相違が生じることは常にリスクとして存在する。付加価値税は売上げに対して課税される税金のため，ひとたび争いが生じると係争金額は法人税の比較にならない金額となる。間接税の同志ともいえる関税と比較しても，付加価値税制度の複雑さと税率の高さから，リスクインパクトは大きい。仕入税額控除制度のため，コストにならない税金という位置づけが，無防備さにさらに拍車をかける。リスクはコストインパクトにとどまらず，サプライチェーンを止める副次的影響も引き起こしかねない。ビジネス阻害要因としてより積極的に管理することが必要である。特に新規取引立ち上げ時に取引を付加価値税の観点から分析し，事業部，サプライヤー，ロジスティックスサービスプロバイダー，IT等社内外の取引関与者と取扱いに関する合意をし，契約に適正に反映，物流管理システム，ERPシステム等にフローを組み入れ，取引に関する帳票類が適正に発行，保管される体制を構築す

ることが大切である。

(注)
(1) 理事会は原則として特定多数決により議決を行うが，安全保障，治安，社会保障，税制などでは全会一致が採用されている。
(2) Council Directive 2006/112/EC of 28 November 2006 on the common system of value added tax
(3) Case C‑131/88
(4) Council Implementing Regulation (EU) No. 282/2011 of 15 March 2011 laying down implementing measures for Directive 2006/112/EC on the common system of value added tax
(5) Explanatory Notes on VAT invoicing rules (Council Directive 2010/45/EU)
(6) Explanatory Notes on the EU VAT changes to the place of supply of telecommunications, broadcasting and electronic services that enter into force in 2015 (Council Implementing Regulation (EU) No 1042/2013)
(7) Explanatory Notes on EU VAT place of supply rules on services connected with immovable property that enter into force in 2017 (Council Implementing Regulation (EU) No 1042/2013)
(8) EU VAT Compass 2017/2018, IBFD

(溝口史子)

関税をめぐる税務紛争の解決

　関税は代表的な間接税の1つであり，国境を通過する貨物に対して主に輸入国当局により課される税である。モノの国際貿易取引に伴い必ず発生する税であることから，特にグローバルバリューチェーンを形成する企業にとっては看過すべきではない税務コストであるが，財務諸表上は売上原価の中に組まれてしまう税目であることから，横串で管轄をせず事業部ごとに対応が異なる，あるいは誰も関税を管轄していない，といった企業が多く見受けられる。残念ながら，企業にとってはマイナーな税目といわざるを得ない。そもそもの関税の仕組みや課税額の計算方法を精緻に把握していない，という方も多いのではないだろうか。

　関税をめぐる紛争事例に触れる前に，本節において先ずは関税の課税額を決める3つの要素（関税評価，関税分類，原産地）について説明する。主な執行機関である税関との関税をめぐる係争案件においても，これら3つの要素のいずれかが争点となるため，次節以降でそれぞれの要素に関する紛争事例を1つずつ紹介したい。

1　関税額を決める3つの要素

　関税は，主に3つの要素により，その課税額が決まる。
① 輸入されるモノの価格はいくらか？ ⇒ 課税価格に関税率を掛けた額が課税額となる（**関税評価**の検証）
② 輸入されるモノは何か？ ⇒ モノの種類により関税率が決まる（**関税分類**の検証）
③ 何処から何処への輸入か？ ⇒ 輸出国（原産国）と輸入国の組み合わせで関税率が異なり得る（**原産地**の検証）

3つの要素を使った課税額の計算方法は以下のとおりである。

> 関税額＝課税価格（①により決定）×関税率（②，③により決定）

以下，それぞれの要素について概説する。

（1） 関税評価

　関税には，従価税（ad valorem duty），従量税（non-ad valorem duty），従価・従量選択税（いわゆる選択税，「mixed custom duty」），従価・従量併用税（いわゆる複合税，「compound customs duty」）がある。従価税は，後述する課税価格に一定の税率を乗じて計算する。従量税は，重さ，長さ，面積，容積，数量を基準とする単位に対して一定の金額を課税する。選択税は，同一の物品について従価税と従量税の両方を定め，そのうちいずれか税額の高い方（一部の品目については低い方）を課すものとなる。複合税は，従価税と従量税を同時にかけるものである。従価税は従量税に比べると，インフレーションなどによる価格の経済的変動に税収が連動するため，物価水準に連動して税収水準を自動的に変動させる機能があり，また，輸入国での市場価格をある程度反映することから保護関税としても有用であること，最終価格に原価として反映される金額が明確であるため，透明性が高いという長所がある。従量税には，加えて，同じ性質のものを同じ量輸入した際に効率的に生産したことによって価格が下がっていても効率が悪く生産されたことにより高額となっている製品と同額の関税が課されてしまい，生産性を高めたことによるベネフィットを減殺してしまうという短所がある。以上から，農産物を中心に従量税や複合税の対象となるケースもあるものの，一般的には従価税の対象となる品目が圧倒的に多い。以下，従価税における課税価格の決定方法について説明する。

　輸入取引の状況等を確認し，課税価格を決定することを関税評価という。上述のとおり，納付すべき関税額は，この課税価格×関税率で計算される。関税評価額の決定方法はWTO関税評価協定等の国際基準に基づき，各国が法令化しており，日本においては，関税定率法で規定されている。

　原則的な課税価格は，現実支払価格に加算要素を加えた価格となる。「現実支払価格」とは，輸入取引において現実に支払われた，又は支払われるべき価格

で，通常，取引価格をいい，「加算要素」とは，輸入貨物の生産等に係る取引価格以外の費用で，仲介料及び手数料（買付手数料は除く），無償又は値引き提供された物品及び役務の費用，特許権・意匠権・商標権等の使用に伴う対価（ロイヤルティ，ライセンス料等），国際運賃及び保険（輸入国によっては非加算）等が挙げられる。後述するとおり，関税評価に関する税務紛争としては，この加算要素をめぐるものが多く，特に近年は，ロイヤルティの加算について税関当局との解釈の違いに端を発した税務紛争が増えている。

＜課税価格の決定方法＞

- ■現実支払価格（輸入取引において現実に支払われた又は支払われるべき価格，通常，取引価格）
- ■加算要素（現実支払価格に含まれていない限度において加算）
  - ➤仲介料及び手数料（買付手数料は除く）
  - ➤容器（貨物の一体とみなされるもの）及び包装費用
  - ➤無償又は値引き提供された原材料，部品，工具，金型，設備及び役務に要した費用
  - ➤知的財産使用に伴う対価（ロイヤルティ，ライセンス料）
  - ➤売手帰属利益
  - ➤国際運賃及び保険
- ■非加算要素（以下の金額が明らかにされている場合，現実支払価格には含まない）
  - ➤輸入後の据付け，組立て，整備又は技術指導に要する役務の費用
  - ➤輸入港到着後の運賃，保険料その他の運送関連費用
  - ➤本邦で課される関税その他の公課
  - ➤輸入取引が延払条件付取引である場合の延払金利

なお，売手買手間の特殊関係が取引価格に影響を与えている場合や修理品，無償貨物，委託販売貨物など，原則的な方法により課税価格の決定ができない場合は，以下の方法を順次適用して決定する。

- ■同種又は類似貨物の取引価格に基づく決定方法
- ■輸入国内販売価格からの逆算方法[※]
- ■製造原価への積算方法[※]
- ■その他の方法

3 関税をめぐる税務紛争の解決

※ 輸入者が希望する場合には「製造原価への積算方法」を「国内販売価格からの逆算方法」に先立って適用することが可能。

　グローバルサプライチェーンを展開している企業にとっては，取引が関係会社間で行われているケースも多い。このような場合，取引価格は，資本関係のない第三者と取り引きする場合と同等に，売手と買手が交渉を行った結果として設定された価格であることが条件となる。税関当局が，関係会社との取引価格が特殊な関係に影響されている（独立企業間価格ではない）と判断した場合，取引価格を関税評価額として認められないリスクが発生する。

　関連会社間取引における課税価格は，移転価格税制とも密接な関係を持つ。一般的に，移転価格を引き上げることにより輸入国で生じる課税所得が減ると，同国での関税の課税価格は増えるというトレードオフ関係が生じる可能性があり（**図表2-3-1**参照），企業が関税と移転価格の両税制との間で板挟みの状況になることも少なくない。移転価格上又は関税上の問題を検討する際には，両者の関係性を念頭に置き，双方にとって矛盾がなくかつ総合的なコストメリットを得られる形で検討することが重要である。

図表2-3-1 関税と移転価格税制の関係

	移転価格税制	関税制度
納税者の視点	控除できる原価を引き上げるため，取引価格はなるべく**高くしたい**というインセンティブが働く	納税負担の軽減のため，取引価格はなるべく**低く抑えたい**というインセンティブが働く
当局の視点	輸入取引における取引価格が**高価になっていないか**という観点から調査が行われる	申告価格が実際の取引価格よりも**低価になっていないか**という観点から調査が行われる

（2） 関税分類

　関税分類（品目分類）とは，国際取引における共通理解としてあらゆる品目に対して定めた関税分類番号（HS コード）へ分類を行うことをいう。「HS コード」は，「商品の名称及び分類についての統一システムに関する国際条約（International Convention on the Harmonized Commodity Description and Coding System—HS 条約）」に基づいて定められたコードであり，世界税関機構（World Customs Organization—WCO）により管理されている。2018年8月現在，同条約には，日本をはじめ180を超える国および地域が加盟しており，更に，非加盟国であっても HS コードを使用している国と地域を含めると200以上の国と地域が HS コードを使用している。HS コードは，上6桁が世界共通のコードとなっており，7桁目以降の細分は批准国ごとに設定されている（日本は輸出入とも9桁を使用）。

【HS コードの構造】
上2桁：Chapter／類※　⎫
上4桁：Heading／項　　⎬　HS 条約批准国共通
上6桁：Subheading／号⎭
7桁目以降：各国が独自のコードを設定
　※　品目により類が分かれており，1類（生きている動物及び動物性生産品）～97類（美術品，収集及び骨董）で構成されている（77類は欠番）。

　HS コードは輸入される物品の仕様，機能，性質等によって細かく定められている。そのため，物品の微細な違いによって HS コードが変わり，適用される税率に大きな影響を及ぼすことが多くある。正しい HS コードの確定にあたっては，輸入物品に対する正確な知識が必要となるが，そのような知識を持ち合わせていない関税当局によって恣意的な関税分類が行われ，高い関税が賦課されたり事後調査において争われたりすることも多くある。

（3） 原産地

　3番目の原産地は，賦課される関税率の種類を決定する要素となる。関税率

の種類には，輸出国と輸入国が共に世界貿易機関（World Trade Organization―WTO）加盟国（あるいは最恵国待遇付与国）である場合に通常適用される関税率（日本においては協定税率が該当）の他，措置の対象となる特定の国が輸出国である場合に通常より高い関税率が適用されるアンチダンピング税等の特殊関税率[1]，開発途上国等が輸出国になる場合に適用される一般特恵（Generalized System of Preference―GSP）関税率，そして FTA（Free Trade Agreement）／EPA（Econmomic Partnership Agreement）等の通商協定を締約し

図表 2-3-2 関税率の種類と適用国（輸入国が日本の場合）

税率	税率の種類	概要	日本の主な適用国 (2016年4月現在)
高	基本税率	全ての品目に対して，協定や別途法律で定めのない限り適用する原則的な税率設定 （なお，基本税率では不都合な事情がある場合，一時的に基本税率に替わって適用される「暫定税率」が約500品目に対して設定されている）	北朝鮮，アンドラ，南スーダン，東ティモール，レバノン，赤道ギニア，エリトリア
	WTO 協定 (MFN) 税率	WTO 全加盟国・地域及び二国間条約で最恵国待遇を約束している国からの産品に対しそれ以上の関税を課さないことを約束（譲許）している税率	WTO 加盟国 (161か国・地域)
	一般特恵 (GSP) 税率 (※)	開発途上国で，特恵関税の供与を希望する国のうち，先進国が当該供与を適当と認めた国（特恵受益国）を原産地とする輸入貨物に対して適用される税率	ベトナム，パキスタン，インド，インドネシア，マレーシア，フィリピン，中国（香港・マカオ除く）他 (138か国・5地域)
	特別特恵 (GSP-LDC) 税率	特恵受益国（一般特恵税率適用国）のうち，後発開発途上国（LDC）を原産地とする輸入貨物に対して適用される税率	アフガニスタン，ラオス，サモア，バングラデシュ，カンボジア，ミャンマー，ブータン 他 (47か国)
低	FTA 特恵税率	経済連携協定（EPA）に基づき，EPA 締結相手国からの産品に関して，特定の条件を満たす場合に適用される税率	シンガポール，メキシコ，マレーシア，チリ，タイ，インドネシア，ブルネイ，ASEAN，フィリピン，スイス，ベトナム，インド，ペルー，オーストラリア

（※）一般特恵の呼称は国に拠り異なるが，本資料では便宜的に"GSP"の呼称で統一する。

ている相手国からの輸出である場合に享受できる通商協定上の関税率等がある（通商協定には，前述のFTA，EPAの他様々な呼称のものが存在するが，以下，本稿では具体的な協定名を指す場合を除き「FTA」と呼称する）。輸出国と輸入国の組み合わせにより関税率（ひいては課税額）が決まることが大きな特徴であり，企業の事業計画に多大な影響を与える所以となる。

原産地は関税率を決定する重要な要素であることから，各国ごと，あるいはFTA等の協定ごとに原産地を決めるためのルールが存在する。これが原産地規則である。

原産地規則は，特恵税率付与のための原産地規則（特恵原産地規則）と非特恵原産地認定のための原産地規則（非特恵原産地規則）に大別され，更に前者はFTAの利用条件としての原産地規則と，GSPの利用条件としての原産地規則に分けられる。それぞれ，**図表2-3-3**のとおり内容と目的が異なる。

図表2-3-3 原産地規則の種類と内容・目的

原産地規則の種類		原産地規則の内容・目的
特恵原産地規則	FTA／EPA利用条件としての原産地規則	■FTA／EPAを利用するためのもの ■協定ごとに規定 ■FTA／EPA締約国産品か否かを判断
	GSPの利用条件としての原産地規則	■GSPの適用を受けるためのもの ■制度ごとに規定 ■GSPの受益国産品か否かを判断
非特恵原産地規則 一般原産地証明書の対象となり得る貨物か判断するための原産地規則として使用		■以下の目的で産品の原産地を定めるもの 　➢WTO協定税率の適用 　➢便益関税，不当廉売関税（AD），相殺関税（CVD）等の適用 　➢原産地表示 　➢貿易統計 　➢その他，特定国が輸入通関時に要求する場合あり ■WTO原産地規則協定に基づき，各国が策定

（原産地規則は左側全体をまとめる括弧として表示）

このうち，特恵原産地規則については上述のとおりFTA等の協定ごと，あるいはGSPの場合はGSPを定める法令ごとにその内容が規定されている。FTAやGSPは通常の関税率よりも減免された関税率を付与するものであり，利用者にとっては大きなメリットが発生する。特恵原産地規則は当該減免された関税率の適用を受けるための要件であり，協定締約国／GSP受益国ではない第三国を原産地とする物品が不当にメリットを享受しないよう，協定ごと，更にはHSコードごとに子細な規則が規定されている。

一方，非特恵原産地規則は，具体的な規則の有無も含め輸入国ごとに異なる。ある一定の規則を設けている場合もあるが，特恵原産地規則のようにHSコードごとの子細な規定を設けている国は少ない。原産地表示等の設定方法等について国際取引における混乱を避けるため，1995年よりWTO及びWCOにおいて原産地規則の調和作業が開始されたが，2018年現在，まだ作業は完了していない。

以上が関税の課税額を決める3つの要素の概要である。

これより，各要素について起こった税関当局及び国際機関における係争事例を紹介するが，冒頭に述べたとおり，関税は，モノの国際貿易取引に伴い必ず発生する税であり，グローバル展開をしている企業をはじめ，海外と取引を行っている企業にとって大きなコストとなり得る。輸送機器や電気・機械類等，国際化が進む主要産業の取扱い物品については日本の関税率は一部の製品を除き0％となっていることから[2]，本稿では，特に海外における税務紛争について紹介をしていきたい。

2　関税評価をめぐる係争事例

関税評価については，特に近年，税関当局との係争案件が増えているロイヤルティの加算をめぐる係争事例を紹介する。以下は，スペインにおいて最高裁まで争った事例となる。

（1） 事例の概要

　Aは日本に本社を有する企業Bの在スペイン子会社であり，Bとの間で締結した製造ライセンス契約に基づいて製品を製造し，スペイン国内及びEU域内に販売していた。当該製造ライセンス契約において，Aは，製品を製造，販売する権利の対価として売上高の一定率のロイヤルティをBに対して支払うことになっていた。また，Aは製品を製造するための主要部品をBから購入（輸入）していた。

　Aはスペイン税関当局による輸入事後調査を受け，その際，調査期間にBから購入した部品の輸入申告価格に上記のロイヤルティが含まれるべきところ，含まれていないとして，関税，輸入VATの不足額及び利息を追徴された。Aは追徴課税をいったん支払ったうえで，ロイヤルティが輸入申告価格に含まれるのは不当であるとし，翌年，支払った追徴課税の還付を求めて第一審裁判所であるTribunal Economico Administrativo Central―TEAC）に提訴した。TEACはスペイン税関当局の課税理由を認めAの関税還付の求めを棄却する判決を出したが，AはTEACの判決を不服として上級裁判所であるAudiencia Nacionalに控訴した。Audiencia NacionalはAの主張を認める判決を出したが，今度はスペイン税関当局がこれを不服として最高裁判所（Tribunal Supremo）に上告した。しかし，Aの輸入取引における申告額が最高裁判所で扱う案件としての金額要件を満たさなかったため[3]，Aの勝訴が確定した。Aは追徴課税の還付請求を行い，無事，還付を受けることに成功した。

（2） 争　点

　加算要素の概説において述べたとおり，ロイヤルティは加算要素の1つであり，WTO関税評価協定第8条において以下の通り規定されている[4]。

「In determining the customs value (snip), the price actually paid or payable for the imported goods shall be supplemented by : (snip) (c) royalties and licence fees related to the goods being valued that the buyer must pay, either directly or indirectly, as a condition of sale of the goods being valued, to the extent that such royalties and fees are not included in the price actually paid or payable ;」

（日訳⁽⁵⁾）
「課税価額の決定に当たっては，輸入貨物につき現実に支払われたまたは支払われるべき価格に次のものに係る額を加算する。（中略）(c) 輸入貨物に関連のあるロイヤルティ及びライセンス料であって輸入貨物の販売条件として買手が直接または間接に支払わなければならないもの（ロイヤルティ及びライセンス料が輸入貨物につき現実に支払われたまたは支払われるべき価格に含まれていない場合には，含まれていない限度においてこれらの料金が加算される。）」

つまり，以下の2つの要件を満たすロイヤルティが加算要素となる。
1．輸入貨物に関連のあるロイヤルティであること
2．輸入貨物の販売条件として買手が直接又は間接に支払うものであること

本件においても，AからBに支払うロイヤルティが上記2つの要件を共に満たすか，という点が争点になった。この点につき，輸入者であり原告となったAと，被告であるスペイン税関当局は，それぞれ以下のとおり主張している。

【Aの主張】
➢ ロイヤルティは，Aがスペイン国内で製品の製造・販売をする権利を受けるためのものであり，輸入貨物である部品には関連が無い。
➢ AとBとの間の製造ライセンス契約は，Aが製造する製品の製造ノウハウと知的財産権に関係するものであり，ロイヤルティはその対価として支払われる。ロイヤルティの支払いは輸入部品の販売条件とはならず，そのような文言は製造ライセンス契約には存在しない。

【スペイン税関当局の主張】
➢ 製品はBが有する特許に基づき製造された製品であり，AはそのためにBに対して専用部品である輸入部品を提供している。AがBから購入する輸入

部品は製品の製造に不可欠なものである。つまり、輸入部品はBが有する特許製法を実現するために専門的に設計され、ロイヤルティは、当該特許製法を使用することの対価としてAからBに支払われるものである。そのため、ロイヤルティは、輸入部品と関連があると見なすことが妥当である。
➢ AとBとの間の製造ライセンス契約上では、ロイヤルティの支払が輸入部品の販売の条件になっているとは明言されていない。しかしながら、Aが契約を遵守しない場合に契約を終了する旨の文言が存在する。輸入部品はAがBのみから輸入しているものであり、仮にAがロイヤルティの支払をせず、そのためにBが輸入部品の供給を止めた場合には、Bは製品の製造及び販売が困難になることから、当該文言をもってロイヤルティの支払が輸入部品の販売条件を構成すると見なすことができる。

上述のとおり、TEACはAの関税還付の求めを棄却する判決を出した。TEACの判決内容はスペイン税関当局の主張を完全に認めるものであったが、上級裁判所であるAudiencia Nacionalは以下のとおりAの主張を認め、結果、Aの勝訴が確定した。

【Audiencia Nacionalの主張】
➢ ロイヤルティを加算要素とする条件である「輸入貨物に関連のあるロイヤルティであること」を立証する責任は、税関側が有する。この点につき、「製品はBの仕様に基づき製造された専用部品であり、AがBから購入する輸入部品は製品の製造に不可欠なものである」との税関の主張は、輸入貨物とロイヤルティの関連性を立証するには不十分である。ロイヤルティは製品の製造ノウハウと知的財産権に関係するものであり、輸入部品と関係するとは認められない。
➢ 税関は製造ライセンス契約よりロイヤルティの支払が輸入部品の販売条件となっていると"仮定"しているが、「Aが契約を遵守しない場合に契約を終了する」旨の文言は、輸入取引の条件になっていることを立証するものとしては不十分である。Audiencia Nacionalにおける審議の過程で、Aは、製品の製造のためにBから輸入する部品はB以外のサプライヤーからも調達可能

である旨を立証しており、この点でも、「輸入部品はAがBのみから輸入している」というスペイン税関当局の主張は認められない。

(3) 類似事例と留意点

本件では、ロイヤルティは加算要素とはならず、企業側の主張が認められる形で決着した。しかしながら、同様の問題は近年各地で起こっている。とりわけ中国では、2012年頃より各地の税関当局が中国全土で「国門の盾」と称した密輸防止の強化活動を展開しており、輸出入貨物の課税価格、中でも外資系企業のロイヤルティ課税や関連会社間取引等の監督・管理が厳しくなっている。この流れの中で、2016年、2017年と相次いで通達[6]が出され、輸入申告の際に、ロイヤルティの支払状況及び輸入貨物との関係の有無を申告することを要求するようになった。事実に基づいた申告を行わなかったと見做され、不誠実な申告であると税関当局に認定された場合、追徴課税に加えて、罰金及び延滞税を課される可能性がある。2018年現在、罰金は関税支払額の30％から200％まで、延滞税は１日当たり関税支払額の0.05％の加算となっており、企業にとっては大きなリスクとなり得る。

スペインの事例では、ロイヤルティが加算要素となる２つの要件を満たすことを税関当局側が十分に立証できていない、という理由で輸入者側の主張が認められる結果となったが、中国の事例において特徴的なのが、この立証責任を負うのが税関当局側ではなく輸入者側である、という点にある。特に２点目である「輸入貨物の販売条件として買手が直接又は間接に支払うものであること」は、輸入者側でロイヤルティの支払が輸入貨物の販売条件となって「いない」ことを輸入者側で十分に立証することが非常に困難であり、このため、多くの企業がロイヤルティを加算要素に含める形で輸入申告を行うことを余儀なくされている。

中国税関当局は通達公布に伴い企業側の自主申告、自主監査を強く求めており、企業にとっては、自主申告、自主監査のための書類を適正に管理することや、必要な情報を漏れなく輸入申告時あるいは自主監査時に担当部署が把握するための体制整備の強化を行うことがこれまで以上に重要になる。

なお、仮に税関当局からの調査を受け、ロイヤルティを加算要素として認め

ざるを得なくなった場合でも，加算要素の対象となる輸入貨物の範囲を狭める（汎用性のある部品や補給部品を除く等），あるいはロイヤルティの按分比率を計算する際に分母として使われる生産コストの総額を少なくする等して，ロイヤルティ加算のインパクトを最小限に食い止めることも検討に値すると考えられる。

3 関税分類に関する係争事例

　関税分類は物品の仕様，機能，用途等を踏まえて決定されるが，これらを見極めたうえで適正な HS コードを当てはめる作業は困難を極める。実際に，3つの要素の中でもとりわけ税関当局との係争事例が多いのが関税分類といえる。本稿では，数多くある関税分類の係争事例の中でも，関税分類に関する国際機関である WCO にて議論され，更に，日本が EU に対して WTO への協議要請を行った稀有な事例を紹介する。本件の中身に入る前に，先ずは WCO における分類決定の仕組みと，WTO による紛争解決手続について説明したい。双方とも，関税に関する国際機関におけるものであり，関税をめぐる紛争解決の手段として大きな意義を有する。

（1） WCO における分類決定の仕組み

　WCO は，税関制度の調和・統一と関税行政に係る国際協力を目的として，主に次の任務を負う。

(1)　関税分類や税関手続に関する諸条約の作成・見直し・統一的解釈
(2)　国際貿易の安全確保及び貿易円滑化に関するガイドライン等の作成・推進
(3)　WTO が主管する関税評価及び原産地規則に係る協定の統一的解釈及び適用のための技術的検討
(4)　国際的な薬物及び知的財産権侵害物品等の監視・取締りの協力，関税技術協力の推進

　このうち，(1)の任務を遂行するために WCO 総会の下に置かれているのが HS 委員会である。HS 委員会は HS 条約第 6 条に基づき設立された委員会で

あり，HS条約締約国により構成されている。関税分類の国際的統一のための活動として，HS条約の改正に関する提案及び個別物品の関税分類に係る決定を行うために，年2回，ベルギー・ブリュッセルのWCO本部で開催されている。個別物品の関税分類に係る決定（Classification Ruling）は，HS条約の解釈のための意見書（Classification Opinion），解説書（Explanatory Notes）となり，各国においてHSコードを決定する際に参照されるため，輸出入申告の現場においても重要な意義を有する[7]。

HS委員会における特徴としては，紛争処理の解決方法として多数決ルールを採用していることにある。そのため，時として，対象物品の仕様やHS条約の解釈等を踏まえて議論を展開することに加え，「票集め」「仲間づくり」が重要となる。

（2） WTOにおける紛争解決手続

WTO協定の付属書2として，「紛争解決に係る規則及び手続に関する了解（Understanding on Rules and Procedures Governing the Settlement of Disputes―DSU）」が存在する。DSUは，WTO加盟国における貿易・通商に関する係争を解決するための手続を規定している。個別の紛争処理（訴訟）におけるWTOのルールを明確化し，WTOの下での多角的貿易体制に安定性と予見可能性をもたらすことに寄与している。1995年のWTO発足以来，約20年を経た2018年現在で，500件以上の紛争案件が取り上げられ，350件以上の案件が処理されている。WTOの前身であるガットの下での紛争案件は，1948年から1994年の46年間で314件しかなかったことを踏まえると，WTOの加盟国から信頼を得て効果的に機能していることがわかる[8],[9]。

WTOの紛争解決手続における最初のステップは，当事者間による協議となる。WTOの加盟国が，WTO協定の実施に影響する他の加盟国の措置について申立てを行った場合，両当事国は，問題解決のための協議を実施することが求められる。しかし，一定期間（通常60日）以内に協議による紛争の解決をはかることが難しい場合には，申立国はWTOの紛争解決機関（Dispute Settlement Body―DSB）にパネル（小委員会，いわばWTO紛争解決における裁判所の機能を果たす）の設置を要請することが可能となる。

図表2-3-4 WTO紛争解決手続の流れ（概要）

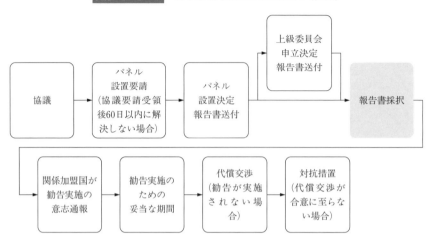

　パネルでは，3名のパネリストと当事者となる加盟国間により解決がはかられる。パネルによる審議（通常2回）の結果を踏まえて，パネルは原則として6ヶ月以内にパネル報告書を作成し，被提訴国の措置がWTO協定に違反するか否かを判断する。WTOの紛争解決手続においては二審制がとられており，パネル報告書に不服がある紛争当事国は，パネルのいわば上級審にあたる上級委員会に上訴することができる。上級委員会では，7名の上級委員が審議を行い，原則として60日以内（複雑な事案である場合には90日以内）に上級委員会報告書を作成する。パネル又は上級委員会の報告書は，DSBによって，勧告又は裁定というかたちで採択される。パネル又は上級委員会が，申立ての対象となる措置がWTO協定に適合しないと認める場合には，DSBは当該措置の関係加盟国に対し，措置を協定に適合させるよう，勧告するのである。勧告を実施し得る方法は関係加盟国の裁量に委ねられるが，パネル又は上級委員会が勧告の実施につき提案をすることもできる。

　関係加盟国は，DSBによる報告書採択後，直ちに勧告を実施できない場合，原則15ヶ月を超えない形で履行のための妥当な期間を与えられる。この期間内に勧告を履行することができなかった場合，申立国は代償を求めることができ，また，一定の期間の間に代償について合意がない場合には，申立国は，対抗措

置を取ることについて DSB の承認を求めることができる。DSB は，承認しないことをコンセンサスで決定しない限り，又は申請された対抗措置の規模について被申立国が異議を申し立て，問題が仲裁に付託されない限り，妥当な期間満了から30日以内に対抗措置を承認しなければならない。また，被申立国が勧告を実施するための措置をとった場合であっても，申立国が被申立国の実施の内容について，勧告を十分に実施していない等の理由により異論がある場合には，申立国は，勧告実施のためにとられた措置の協定整合性についてパネルに付託することができる（勧告実施のパネルの判断を上級委員会に申し立てることも可能）。以上が WTO における紛争解決手続の大まかな流れである。

（3） 事例の概要

　前置きが長くなったが，本題である関税分類の事例として，EU におけるデジタル多機能機器（Multifunction Digital Machines―MFM）の関税分類について紹介する。

　MFM は，プリンター，コピー，スキャナー，ファックスといった複数の機能を有する機器である。適用される HS コードの候補としては，以下が考えられるが，本機器についての議論が始まった1990年後半時点ではこうした多機能機器を想定した HS コードが存在していなかったことから，以下の複数の HS コード候補が存在したまま，適正な HS コードに関する国際的な合意が形成されていなかった。

➢ 8471.60号：コンピュータの入出力装置 ⇒ コンピュータに繋げてプリントアウト等の入出力を行うため
➢ 8517.21号：ファックス
➢ 9009.12号：アナログコピー機

　上記のうち，8471.60号及び8517.21号は WTO の情報技術協定（Information Technology Agreement―ITA）[10]の対象であり，EU をはじめとする主要国で関税率が0％となっていたが，ITA 対象外である9009.12号は，EU においては6％の関税率の対象となっていた（上記はいずれも本件が WCO HS 委員会に取り上げられた当時の HS コード及び関税率）。

1998年，ブラジルがMFMを9009.12号に分類すべきとWCO HS委員会に問題を提起し，HS委員会での議論が開始された。産業界の意向を受け，日本はブラジルが提起した9009.12号への分類に強く反対した。2001年5月にHS委員会で実施された投票においては，多数決により，MFMは9009項には分類されないとの結果になったが，EU等の反対国が留保権を行使したため，本件は再度，HS委員会で議論が行われることになった。翌2002年11月に実施された投票では，1回目の投票とは逆にMFMが9009項に分類されるとの票が多数となったが，9009項への分類に反対する国により再度留保となった。翌2003年11月の投票では9009項を支持する国としない国が同数となり，その結果，HS委員会は結論を出せずとし，WCO理事会に対して「次回のHSコードの改訂（HS2007）[11]においてMFMの関税分類の問題を解決する方向で議長裁定する」ことを要請した。HS2007においては，新たに「プリンター，コピー，ファックスの2以上の機能を有し，コンピュータ又はネットワークに接続可能な機器（machines which perform two or more of the functions of printing, copying or facsimile transmission, capable of connecting to an automatic data processing machine or to a network）」が分類される8443.31号が新設されることが決定し，これにより，WCOにおける本件の議論は終了した。

　EUはHS2007の改正を受けて，MFMのうちファックス機能を有しないもの，及び毎分12枚超のコピー機能を有しデジタル写真方式の出力技術を有するもの等をEU関税率表コード（CNコード）8443.31.91に分類し，6％の関税率の対象とした。このときに新設されたCNコードの具体的な内容（Description）と関税率は以下のとおりである。

図表 2-3-5　EU における8443.31号の分類

CN Code	Description	関税率
8443.31.10	---Machines performing the functions of copying and facsimile transmission, whether or not with a printing function, with a copying speed not exceeding 12 monochrome pages per minute	0％
	---Other :	
8443.31.91	----Machines performing a copying function by scanning the original and printing the copies by means of an electrostatic print engine	6％
8443.31.99	----Other	

　こうした EU の措置について，2008年5月，MFM 及びフラットパネルディスプレイ，セットトップボックスに関して日本は WTO 協議要請を行った[12]（本要請は米国と共同で行われ，翌6月には台湾も同様に協議要請を行った）。7月に EU との二者協議を行ったが合意に至らず，8月に米国，台湾と共同でパネル設置要請を実施し，9月にパネルが設置された。翌2009年に行われた2度のパネル審議を経て，2010年9月21日に，申立国側の主張を認めるパネル報告書が採択された。2011年6月の官報で，EU はパネルで取り上げられた IT 機器に関税を課す関税規則を修正する履行措置[13]を発表し，同年7月にこれを履行した。更に，2012年2月の官報において，MFM の関税分類基準に係る新規則[14]を発表した。こうして，1998年より実に14年越しの MFM の関税分類に関する係争に決着がついたのである。

（4）争　点

　WCO における議論は，純粋に関税分類の解釈をめぐるものであり，一方，WTO における議論は ITA に照らして EU の措置が WTO 協定に適合した内容であるか否かを争うものである。双方で議論のベースが異なるため，以下，それぞれについて争点を述べていく。

① WCO における争点

機械類及び電気機器が分類される16部（84類，85類）の注には，当該部に分類される機器の分類につき，以下のとおり規定している。

「16部注3
2以上の機械を結合して1の複合機械を構成するものおよび2以上の補完的または選択的な機能を有する機械は，文脈に拠り別に解釈される場合を除くほか，主たる機能に基づいてその所属を決定する」

すなわち，複合機器及び多機能機器については，<u>主たる機能</u>に基づいてHSコードを決定する，という内容の規定である。MFMをはじめとして，機械類や電気機器は技術の進歩に伴いHSが想定していない多くの複合機器，多機能機器が存在する。この16部注3は，そうした機器を分類するために存在しているわけであるが，何をもって「主たる機能」とするかは分類を行う者の主観に委ねられるため，数多くの関税分類に関する係争を産み，更には一部の国の税関当局による恣意的な判断に振り回される要因となってきた。

本件においても，日本の産業界はコンピュータの出入力機能であるプリンター，スキャナーが「主たる機能」であるとし，一方，EUの税関当局及び欧州委員会の税制関税同盟総局（European Commission, Directorate General for Taxation and Customs—DG TAXUD）はコピー機としての機能が「主たる機能」であると主張した。この問題については，<u>上述のとおり</u>，結局HS委員会でも決着がつかず，5年に1度のHSの改正，更にはWTOにおいて解決を見るという異例の事態となった。MFMと同時にWTOのパネルで審議されたフラットパネルディスプレイ及びセットトップボックスも，この16部注3をめぐる解釈が問題の発端となっている。

なお，上述の16部注3以外にも，HSには同様の問題を孕んだ規定が幾つか存在する。例えば，HS分類の根幹を成す通則 (General Rules for the Interpretation of the Customs Tariff Schedule（日訳：関税率表の解釈に関する通則）の3(b)は，混合物等の分類について，以下のとおり規定している。

「混合物，異なる材料から成る物品，異なる構成要素で作られた物品及び小売用のセットにした物品…(中略)…当該物品に重要な特性を与えている材料ま

たは構成要素から成るものとしてその所属を決定する」

　上述の16部注3同様,何をもって「重要な特性を与えている」とするかは分類を行う者の主観に委ねられる可能性がある。このように,HSは解釈の違いによるトラブルを引き起こすリスクを秘めている。また,上述のとおりHSの改正は原則として5年に1度しか行われず,そのため,我が国が多く輸出している複雑な構造の物品や先端技術を用いた物品は適正に分類を行うことが困難となりがちである。

　HSの解釈の違いや税関当局による恣意的な分類に伴うリスクを回避するためには,例えば,重要な物品や取引額の大きい物品について税関の公式確認(事前教示,Ruling)を取得する,あるいは物流業者に全てを任せるのではなく開発や商品企画等のビジネスの上流の段階から関税分類を検討する等,関税分類に関するプランニングを適切に実施することが非常に効果的である。更に,外部の専門家からアドバイスを受けることも有効であろう。最近では,関税分類の自動化を支援するITツールもあり,そのようなツールを活用することも検討に値すると思われる。

② WTOにおける争点

　本項のテーマである関税分類に関する争点とは必ずしも合致しないものの,WTOにおける争点はITAの対象である情報通信機器として関税が0％になるか,という点に関するものであり,ITAはHSコードにより対象物品を規定している構成となっていることから,これまで,EUをはじめとする多くの国で,ITAの対象か否か,という問題に起因する関税分類の係争が起こってきた。本件は,上述のとおりWTOにおいて決着を見たことからも,この場にて,WTO (ITA) に関する争点も紹介したい。

　EUでは,テレビをはじめとするITA対象外の機器に対しては高い関税が課されているが[15],技術の発展に伴う高機能化,多機能化が進む中,本来ITA対象製品として扱われるべき機器が税関当局,あるいはDG TAXUDによる恣意的とみなし得る関税分類によりITA対象外として課税されるという問題がしばしば生じてきた。本件においても,HSの改正に伴い8443.31号が新設された

後も，ITA の対象となり関税率が 0 ％となる MFM のコピー機能につき「毎分 12 枚以下」という制限を設けた。このような EU の措置は，優れた技術を有する物品の貿易自由化により生活の質の改善や経済活動の高度化に大きく貢献する，という ITA の精神に大きく悖るものである。パネルにおいても，日本による以下のような主張が認められる結果となった。

➢ コンピュータと接続可能な MFM はコンピュータ又はネットワークと接続して使用されることを前提とし，コンピュータ等と情報，データを送受信してこれらを出入力する機能を有することから，ITA 対象製品である「コンピュータの入出力装置」に該当する。また，コピーとファックス機能を有する MFM は，ITA 対象製品であるファックスに該当する。これらの機器につき関税を課すことは GATT 2 条違反を構成する[16]。

➢ MFM は，そもそも ITA 対象製品であるプリンター，ファックス，スキャナー等を技術的に融合し高度化した製品であり，このようなものを ITA の対象外として扱うことは，情報技術の進歩を阻害し，ITA の本来の目的を損ねる。

なお，EU においては上述のとおり電気，機械類については高い関税を課しており，この高関税が，長年，我が国の電気，機械産業が EU へ進出する際の大きなハードルとなっていたが，日本-EU EPA の交渉妥結に伴い，我が国から EU に輸出される物品については上記のハードルが取り払われる目途がついてきた。EPA は我が国企業にとって大きなメリットをもたらすことが期待されるが，一方で，使い方を誤ると大きなリスクとなる。次節にて，EPA の活用とコンプライアンスの重要性について述べていく。

4 原産地に関する係争事例

1 で述べたとおり，原産地規則は特恵原産地規則と非特恵原産地規則に大別されるが，本節では FTA の利用条件となる特恵原産地規則について述べる。FTA は，その利用の可否が関税支払額を大きく左右し，また，CPTPP[17]や日本-EU EPA 等の大型 FTA の発効を控える中，今後益々着目されるべき分野となる。

日本から輸出される物品についてFTAを利用するためには，利用FTAにおける特恵原産地規則を満たすことを証明する「原産地証明書」を商工会議所から受領し，それを輸入の都度，輸入国税関当局に提示する必要がある[18]。原産地証明書の発給は2017年度では30万件に達する勢いであったが，10万件を超えたのは2010年度になって漸くであった[19]。米国や中南米各国，ASEAN各国，欧州各国等，古くからFTAを積極的に締結し活用している国々に比べると日本は「FTA後進国」ともいえ，日本の企業にとって，「FTAの利用」は新しいアジェンダであるといえる。そのため，FTAが前節までに述べた関税評価，関税分類と比べると，日本の企業が関与した紛争案件が多いとはいえない。その中で，本稿においては，海外の製造拠点から海外に向けて輸出した物品について適用したFTAに係る紛争事例を紹介する。

（1）　事例の概要

　Aは，日本に本社を有する企業Bの在マレーシア製造子会社であり，マレーシアにおいてインド向けの物品を製造し，Bの在インド販売子会社であるCがこれを輸入していた。当該物品のインド輸入時の関税率[20]は10％と高かったため，CはBと相談のうえ，ASEANとインドの間のFTA（AIFTA）を利用することとした。AはCの依頼を受けてマレーシア政府当局（国際貿易産業省（Ministry of International Trade & Industry―MITI）から原産地証明書を取得し，これをCに物品の出荷に併せて送っていた。Cは物品の輸入通関時に原産地証明書をインド税関当局に提示することで，関税の減免を受けていた。

　しかし，インド歳入情報局（Directorate of Revenue Intelligence―DRI）はCの原産地証明書の内容に疑義があるとし，当該原産地証明書を発給したマレーシアMITIに検認を要請した。検認（間接検認）とは，輸入される物品が原産地規則を適切に満たしているか否かにつき，輸入国税関当局が，原産地証明書の輸出国の政府当局に対して情報提供を要請し，更に状況に応じて輸出国政府当局の立会のもとに生産者の施設を訪問して情報収集することを要請することを指す。

　本件においては，MITIが収集した情報に満足をしなかったDRIが，Cに対する調査を実施した結果，Cが輸入する物品はAIFTAの原産地規則を満たさ

ず，Cは不当にAIFTAによる関税減免を受けていた，とする内容のShow Cause Notice（所謂更生通知書）を出すに至った。結果，CはShow Cause Noticeを受け入れ，関税不足額と利子，計48億5千万ルピー（約80億円）を支払った。

（2）争 点

　上述のとおり，本件においてはDRIがCにより提示された原産地証明書の内容に疑義を持ち，検認の要請及び調査を実施した。つまり，DRIはAIFTAを利用して関税の減免を受けた物品の原産性（AIFTAの協定文における原産地規則を満たしているか）に疑義を抱いた訳である。

　Cが輸入する物品に対するAIFTAの原産地規則は，以下の両方を満たし，原産国において非原産材料に対する実質的な変更があったと見做す場合に原産品と認める，というものであった。

① 製造のために使用される非原産材料（ASEAN加盟国及びインド以外から調達される部品・材料）と原産国において製造される物品のHSコードが6桁レベルで異なること

② 物品の価格に占める原産割合（ASEAN加盟国及びインド原産と見做される材料，原産国における労務費，製造経費，利益等の合計）が35％以上であること

　本件においては，在マレーシアの生産者であるAが調達する部品・材料とAが製造する物品のHSコードが6桁レベルで異なり，①の原産地規則を満たすことは議論の余地が無かった。一方，Aは物品を製造する際に必要な部品のうち，最も高価格なものの1つをマレーシア国内及びAIFTA締約国内から調達できず[21]，AIFTA非締約国から輸入していた。そのため，DRIはCが製造する物品が②の原産地規則を満たしていないのではないか，という疑義を抱いたのである。

　インドにおける報道資料等に拠ると，調査の結果，DRIは，Aが利益と原価を不当に上乗せして原産割合を算定し，マレーシアMITIに原産地証明書の発給を申請しており，また，BもAに協力をしていたと認定した。結果，Cがインド輸入時に提示した原産地証明書を否認し，上述のShow Cause Noticeを出

したのである。

(3) FTA等の通商協定に関する今後の動向と企業が留意すべきこと

本節の冒頭で述べたとおり，FTAは，大型協定の発効を控え，今後益々着目されるべき分野となる。関税率，ひいては関税コストを大幅に下げることが可能なFTAの利用を見据えた商物流や調達先の検討を行うことは，トランプ大統領がけん引する米国の保護主義的な政策へのカウンターにもなり得るであろう。CPTPPや日本-EU EPAは，かつてないほど，広域に跨りかつ大規模な市場規模を有する経済連携となる。更に，現在も中国やインドを含む東アジア地域包括的経済連携（Regional Comprehensive Economic Partnership-RCEP）やEUとASEAN加盟国との間のFTA等，我が国の企業にとっても大きなインパクトを有するFTAの交渉が続けられている。

しかしながら，FTAは本節にて紹介した事例のとおり，誤った使用により当局による検認や調査，そしてその結果としての追徴課税や罰金の支払，莫大な調査対応工数の発生，通関ストップや税関検査の増加等によるサプライチェーンへの影響，更にはレピュテーションリスクにも繋がる（本節で紹介した事例はインド国内で大きく報道された）。特に，近年においては以下の理由からFTAの誤った利用によるリスクが増加しているといえる。

① FTAの増加による関税収入の減少

発効済みFTAの数は年々増加しており，また，それに伴ってFTAの利用件数も増加している。更に，発効済みFTAにおいては年々，関税が減免され，時間の経過と共に関税が撤廃される物品も増える。当然ながら，FTAを締結した国においては，それだけ関税収入が減少することになる。

例えば，日本が現在締結している中で最も原産地証明書の発給件数が多いものがタイとの間の二国間EPA（2007年発効）であるが[22]，そのタイにおいては，2017年10月から2018年2月の関税収入が前年同期日の12.7％減となっている[23]。また，日本-EU EPA及びCPTPP交渉妥結後の2018年2月に政府が試算した結果に拠ると，農産品，鉱工業品，それぞれの関税収入減少額は，発効初年度と最終年度（関税引き下げ完了年度）とで，以下のとおり[24]となっている。

日本から EU に対して輸出される物品についての EU における関税収入減少額の合計は、最終的に年間2,700億円を超える試算であり、日本から CPTPP の他の締約国に対して輸出される物品についてのこれら締約国における関税収入減少額の合計は、実に3,000億円を超える試算となっている。

関税は、国によっては大きな関税収入源となっている。そのため、FTA により関税収入が減るのであれば、検認を実施して不適切な FTA の利用を取り締まる方向に力が働くのは当然のことといえるであろう。

図表 2-3-6 CPTPP に係る関税支払及び関税収入減少額

		発効初年度	最終年度[25]
日本からの輸出に係る関税支払い減少額		1,865億円	3,145億円
	農水産品	11億円	16億円
	鉱工業品	1,854億円	3,130億円
日本への輸入に係る関税収入減少額		240億円	740億円
	農水産品	190億円	120億円
	鉱工業品	50億円	620億円

図表 2-3-7 日本-EU EPA に係る関税支払および関税収入減少額

		発効初年度	最終年度[26]
日本からの輸出に係る関税支払い減少額		1,473億円	2,808億円
	農水産品	20億円	23億円
	鉱工業品	1,453億円	2,785億円
日本への輸入に係る関税収入減少額		750億円	1,320億円
	農水産品	290億円	600億円
	鉱工業品	460億円	720億円

② 原産地規則の多様化

原産地規則は FTA ごと、更には利用物品（HS コード）ごとに異なる。我が

国がこれまでにアジア各国と締結してきたFTAにおいては，ある程度類似する原産地規則が適用される傾向にあったが，CPTPPや日本-EU EPAでは，日本がこれまでアジア各国と締結してきたFTAにおける原産地規則とはかなり異なる，かつ複雑な原産地規則が採用されている。

FTA利用者側にとっての難易度が上がることに伴い，原産地規則の適用に関する誤りも増え，これを指摘する検認件数も増加することが予測される。

③ 自己証明方式を採用するFTAの増加

我が国がこれまでに締結してきたFTAにおいては，日本商工会議所が原産地証明書を発給する手続方法（第三者証明方式）が一般的であった。しかしながら，今後は北米自由貿易協定（NAFTA）等で採用されている自己証明方式が主流となっていくことが予想される。実際，CPTPP，日本-EU EPAでは自己証明方式のみが採用され，第三者証明方式は採用されていない。

自己証明方式が採用されているFTAにおいては，輸出国の発給当局が出した原産地証明書という，いわば政府の「お墨付き」が存在しないことになる。FTAの利用者としての企業の自己責任が高くなることになり，更には輸入国当局のマインドとしては，輸入物品の原産性に疑義を抱く方向に働き，その結果として検認のリスクが高くなるといえる。

上記の動向を踏まえると，FTAの利用は，大きなメリットと同時にリスクももたらすいわば「両刃の剣」といえよう。とは言え，リスクの大きさに二の足を踏んでFTAを利用しないことは，関税コストの大幅な低減を看過することになる。FTAの利用のためには，物流，経理，設計，調達等の様々な社内部署が協力し，更に部品サプライヤーの教育，協力を得ることが重要になる。大型FTAの発効を控える今を大きなチャンスと捉え，この機会に，企業が漏れなく，かつ原産地規則に照らして適正にFTAを活用するために，関連部署間での役割と権限の再定義，業務フローや社内規則の策定等を通じたコンプライアンス体制の構築や外部監査の導入等を検討することが望ましい。「新しいアジェンダ」であるFTAのメリットとコンプライアンスの重要性をマネジメントが理解することや，部品サプライヤーを含めた社内外の関係者に教育・啓蒙を行うことも重要であろう。

5 まとめ

　以上,関税額を決める3つの要素についてそれぞれの紛争事案を紹介してきたが,これら3つの要素は独立して存在するものでは無く密接な関係を持ち,更に関税支払額の適切な確定のためには何れも欠くことができない重要な要素である。

　冒頭に述べたとおり,関税は,財務諸表上は売上原価の中に組まれてしまい,そのため,我が国においては,誰も関税を管轄していないといった企業が多く存在している。法人税に比べて比較的税率が低い国,品目が多いため,インパクトが少ないと考える企業も存在するであろう。

　しかし,法人税は税引前利益に対してかかる税であるのに対し,関税は原価に対してかかる税である。仮に,原価が税引前利益の10倍であった場合,3％分の関税は30％分の法人税に相当するビジネスインパクトを有することになる。関税がビジネスに与えるインパクトは,決して小さいとはいえない。

　2 で触れた中国における関税評価案件や,FTA利用のための原産地規則をめぐる案件等,関税に関する係争案件が増加しているこの機会に自社の関税対応の在り方を見直すことで,大きなコスト削減とリスク回避に繋がるものと考える。

(注)
(1) 特殊関税とは,不公正な貿易取引等の特別な事情がある場合に,一定の期間又は一定の輸入に対し,通常の関税のほかに割増関税を賦課するもの。WTO関税評価協定で認められた制度で,日本では関税定率法において規定している。国内産業の損害の事実やおそれがあり,その保護を行う必要性があることが主な発動要件となっている。相殺関税,不当廉売関税(アンチダンピング税),緊急関税(輸入の急増により国内産業に生じた重大な損害等を防止・救済するために内外価格差の範囲内で課す),報復関税(貿易相手国がWTO協定違反をした場合に報復として,相手国からの輸入品に高関税を課す税)がある。
(2) 84類,85類,87類に分類される物品のうち,2018年4月現在,協定税率が0％となっていないのは電極・炭素ブラシ(8545項),戦車(8710項)等のごく一部の物品となる。
(3) 1回の申告において600,000EURを超える輸入取引があることが,最高裁判所での取扱い要件となっていた。
(4) WTO加盟各国は,自国の関税法令にWTO協定の内容を反映させており,EUにおける関税法典であるUCC(Union Customs Code)の71条においても,関税評価協定第8条と

同一の文言で加算要素が規定されている。
(5) 経済産業省ウェブサイトに掲載の日訳より抜粋。
(6) 2016年3月公布「『中華人民共和国税関の輸出入貨物，通関申告書の記載作成規範』の改正に関する公告」（税関総署公告2016年第20号）及び2017年3月公布「『中華人民共和国税関の輸出入貨物，通関申告書の記載作成規範』の改正に関する公告」（税関総署公告2017年第13号）。
(7) 我が国においてはClassification Opinionは国際分類例規，Explanatory Notesは関税率表解説として通達の形で公布されている。
(8) ガットにおいては，紛争処理手続に関する規定が個別協定やガット本体で規定されており，パネルの設置やパネル報告の採択がガット理事会によるコンセンサスにより行われていたため，被提訴国等の利害関係国の抵抗でパネル設置が遅れたり，敗訴国がパネル報告の採択をブロックしたりする等，手続の実効性が十分に確保されていなかった。
(9) 紛争件数はWTOウェブサイトを参照。
(10) WTOにおいてコンピュータ，電話，半導体などの情報技術関連機器の関税を撤廃する旨を合意した協定。1996年12月の宣言では，日本，米国，EU（15加盟国（当時）），カナダ，韓国，シンガポール等，29メンバーが参加。また，2015年に妥結した品目拡大交渉においてはEU（28加盟国）を含む53メンバーが参加している。
(11) HSコードは，各国共通となる6桁につき，5年に1度程度の周期でWCOによる改訂が行われる。前回の改訂は2017年であり，次回は2022年の改訂が予定されている。
(12) Tariff Treatment of Certain Information Technology Products (DS376)
(13) Commission Implementation Regulation (EU) No 620／2011
(14) Commission Implementation Regulation (EU) No 105／2012
(15) 2018年現在，カラーテレビの通常関税率は14％。
(16) GATT 2条1（b）いずれかの締約国の譲許表の第一部に掲げる産品に該当する他の締約国の領域の産品は，その譲許表が関係する領域への輸入に際し，その譲許表に定める条件又は制限に従うことを条件として，その譲許表に定める関税をこえる通常の関税を免除される。
(17) Comprehensive and Progressive Trans-Pacific Partnership Agreement（包括的及び先進的な環太平洋パートナーシップ協定）の略称となる。
(18) 我が国が締結しているFTAのうち2018年5月現在で発効済みのものの中には，日本商工会議所による原産地証明書の発給を必要としない自己証明制度を認めているものがある。
(19) 日本商工会議所のデータを経済産業省が自身のウェブサイトで公表している。
(20) Basic Customs Duty税率。
(21) AIFTAには，協定締約国の原産材料を使って生産をする場合に，自国の原産材料と見做して原産性の判断に参入することを認める「累積規定」が存在する。累積規定を適用する場合には，原産材料自体がFTAの原産地規則を満たし，それが証明できることが前提となる。
(22) 日本商工会議所ウェブサイトより。2017年上半期で46,962件となる。
(23) 財務省関税局発表。
(24) 財務省，農林水産省，経済産業省による試算結果。
(25) 最終年とは，CPTPPによる関税率の引き下げ等が全て終了する年を指す。
(26) 最終年とは，日本-EU EPAによる関税率の引き下げ等が全て終了する年を指す。

（福永光子）

4 国内の税務係争解決の最新動向

CFC 税制の経済活動基準（適用除外基準）

1 最近増加している CFC 税制に関する判例

　内国法人・居住者は，いわゆるタックスヘイブン（軽課税国）に関係会社を設立して経済活動を行い，当該会社に所得を留保することにより，我が国における租税の負担を回避することができる。そこで，このような租税回避に対処して，税負担の実質的な公平を図るために，CFC 税制が導入された。具体的には，所定の要件を満たす外国の関係会社の所得を，内国法人・居住者の所得に合算して課税することとされている。外国子会社合算税制とも呼ばれている。

　最近，この CFC 税制に関する判例が増加する傾向にある。CFC 税制に関する公表された判例は，これまでに20件以上存在する。このうち約半分に当たる10件以上が，ここ 5 年ほどの間に下されている（判例 1 ないし22）。もっとも，税務係争事件のうち実際に裁判所で争われるケースは，氷山の一角にすぎない。CFC 税制の適用をめぐる潜在的な税務係争事件は，増加の一途をたどっているといえよう。

　その背景には，CFC 税制が適用されるか否かで，課税金額に大きな違いが生じ得ることが挙げられる。税務当局にとっては，CFC 税制の適用の可否について重点的に税務調査を行えば，大きな課税漏れの指摘につながる可能性がある。他方，大きな課税漏れを指摘された納税者としては，関係者に対する説明責任との関係で，唯々諾々と修正申告するわけにはいかないという状況に陥りがちである。このような事情が，CFC 税制に関する税務係争が増加する一因となっ

ているのであろう。

　CFC 税制に関する多くの判例では，外国の関係会社が経済活動基準（適用除外基準）を満たしているか否かが，主な争点となっている。そこで，本稿では，この点に関する判例の最新動向について，取り上げることとする。

2　CFC 税制の経済活動基準（適用除外基準）

　タックスヘイブンに設立された関係会社であっても，独立企業としての実体を備え，その所在する国又は地域において事業活動を行うことにつき，十分な経済合理性がある場合もある。そのような場合にまで，経済活動の実体のある事業から生じる所得（能動的所得）を合算して課税すると，我が国の民間企業の海外における正常かつ合理的な経済活動を阻害するおそれがある。そこで，一般に，外国の関係会社が，次の4つの経済活動基準のいずれかを満たさないときに，当該関係会社の能動的所得に対する合算課税を行うこととされている（ただし，一定の例外はある）。

> ①　株式・債券の保有，知的財産権の提供又は船舶・航空機の貸付けを主たる事業とするものでないこと（事業基準）
> ②　本店所在地国においてその主たる事業を行うに必要と認められる事務所，店舗，工場その他の固定施設を有すること（実体基準）
> ③　本店所在地国においてその事業の管理，支配及び運営を自ら行っていること（管理支配基準）
> ④　その主たる事業が卸売業，銀行業，信託業，金融商品取引業，保険業，水運業，航空運送業又は一定の物品賃貸業に該当する場合においては，その事業を主として非関連者との間で行っていること（非関連者基準），その主たる事業がこれ以外の事業に該当する場合においては，その事業を主として本店所在地国において行っていること（所在地国基準）

　なお，平成29年度税制改正において，CFC 税制は抜本的に改正された。改正前は，上記の経済活動基準は，基本的には，一定の外国の関係会社が CFC 税制を適用されないための基準（適用除外基準）として整理されていた。もっとも，外国の関係会社がそれぞれの基準を満たすか否かで合算課税の可否を判断するという基本的な考え方は，改正後も変わっていない。また，それぞれの基準の

内容も，ほぼ同じである。そのため，改正前の適用除外基準に関する判例も，改正後の経済活動基準に関する実務について考える上で，直接に参考になろう。以下，それぞれの基準に関する判例について検討する。

3 事業基準に関する判例の傾向と対策

1つ目の経済活動基準は，外国の関係会社が，株式・債券の保有，知的財産権の提供又は船舶・航空機の貸付けを主たる事業とするものでないことである（事業基準）。例えば，株式の保有についてみると，株式を保有又は運用することにより利益配当又は譲渡益を得るといった株式の保有に係る事業（株式保有業）は，その性質上，我が国においても十分に行うことができる。したがって，これを主たる事業とする関係会社が，我が国ではなくわざわざタックスヘイブンに所在する積極的な経済合理性は，税負担の軽減以外には見出しがたいといえる。このように，株式の保有を主たる事業とするものでないことが求められている趣旨は，そのような場合には，能動的所得を合算しないこととする必要性を，そもそも認めることができないためである。

これまでの事業基準に関する判例は，外国の関係会社が，株式の保有を主たる事業とするものでないかどうかが争われたものが多い。そして，関係会社の「主たる事業」は，当該関係会社の当該事業年度における事業活動の具体的かつ客観的な内容から判定することが相当とされている。また，関係会社が複数の事業を営んでいるときは，当該関係会社における，①それぞれの事業活動によって得られた収入金額又は所得金額，②それぞれの事業活動に要する使用人の数，③事務所，店舗，工場その他の固定施設の状況等を，総合的に勘案して判定するのが，これまでの判例の傾向といえるであろう（判例 2，7，8，18，20）。

今般下された CFC 税制に関する最高裁判決も，この「主たる事業」の判定基準について，これまでの判例の傾向に沿った判断を示した。そして，納税者の関係会社が行っていた地域統括業務と株式保有業とを比較した上で，地域統括業務が「主たる事業」であると判示した。また，その前提として，地域統括業務は株式保有業には含まれないことを明らかにした（判例21-3）。地域統括業務が株式保有業に含まれるかどうかについては，第一審と控訴審とで判断が分

かれていたが（判例21-1, 21-2），この点について，上告審として決着をつけた。

　まず，地域統括業務について，他社の株式を保有する関係会社が，当該他社を統括し管理するための活動として行う，事業方針の策定や業務執行の管理，調整等に係る業務というように整理した。そして，地域統括業務は，通常，当該他社の業務の合理化，効率化等を通じてその収益性の向上を図ることを直接の目的としており，その内容も幅広い範囲に及び，これによって当該他社を含む一定のグループ会社を統括していくものであると理解した。他方，株式保有業について，利益配当請求権や株主総会の議決権などの株主権の行使や株式の運用に関連する業務等というように限定的に捉えた。それゆえ，地域統括業務は，その結果として当該他社の配当額の増加や資産価値の上昇に資することがあるとしても，株式保有業とは異なる独自の目的，内容，機能等を有するものというべきであって，地域統括業務は株式保有業には含まれないとした。

　また，実際に納税者の関係会社が行っていた地域統括業務は，地域経済圏の存在を踏まえて域内グループ会社の業務の合理化，効率化を目的とするものであって，当該地域において事業活動をする積極的な経済合理性を有することが否定できないものであった。そのため，このような地域統括業務が株式保有業に含まれるとすると，上記の株式の保有を主たる事業とするものでないことを求めた趣旨と整合しないことも，理由として挙げている。

　次に，地域統括業務と株式保有業の比較について，納税者の関係会社は，豪亜地域における地域統括会社として，域内グループ会社の業務の合理化，効率化を図ることを目的として，個々の業務につき対価を得つつ，地域企画，調達，財務，材料技術，人事，情報システム，物流改善という多岐にわたる地域統括業務を有機的に関連するものとして域内グループ会社に提供していた。また，対象となる事業年度において，地域統括業務の中の物流改善業務に関する売上高は，収入金額の約85％に上っていた。ただし，所得金額では，保有株式の受取配当の占める割合が8〜9割であった。もっとも，その配当収入の中には，地域統括業務によって域内グループ会社全体に原価率が低減した結果生じた利益が相当程度反映されていた。そして，現地事務所で勤務する従業員の多くが地域統括業務に従事し，保有する有形固定資産の大半が地域統括業務に供され

ていた。

 そこで，以上を総合的に勘案すれば，地域統括業務は，相当の規模と実体を有するものであり，受取配当の所得金額に占める割合が高いことを踏まえても，事業活動として大きな比重を占めていたとして，地域統括業務が主たる事業であったと結論づけた。

 そうすると，ある関係会社が，株式保有業とその他の事業（例えば卸売業など）の2つの事業を営む場合，当該関係会社が事業基準を満たすようにするためには，実務上どのような対策を立てればよいであろうか。当該関係会社としては，まず，株式保有業とその他の事業のそれぞれに係る収入・所得金額，使用人数，固定施設の状況等を，具体的に比較検討することになろう。そして，それぞれの要素について，株式保有業に係るものよりも，その他の事業に係るものの方が相対的に多くなるように事業計画を立案したうえで，立案した計画通りに着実に事業を遂行することになるだろう。また，「主たる事業」の判定は，当該関係会社の事業年度ごとに行うこととされている。したがって，各事業年度において，その他の事業に係る要素の方が多くなるようにするのが安全ということになる。

 実務的に悩ましいのは，要素ごとにどちらの事業のほうが多いかが異なる場合である。例えば，収入・所得金額は株式保有業のほうが多いが，使用人数と固定施設の状況等はその他の事業のほうが多いことがある。特に，保有する株式を売却したことにより譲渡益が発生する場合は，一時的ではあるが，株式保有業から生じる収入・所得金額が多額となることがあり，問題となりやすい（判例2，7，8，18）。この点について明確に線引きをすることは，現時点では難しい。もっとも，当該関係会社が，その他の事業のほうを設立当初からまさに本業として実際に行ってきているような場合であれば，その他の事業が相当の規模と実体を有するものであり，譲渡益の収入・所得金額に占める割合が高いことを踏まえても，事業活動として大きな比重を占めていることを，具体的かつ客観的に示すことにより，事業基準を満たしていると主張する余地は小さくないものと思われる。上記の最高裁判決は，株式保有業から生じる収入・所得金額は譲渡益ではなく受取配当であったが，収入・所得金額，使用人数，固定施設の状況等を総合的に勘案した結果，その他の事業（地域統括業務）が主た

る事業であることが認められたケースとして,参考になる。

なお,平成22年度税制改正において,株式の保有が主たる事業であっても,他社の事業活動の総合的な管理及び調整を通じてその収益性の向上に資する統括業務を行う一定の統括会社は,事業基準を満たすこととされた(統括会社特例)。上記の最高裁判決は,統括会社特例が適用される前の事業年度を対象とするものであったが,統括会社特例が適用される統括会社は,もともと株式の保有を主たる事業とするものであり,それ以外の統括会社は統括会社特例の対象となるものではないと指摘している。すなわち,地域統括業務を主たる事業とする統括会社は,統括会社特例を活用するまでもなく,事業基準を満たすということである。そして,この点は,平成22年度税制改正後においても,妥当するものと考えられる。

もっとも,現在の実務では,外国の関係会社が地域統括業務を行っている場合は,統括会社特例を活用して事業基準を満たすこととしているケースが多いであろう。地域統括業務が主たる事業であるかどうかは,上記のとおり,収入・所得金額,使用人数,固定施設の状況等を総合的に勘案して判定するため,納税者と税務当局との間で見解の相違が生じやすい面は否めない。したがって,今後の実務においても,少なくとも安全策として,統括会社特例が活用されていくことに変わりはないと思われる。

4 実体基準に関する判例の傾向と対策

2つ目の経済活動基準は,外国の関係会社が,その本店所在地国においてその主たる事業を行うに必要と認められる事務所,店舗,工場その他の固定施設を有していることである(実体基準)。実体基準は,物的な側面から,独立企業としての必要条件を明らかにしたものといえる。すなわち,外国の関係会社が,我が国に所在する親会社から独立した企業として実体を備えているというためには,主たる事業を行うために必要と認められる事務所,店舗その他の固定施設を有している必要があるということである。

実体基準に関する判例によれば,外国の関係会社が固定施設を有しているというためには,当該関係会社が賃借権等の正当な権原に基づき固定施設を使用

していれば足り，固定施設を自ら所有している必要はないとされる。また，実体基準を満たすために必要な固定施設の規模は，当該関係会社の行う主たる事業の業種や形態により異なると考えられるため，当該関係会社が使用している固定施設が必要な規模を満たしているか否かについては，当該関係会社の行う主たる事業の業種や形態に応じて判断すべきものとされている（判例13）。

ところで，「賃借権等の正当な権原に基づき固定施設を使用している」というためには，使用することができる場所や施設が特定され，排他的かつ独占的に，その施設等を継続的に使用することができる権原を有することが必要とする考え方がある。判例上も，この考え方の適否には言及していないが，仮に，これらの要件が必要だとした上で，具体的なあてはめを行うとどうなるかを検討したものがある（判例13）。したがって，実務上の対策としては，できるかぎり，これらの要件を満たすような態様で固定施設を使用するのが安全ということになろう。

もっとも，上記のとおり，固定施設が必要な規模を満たしているか否かについては，当該関係会社の行う主たる事業の業種や形態に応じて判断すべきものとされている。例えば，受注発注の形態で行われる小規模な精密機械部品の卸売業を営んでいる場合，机一台分のレンタルオフィススペース及び役員の専用執務室と一定の倉庫スペースをもって，十分な固定施設を有していたものとされている。また，役員が他社の役員を兼務していた関係で，専用執務室が他社のためにも使用されていたとしても差し支えないとされている（判例13）。したがって，当該事業において実際に想定される具体的なオペレーションによっては，かなり限定的な固定施設であっても，実体基準を満たすために必要な規模として認められる余地はあるものと思われる。

5 管理支配基準に関する判例の傾向と対策

3つ目の経済活動基準は，外国の関係会社が，その本店所在地国においてその事業の管理，支配及び運営を自ら行っていることである（管理支配基準）。管理支配基準は，機能的な側面から，独立企業としての必要条件を明らかにしたものといえる。すなわち，外国の関係会社が，我が国に所在する親会社から独

立した企業として実体を備えているというためには，事業の管理，支配及び運営という機能面から見て独立性を有している必要があるということである。

　管理支配基準に関する判例によると，管理支配基準が機能的な側面から独立企業としての実体があるかどうかを判断する基準であるとすれば，前提として，事業を行うために必要な常勤役員及び従業員が存在していることが必要とされる(判例13)。加えて，外国の関係会社の業務執行に関する意思決定及びその決定に基づく具体的な業務の執行が親会社から独立して行われていると認められるか否かについては，当該関係会社の株主総会及び取締役会の開催，役員としての職務執行，会計帳簿の作成及び保管等が行われている場所等を総合的に勘案するのが，判例の傾向といえるであろう（判例1，3，13）。

　そうすると，管理支配基準を満たすための実務上の対策としては，まず，外国の関係会社は，その本店所在地国に居住する取締役と従業員を置くことが安全となる。ただし，居住取締役が，他社の役員と兼務すること自体は禁じられていない。また，居住取締役の指揮監督を受けて，実際に日常業務を行う従業員が存在すれば足りる。当該従業員について直接雇用していることまでは必要ではなく，第三者から従業員の派遣を受けている場合を含むとされている（判例13）。

　次に，当該関係会社の株主総会及び取締役会の開催，役員としての職務執行，会計帳簿の作成及び保管が行われている場所が問題となる。実務上の対策としては，できるかぎり当該関係会社の本店所在地国において行うのが安全ということになろう。もっとも，結局のところ，これらの要素を総合的に勘案して，当該関係会社の意思決定とそれに基づく具体的な業務執行が，親会社から独立して行われているかを判断することになる。したがって，例えば，株主総会の開催が本店所在地国以外の場所で行われていたり，当該関係会社が，現地における事業計画の策定に当たり，親会社と協議し，その意見を求めていたとしても，それだけでは，管理支配基準を満たさないことにはならない。

　問題となりやすいのは，居住取締役のほかに，本店所在地国に居住しない非居住取締役が存在するような場合である。非居住取締役が親会社の所在地国に居住するような場合が，典型例である。税務当局としては，実質的には，非居住取締役が全ての意思決定を行っていたのではないかという心証を抱きやすい。

もっとも，そのような場合でも，管理支配基準を満たすとされたケースがある。

このケースでは，居住取締役と非居住取締役の役割分担や権限分配をあらかじめ決めておき，実際にそのとおりに役割や権限を分担・分配しながら経営に当たり，居住取締役が分担する事項については裁量権を有していた。そして，居住取締役は，法令・規制を遵守するために必要な各種届出等や税務申告を行い，経理，銀行取引及び為替管理を含む資金管理，営業担当者に対する指揮監督，売掛債権の督促・回収等の業務を行っていた。そのため，経営上重要な事項に関する意思決定及び会計帳簿書類の作成・保管を含む日常的な業務の遂行は，いずれも居住取締役と従業員により行われていたと認定されている（判例13）。

このように，管理支配基準を満たしているか否かは，当該関係会社の意思決定と業務執行の実態によるところが大きい。もっとも，外国の関係会社の実態は，外部からは見えにくいことも多い。したがって，仮に税務当局が，非居住取締役が全てを決めていたというような指摘をしてきたとしても，その指摘は実態とは異なることもあろう。そのような場合は，納税者としては，その実態を具体的かつ客観的に明らかにして，税務当局と粘り強く協議することが大切である。

6 非関連者基準・所在地国基準に関する判例の傾向と対策

4つ目の経済活動基準は，外国の関係会社の業種により異なる。すなわち，当該関係会社が各事業年度において行う主たる事業が，卸売業，銀行業，信託業，金融商品取引業，保険業，水運業，航空運送業又は一定の物品賃貸業に該当する場合と，これ以外に該当する場合とで，適用される基準が異なる。前者の場合は，その事業を主として非関連者との間で行っていることが必要である（非関連者基準）。他方，後者の場合は，その事業を主として本店所在地国において行っていることが必要となる（所在地国基準）。

その事業にとって本質的な行為の行われる場所が主としてその本店所在地国にあり，本店所在地国において資本投下を行い，その地の経済と密接に関連し

て事業活動を行っている場合は，当該関係会社がその地に所在する経済的合理性を推認し得る。所在地国基準が，その事業を主として本店所在地国において行っていることを要件としたのは，そのためである。他方，卸売業などの一定の事業については，その事業の性質上，事業活動の範囲が必然的に国際的にならざるを得ない。これらの事業を営む関係会社に対して，地場経済との密着性を重視する所在地国基準を適用することには無理がある。それよりも，その事業を関連者との取引に頼っているような企業は，その地に所在する経済的合理性が希薄であると考えられる。そこで，これらの事業については，その事業の大半が関連者以外の者との取引から成っているかどうかで判断する，非関連者基準を適用することとしたのである。

これまでの非関連者基準・所在地国基準に関する判例においては，外国の関係会社が，どちらの基準が適用される事業を営んでいるか，が争われたものが多い。具体的には，外国の関係会社が，卸売業と製造業のどちらを営んでいるか，が主な争点となっている。もし卸売業だとすると，非関連者基準が適用される。これに対し，製造業だとすると，所在地国基準が適用されることになる（判例9，10，11，12，14，15，22）。

この卸売業と製造業の区別の基準については，外国の関係会社が，<u>販売する製品を自ら製造していると評価されるべきかどうかにより区別</u>すべきとされている。そして，製造の主体性の判断の枠組については，工場における管理・運営についてどのような取決めがされ，組織編成や意思決定等がされているか，工場における人員の確保・管理，施設・設備の確保・管理，原材料の確保・管理，製品の品質管理，納期・工程管理，原価管理等がどのようにされているか，製造行為に基づく損益の帰属がどのようになっているのか等について，具体的に検討し，それらを総合して，<u>当該関係会社において工場における製造行為を自らの責任と判断において主体的に行っていると評価されるべきかについて社会通念に照らし，実質的に判断</u>すべきとするのが，最近の判例の傾向といえるであろう（判例10，15，22。なお判例9，11，12，14も参照）。

実際に問題が多発したのは，外国の関係会社が，本店所在地国以外に所在する他社の工場に製品の製造を委託していたケースである（いわゆる来料加工の事案）。多くのケースにおいて，当該関係会社自身が，当該他社の工場における

製造行為を主体的に行っていると評価され，当該関係会社の主たる事業は，製造業とされた。そして，当該関係会社は，本店所在地国以外において製品の製造を行っているとして，所在地国基準を満たさないとするケースが続出した（判例9，10，11，12，14，15，22）。

　もっとも，来料加工の事案でも，外国の関係会社は，本店所在地国以外に所在する他社の工場における製造行為を自らの責任と判断において主体的に行っていないと評価されるケースもあった。そのケースでは，当該関係会社の主たる事業は卸売業とされ，非関連者基準が適用された。そして，当該関係会社は非関連者基準を満たすとして，CFC税制の適用が否定されている（裁決例1）。判断の分かれ目になったのは，製造行為に係る人員の確保及び管理，原材料の確保及び管理，製品の品質管理，製品の工程及び納期の管理，原価管理を主体的に行っていたのは誰か，という点にあると考えられる。すなわち，この裁決例では，上記の多数の判例とは異なり，当該関係会社とは別の関係会社が他社の工場の所在地国に存在しており，当該別の関係会社の役職員がこれらの管理行為を主体的に行っていたと認定されている。

　この点については，平成29年度税制改正により，一定の手当がなされた。すなわち，外国の関係会社の主たる事業が製造業である場合の所在地国基準は，主として本店所在地国において，製品の製造を行っているかどうかで判断することが明確にされた。そのうえで，主として本店所在地国において，製造における重要な業務を通じて製造に主体的に関与していると認められる場合も，所在地国基準を満たすこととされた。より具体的には，外国の関係会社が，本店所在地国において行う次に掲げる業務の状況を勘案して，当該関係会社が，その本店所在地国においてこれらの業務を通じて製品の製造に主体的に関与していると認められる場合も，所在地国基準を満たすことが明らかにされた。

① 工場その他の製品の製造に係る施設又は製品の製造に係る設備の確保，整備及び管理
② 製品の製造に必要な原料又は材料の調達及び管理
③ 製品の製造管理及び品質管理の実施又はこれらの業務に対する監督
④ 製品の製造に必要な人員の確保，組織化，配置及び労務管理又はこれらの業務に対する監督

⑤ 製品の製造に係る財務管理（損益管理，原価管理，資産管理，資金管理その他の管理を含む。）
⑥ 事業計画，製品の生産計画，製品の生産設備の投資計画その他製品の製造を行うために必要な計画の策定
⑦ その他製品の製造における重要な業務

　したがって，今後は，外国の関係会社が，本店所在地国以外に所在する他社工場に製品の製造を委託する場合，実務上の対策としては，当該関係会社が，できるかぎり本店所在地国において，これらの業務を行うのが安全ということになろう。なお，本店所在地国においてこれらの業務の全てを行っていなければ，本店所在地国において主体的に関与していると認められないというものではない。当該関係会社の規模，製品の種類等によって，勘案すべき業務の内容は異なると考えられる。もっとも，当該関係会社が，基本的には当該他社の工場の所在地国においてこれらの業務を行っているということになると，平成29年度税制改正後も，所在地国基準を満たせないかもしれない。

　別の実務上の対策としては，そもそも，外国の関係会社が，他社の工場における製造行為を自らの責任と判断において主体的に行っていないと評価されるようにする方法もある。例えば，上記裁決例のように，当該他社の工場の所在地国において別の関係会社を設立し，当該別の関係会社が製造行為に係る人員の確保及び管理，原材料の確保及び管理，製品の品質管理，製品の工程及び納期の管理，原価管理を主体的に行うようにすることが考えられる。そうすれば，当該関係会社自身は製造行為を自らの責任と判断において主体的に行っていないため，その主たる事業は卸売業とされ，非関連者基準が適用されることになる可能性がある。

7　おわりに

　このように，外国の関係会社が経済活動基準を満たしているかどうかの判断は，当該関係会社の経済活動の実態によるところが大きい。したがって，実務上の対策としては，あらかじめ経済活動基準を満たすように事業計画を具体的に策定した上で，その計画通りに実際の業務執行を行うことがとても重要であ

なお，平成29年度税制改正前は，原則として，確定申告書に適用除外基準の適用がある旨を記載した書面を添付し，かつ，その適用があることを明らかにする書類その他の資料を保存している場合に限り，適用除外基準に関する規定を適用することとされていた。実際に，確定申告書にかかる書面を添付しなかったケースにおいて，適用除外基準を満たしているかどうかの判断をするまでもなく，CFC税制が適用されるとした判例も存在する（判例16。なお判例19も参照）。

　この点について，平成29年度税制改正において，適用除外基準の位置づけが，CFC税制の適用を除外するための基準から，能動的所得を合算課税の対象とする外国の関係会社を特定するための基準（経済活動基準）へと変更された。これに伴い，上記の書面添付要件や資料保存要件は，廃止された。そして，これらに代えて，引き続きCFC税制の実効性を確保する観点から，税務当局が求めた場合に，外国の関係会社が経済活動基準を満たすことを明らかにする書類等の提示又は提出がないときには，経済活動基準を満たさないものと推定することとされた。したがって，実務上の対策としては，経済活動基準を満たすことを明らかにする書類等を確実に保存しておくことが必要である。そして，その書類等の中に，上記に従い具体的に策定した外国の関係会社の事業計画や実際の業務執行の記録などを残しておくのが望ましいといえよう。

　もっとも，平成29年度税制改正後も，外国の関係会社が，税務当局の求めに応じて，経済活動基準を満たすことを明らかにする書類等の提示又は提出をしたときは，経済活動基準を満たさないことの主張立証責任は，引き続き税務当局にあると考えるべきであろう（判例13。なお判例1も参照）。すなわち，もし税務当局が，外国の関係会社が経済活動基準を満たさないことを主張・立証できなければ，当該関係会社の能動的所得を合算課税の対象とすることはできないと考えられる。

【引用判例・裁決例一覧】
　判例1　　最二小判平成4年7月17日税務訴訟資料192号98頁
　判例2　　最二小判平成9年9月12日税務訴訟資料228号565頁

判例 3	熊本地判平成12年 7 月27日訟務月報47巻11号3431頁
判例 4	最二小判平成19年 9 月28日民集61巻 6 号2486頁
判例 5	最一小判平成21年10月29日民集63巻 8 号1881頁
判例 6	最一小判平成21年12月 3 日民集63巻10号2283頁
判例 7	最二小判平成21年12月 4 日集民232号541頁
判例 8	東京高判平成22年 2 月17日税務訴訟資料260号11381順号
判例 9	東京高判平成23年 8 月30日税務訴訟資料261号11739順号
判例10	大阪高判平成24年 7 月20日税務訴訟資料262号12006順号
判例11	東京地判平成24年 7 月20日訟務月報59巻 9 号2536頁
判例12	東京高判平成25年 4 月10日税務訴訟資料263号12195順号
判例13	東京高判平成25年 5 月29日税務訴訟資料263号12220順号
判例14	名古屋高判平成25年10月30日税務訴訟資料263号12325順号
判例15	東京高判平成26年 6 月18日税務訴訟資料264号12487順号
判例16	岡山地判平成26年 7 月16日訟務月報61巻 3 号702頁
判例17	東京高判平成27年 2 月25日訟務月報61巻 8 号1627頁
判例18	東京高判平成29年 5 月25日訟務月報63巻11号2368頁
判例19	東京高判平成29年 9 月 6 日訟務月報64巻 2 号238頁
判例20	名古屋高判平成29年10月18日 D1-Law.com 判例体系
判例21- 1	名古屋地判平成26年 9 月 4 日訟務月報62巻11号1968頁
判例21- 2	名古屋高判平成28年 2 月10日訟務月報62巻11号1943頁
判例21- 3	最三小判平成29年10月24日裁判所ウェブサイト
判例22	東京高判平成29年10月26日 D1-Law.com 判例体系
裁決例 1	審判所裁決平成26年 8 月 6 日 TAINS データベース

移転価格税制における独立企業間価格の合理性

1 思わぬ課税リスクへの実務上の対策

　移転価格税制とは，内国法人が，外国の子会社などの関連者（国外関連者）との間で，資産の販売や購入，役務の提供その他の取引（国外関連取引）を行った場合に，その取引が，独立企業間価格で行われたものとみなして，法人税を課す制度をいう。ここに，独立企業間価格とは，その取引が，独立の企業の間（非関連者間）で，同様の状況の下で行われた場合に，成立するであろう価格をいう。

　独立企業間価格は，その算定方法により，大きく金額が変わり得る。このため，納税者と税務当局との間で，見解の相違が生じやすい。内国法人は，移転価格税制の適用により，予想外に多額の課税を受けることがある。もっとも，日本と国外関連者の居住地国との間に租税条約があれば，日本と条約相手国との間の協議（相互協議）により，条約相手国の国外関連者に対する課税を減額して，調整できる場合がある。実務的には，この相互協議により，問題の解決が図られることが多い。しかし，何らかの理由により相互協議が調わない場合は，国外関連者に対する課税と調整することはできない。そうすると，納得できない内国法人は，税務当局が主張する独立企業間価格の合理性について，日本の審判所・裁判所の判断を仰ぐことになる。移転価格税制に関する判例・裁決例は，ここ10年ほどで増加しており，既に25件以上の蓄積がある（判例1〜10，裁決例1〜16）。

　このような思わぬ課税がなされるリスクへの実務上の対策としては，内国法人と国外関連者との間の国外関連取引について，それぞれが果たす機能，使用する資産及び引き受けるリスク等を分析し，それを関連者間の契約書に落とし込んで，予め文書化しておくことが極めて重要である。関連者間の契約書は，独立企業間価格の分析の出発点とされているからである。もし契約書がなければ，生の取引実態の把握から独立企業間価格の分析を始めることになるため，

納税者と税務当局との間で見解の相違が生じやすく，思わぬ課税を招きかねない。

これまでの移転価格税制に関する判例・裁決例においては，独立企業間価格の合理性が主な争点となっている。そこで，本稿では，この点を中心に取り上げる。

2 独立企業間価格の算定方法

独立企業間価格の算定方法としては，法令上，主に次の5つが定められている。

①	独立価格比準法	非関連者間で，国外関連取引に係る棚卸資産と同種の棚卸資産を，国外関連取引と同様の状況の下で売買した取引の対価をもって，独立企業間価格とする方法
②	再販売価格基準法	国外関連取引に係る棚卸資産の買手が，非関連者に対して棚卸資産を再販売した対価から，通常の利潤を控除した金額をもって，独立企業間価格とする方法
③	原価基準法	国外関連取引に係る棚卸資産の売手の購入，製造その他の行為による取得の原価に，通常の利潤を加算した金額をもって，独立企業間価格とする方法
④	利益分割法	国外関連取引に係る棚卸資産の取得及び販売により，内国法人及び国外関連者に生じた所得を，一定の方法により各当事者に配分して計算した金額をもって，独立企業間価格とする方法
⑤	取引単位営業利益法	国外関連取引に係る棚卸資産の買手が，非関連者に対して棚卸資産を再販売した対価から，この対価に比較対象取引の営業利益率を乗じた金額に，棚卸資産の再販売のために要した販管費を加算した金額を控除した金額をもって，独立企業間価格とする方法など

なお，独立企業間価格の算定方法としては，上記に準ずる方法も認められる。また，国外関連取引が棚卸資産の販売や購入以外の取引であるときは，これらと同等の方法による。以下，それぞれの算定方法に関する判例・裁決例につい

て検討する。

3 独立価格比準法に関する判例・裁決例

　独立価格比準法とは，国外関連取引が棚卸資産の販売や購入であるときは，非関連者間で，国外関連取引に係る棚卸資産と同種の棚卸資産を，国外関連取引と取引段階，取引数量その他が同様の状況の下で売買した取引（比較対象取引）の対価をもって，独立企業間価格とする方法をいう。この方法は，理論的には，最も適切かつ容易な方法であり，基本的に他の方法よりも優れているとされる（判例1）。また，同種の棚卸資産を国外関連取引と取引段階，取引数量その他に差異のある状況の下で売買した取引がある場合において，その差異により生じる対価の差を調整できるときは，その調整を行った後の対価も，独立企業間価格として認められる。

　独立価格比準法に関する判例・裁決例においては，主に，比較対象取引の選定と差異の調整の合理性が争われている（判例1，2，裁決例1，2，3，6，14，16）。比較対象取引の選定に関しては，比較対象取引を国外関連取引の当事者自身と非関連者との間の取引に限定する方法（内部取引価格比準法）と，純粋に第三者間の取引を対象とする方法（外部取引価格比準法）の区別がある。この点については，前者の方が後者に比べて調整すべき項目が少なく，調整自体も容易であるから，基本的に優れているとされる（判例1）。また，国外関連取引と比較可能な非関連者間の取引が実在する場合には，実在の取引を比較対象取引とすることが原則である。もっとも，そのような取引が実在しない場合において，市場価格等の客観的かつ現実的な指標により，国外関連取引と比較可能な取引を想定できるときは，そのような仮想取引を比較対象取引とすることも，独立価格比準法に準ずる方法として認められる（判例2，裁決例6，14，16）。

　具体的な比較対象取引の選定にあたっては，一般に，いくつかの価格決定要因が存在する場合に，最も比較可能性の高い取引を選定しようとするならば，それを不適当とする特段の事情がない限り，価格決定要因のうち，最も影響力の大きいものに着目して候補を絞り込んでいく方法が，最も合理的とされる。

例えば，船舶建造請負取引の比較対象取引を選定するにあたり，船価決定に最も大きな影響を与えているのは，市況であるとされたケースがある。このケースでは，比較可能性が最も優れた取引を選定する際の考慮要素として，第一義的に市況を重視することには合理性があるとされた。それゆえ，国外関連取引と比較対象取引との契約締結日が近いことが，基本的な選択基準とされている（判例1）。

差異の調整に関しては，選択された非関連者取引について，比較対象取引としての合理性を確保するために行われる。したがって，調整の対象となる差異には，対価の差を生じさせ得るものすべてが含まれるわけではない。対価に影響を及ぼすことが客観的に明らかであるものに限られる。なお，差異を調整するにしても，完全に同一の条件で調整ができるとは限らないから，調整上の誤差という意味での価格の幅は生じ得る。また，比較可能性が同等に認められる取引が複数存在するため，比較対象取引を1つに絞り込むことが困難で，あえて1つに絞り込むことがかえって課税の合理性を損ねると判断されるような場合も，価格の幅が生じ得る。しかし，そのような事情がない限り，独立企業間価格は一義的に定めるべきとされる（判例1）。

4 再販売価格基準法に関する判例・裁決例

再販売価格基準法とは，国外関連取引が棚卸資産の購入であるときは，国外関連取引に係る棚卸資産の買手が，非関連者に対して棚卸資産を再販売した対価から，その対価に通常の利益率を乗じた金額を控除した金額をもって，独立企業間価格とする方法をいう。通常の利益率とは，国外関連取引に係る棚卸資産と同種又は類似の棚卸資産を非関連者から購入した買手が，それを非関連者に対して再販売した取引（比較対象取引）に係る，その買手の売上総利益の総収入金額に対する割合をいう。ただし，比較対象取引と，国外関連取引に係る棚卸資産の買手がした再販売取引とが，売手（再販売者）の果たす機能その他において差異がある場合には，その差異により生ずる割合の差につき，必要な調整を加えた後の割合とされる。

再販売価格基準法は，一定期間にわたる類似取引の通常の利益率から，独立

企業間価格を算定するものである。再販売取引に係る通常の利益率が，その取引に係る棚卸資産の種類そのものよりも，むしろ売手の果たす機能及び負担するリスクと密接に関係することに着目し，主として売手の果たす機能の類似性に基づいて，独立企業間価格を算定する方法である。したがって，比較対象取引と国外関連取引に係る棚卸資産の買手がした再販売取引とが，売手の果たす機能や負担するリスク等において差異がないことが重要となる（判例9）。

再販売価格基準法に関する判例・裁決例においても，主に，比較対象取引の選定と差異の調整の合理性が争われている（判例3，9）。再販売価格基準法は，上記のように，比較対象取引の利益率を基礎として独立企業間価格を算定する方法である。したがって，比較対象取引の選定にあたっては，利益率に差を生ずるような差異があるか，差異がある場合には，それによって生ずる利益率の差について調整できるかを検討する必要がある。なお，差異調整は，その差異が通常の利益率の算定に影響を及ぼすことが客観的に明らかな場合に限られる。もっとも，そのような差異が存在する場合には，その差異により生ずる利益率の差について調整を行わなければならない。差異調整ができないのであれば，その比較対象取引に基づいて独立企業間価格を算定すべきでない（判例9）。

例えば，幼児向け英語教材を輸入して訪問販売する取引の比較対象取引として，子供向け学習教材を仕入れて訪問販売する取引を選定して，更正処分をしたケースがある。このケースでは，いずれの取引も外交員による戸別の訪問販売であり，いずれの教材も仕入先が開発し製造したものであって，売手はいずれも製造機能を有していないから，売手の果たす機能において本質的な差異はないとされた。もっとも，広告宣伝の方法及び内容や外交員の構成及び報酬制度の差異があるため，売手の果たす機能において，通常の利益率の算定に影響を及ぼすことが客観的に明らかな差異があるとされた。そして，特に全国的に外交員の営業拠点を展開していたかどうかにより生ずる売上総利益率の差について，適切な調整がなされていないとされた。また，教材中で使用されるキャラクターの知名度や顧客に対する訴求力の差異により生ずる売上総利益率の差についても，適切な調整がなされていないとして，結論としては，比較対象取引の選定が否定されている（判例9）。

また，日本の卸売業者に対し製品の販売促進等の役務を提供する業務を，国外関連者から受託する国外関連取引の比較対象取引として，同種又は類似の製品について，非関連者間で行われた受注販売方式の再販売取引を選定して，更正処分をしたケースがある。このケースでは，この算定方法が，再販売価格基準法に準ずる方法と同等の方法といえるかどうかが争われた。そして，この算定方法が，国外関連取引の内容に適合し，かつ，再販売価格基準法の考え方から乖離しない合理的な方法といえるかどうかが，問題とされた。この点について，裁判所は，売手の果たす機能や負担するリスクの観点から検討すべきと判示した。そして，国外関連取引は，法的にも経済的実質においても役務提供取引であるのに対し，比較対象取引は，再販売取引を中核とするものであって，売手（ないし役務提供者）の果たす機能において，看過し難い差異があるとした。また，国外関連取引の役務提供者は，卸売業者による製品の再販売に伴うリスクを負担しないのに対し，比較対象取引の売手は，製品の再販売に伴うリスクを負担するので，負担するリスクについても基本的な差異があるとした。このため，この算定方法自体，再販売価格基準法に準ずる方法と同等の方法とはいえないとして，否定されている（判例3）。

このように再販売価格基準法に関する判例・裁決例は，特に，売手の果たす機能及び負担するリスクに関し差異があるかどうか，差異が存在する場合には適切な調整が可能かを，厳密に検証する傾向があるといえよう。

5 原価基準法に関する判例・裁決例

原価基準法とは，国外関連取引が棚卸資産の販売であるときは，国外関連取引に係る棚卸資産の売手の購入，製造その他の行為による取得の原価に，その原価に通常の利益率を乗じた金額を加算した金額をもって，独立企業間価格とする方法をいう。通常の利益率とは，国外関連取引に係る棚卸資産と同種又は類似の棚卸資産を，非関連者からの購入，製造その他の行為により取得した売手が，それを非関連者に対して販売した取引（比較対象取引）に係る，その売手の売上総利益の総原価に対する割合をいう。ただし，比較対象取引と国外関連取引とが，売手の果たす機能その他において差異がある場合には，その差異

により生ずる割合の差につき，必要な調整を加えた後の割合とされる。

原価基準法に関する判例・裁決例においても，主に，比較対象取引の選定と差異の調整の合理性が争われている（判例4，裁決例4）。比較対象取引の選定に当たっては，販売される棚卸資産の種類が問題となり得る。この点について，比較対象取引において販売される棚卸資産には，国外関連取引に係る棚卸資産と，性状，構造，機能等の面において類似する棚卸資産も含まれる。これらの一部について差異がある場合でも，その差異が通常の利益率の算定に重大な影響を与えなければ差し支えないとされる。なお，仮に，国外関連取引と比較対象取引との間において，通常の利益率に重大な影響を与えるような差異が存在し，かつ，その差異による具体的影響額を算定できない場合には，比較対象取引の選定が否定される。もっとも，納税者は，通常の利益率に何らかの影響を与え得る差異が存在することを裏づけるに足りる証拠を，容易に提出し得る地位にある。したがって，税務当局が，取引態様等に照らし通常の利益率に影響を与え得る差異がないことについて，相応の立証をした場合には，納税者において，上記の差異の存在について具体的に立証すべきとされる。納税者が，この点について十分な立証を行わない場合には，そのこと自体から反証がないものとして，そのような差異が存在しないことが推認される（判例4）。

例えば，国外関連者に対して圧着端子類及びコネクタ類を輸出する国外関連取引の比較対象取引として，同じ納税者が複数の非関連者に対して圧着端子類及びコネクタ類を輸出する取引を選定したケースがある。このケースでは，いずれの製品も，性状，構造，機能等の面からみて同種又は類似の棚卸資産に該当するとされた。また，比較対象取引が，複数の非関連者との間で，販売代理店契約や継続的な製品供給取引として行われていたことから，各事業年度ごとの圧着端子類及びコネクタ類の取引全体を対象とするのが適切とされた。そして，複数の非関連者間に存在する差異を重視するのは相当ではなく，むしろ複数の非関連者を一体として比較対象取引とするほうが，差異が相殺されて利益率が平準化され，より適切な比較を行うことができるので，合理的とされた（判例4）。

なお，本来の業務に付随した役務提供取引については，その役務提供の総原価を独立企業間価格とすることも，原価基準法に準ずる方法と同等の方法とし

て認められる場合がある。判例上も，国外関連者における工場を順調に稼働させ，同工場で製造された製品を安定的に輸入するために，同工場における生産管理や技術指導などの役務提供を行ったケースにおいて，製品輸入取引という本来の業務に付随して行ったものとして，その役務提供の総原価を独立企業間価格としたものがある（判例8）。

6 利益分割法に関する判例・裁決例

利益分割法のうち主なものは，（1）寄与度利益分割法と，（2）残余利益分割法である。

(1) 寄与度利益分割法

寄与度利益分割法とは，国外関連取引が棚卸資産の販売や購入であるときは，内国法人及び国外関連者によるその購入，製造その他の行為による取得及び販売に係る所得（分割対象利益）が，分割対象利益の発生に寄与した程度を推測するに足りる，支出した費用の額，使用した固定資産の価額，その他各当事者に係る要因（分割要因）に応じて，各当事者に帰属するものとして計算した金額をもって，独立企業間価格とする方法をいう。

寄与度利益分割法に関する判例・裁決例においては，主に，分割要因の選定の合理性が争われている（判例6，裁決例7）。寄与度利益分割法は，まず，各当事者が支出した人件費等の費用の額，使用した固定資産の価額，投下資本の額，その他各当事者の行為が分割対象利益の発生に寄与した相対的な程度を推測するに足りる分割要因を，事案に応じて選定する。そして，その割合に応じて利益を按分することにより，独立企業間価格が算定される。したがって，分割要因の選定にあたっては，国外関連取引の内容に応じて，各当事者が果たす機能を分析し，その機能に差異があるときは，それぞれの機能が分割対象利益の発生に寄与する程度や性格等を考慮し，各当事者が分割対象利益の獲得に寄与した相対的な程度を推測するに足りる要因を選定すべきである（判例6）。

例えば，国外関連者からエクアドル産バナナを輸入する国外関連取引の独立企業間価格を，寄与度利益分割法により算定するにあたり，販管費を分割要因

として選定したケースがある。このケースでは，販管費は，一般的に，企業の営業利益の獲得に寄与する性質を有するものとして認められている費用であるとされた。また，国外関連取引に関し，内国法人及び国外関連者が行った業務は，仕入販売業務及びこれを支える一般管理業務のみであった。各当事者がこれらの業務のために支出した費用は，販管費として計上されていた。その他に，各当事者が，国外関連取引に関して何らかの業務を行い，そのために費用を支出したとは認められなかった。そのため，国外関連取引に関し，各当事者が支出した販管費は，各当事者が国外関連取引に係る営業利益の獲得に寄与した相対的な程度を推測するに足りる分割要因とされた（判例6）。

（2） 残余利益分割法

　残余利益分割法は，国外関連取引が棚卸資産の販売や購入であるときは，第1段階として，上記の分割対象利益のうち，独自の機能を果たさない非関連者間取引において通常得られる所得（基本的利益）を，内国法人及び国外関連者に配分する。そして，第2段階として，配分した金額の残額（残余利益）を，各当事者が果たす独自の機能に応じて配分して，独立企業間価格を算定する。残余利益は，その発生に寄与した程度を推測するに足りる，支出した費用の額，使用した固定資産の価額，その他各当事者に係る分割要因に応じて，各当事者に配分される。残余利益分割法は，内国法人又は国外関連者が重要な無形資産を有する場合など，独自の機能を果たしている場合に適用することが想定されている。特に，国外関連取引が重要な無形資産の使用許諾等であるときは，比較対象取引を見出すことができないとして，残余利益分割法の適用が検討されることが少なくない。

　例えば，国外関連者に対し製品の製造・販売に係る技術やノウハウ等の無形資産の使用許諾及び役務提供をする国外関連取引について，同一法人による非関連者に対する無形資産の使用許諾取引を比較対象取引とし，「同種」や「同様の状況」の要件を多少緩めた，独立価格比準法に準ずる方法と同等の方法を適用すべきと納税者が主張したケースがある。しかし，裁判所は，比較対象取引に求められる「同種」や「同様の状況」の要件を緩和し，本来は比較対象取引とならない取引を比較対象として独立価格比準法と同等の方法を適用すること

が許容されるのか疑問と指摘した。また，国外関連取引と比較対象取引との間には，取引の対象及び状況に相当程度の差異が存在することから，独立価格比準法に準ずる方法と同等の方法を適用することは合理的でないとし，残余利益分割法の適用を支持した（判例10）。

残余利益分割法に関する判例・裁決例においては，主に，分割対象利益の算定，基本的利益の算定と残余利益の分割要因選定の合理性が争われている（判例7，10，裁決例8，9，10，12，13，15）。利益分割法における分割対象利益は，国外関連取引に係る棚卸資産の販売等により，内国法人及び国外関連者に生じた営業利益を対象とするものである。営業利益は，収入から費用を控除して算出される。したがって，分割対象利益を算定するに当たっては，収入から当該収入を得るために要した費用を控除すべきである（判例10）。

例えば，前述の無形資産の使用許諾及び役務提供をする国外関連取引のケースでは，残余利益分割法を適用するにあたり，分割対象利益の算定が問題となった。このケースでは，分割対象利益を算定する際に，内国法人の国外関連者からのロイヤリティー収入から，一定の研究開発費が控除された。研究開発費については，一般に，企業会計処理上，各期の総利益に期間的に対応する費用として，発生時に費用処理するとの会計基準が採用されている。法人税に係る損金算入に関しても，原則として，収益との直接の対応関係が要求される原価ではなく，期間対応の費用である一般管理費に当たるものとされている。したがって，分割対象利益の算定に当たり，ある事業年度のロイヤリティー収入から，当該事業年度において支出された研究開発費を控除するのが相当とされた（判例10）。

基本的利益は，国外関連取引の事業と同種の事業を営み，市場，事業規模等が類似する，独自の機能を果たさない非関連者（比較対象法人）の，事業用資産又は売上高に対する営業利益の割合等で示される利益指標に基づいて算定される。それゆえ，比較対象法人として選定されるためには，その非関連者が，国外関連取引の事業と同種の事業を営み，市場，事業規模等が類似するものであり，かつ，独自の機能を果たす法人ではないことが必要とされる（判例7）。

例えば，ブラジルにおいて各種税金が軽減されるマナウスフリーゾーンに所在する国外関連者の比較対象法人として，マナウスフリーゾーンに所在しない

ブラジル法人を選定して，更正処分をしたケースがある。このケースでは，一般に，政府の規制や介入は，市場における棚卸資産の価格や法人の利益に影響を及ぼし得る性質を有し，市場の条件を構成するとされた。また，マナウスフリーゾーンにおける各種税金の軽減措置は，法人の営業利益に影響を及ぼす性質を有し，政府助成金や補助金といった政府の介入の実質を有するものとして，マナウスフリーゾーンという市場の条件を構成するとされた。したがって，マナウスフリーゾーンに所在しないブラジル法人は，マナウスフリーゾーンにおいて各種税金の軽減措置を享受する国外関連者の比較対象法人にはならないと判示された（判例7）。

　残余利益の分割要因の選定に関しては，内国法人又は国外関連者が無形資産を用いることにより独自の機能を果たしている場合，何を分割要因とするかが問題となり得る。この点については，無形資産による寄与の程度を推測するに足りるものとして，各当事者に帰せられる無形資産の価額，その開発のために支出した費用等を，分割要因とすることができるとされる。なお，無形資産の帰属に関しては，無形資産の法的な所有関係のみならず，無形資産を形成，維持又は発展させるための活動において，各当事者の行った貢献の程度も勘案する必要がある。そして，無形資産の形成等への貢献の程度を判断するに当たっては，無形資産の形成等のための意思決定，役務の提供，費用の負担及びリスクの管理において，各当事者の果たした機能等を総合的に勘案すべきとされる（裁決例12）。

　例えば，国外関連者に対する医療用医薬品の輸出取引とそれに係る無形資産の使用許諾取引の独立企業間価格を，残余利益分割法により算定するに当たり，内国法人が負担した，米国において医療用医薬品を販売するための臨床試験費用を，内国法人に係る分割要因として，更正処分をしたケースがある。このケースでは，内国法人は，医療用医薬品を開発・製造する製薬会社として位置づけられ，国外関連者は，その販売会社として位置づけられていた。また，臨床試験の成果は，販売会社としての国外関連者の利益に直接寄与するものであるとともに，国外関連者がその成否についてのリスクを直接負担していた。したがって，臨床試験に係る無形資産の形成等のための意思決定及びリスク管理等の主体は，国外関連者であったといえるため，この臨床試験費用は，国外関連者に

係る分割要因とされた（裁決例12）。

7　取引単位営業利益法に関する判例・裁決例

　取引単位営業利益法とは，国外関連取引が棚卸資産の購入であるときは，国外関連取引に係る棚卸資産の買手が，非関連者に対して棚卸資産を再販売した対価から，この対価に比較対象取引の営業利益率を乗じた金額に，棚卸資産の再販売のために要した販管費を加算した金額を控除した金額をもって，独立企業間価格とする方法などをいう。ここに，比較対象取引とは，同種又は類似の棚卸資産を非関連者から購入した者（比較対象法人）が，それを非関連者に対して販売した取引をいう。また，営業利益率とは，比較対象取引に係る営業利益の総収入金額に対する割合をいう。ただし，比較対象取引と，国外関連取引に係る棚卸資産の買手がした再販売取引とが，売手（再販売者）の果たす機能その他において差異がある場合には，その差異により生ずる割合の差につき，必要な調整を加えた後の割合とされる。

　取引単位営業利益法は，国外関連取引と比較対象取引の価格そのものではなく，その営業利益率を比較することにより，独立企業間価格を算定するものである。比較対象取引としては，実在の取引が想定されている。もっとも，比較可能な取引を複数抽出することができる場合は，その平均値などの仮想取引を比較対象取引として独立企業間価格の算定を行うことも，取引単位営業利益法に準ずる方法として認められる（裁決例11）。

　取引単位営業利益法に関する判例・裁決例においては，主に，比較対象取引の選定と差異の調整の合理性が争われている（裁決例11）。この点については，内国法人又は国外関連者が独自の機能を果たしているかどうか，特に，重要な無形資産を有するかどうかが問題となる。もしいずれかが重要な無形資産を有していれば，比較対象法人の果たす機能その他との関係で，差異の調整が必要となり得るからである。無形資産が内国法人又は国外関連者の所得にどの程度寄与しているかを検討するにあたっては，①技術革新を要因として形成される特許権，営業秘密等，②従業員等が経営，営業，生産，研究開発，販売促進等の企業活動における経験等を通じて形成したノウハウ等，③生産工程，交渉手

順，開発，販売，資金調達等に係る取引網等の，重要な価値を有し所得の源泉となるものが，総合的に勘案される。そして，重要な無形資産とは，それが内国法人又は国外関連者の営業利益に影響を及ぼすことにより，比較対象法人の営業利益には含まれない超過利益の源泉となるものをいうとされる（裁決例11）。

例えば，国外関連者に対し棚卸資産を輸出する国外関連取引に取引単位営業利益法を適用するに当たり，国外関連者の営業利益に影響を及ぼす重要な無形資産は存在しないとされたケースがある。このケースでは，具体的には，棚卸資産に係るブランドについて，内国法人の識別標章の1つとして顧客から認識され，市場に浸透しているものであるから，国外関連者の営業利益に影響を及ぼすような超過利益の源泉とはなっていないとされた。また，国外関連者の販売網について，一般に，販売会社は，それぞれ販売網を有していることからすれば，国外関連者がその有する販売網から得る便益は，通常，比較対象法人の営業利益に含まれるとされた。さらに，本件では，国外関連者の有する販売網は，内国法人の積極的な関与の下に整備されたものであるから，国外関連者の営業利益に影響を及ぼすような超過利益の源泉となるものではなく，重要な無形資産とはいえないとされた（裁決例11）。

なお，取引単位営業利益法は，上記のように，比較対象取引に係る営業利益等を指標とする。そのため，取引の当事者が果たす機能に多少の差異があっても，その差異は営業費用の水準差に反映される場合がある。すなわち，営業利益の水準ではその差異が一定の範囲で吸収され，差異の調整が不要となる場合があるとされる（裁決例11）。

8　おわりに：推定課税のリスク

このように移転価格税制が適用されると，納税者にとって予想外の価格が独立企業間価格とされるリスクがある。もちろん，審判所・裁判所において，独立企業間価格の合理性が再検証された結果，課税処分の全部又は一部が取り消されることは，少なからずある（判例3，7，9，裁決例2，3，4，8，9，10，12，13，15，16）。しかし，例えば，差異の調整は，対価や利益率に影響を

及ぼすことが客観的に明らかであるものに限られているなど，一定の割り切りの下に成り立っている制度であることは否めない。したがって，冒頭で述べたように，あらかじめ関連者間の契約書を整備しておくなどの，事前の対策が欠かせない。

　なお，独立企業間価格の主張立証責任は，原則として，国が負う（判例3，5）。ただし，税務当局が，国外関連取引の独立企業間価格を算定するために重要と認められる書類の提示又は提出を求めたにもかかわらず，納税者が提示又は提出しなかった場合は，別論である。その場合，税務当局は，国外関連取引に係る事業と同種の事業を営む法人で，事業規模その他の事業の内容が類似するもの（同種事業類似法人）の売上総利益率等を基礎として算定した金額を，独立企業間価格と推定できることとされている。納税者側の書類の不提示，不提出という事情が存する場合に，独立企業間価格の立証責任を国側ではなく納税者側に負わせることとする，一種の立証責任の転換である（判例5）。

　この推定課税に関する判例・裁決例では，主に，事業の同種性及び事業内容の類似性が争われている（判例5，裁決例5）。この点について，推定課税が不可能又は著しく困難となる場合が多くなることは，移転価格税制の制度の意義を没却することにつながりかねない。そのため，事業の同種性及び事業内容の類似性については，それほど高度で厳格なものは要求されていない。納税者側は，自ら適正な独立企業間価格を主張立証することにより，推定を破ることができる。それゆえ，納税者側にとって過酷で不当とはいえないとされる（判例5）。

　例えば，国外関連者からパチスロメーカー向けコインホッパー用モーターを輸入した国外関連取引に関し，帳簿書類等が遅滞なく提示又は提出されなかったとして，推定課税がなされたケースがある。このケースでは，国外関連者と同種事業類似法人とされた3社は，いずれも，小型モーターを中心とする商品を仕入れて，加工しないまま再販売する卸売業を営んでいた。そのため，事業の同種性が，一応認められるとされた。そして，卸売業を営む法人がメーカーから小売までのどの取引段階にあるかによって，粗利益率に多少の差が生ずることがあっても，同種事業類似法人として選定することの大きな障害にはならないとされた。また，小型モーターは，それが組み込まれる製品の仕様によっ

て細かな差異はあるものの、一般的には、汎用性のある製品である。それゆえ、用途が異なるモーターを取り扱うことによる差異があっても、同種性・類似性は直ちには否定されなかった（判例5）。

さらに、推定課税においては、独立企業間価格と推定される金額の算定にあたり、関連者間の取引を含む金額を基礎とすることも許される。また、税務当局の職員は、推定課税をするにあたり、同種事業類似法人に質問し、帳簿書類を検査し、その提示又は提出を求めることができる。そして、当該職員は、質問検査をした同種事業類似法人の事業内容や財務状況等の詳細について、当然に守秘義務を負っている。そのため、税務当局は、その事業内容や財務状況等について開示することができない同種事業類似法人に関する資料（シークレット・コンパラブル）を用いて、推定課税することもできる（判例5）。

このように推定課税が適用されると、納税者にとっては、さらに想定外の課税がなされるリスクがある。もっとも、推定課税がなされるリスクは、独立企業間価格を算定するために重要な書類を事前に準備することにより、回避することができる。移転価格税制対策の要諦は、何よりも、入念な事前の準備に尽きるといえよう。

【引用判例・裁決例一覧】

判例1	高松高判平成18年10月13日訟務月報54巻4号875頁
判例2	東京地判平成18年10月26日訟務月報54巻4号922頁
判例3	東京高判平成20年10月30日税務訴訟資料258号203順号
判例4	大阪高判平成22年1月27日税務訴訟資料260号11370順号
判例5	東京高判平成25年3月14日訟務月報60巻1号149頁
判例6	東京高判平成25年3月28日税務訴訟資料263号12187順号
判例7	東京高判平成27年5月13日税務訴訟資料265号12659順号
判例8	大阪高判平成28年6月10日 TAINSデータベース
判例9	東京地判平成29年4月11日判例集未登載
判例10	東京地判平成29年11月24日判例集未登載
裁決例1	審判所裁決平成10年11月30日 TAINSデータベース
裁決例2	審判所裁決平成11年3月31日 TAINSデータベース
裁決例3	審判所裁決平成14年5月24日 TAINSデータベース
裁決例4	審判所裁決平成14年6月28日 TAINSデータベース
裁決例5	審判所裁決平成17年6月23日 TAINSデータベース

裁決例 6 　審判所裁決平成17年 9 月30日　TAINS データベース
裁決例 7 　審判所裁決平成19年 2 月27日　TAINS データベース
裁決例 8 　審判所裁決平成20年 7 月 2 日　TAINS データベース
裁決例 9 　審判所裁決平成22年 1 月27日　TAINS データベース
裁決例10　審判所裁決平成22年 6 月28日　TAINS データベース
裁決例11　審判所裁決平成25年 3 月 5 日　TAINS データベース
裁決例12　審判所裁決平成25年 3 月18日　TAINS データベース
裁決例13　審判所裁決平成27年 3 月 5 日　TAINS データベース
裁決例14　審判所裁決平成28年 2 月19日　TAINS データベース
裁決例15　審判所裁決平成28年 6 月21日　TAINS データベース
裁決例16　審判所裁決平成29年 9 月26日　TAINS データベース

（北村　豊）

リミテッド・パートナーシップ (LPS) の最新裁判例を踏まえた税務係争問題の解決策

1 はじめに

最高裁判所は，平成27年7月17日，外国事業体の租税法上の法人該当性に関する判断方法を最高裁判所として初めて示した（最二小判平成27年7月17日民集69巻5号1253頁。以下「平成27年最高裁判決」という）。その後，この判断方法によって外国事業体の法人該当性について判断を示した下級審判決が複数登場しており，今後の税務調査・税務係争の傾向と対策を知るうえで，貴重な資料が提供されているといえる。本章では，平成27年最高裁判決と，その後の下級審判決（東京地判平成28年12月22日裁判所 HP 参照（平成24年（行ウ）第846号等）。以下「平成28年東京地裁判決」という）について解説する。

2 平成27年最高裁判決

(1) 事案の概要

本件は，A，B 及び C（以下「本件出資者ら」という）が，D 銀行を受託者とする信託契約を介して米国デラウェア州改正統一リミテッド・パートナーシップ法（以下「D 州 LPS 法」という）に基づいて設立された各 LPS（以下「本件各 D—LPS」という）に出資し，本件各 D—LPS が行う米国所在の中古集合住宅（以下「本件各不動産」という）の賃貸事業（以下「本件各不動産賃貸事業」という）に係る損失の金額を同人らの他の所得の金額から控除して所得税の申告又は更正の請求をしたところ，所轄税務署長から，当該賃貸事業に係る損失は同人らに帰属せず，上記のような損益通算（所法69①）をすることはできないとして，それぞれ所得税の更正処分及び過少申告加算税賦課決定処分又は更

正をすべき理由がない旨の通知処分を受けたことから，上記各処分の取消しを求めた事案である。

　上記の信託契約は，E証券が企画した投資事業プログラムに基づく複合的な契約の一部であり，このうち，米国カリフォルニア州に所在する中古集合住宅の賃貸事業に係るプログラムにおいては，出資者からの出資と借入金を原資として中古集合住宅を購入し，①出資金20,000,000円（1口）につき，②7年間の同建物の賃貸事業による現金収入が3,603,000円，③7年後の同建物の売却による現金収入が5,418,000円，④7年間の同建物の賃貸事業に係る不動産所得（上記②の賃貸事業による現金収入から減価償却費を差し引いた金額）▲85,188,000円を他の所得の金額から控除することによる節税額が合計23,505,000円であり，投資効果は約163％（＝（②＋③＋④）÷①）であると想定されている。

（2）争　点

　本件においては，本件各D―LPSが行う本件各不動産賃貸事業により生じた所得が本件各D―LPS又は本件出資者らのいずれに帰属するかが争われた。

　この点，複数の者が出資をすることにより構成された組織体が事業を行う場合において，その事業により生じた利益又は損失は，別異に解すべき特段の事情がない限り，当該組織体が我が国の租税法上の法人に該当するときは当該組織体に帰属するものとして課税上取り扱われる一方で，当該組織体が我が国の租税法上の法人に該当しないときはその構成員に帰属するものとして課税上取り扱われることになるから，本件における上記の所得の帰属を判断するにあたっては，本件各D―LPSが所得税法第2条第1項第7号及び法人税法第2条第4号（以下「所得税法第2条第1項第7号等」という）に共通の概念として定められている外国法人として我が国の租税法上の法人に該当するか否かが問題となる。

（3）判決の要旨

イ　法令解釈

　本判決は，外国法に基づいて設立された組織体が所得税法第2条第1項第7

号等に定める外国法人に該当するか否かを判断するにあたっては，まず，より客観的かつ一義的な判定が可能である観点として，次の「判断方法1」について検討することとなり，これができない場合には，次に，当該組織体の属性に係る観点として，次の「判断方法2」について検討し，判断すべきものであると判示した。

> **判断方法1**
> 　当該組織体に係る設立根拠法令の規定の文言や法制の仕組みから，当該組織体が当該外国の法令において日本法上の法人に相当する法的地位を付与されていること又は付与されていないことが疑義のない程度に明白であるか否かを検討する。

> **判断方法2**
> 　当該組織体が権利義務の帰属主体であると認められるか否かを検討する。具体的には，当該組織体の設立根拠法令の規定の内容や趣旨等から，当該組織体が自ら法律行為の当事者となることができ，かつ，その法律効果が当該組織体に帰属すると認められるか否かという点を検討する。

ロ　認定事実（第1審及び控訴審）

本件の第1審及び控訴審の認定した事実は，次のとおりである。

(イ)　D州LPS法の規定

D州LPS法には，次の規定がある。

> **106条(a)項**
> 　LPSは，デラウェア州法第8編コーポレーション法の126条に規定されている保険担保権を発行する事業，保険リスクを引き受ける事業及び銀行業を除き，営利目的か否かを問わず，いかなる合法的な事業，目的又は活動をも実施することができる。

> **106条(b)項**
> 　LPSは，本章（デラウェア州法第6編第17章，すなわちD州LPS法。以下同じ。）若しくはその他の法律又は当該LPSのパートナーシップ契約により付与された全ての権限及び特権並びにこれらに付随するあらゆる権限（当該LPSの事業，目的，活動の実行・促進及び達成のために必要又は好都合な権限や特権を含

む。）を保有し、それを行使することができる。

201条（b）項
　LPSは、最初のLPS証明書が州務長官登録局に登録された時点又はLPS証明書に記載された（当該登録後の）日付にて設立されるものとし、いずれの場合においても、本項の要件を完全に満たすものでなければならない。本章に基づき組織されたLPSは、独立した法的主体（separate legal entity）となり、その独立した法的主体（separate legal entity）としての地位は、当該LPSのLPS証明書が解除されるまで継続する。

701条
　パートナーシップ持分は、人的財産（personal property）である。パートナーは、特定のLPS財産（specific limited partnership property）に対していかなる持分も所有しない。

（ロ）　本件各D—LPSに係るパートナーシップ契約

本件各D—LPSに係るパートナーシップ契約（以下「本件各D—LPS契約」という）には、次の定めがある。

1.3条
　本件各D—LPSは、本件各不動産の購入、取得、開発、保有、賃貸、管理、売却その他の処分の目的のみのために設立され、当該目的を実施するために必要又は便宜的な範囲で次の権限を有する。
（A）　本件各不動産の購入、取得、開発、保有、賃貸、管理、売却その他の処分
（B）　銀行口座の開設及び維持並びに支払のための小切手その他為替の振出し
（C）　必要又は望ましいと考えられる条件で、随時、金額又は支払方法及び支払時期の制限なく金員を借り入れ、又は約束手形その他の流通性のある証券若しくは流通性のない負債証書の発行、受領、裏書及び作成をすること、本件各D—LPSの財産の全部又は一部を担保に供し、差し入れ、委譲し、又は譲渡することによって上記借入れ等及びその利息の支払を所有時か取得後かにかかわらず保証すること並びに本件各D—LPSに関する当該証券及び負債証書を売却し、担保に供し、その他処分すること
（D）　第三者に対する請求について訴訟を提起し、提起され、解決し又は和解し、本件各D—LPSに対する請求について解決し又は和解し、それらに関連して必要又は望ましいと考えられる書類の作成、意思表示、許可及び権利放棄を行うこと

> (E) 独立した弁護士，会計士，その他上記の目的に関連して必要又は望ましいと考えられる者の雇用
> (F) その他上記事項を達成するために必要，適切又は便宜的な活動及び取引を行い，契約その他の約定を締結し，作成し，実施すること

> 4.5条
> パートナーは，別紙（略）のそれぞれの名の隣に記載されたパートナーシップ出資割合を有する。各パートナーは，本件各Ｄ―ＬＰＳの資産に，そのパートナーシップ出資割合に相当する不可分の持分を有する。

八 当てはめ

（イ） 判断方法1

本判決は，下記Ａ及びＢを考慮すると，Ｄ州ＬＰＳ法において同法に基づいて設立されるＬＰＳが「separate legal entity」となるものと定められていることをもって，本件各Ｄ―ＬＰＳに日本法上の法人に相当する法的地位が付与されているか否かを疑義のない程度に明白であるとすることは困難であり，Ｄ州ＬＰＳ法や関連法令の他の規定の文言等を参照しても本件各Ｄ―ＬＰＳがデラウェア州法において日本法上の法人に相当する法的地位を付与されていること又は付与されていないことが疑義のない程度に明白であるとはいい難いと判示した。

Ａ Ｄ州ＬＰＳ法は，同法に基づいて設立されるリミテッド・パートナーシップがその設立により「separate legal entity」となるものと定めているところ（201条（ｂ）項），①デラウェア州法を含む米国の法令において「legal entity」が日本法上の法人に相当する法的地位を指すものであるか否かは明確でなく，また，②「separate legal entity」であるとされる組織体が日本法上の法人に相当する法的地位を有すると評価することができるか否かについても明確ではない。

Ｂ デラウェア州一般会社法（General Corporation Law of the State of Delaware）における株式会社（corporation）については，「a body corporate」という文言が用いられ（同法106条），「separate legal entity」との文言は用

いられていない。
　(ロ)　判断方法2
　本判決は，次のとおり述べたうえで，このようなD州LPS法の規定等に鑑みると，本件各D―LPSは，自ら法律行為の当事者となることができ，かつ，その法律効果が本件各D―LPSに帰属するものということができるから，権利義務の帰属主体であると認められると判示した。
　A　D州LPS法の規定
　　D州LPS法106条（a）項及び同条（b）項の規定に照らせば，同法は，LPSにその名義で法律行為をする権利又は権限を付与するとともに，LPS名義でされた法律行為の効果がLPS自身に帰属することを前提とするものと解され，このことは，同法701条の規定とも整合するものと解される。
　B　本件各D―LPS契約の定め
　　本件各D―LPS契約1.3条の定めは，上記のようなD州LPS法の規律に沿うものということができ，同契約4.5条の定めについても，LPS財産の全体に係る抽象的な権利を有する旨をいうものにとどまり，本件各D―LPSのLPS財産を構成する個々の物や権利について具体的な持分を有する旨を定めたものとは解されず，パートナーが特定のLPS財産について持分を有しないとするD州LPS法の上記規定の定めと齟齬するものではないということができる。
　(ハ)　結　論
　本判決は，本件各D―LPSは，権利義務の帰属主体であると認められるから，所得税法第2条第1項第7号等に定める外国法人に該当するものというべきであるとしたうえで，本件各不動産賃貸事業は本件各D―LPSが行うものであり，実質所得者課税の原則（所法12，法法11）の適用が問題となるような特段の事情の存在もうかがわれないことなどからすると（衣斐瑞穂「判解」法曹時報68巻6号177頁(2016)），本件各不動産賃貸事業により生じた所得は，本件各D―LPSに帰属するものと認められ，本件出資者らは，本件各不動産賃貸事業による所得の金額の計算上生じた損失の金額を各自の所得の金額から控除することはできないと判示した。

3 平成28年東京地裁判決

(1) 事案の概要

イ 本件は，ワシントン州統一リミテッド・パートナーシップ法（以下「W州LPS法」という）に基づいて設立されたLPSが所得税法第2条第1項第7号等に定める外国法人に該当するか否か等が争われた事案であり，株式会社X（以下「X社」という）及びその当時の代表者であるYがそれぞれ受けた法人税更正処分等及び所得税更正処分等の取消しを求めた事案である。

ロ 本件のうち法人税更正処分取消等請求事件は，米国ワシントン州に所在する建物（以下「本件建物1」という）の所有，管理及び運営をする事業（以下「本件不動産事業1」という）を営むLPS（W州LPS法に基づくもの。以下「本件W－LPS1」という）の持分を取得したX社が，本件不動産事業1に供されている本件建物1の減価償却費をX社の所得の金額の計算上損金（法法22③）の額に算入して法人税の申告をしたところ，所轄税務署長から，本件W－LPS1は所得税法第2条第1項第7号等に定める外国法人に該当し，X社は本件建物1を有するものではなく，その減価償却費をX社の所得の金額の計算上損金の額に算入することはできないとして法人税の更正処分及び過少申告加算税賦課決定処分を受けたことから，上記各処分の取消しを求める事案である。

ハ 本件のうち所得税更正処分取消等請求事件は，本件W－LPS1の持分及び米国ワシントン州に所在する建物（以下「本件建物2」という）を所有するLPS（W州LPS法に基づくもの）の持分を所有し売却する事業（以下「本件不動産事業2」という）を営むLPS（W州LPS法に基づくもの。以下「本件W－LPS2」という）の持分を取得したYが本件不動産事業1及び本件不動産事業2（以下，これらを併せて「本件各不動産事業」という）により生じた損益のうちYに割り当てられたものをYの不動産所得（所法26①）の金額の計算上収入金額（所法36①）又は必要経費（所法37①）に算入して所得税の申告又は更正の請求をしたところ，所轄税務署長から，本件W－LPS1及び本件W－LPS2（以下，これらを併せて「本件各W－LPS」という）は

所得税法第2条第1項第7号等に定める外国法人に該当し，当該事業により生じた所得はYの不動産所得に該当せず，上記の損益を同所得の金額の計算上収入金額又は必要経費に算入することはできないとして所得税の更正処分及び更正をすべき理由がない旨の通知処分並びに過少申告加算税賦課決定処分をそれぞれ受けたことから，上記各処分の取消しを求める事案である。

(2) 争　点
本件の争点は，次のとおりである。

争点1　本件各W—LPSが所得税法第2条第1項第7号等に定める外国法人に該当するか否か

争点2　本件建物1の減価償却費をX社の所得の金額の計算上損金に算入することの可否

争点3　本件各不動産事業により生じた損益をYの不動産所得の金額の計算上収入金額又は必要経費に算入することの可否

争点4　国税通則法第65条第4項に定める「正当な理由」の有無

(3) 判決の要旨

イ　争点1（本件各W—LPSが所得税法第2条第1項第7号等に定める外国法人に該当するか否か）について

(イ)　法令解釈

本判決は，我が国の租税法上の法人該当性に関する判断枠組みとして，平成27年最高裁判決の示した「判断方法1」及び「判断方法2」について順次検討する方法を採用した。

(ロ)　認定事実

本判決の認定した事実は，次のとおりである。

A　米国ワシントン州のLPS関係法令の規定

米国ワシントン州のパートナーシップに関する法律として，ワシントン州改正統一パートナーシップ法（以下「W州PS法」という）がある。

また，同州のLPSに関する法律として，W州LPS法があるところ，その2009年（平成21年）改正後の法律である統一リミテッド・パートナーシップ

法(以下「改正W州LPS法」という)が2010年(平成22年)1月1日から発効し,同年7月1日から全てのLPSに適用されている。

なお,米国において,ジェネラル・パートナーシップ(以下「GPS」という)は,2名以上のジェネラル・パートナー(パートナーシップ債務に対して無限責任を負い,当該事業活動を代理する権利を有するパートナーをいう。以下「GP」という)のみによって構成されるパートナーシップであるのに対して,LPSは,1名以上のGPと1名以上のリミテッド・パートナー(パートナーシップ債務に対して限定的な責任を負うパートナーをいう。以下「LP」という)によって構成されるパートナーシップである。

(A) W州LPS法の規定

W州LPS法には,次の規定があるほか,同法に定めのない事項についてはW州PS法の規定が適用されるとの規定がある。

25.10.010(11)
「者(person)」とは,個人,コーポレーション(corporation),事業信託,遺産財団,信託,パートナーシップ,リミテッド・ライアビリティ・カンパニー,アソシエーション,ジョイントベンチャー,政府又はその部局,外局若しくは補助部門その他の法的又は商業上の主体(entity)をいう。

25.10.060
LPSは,LPのいないパートナーシップが行うことができるあらゆる事業を行うことができる。

(注) W州PS法には,GPSが行うことができる事業について制限を設ける定めは特に置かれていない。

25.10.070
パートナーシップ契約に別段の定めがある場合を除き,パートナーは,LPSに対して金員を貸し付けることができ,LPSと他の取引を行うことができる。この場合において,パートナーは,他の適用される法令に従い,パートナーでない者(person)が有するのと同様の権利及び義務を有する。

25.10.190(1)
…LPSの義務(the obligations of a limited partnership)…。

> 25.10.190(2)(d)
> …LPS の権利（the right of the limited partnership）…。

> 25.10.240(1)
> W州LPS法又はパートナーシップ契約に別段の定めのある場合を除き，LPSのGPは，LPを有しないパートナーシップにおけるパートナーの権利及び権限を有し，かつ，これらの制限に服する。

> 25.10.390
> パートナーシップの持分は，人的財産権（personal property）である。

（B）　W州PS法の規定

W州PS法には，次の規定がある。

> 25.05.050
> パートナーシップは，パートナーとは別個の主体（an entity distinct from its partners）である。

> 25.05.060
> パートナーシップにより取得された財産は，当該パートナーシップの財産であって，パートナー個人の財産ではない。

> 25.05.100(1)前段
> パートナーは，その事業の目的のためのパートナーシップの代理人（an agent of the partnership）である。

> 25.05.125(1)
> …全てのパートナーシップの義務（all obligations of the partnership）…。

> 25.05.150(7)
> パートナーは，パートナーシップの代理としてのみ，パートナーシップの財産を使用し又は保有することができる。

> 25.05.200
> パートナーは，パートナーシップの財産の共同所有者ではなく，任意であるか強制であるかを問わず，いかなる移転可能なパートナーシップの財産における持分も保有しない。

（C） 改正W州LPS法の規定

　改正W州LPS法には，次の規定がある。W州LPS法に定めのない事項についてはW州PS法の規定が適用されるとの規定を削除し，同法の適用対象であった事項の規律を明文で定める規定を設けている。

> 25.10.011(14)
> 「者（person）」とは，個人，コーポレーション（corporation），事業信託，遺産財団，信託，パートナーシップ，リミテッド・ライアビリティ・カンパニー，アソシエーション，ジョイントベンチャー，政府又はその部局，外局若しくは補助部門その他の法的又は商業上の主体（entity）をいう。

> 25.10.011(22)
> 「譲渡可能持分（transferable interest）」とは，パートナーの分配を受ける権利をいう。

> 25.10.021(1)
> LPSは，そのパートナーとは別個の主体（an entity distinct from its partners）である。

> 25.10.021(2)
> LPSは，あらゆる合法的な目的のために改正W州LPS法に基づき設立されることができる。

> 25.10.031前段
> LPSは，自身が活動する上で必要又は便宜的なあらゆることを行う権限を有する。

5 リミテッド・パートナーシップ（LPS）の最新裁判例を踏まえた税務係争問題の解決策

25.10.101
　パートナーは，LPS に金銭を貸し付けること及び LPS と他の取引を行うことができ，当該貸付け又は他の取引に関し，パートナーではない者（person）が有するのと同様の権利及び義務を有する。

25.10.321
　LPS の義務（an obligation of a limited partnership）…。

25.10.381前段
　各 GP は，LPS の活動における当該 LPS の代理人（an agent of the limited partnership）である。

25.10.401(1)
　…LPS の全ての義務（all obligations of the limited partnership）…。

25.10.486前段
　パートナーは，現金以外の形で，LPS からの分配を要求し又は受領する権利を有しない。

25.10.546後段
　譲渡可能持分は，人的財産権（personal property）である。

25.10.706
　…LPS の権利（a right of a limited partnership）…。

B　本件各 W―LPS に係る契約の定め
　本件各 W―LPS に係る契約には，次のものがある（**図表 2-5-1**）。

図表 2-5-1　本件各 W—LPS に係る契約一覧

契　　　約	略　　　称		
本件 W—LPS 1 に係る LPS 契約の改定を内容とする契約	第二次 W—LPS 1 契約	本件 W—LPS 1 契約	本件各 W—LPS 契約
第二次 W—LPS 1 契約の更なる改定を内容とする契約	第三次 W—LPS 1 契約		
本件 W—LPS 2 に係る LPS 契約の改定を内容とする契約	第三次 W—LPS 2 契約	本件 W—LPS 2 契約	
第三次 W—LPS 2 契約の第二次追加改定契約	第三次 W—LPS 2 追加契約		
X 社が，本件 W—LPS 1 に係るパートナーシップの持分の37%を本件 W—LPS 1 の LP から取得する旨の契約	X 社（LPS 1）持分取得契約		
Y が，本件 W—LPS 1 に係るパートナーシップの持分の12.5%を本件 W—LPS 1 の LP から取得する旨の契約	Y（LPS 1）持分取得契約		
Y が，本件 W—LPS 2 に係るパートナーシップの持分の10.5%を本件 W—LPS 2 の LP から取得する旨の契約	Y（LPS 2）持分取得契約		

（A）　第三次 W—LPS 1 契約の定め

　第三次 W—LPS 1 契約には，次の定めがあり，同契約 2 条により，同契約は，第二次 W—LPS 1 契約に全体として取って代わるものとされている。

> **5 条**
> 　本件 W—LPS 1 が営む事業の主要な目的及び一般的特徴は，「Zindorf Apartments」として一般的に知られている米国ワシントン州シアトル市内に所在するアパートメント（本件建物 1）を所有し管理し運営することである。

> 13.4条
> 　各LPは、清算その他の場合において、本件W—LPS1に対し現金以外の形式での分配を要求したり、本件W—LPS1から現金以外の形式での分配を受領したりするいかなる権利をも有しないものとする。

（B）　第三次W—LPS2契約の定め

　第三次W—LPS2契約には、次の定めがある。なお、第三次W—LPS2追加契約は、YがW—LPS2の新たなLPとなることを確認するため締結したものであり、同契約11条によれば、同契約によって改定される部分を除き、第三次W—LPS2契約は有効とされている。

> 5条
> 　本件W—LPS2の唯一の目的及び一般的特徴は、物件（本件建物2）を所有する米国ワシントン州のLPSの持分を所有し売却することである。加えて、本件W—LPS2は、その主要な事業の目的を遂行するために必要な又は付随する他の事業活動に従事することができる。

（C）　X社（LPS1）持分取得契約の定め

　X社（LPS1）持分取得契約には、次の定めがある。

> 4条(a)
> 　譲渡人は、譲受人に対し、本件W—LPS1は米国ワシントン州の法令の下で組織された有効に存在するLPSであり、現時点で行われている事業を営むための全ての権利及び権限を有していることを表明し保証し約束する。

（D）　Y（LPS1）持分取得契約の定め

　Y（LPS1）持分取得契約には、X社（LPS1）持分取得契約4条(a)と同様の定めがある。

（E）　Y（LPS2）持分取得契約の定め

　Y（LPS2）持分取得契約には、X社（LPS1）持分取得契約4条(a)と同様の定めがある。

（ハ）　当てはめ

A　判断方法1

（A）　本件各W—LPSが米国ワシントン州の法令において日本法上の法人

に相当する法的地位を付与されていることが疑義のない程度に明白であるといえるか否かについて

　本判決は，下記a及びbを考慮すると，W州LPS法及びW州PS法又は改正W州LPS法（以下「W州LPS法等」という）において，これらの州法に基づいて設立されるLPSが「an entity distinct from its partners」となるものと定められていることをもって，本件各W―LPSに日本法上の法人に相当する法的地位が付与されていることが疑義のない程度に明白であるとすることは困難であると判示した。

a　改正W州LPS法の発効の前後を通じて，W州LPS法及びW州PS法並びに改正W州LPS法においては，LPSは「パートナーとは別個の主体」(an entity distinct from its partners)である旨のエンティティ規定が定められているところ（W州PS法25.05.050，改正W州LPS法25.10.021(1)），ワシントン州法を含む米国の法令において「entity」が日本法上の法人に相当する法的地位を指すものであるか否かは明確でなく，また，パートナーとは別個の主体とされていることをもって直ちに日本法上の法人に相当するということはできない。

b　ワシントン州事業法人法において，LPSは「corporation」であるとはされておらず，同法の「corporation」の定義規定においても「an entity distinct from」等の文言は用いられていない。

(B)　本件各W―LPSが米国ワシントン州の法令において日本法上の法人に相当する法的地位を付与されていないことが疑義のない程度に明白であるといえるか否かについて

　本判決は，W州LPS法及びW州PS法並びに改正W州LPS法において，パートナーシップが「個人」や「corporation」等と並んで「法的又は商業上の主体(entity)」とされていること（W州LPS法25.10.010(11)，改正W州LPS法25.10.011(14)）を前提とした上で，LPSが「パートナーとは別個の主体」(an entity distinct from its partners)とされており（W州PS法25.05.050，改正W州LPS法25.10.021(1)），これらの規定は法人の法的地位と抵触しない内容のものであることなどからすれば，本件各W―LPSに日本法上の法人に相当する法的地位が付与されていないことが疑義のない

程度に明白であるとすることも困難であると判示した。
B 判断方法 2
 本判決は，次のとおり述べたうえで，このようなW州LPS法等の規定等に鑑みると，本件各W―LPSは，改正W州LPS法の適用の前後を通じて，自ら法律行為の当事者となることができ，かつ，その法律効果が本件各W―LPSに帰属するものということができるから，権利義務の帰属主体であると認められると判示した。
（A） LPSの法律行為の権限等及びその効果の帰属に関する規律
 下記a及びbのW州LPS法等の規定の内容等に照らせば，2009年（平成21年）のW州LPS法の改正の前後を通じて，本件各W―LPSの設立根拠法令であるW州LPS法等は，LPSに自らの名義で法律行為をする権限を付与するとともに，LPSの名義でされた法律行為の効果がLPS自身に帰属することを前提としているものと解するのが相当である。
a W州LPS法及びW州PS法

 （a） W州LPS法25.10.060
 （b） W州LPS法25.10.070
 （c） W州LPS法25.10.240（1）
 （d） W州PS法25.05.100（1）前段
 （e） W州LPS法25.10.190（1）
 （f） W州LPS法25.10.190（2）（d）
 （g） W州PS法25.05.125（1）

（注1） 上記（c）及び（d）の規定によれば，LPSのGPは，LPSの各パートナー（構成員個人）を代理するのではなく，LPSそれ自体を代理することになる。
（注2） 上記（e）から（g）までの規定においては，LPS自体が権利を有し又は義務を負うことを示す文言が用いられている一方で，LPS自体が権利を有さず又は義務を負わず，パートナーのみが権利を有し又は義務を負うことを示したり，法律行為の効果がLPS自体に帰属しないことを示す規定は，W州LPS法及びW州PS法を通じて見当たらない。

b 改正W州LPS法

 （a） 改正W州LPS法25.10.021（2）
 （b） 改正W州LPS法25.10.031前段
 （c） 改正W州LPS法25.10.101

> （d）改正W州LPS法25.10.381前段
> （e）改正W州LPS法25.10.321
> （f）改正W州LPS法25.10.401（1）
> （g）改正W州LPS法25.10.706

（注1）　上記（d）の規定によれば，LPSのGPは，LPSの各パートナー（構成員個人）を代理するのではなく，LPSそれ自体を代理することになる。

（注2）　上記（e）から（g）までの規定においては，LPS自体が権利を有し又は義務を負うことを示す文言が用いられている一方で，LPS自体が権利を有さず又は義務を負わず，パートナーのみが権利を有し又は義務を負うことを示したり，法律行為の効果がLPS自体に帰属しないことを示す規定は，改正W州LPS法において見当たらない。

（B）　LPSに係るパートナーシップの持分に関する規律

　下記a及びbのW州LPS法等の定めの内容等に照らせば，2009年（平成21年）のW州LPS法の改正の前後を通じて，LPSのパートナーは，LPSに属する個々の財産に対して割合的な権利を具体的に有していないものとみるのが相当である。

a　W州LPS法及びW州PS法

> （a）W州LPS法25.10.390
> （b）W州PS法25.05.060
> （c）W州PS法25.05.150（7）
> （d）W州PS法25.05.200

b　改正W州LPS法

> （a）改正W州LPS法25.10.011（22）
> （b）改正W州LPS法25.10.486前段
> （c）改正W州LPS法25.10.546後段

（C）　本件各W—LPS契約の内容

a　下記（a）から（e）までの契約の定めの内容は，前記（A）においてみたLPSの法律行為の権限及びその効果の帰属に関するW州LPS法等の規律と整合するものということができる。

> （a） 第三次本件W―LPS1契約5条
> （b） 第三次本件W―LPS2契約5条
> （c） X社（LPS1）持分取得契約4条(a)
> （d） Y（LPS1）持分取得契約4条(a)
> （e） Y（LPS2）持分取得契約4条(a)

　b　第三次本件W―LPS1契約13.4条の定めも，前記(A)及び(B)においてみたLPSの法律行為の権限及びその効果の帰属並びにLPSに係るパートナーシップの持分に関する規律に関するW州LPS法等の規律と整合するものということができる。

　c　本件各W―LPS契約の各条項の中に，前記(A)及び(B)においてみたLPSの法律行為の権限及びその効果の帰属並びにLPSに係るパートナーシップの持分に関するW州LPS法等の規律と抵触する内容の定めは見当たらない。

C　小　括

　本判決は，本件各W―LPSは，権利義務の帰属主体であると認められ，判断方法2に照らして，我が国の租税法上の法人に該当し，所得税法第2条第1項第7号等に定める外国法人に該当すると判示した。

ロ　争点2（本件建物1の減価償却費をX社の所得の金額の計算上損金に算入することの可否）について

　本判決は，本件W―LPS1は所得税法第2条第1項第7号等に定める外国法人に該当するものであるから，本件不動産事業1は本件W―LPS1が行うものであり，別異に解すべき特段の事情の存在もうかがわれないことなどからすると，本件不動産事業1により生じた所得は，本件建物1の所有権を含めて本件W―LPS1に帰属するものと認められ，X社の課税所得の範囲には含まれないものと解するのが相当であるとして，本件建物1の減価償却費については，これをX社が有する減価償却資産の償却費としてX社の所得金額の計算上損金（法法22③）の額に算入することはできないと判示した。

八　争点3（本件各不動産事業により生じた損益をYの不動産所得の金額の計算上収入金額又は必要経費に算入することの可否）について

本判決は，本件各W―LPSは所得税法第2条第1項第7号等に定める外国法人に該当するものであるから，本件各不動産事業は本件各W―LPSが行うものであり，別異に解すべき特段の事情の存在もうかがわれないことなどからすると，本件各不動産事業により生じた所得は，本件各W―LPSに帰属するものと認められ，Yの不動産所得に該当するものではなく，Yの課税所得の範囲には含まれないものと解するのが相当であるとして，本件各不動産事業により生じた損益をYの不動産所得（所法26①）の金額の計算における収入金額（所法36①）又は必要経費（所法37①）に算入することはできないと判示した。

二　争点4（国税通則法第65条第4項に定める「正当な理由」の有無）について

（イ）　法令解釈

本判決は，過少申告加算税の趣旨及び国税通則法65条4項にいう「正当な理由」の意義について，最高裁平成18年4月20日第一小法廷判決（民集60巻4号1611頁）と同趣旨の判示をした。

過少申告加算税の趣旨（最一小判平成18年4月20日民集60巻4号1611頁）

過少申告加算税は，過少申告による納税義務違反の事実があれば，原則としてその違反者に対し課されるものであり，これによって，当初から適法に申告し納税した納税者との間の客観的不公平の実質的な是正を図るとともに，過少申告による納税義務違反の発生を防止し，適正な申告納税の実現を図り，もって納税の実を挙げようとする行政上の措置であり，主観的責任の追及という意味での制裁的要素は重加算税に比して少ないものである。

「正当な理由」の意義（最一小判平成18年4月20日民集60巻4号1611頁）

国税通則法第65条第4項にいう「正当な理由があると認められる」場合とは，真に納税者の責めに帰することのできない客観的な事情があり，過少申告加算税の趣旨に照らしても，なお，納税者に過少申告加算税を賦課することが不当又は酷になる場合をいうものと解するのが相当である。

（ロ）　当てはめ

　本判決は，本件の各申告の当時，我が国の租税法上の法人該当性に関する判断枠組について最高裁の判断が示されていなかったことや，下級審裁判例の傾向などを踏まえても，①Ｘ社が本件建物１の減価償却費をＸ社の所得の金額の計算上損金に算入することができると判断したこと，及び，②Ｙが本件各不動産事業により生じた損益をＹの不動産所得の金額の計算上収入金額又は必要経費に算入することができると判断したことは，いずれもＸ社及びＹが主観的な事情に基づいて本来とるべき法令解釈と異なる見解をとったことによるものであって，そのことについて「真に納税者の責めに帰することのできない客観的な事情」があったとは認められないと判示した。

4　実務上の留意点

(1)　平成27年最高裁判決の示した法人該当性の判断方法について
イ　借概念

　平成27年最高裁判決の第一審は，「租税法が私法上の概念を特段の定義なく用いている場合には，租税法律主義や法的安定性の確保の観点から，本来的に私法上の概念と同じ意義に解するのが相当である」として，我が国の租税法上の「法人」は，私法からの借用概念として同じ意義に解するとの立場をとっていた。

　この点，平成27年最高裁判決は，借用概念を前提として，我が国の租税法上の法人該当性に関する判断方法を示したものではないが，判断方法１について，「疑義のない程度に明白であるか否か」を検討することとしていること，判断方法２を，日本法上の法人との対比において我が国の租税法上の納税義務者としての適格性を基礎づける属性を備えているか否かとの観点から導き出していることなどからすると，これらの判断方法は，外国法に基づいて設立された組織体が所得税法第２条第１項第７号等に定める外国法人に該当するか否かを判断するのに必要な限度で，我が国の私法上の「法人」概念を参照するものであるということができる（衣斐瑞穂「判解」法曹時報68巻６号167頁（2016））。

　したがって，平成27年最高裁判決の示した判断方法１及び判断方法２につい

て検討するにあたっては，我が国の私法の規律を十分に踏まえる必要があるといえる。

ロ　大阪事件第一審判決との比較

大阪地方裁判所は，平成22年12月17日，平成27年最高裁判決の事案と基本的事実関係を同じくする事案において，外国事業体が我が国の租税法上の法人に該当するか否かは，当該事業体が次の＜1＞から＜3＞までの基準を満たすか否かによると判示した（大阪地判平成22年12月17日判例時報2126号28頁）。

大阪事件第一審判決の判断基準
＜1＞　その構成員の個人財産とは区別された独自の財産を有するか否か
＜2＞　その名において契約等の法律行為を行い，その名において権利を取得し義務を負うなど，独立した権利義務の帰属主体となり得るか否か
＜3＞　その権利義務のためにその名において訴訟当事者となり得るか

これらの基準も，我が国の私法上の「法人」概念を念頭に置いたものであるということができるが，平成27年最高裁判決は，基準＜1＞及び＜3＞の属性の有無を検討すべきものとはしていない。これらの属性は，**図表2-5-2**のとおり，法人に特有のものではないというのが，理由の1つであると考えられるところであり（大阪高判平成25年4月25日税務訴訟資料（250号～）263号12208順号），今後，外国事業体の法人該当性について検討する際にも，これらの属性を有することをもって法人であると即断することのないよう注意が必要である。

5 リミテッド・パートナーシップ (LPS) の最新裁判例を踏まえた税務係争問題の解決策

図表2-5-2 大阪事件第一審判決の判断基準の当てはめ

基準	任意組合	権利能力のない社団
＜1＞ その構成員の個人財産とは区別された独自の財産を有するか否か	民法676条及び677条等の趣旨に鑑みれば、組合財産は、特定の目的（組合の事業経営）のために組合員の私有財産と離れて別に一団を成して存する特別財産であって、その結果、この目的の範囲においては、ある程度の独立性を有し、組合員の私有財産と混同されることはないと解されている（大判昭和11年2月25日）から、任意組合は、基準＜1＞に該当する。	権利能力のない社団は、その財産は構成員に総有的に帰属すると解されており（最一小判昭和39年10月15日）、その各構成員は、当該人格のない社団から脱退しても、人格のない社団の財産につき、当然には共有の持分権又は分割請求権を有するものではないと解されている（最一小判昭和32年11月14日）から、基準＜1＞に該当する。
＜3＞ その権利義務のためにその名において訴訟当事者となり得るか	判例上、任意組合であっても民事訴訟法29条により訴訟上の当事者能力を認めることができると解されている（最三小判昭和37年12月18日）から、任意組合であっても、基準＜3＞に該当する。	民事訴訟法29条は、法人でない社団又は財団で代表者又は管理人の定めがあるものは、その名において訴え、又は訴えられることができる旨規定しているから、権利能力のない社団であっても、基準＜3＞に該当する。

八　一般規範性

　平成27年最高裁判決においては、本件各D―LPSを利用して税負担の軽減を実現させるスキームが問題となっていたところ、国は、「このような租税回避行為を防止するため、適切な対応措置を講じる必要がある」（平成17年度の税制改正に関する答申）との指摘を踏まえて、平成17年度税制改正において、特定組合員の不動産所得に係る損益通算等の特例等を創設したところである。

　かかる事情はあるものの、平成27年最高裁判決は、外国事業体の租税法上の法人該当性に関する判断方法を一般論として示したことから、実務上の影響は

大きかったといえる。とりわけ，日本の年金基金等が米国LPSを通じて取得する所得に対して，日米租税条約の特典が与えられないこととなるのではないかとの懸念が広がったことなどを受けて，国税庁は，平成29年2月9日，構成員たる居住者が米国LPS（米国連邦税法上法人選択をしていないものに限る）を通じて取得する所得について構成員課税の取扱いによったとしても，今後，これを否定しない（the NTA will no longer pursue any challenge）との情報（以下「国税庁情報」という）を公表した。

国税庁情報は，結びとして，日米租税条約の適用関係にのみ言及しており，他の税制における米国LPSの取扱いにも射程を及ぼすことを意図したものであるかは明らかでないが，英国の最高裁判決のアプローチや米国の内国歳入法・財務省規則の規定内容との類似性から，国税庁情報は，米国LPSの一般的な法人該当性の問題とは別に，二重課税の排除という個別の課税関係を明確にしたものであるとする見方がある（本田光宏「多様な事業体への租税条約の適用」国際税務38巻1号49頁（2018年））。

（2）「判断方法1」と「判断方法2」の当てはめについて
イ　判断方法1について

判断方法1は，外国事業体が当該外国の法令において日本法上の法人に相当する法的地位を「付与されていること」又は「付与されていないこと」が疑義のない程度に明白であるか否かを検討するものである。

この点，「付与されていること」については，平成27年最高裁判決が，LPSは「separate legal entity」となる旨の規定に，平成28年東京地裁判決が，LPSは「an entity distinct from its partners」となる旨の規定にそれぞれ着目し，また，「付与されていないこと」については，平成28年東京地裁判決が，LPSの設立根拠法令において，法人の法的地位と抵触しない内容の規定があることに着目していることは，今後の実務に示唆を与えるものといえる。

ただし，判断方法1による判定が可能となるのは，法人に相当する法的地位を付与されている（いない）ことが「疑義のない程度に明白である」場合である。実務上，ある外国事業体の法人該当性に疑問が生じ，その設立根拠法令をよくよく調べると，上記の点が疑義のない程度に明白であったという場面があ

ることは否定できないが、少しでも疑問が残るのであれば、判断方法2による判定を行うというのが現実的な対応といえよう。

　ロ　判断方法2について
　判断方法2は、外国事業体の「設立根拠法令の規定の内容や趣旨等」から、当該事業体が自ら法律行為の当事者となることができ、かつ、その法律効果が当該事業体に帰属すると認められるか否かという点を検討するものである。
　この点、平成28年東京地裁判決が、「改正W州LPS法の発効の前後を通じて」と述べているように、問題となる各事業年度において、LPSの設立根拠法令の改正等があったような場合には、改正前後の各規定の内容及び適用関係を検討する必要がある。
　また、平成27年最高裁判決及び平成28年東京地裁判決は、個別のパートナーシップ契約の内容まで検討し、LPSの法人該当性の判断において、その内容は当該LPSの設立根拠法令の規定と整合する（齟齬するものではない）との判断を示していることから、今後、実務上も個別の契約の内容まで検討することが必要になるといえる。
　もっとも、個別の契約の定めが、設立根拠法令の規定と齟齬するものである場合は、その定めが現地法令上適法なものであるかが問題となる。すなわち、当事者間の特約によって、事業体の権利義務の帰属主体性を変更することが現地法令上予定されていないのであれば、設立根拠法令についての判定結果が、そのまま当該事業体の法人該当性の判定結果となるはずである。一方、そのような内容の特約が予定されている場合は、特約によって事業体の権利義務の帰属主体性が変更され、当該事業体の法人該当性の判定結果も異なるものとなる可能性がある。まずは、設立根拠法令の規律自体を正しく理解したうえで、個別の契約の内容について検討することが必要であるといえよう。

（3）　平成27年最高裁判決の射程について
イ　米国各州のLPS
　米国のLPSは、州法に基づいて設立されるものであり、パートナーシップ契約の内容も各LPSにより異なるであろうから、平成27年最高裁判決の判断を

もって，米国各州のあらゆるLPSが我が国の租税法上の法人に該当するということはできず，各州の設立根拠法令及び各LPSのパートナーシップ契約を参照して，個別具体的に判断する必要があるといえる。

平成27年最高裁判決後に米国ワシントン州のLPSの法人該当性を判断した平成28年東京地裁判決が，同州の法令及びパートナーシップ契約を参照していることはその表れである。

ロ　英領バミューダ諸島のLPS

平成14年度税制改正前は，外国法人の匿名組合契約に基づく利益分配金に対する課税関係は，次のとおりとなっていた。

外国法人の匿名組合契約に基づく利益分配金に対する課税関係（平成14年度税制改正前）
＜１＞　匿名組合員（出資者）が10人以上の場合 　当該匿名組合契約に基づく利益分配金は，旧法人税法第138条第11号に定める国内源泉所得である「国内において事業を行う者に対する出資につき，匿名組合契約…に基づいて受ける利益の分配」に該当し（旧法令184），外国法人が国内に支店等を有する場合には，その法人税の課税標準を構成する（旧法法141）。 ＜２＞　匿名組合員（出資者）が10人未満の場合 　当該匿名組合契約に基づく利益分配金は，旧法人税法第138条第１号に定める国内源泉所得である「国内にある資産の運用又は保有により生ずる所得」に該当し（旧法令177①四），外国法人が国内に支店等を有するかどうかにかかわらず，その法人税の課税標準を構成する（旧法法141）。

当時の税制の下，英国領バミューダ諸島の法律に基づき組成されたLPS（以下「本件B―LPS」という）が，匿名組合契約（日本の生命保険会社の保有資産の取得及び運用等を行うもの）の匿名組合員であるアイルランド法人（以下「I社」という）に対して，間接的に貸付を行う一方，I社との間で，I社が匿名組合契約に基づき受ける利益分配金の大部分を本件B―LPSに支払うこと等を内容とするスワップ契約を締結していたところ，所轄税務署長が，本件B―LPSは上記＜２＞に該当する匿名組合契約に基づく利益分配金を受けていながら，法人税の申告書を提出しなかったとして，法人税についての決定処分及び無申告加算税の賦課決定処分を行った。

これに対して，本件B—LPS が原告となって，本件B—LPS は法人税法上の納税義務者に該当しないなどとして，上記各処分の取消しを求めた事案で，第一審，控訴審とも，本件B—LPS は，我が国の租税法上の法人に該当するとは認められず，法人税の納税義務を負うものとはいえないとしたことから，国が上告受理申立てを行った。

本事案は，上告不受理とされ（最二小決平成27年7月17日税務訴訟資料（250号〜）265号12703順号），最高裁判所が判断を示すことはなかったが，同一小法廷が同日にした決定とあって，平成27年最高裁判決の射程内であるとする見方もある（加藤友佳「判批」ジュリ1496号114頁（2016））。

なお，本事案では，本件B—LPS はそもそも法人に該当しないとして，上記各処分を取り消したことから，スワップ契約を介して受ける金銭が「国内にある資産の運用又は保有により生ずる所得」（旧法法138一）に該当するか否かについての判断は示されていない。

八　英国領ケイマン諸島のLPS

英国領ケイマン諸島の法律に基づき組成されたLPSについては，「ケイマンにおける特例リミテッド・パートナーシップを含むパートナーシップは，法人格を有せず，構成員間の契約関係という性質を有するものと認められる」との判断を示した裁判例（名古屋高判平成19年3月8日税務訴訟資料（250号〜）257号10647順号）があるが，本事案は，次のような事実関係の下，組合参加契約が民法上の組合契約又は利益配当契約のいずれに該当するかが争われたもので（cf. 同判決は，民法上の組合契約に該当するとした），法人該当性が主たる争点となっていたものではなく，また，最高裁判所が租税法上の法人該当性の判断方法を示す前の事案であるから，今後，ケイマンLPSの法人該当性が問題となる事案については，平成27年最高裁判決の判断方法に照らして，改めて検討する意味はあるといえるだろう。

事実関係の概要（名古屋高判平成19年3月8日税務訴訟資料（250号〜）257号10647順号）

（イ）　A株式会社及び同社の100％子会社であるB株式会社は，大型船舶の共有

持分権を出資し，これを利用して賃貸事業を行うことを目的とする民法上の組合を設立し，その組合員を募集した。
（ロ）　上記組合に参加を希望する個人が，B株式会社が取得した大型船舶の共有持分権を購入すると同時に，これを出資して，上記組合に参加する旨の契約を締結した。
（ハ）　上記民法上の組合は，英国領ケイマン諸島において，A株式会社の現地法人とともに，同現地法人がGP，上記組合がLPとなり，双方が最初に100円ずつ出資し，さらに上記組合が上記船舶を出資して，LPSを成立させた。
（ニ）　上記組合に参加した個人らが，それぞれ組合員となっている民法上の組合として行った船舶賃貸事業に係る収益が不動産所得（所法26①）に当たることを前提に，その減価償却費等を損益通算して所得税の確定申告を行ったのに対し，所轄税務署長らが，上記組合参加契約は民法上の組合契約ではなく，利益配当契約にすぎないことを理由に，同収益は雑所得（所法35①）であって損益通算は許されないとして，所得税の各更正処分及び過少申告加算税の各賦課決定処分をした。

5　おわりに

　平成27年最高裁判決の示した法人該当性の判断方法は，簡潔明瞭な内容であるが，これを外国事業体について具体的に検討するのは決して容易ではない。設立根拠法令や契約内容を正確に理解した上で，我が国の私法の規律も十分に踏まえて，権利義務の帰属主体性を検討する必要があるからである。また，法人に該当するかしないか，いい換えれば，事業体と構成員のどちらが納税主体であるかという二択であるがゆえに，判断を誤れば大きな"事故"につながりかねない。

　税務係争解決の基本は，税務係争を未然に防止し，万が一の場合でも十分に戦える体制を整えることにある。本章のような問題にあっては，グローバル・ネットワークを有する専門家を上手く活用して，設立根拠法令の検討から法人該当性の検討までを一貫して行い，必要に応じて，当局に事前照会をするなどして，万全を期しておきたい。

（梅本淳久）

Post BEPS の関連者間契約書作成の必要性と実務

1 はじめに

　契約書の作成について，BEPS 後においては一定の対応が求められる。
　すなわち，BEPS の報告書である「移転価格税制と価値創造の一致　行動 8 —10　2015年最終報告書（抜粋）」の「独立企業原則の適用の指針」「移転価格ガイドライン第 1 章 D 節の改訂」「D.1.　商業上又は資金上の関係の特定」「D.1.1.　取引の契約条件」によれば，「取引は，当事者間の商業上又は資金上の関係の結果又は表れである。関連者間取引は，典型的な例においては，責任，権利義務，及び特定されたリスクの引受けに関する分配，並びに価格取決めを含む，契約によりカバーされる取引の諸側面に関する契約締結時の当事者の意図を反映した契約書によって成立しているかもしれない。取引が契約書上の合意によって関連者間で成立している場合，当該合意は，当事者間の取引を描写し，契約締結時において当事者の相互関係から生じる責任，リスク及び予測される結果がどのように分配されることが意図されていたかを描写するための出発点となる。また，取引条件は，契約書以外の当事者間のコミュニケーションからも見出せるかもしれない。」[(1)]と記載されており，独立企業原則の適用においては，関連者間の契約書が，契約当事者の意図を反映し，その検討の出発点となるとされ，移転価格に関する調査の端緒となることが示唆されている。そのため，上記のような事項，すなわち，契約当事者の責任，権利義務，及び特定されたリスクの引受けに関する分配，並びに価格取決め，特に責任，リスク及び予測される結果がどのように分配されることが意図されていたかに留意しつつ関連者間契約を作成して締結しておくことが必要になり，単に契約書を作成し締結したというだけでは必ずしも十分ではなく，その内容に配慮すること

が必要になったということができる。

以下では，上記のような状況を踏まえて，まずは契約書作成の必要性を法的な側面と税務関係の側面から概観したうえで，BEPS後の契約書作成の実務について述べることとする。

2　契約書作成の必要性〜法務面からの検討

(1)　日本法の観点からの必要性
①　契約書作成の必要性
日本法の下では，契約は口頭によっても成立し，契約の成立のためには書面（すなわち契約書）の作成といった特段の要式行為は必要とされていない。このような原則からすると，契約書の作成は不要であるようにも思える。

また，一般に契約書を作成することの意義・必要性としては，(i)契約に関して起こりうる問題点について書面に定めておくことによって処理を明確化するという紛争予防の目的，(ii)紛争になった時に備えて証拠化をするという目的，といったものが挙げられよう。このような目的に基づいた契約書作成の意義や必要性からすれば，関連者間契約においてはそもそも紛争になる可能性がほぼないといえ，やはり契約書をあえて作成するまでの必要はないとも考えられそうである。

しかしながら，たとえ関連者間契約であっても，下記のとおり契約書を作成しておくことが必要になる場面は十分に想定されるし，また，契約書を作成しておくことのメリットもありうる。

②　契約書作成のメリット〜取り扱いの明確化とコンプライアンス
関連者間契約の契約当事者において紛争が生ずることはそうめったにはないであろう。しかし，第三者から提起された訴訟等で関連者間契約が問題となり，関連者間契約書を証拠として訴訟の場に提出しなければならないこともある。あるいは，関連者間契約を締結している子会社を第三者に売却する際（すなわちM&A等の企業再編の際）には関連者間契約書がなければ，当該子会社がどのような取引をし，どのようなリスクを負っているのか，といった事項につい

て不分明な状況となり，子会社の売却に不利益が及ぶこともありうるであろう。さらに，共同研究開発契約において，形成された成果としての知的財産（権）の帰属について定めておけば明快であるし，販売契約において販売対象物が滅失したような場合の危険負担についてどのように取り扱うかを定めておくこと等も契約書に明確に定めておけば取扱いが容易となろう。

このような状況を想起すれば，上記①で記載した一般に契約書を作成することの意義・必要性は関連者間であっても妥当することが判明するであろう。

より具体的には，例えば，製造物責任訴訟等が消費者から提起されたような場合，関連者間であっても契約書を締結している場合には，親会社と子会社のどちらがリスクを負うべきなのかが定められていればそれに従って親会社と子会社の内部で処理すればよく，その処理について例えば寄附金課税を受けるといった思わぬ課税上の帰結となることも避けられる場合がありうる。また，裁判所に証拠として提出できることにより，主張の根拠づけとすることもできる。また，上記で例示した共同開発契約における成果物の帰属や危険負担といった事項についても，契約書で明確に定めを置いておけば，それに従った処理をしたものとして税務上寄附金課税といったリスクを低減しうるものと考えられる。

一方で，関連当事者間の取引関係について契約書として作成していなかった場合に，図らずも訴訟において証拠として提出しなければならなくなったがゆえに，後になってからあわてて契約書を作成したようなときは，はたしてそのような後になって作られた契約書が証拠として有効か，あるいは，契約書がなかった時期において実態が真に後に作られた契約書に定められた事項と合致しているのかといった問題点が生ずるし，訴訟の相手方からそのような主張をされた場合には，当方において相手方のそのような主張が誤りであることを立証しなければならず，これは後になって作成した契約書以外に有力な証拠がない限りなかなか難しいのは明白であろう。さらには，最悪の場合，証拠の偽造をしたとして，重大なコンプライアンス上の違反を招くこととともなりかねない。

すなわち，契約書を作成するということは，コンプライアンスといった観点からも重要な側面を有するということができる。近年では，企業の社会的責任（コーポレート・ソーシャル・レスポンシビリティ。CSR）ということがいわれて久しいが，単に法令の遵守のみならず，それを超えて社会的な責任も企業は

負っているとされ，そのような中で企業はコンプライアンスの遵守を重視する，ないし重視しなければならないといった風潮が強まっているのであって，そのような傾向が退潮することは今後もないものと推測される。そのような中で，証拠の偽造という状況が生ずることはやはり企業にとって大きなダメージを，個別的な紛争事案に対してのみならず，風評・レピュテーションの面でも与えることともなりかねない。

③　処分証書の法理と契約書の作成のメリット

以上のほか，契約書という文書の形にしておくことのメリットといいうる面もある。

まず，押印された契約書については，文書に本人の押印がある場合には文書が真正に成立したものと推定される，すなわち，文書の名義人・作成者がその人の意思に基づいて当該文書を作成したと推定されることとされている[2]。したがって，仮にある文書について偽造であるとか真意に基づいていないといった主張，すなわち，真正に成立していないとの主張が相手方からなされても，その立証責任はそのような主張をした相手方にあることになり，そのような主張が認められるか否かは相手方の立証次第という面が極めて強くなるということができる。これは，法人の場合であっても同様で，法人のしかるべき権限のある者が押印していれば，法人の意思に基づいて当該文書（もちろん契約書も含まれる）を作成したものと推定されることになる。

さらに，いわゆる処分証書の法理と呼ばれるものもある。まず，処分証書とは「意思表示その他の法律行為を記載した文書をいい，判決書のような公文書のほか，遺言書，売買契約書，手形のような私文書がある。」[3]とか，「立証命題である意思表示その他の法律行為が記載されている文書であり，契約書，手形，遺言書などがこれに当たる。」[4]と定義されるのが一般的である。そして，処分証書が真正に成立している場合には，特段の事情がない限り，その記載どおりの事実を認めるべき，とされている[5]。

したがって，押印された契約書に関しては，真正に成立したものと推定され，さらに，そのように成立の真正が推定される場合には，原則としてその記載どおりの事実が認められることとなる。

これを上記でいくつか例に挙げたような訴訟の場で，あるいは，将来的に紛争として訴訟の場に持ち込まれることが否定しえないような事情がある場合にも，真正に成立した（と推定される）契約書について，その契約書に記載されていない事実を立証しようとする場合には，処分証書の法理に基づく推定を破るような立証を行わなければならず，このような立証活動は証拠状況にもよるが非常に困難である状況も多いであろうと考えられる。現状としてはいまだ訴訟の場に紛争が持ち込まれていなくとも，仮に訴訟の場に持ち込まれた場合にどのような立証を行わなければならないかについて事前に検討しておくことは必須であり，そのため，以上のような処分証書の法理に基づいて訴訟になる前の段階から検討することは，企業にとって必要である。これは，詳細な記載のある契約書を用意している自分の側から見れば，相手方に対して処分証書の法理に基づいて検討させることにより，不要な紛争を回避することが可能となる，ないしは紛争を予防することができるというリスクコントロールの側面もあるということになる。そのため，以上のように，訴訟の場に限らず，訴訟になる前の段階においても，処分証書の法理が有効に機能する場面というのは十分に想定されるのである。

　このように，正当な契約書を用意しておくことは，訴訟の場面のみならず訴訟の前の場面において非常に重要な機能を果たし，契約書を用意しておくことで，その契約書に記載されていた事項について，基本的にはその記載どおりの事実が認められるのが原則となる。逆に，契約書が用意されていない場合や，契約書の成立に関する推定が破られたような場合には，以上のような効果は認められず，他の何らかの証拠がある場合にはそれらを用いて，望むような事実関係を逐一立証していくことが必要となる。すなわち，契約書を適切に整備するということは，立証の困難性を大きく緩和し，その手間や費用を大きく軽減することが可能となるというメリットがあるのである。

（２）　外国法の観点からの必要性

　次に，一般論ではあるが，外国法の観点から契約書の作成が必要となる場合があるので概観しておく。

　例えば，米国では500ドル以上の売買等一定の契約については契約書を作成し

ないと裁判所による救済を得ることはできないとする規定（Statute of Frauds「詐欺防止法」ないし「欺罔防止法」と呼ばれる）が州法に存在する。したがって，契約書を用意していないような場合には，望むような救済が得られず，思わぬ不利益を被ることがありうる[6]。同様の立法例はカナダやオーストラリア，さらにはイタリアやフランスの民法典にも類似の規定がみられる。米国においては，契約の解釈については，契約当事者の意思確認の覚書により合意されている条項，及び，契約当事者の合意の最終的表現とするものとして書面に書かれた条項は，先行する合意によって，又は契約と同時になされた口頭の合意によって，覆すことはできない，とされており，書面（すなわち，契約書）に記載されている事項が非常に重要視されることになる（parole evidence rule「口頭証拠排除原則」と呼ばれる）。このような観点からも，文書としての契約書の作成は重要である。

　また，一定の種類の契約書に印紙を貼付しなければ裁判所における救済が認められないという法制をとっている国もある。このような法制は東南アジアにみられ，マレーシアやシンガポール等がこのような規定を有している。印紙を貼付するためにはそもそも紙媒体としての契約書が存在しなければならないのが原則であり，その限りにおいて契約書の作成が必要になるということができる。

　さらに，例えばブラジルに所在する子会社との間でライセンス契約といった技術提供契約を締結する場合，当該契約書をブラジル国立産業財産権院（INPI）に登録しなければ，第三者に対する対抗力，ロイヤルティの国外送金（なお，ロイヤルティの国外送金のためにはブラジル中央銀行への登録も必要である），支払ロイヤルティのライセンシーにおける損金算入といった効果が発生しないとされている。すなわち，INPIやブラジル中央銀行への登録によりロイヤルティの国外送金や損金算入といった効果を得るためには，契約書の作成が必須ということになり，契約書を作成しないという選択肢はないであろう。

　中国との関係においても，為替管理制度の一環として，契約書の作成が必要となる場合がある。すなわち，仲介貿易や立替費用などによる貿易外取引について外貨支払いをするためには，契約書と関連書類によって外貨管理局に申請し許可を受けなければならないとされている。

3 契約書作成の重要性～税務的な側面からの検討

上記 **2** では，法務の面から契約書作成の重要性についてみてきたが，本項ではこれを税務面から検討する。

（1） 重加算税の回避

上記**2（1）②**においても記載したが，契約書を後から作成し，仮に契約書がなかった時期における実態が後に作られた契約書に定められた事項と合致していなかったような場合には，最悪の場合，証拠の偽造をしたとの評価がなされることがあり得る。このような「証拠の偽造」という行為を税務面からみれば，「納税者がその国税の課税標準等又は税額等の計算の基礎となるべき事実の全部又は一部を隠蔽し，又は仮装し，その隠蔽し，又は仮装したところに基づき納税申告書を提出していたとき」，このうち特に「事実の全部又は一部を隠蔽し，又は仮装」に該当し，重加算税が賦課される可能性があるということができる（国税通則法68条参照）。

したがって，契約書を作成する際には実態を分析・予測して慎重に作成する必要があるし，契約書を後から作成する場合には，先行する実態と齟齬が生じないように特に慎重な姿勢が必要となる。

逆に，適正な契約書を作成しておけば，思わぬ重加算税賦課というリスクをコントロールでき，それを回避することが可能となる。このような観点から，契約書の作成は税務面からも重要であるということができる。

（2） 納税者の意図しない，ないしは恣意的な事実認定の回避

次に，税務調査の局面，さらにはその後不幸にも税務紛争となった局面においても，税務調査官やあるいは不服審判官や裁判官といった事実認定者による納税者の意図せざる事実認定，あるいは恣意的な事実認定を，適正な契約書を作成することによって避けることができる。

極端な場合として契約書がない場合や，あるいは極めて簡素な契約書しか存

在しない場合を想定してみる。すると，契約当事者間においてどのような取引がなされていたかについては，例えば，契約当事者の担当者間でのメールのやり取りやメモ書きなどから事実認定をしていくこととなろう。そのような場合には，特に税務調査の局面においては，税務調査官側において有利に使える事情が重視されるかもしれない。さらに，関連会社間の契約であるような場合には，一定の機能やリスクについては当然に親会社が負担しているものとの思い込みが事実認定者において存在し，それが事実認定に影響を与えることもあるかもしれない。そして，仮に納税者側の意図せざる事実認定がなされる恐れがある場合ないしはそのような事実認定がなされた場合には，納税者側において納税者の意図していた事実を立証することは非常に困難であろう。なぜならば，依拠すべき証拠としては，税務調査官・事実認定者側と同じ証拠しか手元にないことが多いからである。上記の例でいえば，事実認定者側も，また，納税者側も，等しく担当者間でのメールのやり取りやメモ書きなどに基づいてそれぞれの事実を立証し，認定することになるので，納税者側の立証であっても説得的に展開することはやはり一定の難しさが伴うことになる。このようにしてみていくと，契約書がない場合や簡素な契約書しか存在しない場合には，税務調査官・事実認定者において納税者の意図しない事実認定が比較的容易に可能となりうる場合が想定されるし，さらには，恣意的な事実認定がなされる可能性も否定できないということができる。

しかしながら，適正な契約書を用意しておけば，契約書に記載されている事項を税務調査官や事実認定者側において否定するような立証をしなければならないこととなり，これは税務調査官や事実認定者側にとって困難が伴うことは想像に難くないであろう。また，上記**2(1)③**において記載したような処分証書の法理の適用があることも併せて考えれば，契約書に記載された事実が存在したものと原則として認められることになるのであるから，やはり税務調査官・事実認定者側にとっては，事実認定の出発点は契約書に記載された事項ということになる。

以上のように，契約書に適正な事項を定めておけば，税務調査の段階，さらにはその後に続く可能性のある税務紛争の段階において納税者の意図しない，ないしは恣意的な事実認定の回避が可能となる。

これもまた，前記(1)と同じく，税務上の調査や係争におけるリスクをコントロールすることを可能とするものであって，契約書の作成の税務面における重要性を如実に示しているということができる。

(3) 契約書の作成時期

上記(1)及び(2)でみてきたように，適切な契約書を用意作成することは税務面からも極めて重要なことであることは明らかであろう。では，このような適正な契約書をいつ作成すべきなのか。

まずは上記(2)でみたように，取引が実行された後になってから契約書を作成するような場合には，契約書作成前の取引実態と契約書における記載事項を慎重に合致させることが求められる。ここで，契約書に定めた事項と取引実態が相違しているような場合には法務面・税務面の双方から問題が生じるのは上記2(1)②及び3(1)のとおりである。さらに，契約書作成前の取引実態においては，何ら合意がなされていない事項が存在する可能性が高いであろう。すなわち，前述2(1)①のように，契約書の作成の必要性・意義の1つとして，契約に関して起こりうる問題点について書面に定めておくことによって処理を明確化するという紛争予防の目的・意義が挙げられるが，このような契約に関する問題点が生じていない状況の中で，問題点が生じた場合にどのように処理するかについてまで契約書なしに合意をしている例はそれほど多くはないと推測される。しかしながら，適正な契約書においてはこのような事項についてもまた定めを置く必要があるので，このような事項についても定めておく必要があるが，取引実行当初の時点において，あるいは取引の実行継続中において何ら問題が生じていないにもかかわらず，問題が生じた場合について合意がなされていたとして，それを取引開始後において事後的に契約書に定めを置くということは，証拠を偽造した，あるいは事実を仮装ないし隠ぺいしたということができる（すなわち，重加算税の対象となりうる）場合もあるかもしれない。

以上のような状況から考えれば，契約書については取引の実行前の段階において用意作成しておくのが妥当であるということができる。すなわち，当事者がどのような機能やリスクを負うのかを明確にして，それらについて合意し，文書に落とし込んで契約書を作成し，取引の効力発生・実行については，契約

書に定められた事項を実践する，という流れとするのがリスクを低減するという観点からは望ましいということとなる。

　なお，このような契約書作成時期との関係で，契約書の作成が取引実行後である場合において，契約書の作成時期，具体的には契約の発効時期や署名日付を遡及させて契約書を作成するといったことが行われることがある。仮にこのような状況が税務調査において発見されると，税務調査官としては極めて高い確率で重加算税賦課の対象となると指摘してくるといった状況があるようである。これについては，様々な反論が考えられるが，そもそもの税務調査におけるリスクコントロールという観点からは，日付の遡及といったことはしないにこしたことはないであろう。

(4) その他の税務上の観点からの必要性

　上記のような税務上の観点からの必要性のほか，関税及び消費税との関係からも契約書が必要とされる場合が想定されるためここで簡単に言及する。

　関税ではその評価額が関税額算定において必要になるため，取引の契約書が当然に必要となる。また，関連者間の契約においては，関連者という関係が価格にどのような影響を及ぼしているかが問題となることもあるため，契約書の作成は必須であるということができる。さらに，関税評価においては，現実に支払われた価格に加算すべき価格というものが規定されており，その中には「輸入貨物に係る特許権等（その輸入貨物を本邦において複製する権利を除く）の使用に伴う対価で，その輸入貨物に係る取引の状況その他の事情からみてその輸入貨物の輸入取引をするために買手により直接又は間接に支払われるもの」（関税定率法第4条第1項第4号参照）が掲げられている。すなわち，ロイヤルティの支払が輸入取引の条件となっている場合には，当該ロイヤルティを関税評価額に加算しなければならないとされている。このようなロイヤルティの加算をしなかったことによって，関税のいわゆる追徴課税を受けている事例は多い。ここで，ロイヤルティがはたして輸入取引の条件となっているか否かは，ライセンス契約書において定められている条項をみて検討することになるが，この場合においても（ライセンス）契約書において，以上のような法令の規定に配慮した形で適切な定めを置いておく必要がある。

関税評価は世界各国において，比較的共通した発想に基づいてなされているが，上記のロイヤルティの加算についても同様で，例えば，中国では近年の法令改正によりロイヤルティが課税価格に含まれているか否かを自主申告させ，貨物の輸入とロイヤルティの支払いを関連づけることで税関が課税価格を調査する際の便宜が図られている。これにより，ロイヤルティ関連の調査が強化されており，調査の際には，ロイヤルティ支払いの根拠となるライセンス契約書を提示することが必要なのはいうまでもない。適正にライセンス契約書を整備しておくことによって，このような調査においても適切な対応が可能となり，ロイヤルティ課税のリスクをコントロールすることが可能となる。中国との関係では，日本の親会社が中国に所在する子会社にライセンスを供与して製造等をさせている事例はいまだ多いものと考えられるところ，そのような場合には，適正なライセンス契約書の作成は極めて重要である。

また，消費税についても，輸出免税の適用を受ける場合には，取引が輸出取引になることについて輸出取引等の区分に応じて一定の証明が必要となるため，契約書等において例えば役務の提供地を明示する，あるいは，譲渡資産の所在地を明示するなどの必要性があり，このような観点からも契約書の作成は重要である。

(5) BEPSとの関係における作成の必要性

最後に，BEPSとの関係から現状までの契約書の作成の必要性について言及しておく。

BEPSは15の行動から構成されるところ，特にその行動13において非常にドラスティックな成果として，多国籍企業の企業情報の文書化が掲げられている。当該行動においては国外関連取引にかかる契約書又は契約の内容を記載した書類を文書化して用意・作成しなければならないものとされ，我が国の法令においても平成28年の税制改正により同様の規定が設けられた（租税特別措置法施行規則第22条の10第1項第1号ニ）。当該規定に基づいて，一定の要件に該当する企業は平成30年6月までに上記の契約書等を含むいわゆるローカルファイルを作成しておかなければならなくなった。

ただし，当該行動13においては国外関連取引にかかる契約書等を作成してお

くことというのが基本であって，その内容についてまで特に踏み込んだ記載はなされていない。一方でBEPS行動8－10においては，冒頭に記載したように契約書における契約当事者の機能と責任・リスクの分配等についての言及がある。当該行動に基づく我が国の税制改正は平成31年度以降にその要否も含めて検討されるとのことであるが，実際に法改正により条文化されるか否かにかかわらず，上述のような契約書の重要性からすれば，国外関連契約当事者間の機能と責任・リスクの分担について，ある程度詳細な契約書を作成しておくことが重要であるということができる。

そこで，次項において，どのような条項を契約書におくべきか，若干の具体例を見ていくことにする。

4 契約書における具体的な条項（BEPS行動8－10を受けて）

(1) BEPS行動8－10の概要

行動8は，無形資産は，比較対象がなく，また評価が困難なことが多いことから，無形資産にかかる関連者間取引に関する移転価格算定上様々な問題点が生じるが，それらの問題点について検討している。

行動9では，資本やリスクについて言及がなされており，契約上のリスク配分は，当該リスクについて実際の意思決定及び管理を行っている場合に限り尊重されるとしている。

行動10では，租税回避の可能性の高い取引として，商業上合理性のない関連者間取引から生じた利益の配分に対処するための措置，及び多国籍企業グループ内における一定の支払（管理費用や本社費用等）による，価値創造との一致が見られない状況での租税回避等について記述されている。

ここで，契約書の記載内容との関係からすれば行動9が最も関係が深い。BEPS行動を受けて，ごく簡単に要約すれば，契約書においては機能とリスクについて十分な定めを置いておくことが必要となるということができるが，機能については取引状況の分析からある程度の判断がつくが，リスクについては契約書において明示的に定めていない限りどのように契約当事者間において配

分されているのか，明らかにすることは非常に難しい。そのほかにも上記 **2(1)** ②に記載したような危険負担であるとか，あるいは，研究開発委託契約における成果物の帰属やそれに付随する権利の取扱いなどは，契約書において明示的に帰属等について定めておかないと，それらについて問題が生じた場合の解決としては法令の解釈適用にゆだねられることとなり，そこに確立した解釈が存在しないとすると契約当事者間に不安定性をもたらすことになる。

契約にはもちろん多種多様な類型があり，機能の分担やリスクの分担も取引ごとにまちまちであるのが通常で，それらを逐次ここで取り上げることは紙幅の関係上不可能であるが，以下においては，製造委託契約及び研究開発委託契約を具体例にとり，かつ，リスクについては委託元（多くの場合は親会社ということになろう。）がほぼ全て負担している，という状況を想定して，契約書の定め方の留意点について概観する。

(2) 契約書の定めの留意点〜親会社がリスク負担する製造委託契約を例に

本項では，親会社が外国子会社に対して，製造委託をする契約を結び，かつ，リスクについては親会社側がほぼ全てを負担するという状況を想定し，そのような契約書を用意・作成する際の主要な留意点について検討する。

① 受託者側の義務について

受託者側の義務に関する条項としては，委託者側の管理・コントロールを基礎づけるような定めの内容とすることが肝要である。

具体的には，一定の製品を製造するにあたって，委託者が指定する仕様に従うこと，仕様を変更する場合には委託者の承認を得ることはもちろんである。さらに，受託者側のリスクを低減させるために，危険負担については受託者側の工場出荷段階で委託者に所有権の移転とともに移行するとか，あるいは，受託者側が船積みした段階で移行する，といった定めを置くことで，早期にリスクを移転する旨を定めることが考えられる。製品に欠陥があった場合には，受託者が委託者の指定する仕様に従わなかった場合にのみ受託者がその責任を負うとする定め，製造物責任との関係でも受託者は委託者の仕様に従わなかった

ときにのみ責任を負う，といった定めを置くことになろう。

② 委託者側の権利・義務について
　委託者は，受託者によって製造された製品はすべて購入することはもちろんであるが，その際の通貨建てについては受託者が所在する国の通貨建てで購入することが受託者側の為替リスクを低減させることになる。もちろん，外貨規制等により受託者側の通貨で決済することが難しい場合があろうが，そのような場合であっても受託者側に為替リスクを負わせないようにすることが必要であろう。また，受託者側に一定の利益を確保させるために価格の調整条項を定めることによって，委託者側に一定の追加的な支払等についての義務を負わせることも重要である。さらに，製品を製造させるにあたって用いられる特許権等の知的財産権がある場合には，それに起因して生ずる特許権侵害等のリスクはすべて委託者側において負担することとする条項も必須である。

　なお，製造委託契約を締結し，受託者が製造をしている中で新たに生じた知的財産権については，適用のある法令の許す範囲で委託者に譲渡するとの定めをおくことで構わないであろう。なぜならば，議論はありうるが，委託者がすべての仕様を決定し，仕様の変更に当たっては委託者の承認を得なければならないのであるから，委託者において上記のような新しい知的財産権が生ずる可能性があるオペレーションを管理・コントロールしているということもできると考えられるからである。

③ その他の定めについて
　以上のほかに，ある製品の製造委託をするにあたっての予算を，毎事業年度，受託者と委託者において協議のうえ決定するが，最終的な決定権限は委託者側にあるといった旨を定めることも考えられる。また，予算には人件費，原材料費，減価償却費，直接経費，間接経費，販管費等を含むが，さらに，当該契約の目的となっている製品を製造するために使用される設備に遊休資産がある場合には当該遊休資産分の費用を含めることも考えられる。さらに，当該契約の目的となっている製品を製造するために使用される設備に関する資本的支出や製造に従事する従業員数等について委託者の承認事項とすることも考えられる。

製品製造のための原材料については，第三者から調達する場合には，委託者が当該第三者と価格交渉をし，受託者がそれを購入して製造する旨や，委託者が原材料の調達価格の交渉を行わない場合には，委託者において受託者が締結する原材料調達契約を承認する権限を有する旨などを定めることが考えられる。

　製造委託契約の解除の局面において，契約の有効期間経過の前に，特段の理由なく委託者が契約を解除する場合には，受託者が得べかりし利益等法令や判例の要請する範囲での損害について委託者が補てんする，などの定めを置くべきであろう。

(3) 契約書の定めの留意点～親会社がリスク負担する研究開発委託契約を例に

① 研究開発予算に関する定めについて

　BEPSにおいて，管理・支配を如実に表すものとしては，やはり予算管理が挙げられる。したがって，予算について委託者と受託者において合意をする旨の定めを置くとともに，最終的な決定権者は委託者にあることを明示的にすべきであるといえよう。また，予算に含まれる内容としては，広範に定義し，開発に従事する従業員の給与はもちろん，出張費や間接経費等も含むものとすることが考えられる。予算の通貨建てについては受託者の所在する国の通貨とすることで為替リスクを回避することができる。また，予算に関する会計処理についても，受託者の所在する国の会計原則に基づくものとすることで，会計原則・会計処理の違いに基づくリスクを回避できることとなろう。

　予算については，委託者側においても定期的に見直しをすることができるようにしておくことが望ましいであろう。

② 委託者の権利義務の定めについて

　事実関係次第であるが，委託者において研究開発の基礎となる技術等について受託者に使用を許諾させるという局面がある場合には，その旨を契約書において定めておくべきであろう。これにより，委託者の研究開発に対する管理支配を基礎づける1つの要因となりうるものと考えられる。また，研究開発の進捗に応じて，受託者からの進捗状況や予算の消化具合といった事項に関する報

告徴求権を委託者に付与する旨の定めも必要であろう。受託者による報告が委託者の意図せざる状況にあるときには，契約を解除し，プロジェクトを中止する権利を委託者に付与することも考えられる。受託者側に一定の利益を確保させるために価格の調整条項を定めることによって，委託者側に一定の追加的な支払等についての義務を負わせることも重要であろう。そして，成果物については法令の許す範囲で委託者に帰属することを明示しておくべきであるのは当然である。

③ 責任の限定の定めについて

前提として，本研究開発契約においては委託者側がすべてのリスクを負担しているということとしているので，仮に受託者側において，その研究開発をするにあたって，ないしは研究開発の成果物において，例えば特許権侵害のような事象が発生したとしても，それはすべて委託者において解決し，受託者において被った損害がある場合にはそれを填補するといった定めをおき，受託者において何らの責任を負わないこととすることが必要であろう。もちろん，受託者が委託者の指示に従わなかった場合や，第三者の権利を侵害することを知りながらあえてそれを放置した場合にまで委託者において責任を負うとするまでの必要はなかろう。

④ 契約解除の際の処理の定めについて

研究開発契約の解除の局面において，契約の有効期間経過の前に，特段の理由なく委託者が契約を解除する場合には，受託者において得べかりし利益等法令や判例の要請する範囲での損害について委託者が補てんする，などの定めを置くべきであるのは，委託者によるリスク負担を表象するものとして必要であるということができる。

5 契約書ひな形の利用について

最後に，契約書を用意・作成するに際して，いわゆるひな形を用いることについて記載しておく。

例えば，上記で見たような製造委託契約や研究開発契約，さらには，ライセンス契約や販売代理店契約等ある程度定型化された類型の契約書においてはひな形を用いることも有効であり，そのようなひな形を整備している企業も多いものと考えられる。ひな形は，取引類型に応じて一般的に必要な事項等について定められており，その使い方を誤らなければ効率的に使うことができるものではある。特に交渉の必要のないたぐいの契約である場合には，きわめて有効な場合もあるであろう。

　しかしながら，契約である以上，ひな形を少し改訂した契約書であってもそれに署名・押印した以上，契約当事者はそれに拘束されることとなる。しかも，上記2(1)でみたように裁判上一定の推定がなされるといった効果まで付与されている。このような状況からすれば，ひな形を用いる際には，そのひな形に記載されている定めが，果たしてこれから契約書を締結しようとしている取引について真に妥当するのか，不都合な点はないのか，といったことについて慎重に検討することが求められる。

　さらに，BEPSとの関係からすれば，従前のようなひな形に多少の改変を加えただけの紋切り型の契約書では，上記4(1)に記載したようなリスクの分配について明示的に定めていない場合も多々あるものと推測され，その結果，万一の紛争の場合に明確な解決策が提示されていなかったり，あるいは，思わぬ課税を受けたりすることがありうるのは上記のとおりである。特に，冒頭記載したように，契約書は当事者の機能・リスクの分配の分析の出発点となるとBEPS報告書に明示され，契約当事者の責任，権利義務，及び特定されたリスクの引受けに関する分配，並びに価格取決め，特に責任，リスク及び予測される結果がどのように分配されることが意図されていたかに留意しつつ関連者間契約を作成して締結しておくことが必要になったということができる状況においては，各取引ごとに契約書を上記のようなポイントに配慮しつつ作成することが必要であって，もはや契約書ひな形では対処しきれない場合も多いと推測される。

　以上のような状況からすれば，契約書ひな形はいまだに有効な場面は想定されるものの，そのような場面は限定的になったということができ，BEPS後は，取引ごとに機能とリスク分配に十分に配慮したうえで契約書を作成するこ

とが必要で，契約書ひな形は参考程度にしておくことが望ましく，これは，税務面における調査や争訟のリスクコントロールという観点からも同様である。

6 おわりに

契約書の作成については，BEPSの前後を問わず，たとえ関連者間でのものであったとしても以前から重要であり，その必要性や意義については上記2及び3でみたとおりである。しかしながら，BEPS後においては，関連者間の契約書作成の重要性は新しい次元にいたったということができ，それまでの簡素な契約書を超えて，取引ごとにその取引の特徴，特に契約当事者が果たす機能と負担するリスクを詳細に定めた契約書が必要になった，ということができる。また，このような契約書を用意・作成することで税務調査や税務紛争におけるリスクのコントロールも可能となる。本稿がそのような契約書作成についての視座を提供することができれば幸いである。

(注)
(1) 和訳は国税庁ホームページ (https://www.nta.go.jp/taxes/shiraberu/kokusai/beps/pdf/8-10.) に掲載されたBEPS報告書によった。
(2) 民事訴訟法228条4項は「私文書は，本人又はその代理人の署名又は押印があるときは，真正に成立したものと推定する。」と規定している。
(3) 裁判所職員総合研修所監修『民事訴訟法講義案(改訂補訂版)』(司法協会，平成20年) 204頁。
(4) 司法研修所編『民事訴訟における事実認定』(法曹会，平成19年) 18頁。
(5) 最判昭和32年10月31日民集11巻10号1779頁，最判昭和45年11月26日民集101号565頁，最判平成11年4月13日判時1708号40頁，最判平成14年6月13日判時1816号25頁ほか。
(6) ただし，国際的な契約に関しては国際物品売買契約に関する国際連合条約 (United Nations Convention on Contracts for the International Sale of Goods. 通称ウィーン売買条約) 11条によって，Statute of Frauds は適用除外とされている ("[a] contract of sale need not be concluded in or evidenced by writing and is not subject to any other requirement as to form. It may be proved by any means, including witnesses.")。日米豪加仏伊ともに本条約の締約国であるが，契約書によっては，当該条約の適用をしないと明示している例もある。

(手塚崇史)

移転価格算定における
リスクの理解

1 移転価格税制の中のリスク

　移転価格税制は海外のグループ会社との取引の価格について規制する税制である。価格の決定という，企業にとって極めて本質的な意思決定について税法が規制を行うというのは特別なことと考えてよいと考えられる。なぜなら，世の中には数多くの営利企業が存在し，業界も違えば扱う財・サービスも異なる中で，その取引価格を規制するとするならば，とてつもなく広範かつ細かいルールを制定するか，もしくは取引価格に関して一般原則を設定し，それにかなう範囲内で価格を設定するように規制するしかないと考えられるからである。

　世界各国で導入されている移転価格税制は基本的に後者の考えに基づいて創設されている。つまり，様々な事業や状況に応用できることを可能にする範囲内で原則を設定し，その応用は最終的には納税者である各企業又は税制を執行する税務当局に委ねられる。そしてこれは少なくとも現段階では理にかなった方法であると考えられる。なぜならば，事業形態や業界ごとに細かくルールを設定するとなれば，整合性・公平性を確保するのは困難を極めることになるのが想定されるからである。特に移転価格税制については，二重課税問題が存在することから一般原則に基づく税制であることが極めて重要である。

　移転価格税制における二重課税問題とは，多国籍企業グループの所得の一部又は全部が2か国以上で多重に課税されることである。移転価格税制は海外グループ会社との取引価格に関する税制であると上で述べたが，取引価格に関する規制が国によって異なるとすると，ある取引について取引価格が国によって異なることになってしまう。税務上の取引価格が当事者間で異なれば，当事者の税務上の利益額の合算が，グループとしての利益を上回る可能性が生じ，結

果として両国において課税される（つまり二重に課税される）所得の部分が出てくることになる。

　税制度は各国のおかれた状況や歴史文化を反映しやすいものであり，また各国間で必ずしも同じ内容の税制である必要がないことから，それなりに仕組み自体は類似していたとしても本来は個別性の高いものである。しかしながら，移転価格税制においては，各国によって内容が異なれば二重課税が発生する蓋然性が高くなることを考えると，その内容は各国間で整合性が取れている，さらに言えばより類似性が高いほうが二重課税問題の発生防止の観点からは好ましいといえよう。実際，現在各国で導入されている移転価格税制は内容が類似している。

　移転価格税制は米国発祥とされるが，現在世界各国で導入されている移転価格税制は一部の例外を除き，基本的にOECDが発行している「多国籍企業と税務当局のための移転価格算定に関する指針」，いわゆるOECD移転価格ガイドラインに準じた制度になっていると考えてよい。OECD移転価格ガイドラインは1979年に公表された「移転価格と多国籍企業」[1]という報告書を源流としている。OECDは日本語名を経済協力開発機構といい，主に主要な工業国が中心に加盟する組織であり，国際経済について協議する組織である。今でこそ，世界経済はグローバル化し，その交易ネットワークは五大陸すべてを網羅するものになっているが，1979年当時はまだ貿易は先進工業国間を中心とした，いわゆる「水平貿易」が主流であった。したがってOECDが多国籍企業グループの所得に対してどのように課税が行われるべきかを検討するのは自然な流れであったと考えられる。

　OECD移転価格ガイドラインで採用されている移転価格に関する一般原則とは，独立企業原則と呼ばれるものである。多国籍企業グループ内取引における取引価格は独立企業間同士で設定されるであろう価格にて設定すべし，という原則である。各国課税当局が最も懸念する多国籍企業グループ内における取引価格設定は，他国に所得が集中し，自国の課税ベースが侵害されることである。他国に所得が集中する大きな要因の1つとしては，税率差が考えられよう。そういう意味で，独立企業であれば取引相手の利益に配慮する必要はなく，税率差がその価格設定に影響を及ぼさないであろうことを考えれば，独立企業

原則を移転価格税制の中心に置くのは，合理的であろう。

　しかしながら，独立企業原則を中心に据えるだけでは，その原則の解釈に相当程度大きな幅ができてしまうため，各国における移転価格税制の整合性は確保できない。このことから OECD ガイドラインは具体的な移転価格の算定方法として，大別して5つの移転価格の算定方法を定めている。すなわち，①独立価格比準法，②原価基準法，③再販売価格基準法，④取引単位営業利益法，⑤利益分割法である。ここでは各移転価格算定方法の詳細には立ち入らない。

　この5つの移転価格算定方法の見方の1つとして，比較対象取引をどの程度必要とするかしないかという視点がある。比較対象取引を大まかにいえば，あるグループ内の取引について価格を設定する際に，独立企業間の「比較可能な」取引，つまり類似取引となる。ここでいう「独立企業間」は，当該グループ企業が全く関係ない企業同士となることもあれば，片方はグループ会社だが，もう片方の取引当事者がグループ外の企業である場合も含む。上述の5つの移転価格算定方法のうち，①～④は基本的に比較対象取引に基づいて移転価格を算定するが，⑤は比較対象取引以外の要素の果たす役割も大きい。

　比較対象取引を選定するにあたっては，比較可能性を検討する要素がある。すなわち，比較可能な取引であるというためには，取引の何の要素が比較可能であることを示せばよいか決まっている。それらは取引の対象資産や役務，売手や買手の果たす機能，契約条件，市場の状況，取引当事者の事業戦略などとされている。日本では租税特別措置法通達66の4（3）−3において定められているが，元は OECD 移転価格ガイドラインによって定められているものである。

　日本の移転価格税制においてもそうであるが，この比較可能性要素には本稿の主題である取引当事者の負担する「リスク」が含まれている。このリスクが移転価格税制の中でどのように位置づけられるのか探索するのが次項以降の主題である。

2　リスクはなぜ探索に値するのか

　一部の業界・ケースを除き，少なくとも日本のプラクティスにおいて移転価

格税制のリスクの扱いは比較的地味であったといってよい。例えば，移転価格文書や事前確認の申請書を作成すれば，機能・リスク・資産の分析の中で為替リスクであるとか，市場リスクであるとか，記載されていることはある。しかしながら，機能に関する記載と比較すれば，それが実際最終的な分析の結果にどのような影響を与えているのか，必ずしも明確ではないケースのほうが多いのではないだろうか。これにはいくつかの理由があるように考えられる。

　移転価格算定方法の中で最近最も採用されることが多いのは，TNMMと呼ばれる取引単位営業利益法である。この算定方法の適用を簡単に説明すると，比較対象企業と呼ばれる会社を複数選び，その営業利益率の平均等を検証対象となるグループ会社の営業利益率と比較することが多い。したがって上述した比較可能性要素が比較対象企業と検証対象となるグループ会社の間で比較・検討され，類似の程度が高ければ，比較対象企業として正式に選定されることになる。現実問題として，この比較可能性要素を検討する際にイメージしやすい，企業が取引する資産や提供する役務の内容，もしくは事業を行う際に必要とされる機能を比較することが多い。逆にいうとリスクはイメージがしにくく，その類似の程度を判断するのは容易ではない。移転価格税制は学問の世界ではなく，プラクティスの世界であることを考えると，その内容も中身も業績への影響もイメージすることの容易でないリスクを比較可能性要素として重点検討することは実際的とはいえない。他にも理由は考えられるが，リスクに関する分析に重点がおかれにくかったのが，現状といえよう。

　ところが，2015年10月に成果物が公表されたBEPS行動計画において，グループ内におけるリスクの負担関係が突如としてフォーカスされた。いわゆるBEPS行動計画8―10の成果物においては，リスクを負担するという行為について，詳細に分析がされている。リスクがフォーカスされたのはなぜなのか。移転価格税制におけるリスクの論点を探求するためには，リスクが移転価格において意味しうるもの，そして近年のグループ間取引におけるリスクがどのように扱われてきたのかを遡って理解する必要がある。

　そもそも移転価格税制の文脈においてリスクは何を意味するのであろうか。

リスクという言葉は，使われる文脈において様々な意味を持ちうるが，よくハイリスク・ハイリターンといわれるように，多くのリスクを負担することは，取引から損失を被ることもあれば，多くの利益を獲得する機会もあり，どちらに転ぶかは不確実であるが，リスクの高い取引ほど期待できるリターンの水準も高いと考えられている。したがって，移転価格の文脈においても多くのリスクを負担する取引当事者は，高いリターンを期待できるが，リターンはあくまでも期待レベル（もしくは平均）の話であって，損失を被る蓋然性もまた無視できないということになる。

BEPS行動計画においてリスクが重要視されたのは，上の話と無縁ではない。リスクを多く負担するほうが期待リターンも大きいということになると，所得配分においてリスクの果たす役割は大きくなると理解することが可能であるからである。つまりリスク負担の大小をグループ企業に適切に設定することで，グループ内の所得配分を経済原則に背かない形で，つまり独立企業原則と整合する形である程度コントロールすることができる。

多くの事業形態において機能とリスクについて考えた場合に，グループ内における機能の地理的な配置は制約条件が多い。例えば，販売会社であれば市場に近いところに存在する必要があるし，工場であれば原材料や労働力の得やすさは重要である。一方で，リスクに関しては地理的な配置は制約条件が比較的少ない。なぜかというと，リスクの負担は契約条件で定めることができるため，極論すれば書面上の話であり，物理的・地理的制約は少ないからである。すなわち低税率国に存在する法人にリスクを多く負担させることは，契約上の条件として明確にすれば可能になるわけであり，これに伴って人員の大幅な移動（異動）などは必要としない。

BEPS行動計画はこうした税務プランニングを防止することに目標の1つに置いていたと考えてよい。そして対策として，契約だけではリスク負担を認定せず，リスク判断を行う機能をリスク負担において不可欠な機能とした。この新しいガイドライン下ではリスク判断を行う法人がリスク負担も行うことになる。ただし今回のBEPS行動計画に基づく新OECD移転価格ガイドライン（2017年改訂版）が画期的であるのは，むしろこの点にとどまらなかった点であ

ろう。つまり，リスク判断の内容をより明らかにした点が移転価格におけるリスク評価の在り方を改めて定義したともいえるのである。もっとも，これは必要とされていたことであった。なぜならば，リスク判断に関する（人的）機能といっても，形式的なものであったとしたら，改定の効果が大幅に減ずるからである。

　OECD のアプローチは二層アプローチと呼ばれることもあるが，リスクを負担しているといえる法人は，①リスク判断を行う人的機能を有すること，②リスクを負担する財務的な能力があることを前提としている。特に①においては，最終的な判断を行うというポイントだけではなく，実務的な能力及び権限が付与されていることが重要である。この条件は最終的な判断だけを形式的に行うことでリスク負担が行われていると主張することを抑止するものである。リスク判断の実態がある拠点におけるリスク負担を担保するための厳しい条件といえよう。

　この OECD のアプローチからわかるのは，リスク負担を所得配分にあたって引き続き重視するということである。問題になっていた企業の租税回避行動が，グループ内においてリスク負担を計画的に配分することによって生じていたものとするのであれば，機能面のみを重視するアプローチもあり得たはず[2]であるが，結果として所得配分におけるリスク負担の認定条件は厳格にしたものの，リスクの負担水準が所得配分に大きく影響を与えるという点は，従前と同じく維持されたといってよい。逆に，OECD がリスク負担水準の移転価格の算定や結果としての所得配分に与える影響を再確認したともいえよう。

　OECD がリスクの重要性を再確認したとして，ではどのようなリスク負担が移転価格の算定に影響を与えると整理できるのであろうか，また影響を与えるリスク負担が特定されたとして，それをどのように移転価格に反映されるべきと考えるべきなのであろうか。この項の最初ですでに述べたように，移転価格の設定におけるリスク負担は多くの場合は重視されてこなかった。これは今後も同様で，OECD の新指針は特定の取引のみに与えるものなのであろうか。

　OECD は取引の認定に係る分析を 6 つのステップに分けて記載しているが，

これにおいてリスクは重要な分析対象である。取引において認識すべきリスクとは，経済的な重要性を持つリスク（事業の目的に対する不確実性の影響）であると整理し，一方でそのリスク負担は一義的には契約条件によって定められている，としている。したがって，事業における経済的に重要なリスクの特定，契約条件として現れるリスクの書面上の負担分析，そして実態に関する分析が行われるわけである。これから判断するに，個々の細かいリスクを並列に扱うのではなく，基本的には「経済的に重要な」，つまり金額的影響が潜在的に大きいリスクの特定が必要になるということだと考えられる。次項においては，経済的に重要なリスクをどのように考え，どのようなリスクを想定するべきなのかについて，考察を進めることとする。

3 経済的に重要なリスクとは何か

　事業リスクは文字どおり事業を遂行する際に生じるリスクのことを指す。事業リスクには当然様々なものが存在するが，移転価格算定方法の適用の観点から考えれば，それは例えば利益率にどのような影響を与えるのかという視点からみることになる。リスクは当然不確実性を伴うものであるから，利益率を向上させるリスク要因もあろうし，低下させるリスク要因もあろう。

　こうしたリスクは，どこまで具体的に定量化できるかは別として，収入や費用に影響を与えるものと考えられる。収入に影響を与えるものとしては，例えば競合製品リスク（競合製品の出現により，自社製品の売上が低下するリスク）が挙げられるし，費用に影響を与えるものとしては，例えば事故等による生産ラインの停止リスクなどオペレーション上のリスクも想定しうる。これら2つのリスクのように利益率に負の影響を与えるリスクもあれば，原材料価格の変動に伴うリスクは利益率に対して正負の両方の影響を与えうる。

　しかしながらOECD移転価格ガイドラインは「経済的に重要な」リスクについて考慮するように記載されている。例えば日本の上場企業であれば有価証券報告書に事業上のリスクを掲載しており，当該企業が事業上のリスクを認識して記載していることは事実である（米国上場企業も同様にForm—10Kに記載がある）。かといって関連者間取引の文脈で直ちに応用できるかどうかはわか

らない。

　ある企業が経済的に重要なリスクを抱えているかどうかの判断の仕方の1つとして，当該企業の費用を収入の増加・減少と連動する費用としない費用の2つに分け，後者を多く抱えているか，という視点が考えられる。これは以下の理由によるものである。

　ある企業の収入と費用の増加・減少が完全に連動する場合，当該企業は事業遂行にあたって，単位当たりの収入が単位当たりの費用を上回っている限りにおいて，事業のリスクは低いともいえる。なぜならば，この単純化されたケースにおいては，収入がある限りにおいて赤字に陥ることがないからである。もし収入に対する費用率（経費率）が一定であれば，利益率は一定であろう（コストプラスのような対価設定はこれにあたる）。一方で，収入の増減と費用が全く連動しない場合，つまり収入が増えても減っても費用の額が一定である場合，そのコストが名目的な水準であるケースを除き，収入の増減が利益率に与える影響は大きいといえる。なぜならば，収入が減ったときに費用が減ることがなく，利益率のダウンサイドの変動は大きくなることが想定されるし，逆に収入が増えた際に費用は増えないので逆に利益率は高くなるともいえる。つまり，同じ収入の変動に対して利益率の変動は費用が固定的な会社において大きくなる。

　もちろん，世の中の全ての会社が，変動的な費用しか持たない会社と固定的な費用しか持たない会社に分かれるわけではない。むしろその中間の幅が広く，費用がより固定的な割合が多いか，少ないかという判別がより現実的であろう。経営指標の中には限界利益という指標があるが，これは売上高から変動費を控除した額を意味し，限界利益率とは固定費カバー前の利益率のことを指す。実際企業実務の中でも，固定的費用の負担水準は経営において重要な指標であることからこのような指標が使用されているものと考えられる。

　この考え方，すなわち収入と連動しない費用が多いほうがより利益率の変動が大きいという考え方は，法人間の所得配分で考えた場合に，何がいえるだろうか。一ついえることは，より収入と連動しない費用の割合が多い法人は，収

入の増減に対して利益率の変動が相対的に大きいことである。事業遂行上のリスクは，自身でよりコントロールできるコスト面よりも競合や他の市場要因の影響を収入面において受けやすいことを考えると，より重要な経済的なリスクを負担する法人とは，収入と連動しない費用，即ち固定的費用の割合が費用全体に対してより大きい会社となる。

　この考え方に立つと，全体の費用の中で固定的費用の割合が高くなるような活動を行っているかが企業活動におけるリスク負担の判定において大きくなるということになろう。これは認識する事業リスクが費用に直接的なインパクトを与えなくとも同様である。収入が減少すれば，費用が完全に収入に連動していたとしても利益の額は減るが利益率は変動しない。一方で費用に収入と完全に連動しない部分があるとき，利益率は収入の増減によって変動する。これは取引単位営業利益法を適用する際，特に留意すべき点であろう。

　経済的に重要なリスクを負うことと固定的費用の負担との関係がある程度わかったところで，これはOECD移転価格ガイドラインとの関係上，どのように理解すべきであろうか。OECD移転価格ガイドラインは重要な経済的リスクの引き受けを判定するにあたって，リスクを管理する人的機能を重視していることは，前節において記載したとおりである。つまり，固定的な費用を生じさせる活動をだれが規模を含めて意思決定をしているのか，この判断をしている人的機能がどこにあるのかが非常に重要になるということであろう。

　移転価格税制の世界で最も重要なリスク負担の例として挙げられるのは，研究開発活動である。研究開発活動がリスクの高い活動であると一般に考えられている主な理由は，活動の成果が収入の形で生じるにはタイムラグがあること，活動の成果が将来的な収入に結びつく保証がないことが挙げられる。では，これら活動の費用が固定的かどうかという観点からはどうか。研究開発活動の多くは直ぐに収入に結びつく活動ではないため，その意味で多くは固定的とみなすことに不合理はないものと考えられる。このような研究開発活動は通常重要な経済的リスクを構成するものと考えてよいものと考えられる。

　研究開発活動が経済的に重要なリスクの源となりうるわけであるが，その負担については，リスク判断を行う人的機能が重要になる。この中で重要だと言

われているのは意思決定機能であるが，今回のOECDガイドラインはより実務的な意思決定について重きを置いている。日々の活動に関してどの法人がコントロールしているかも含めてポイントになるということになる。研究開発活動に関していえば，例えばどのプロジェクトにどの程度の人員を割き，将来的な期待収入に対してどの程度の予算を配分するかは活動全体の規模を決めるうえで非常に重要な意思決定要素であり，これらの意思決定によって決まるのが研究開発活動全体の予算であり，費用がどの程度固定的になるかを決めていることにもつながる。OECD移転価格ガイドラインは，これらの意思決定を重要なリスク負担の判定要素としているのである。

リスク負担主体をどのように判断するかのプロセスはOECDガイドラインの改定の大きなポイントであるが，実は本節においてこれまで述べてきた固定的費用とリスク負担の関係は今回のOECDガイドラインが改定されたことによって生じた新たな論点ではない。次節においては，費用の固定性と事業リスクについて触れた日本における裁判例について簡単に触れる。

4　日本の移転価格税制における事例

　本稿において事例として取り上げるのは，「アドビ事件」として知られているものである。本件は，納税者が親会社の開発した製品の販売サポートを行う事業を日本で展開しており，関連会社契約も役務提供契約であったが，課税当局が非関連者間で行われた再販売取引を比較対象取引に選定して更正処分を行った事例である。東京高等裁判所は，この比較対象取引を機能リスクの観点から認められないとして，納税者勝訴の判決を下している[3]。本稿の目的は判決の分析ではなく，固定費負担に伴うリスクが移転価格税制の適用事例としてどのように扱われているかを紹介するものなので，事実関係も含めて詳細には説明せず，本稿に関係する論点に絞って以下に概略を述べる。

　原告である納税者は海外のグループ会社に対して役務提供取引に基づいて日本におけるグループの事業展開のサポートを行っていた。その内容は，新製品

の紹介やサポートサービス，グループ会社のマーケティング支援，グループ会社製品に関するエンドユーザーのトレーニングなどがあった。納税者のグループ会社間取引は恐らくこれらの活動を行う代わりにその対価として取引相手方となる海外グループ会社から活動に係る費用額をベースとした金額を受け取っていたと考えられる。

　課税当局は比較対象取引として納税者と同様の活動を行う受注販売方式の会社を比較対象取引として選定した。これは同様の活動を行っている会社を選ぶことで機能の類似性を確保し，また納税者が在庫リスクを負担しないことに注目し，受注販売形式の会社を選定することで，比較対象取引として選ばれた会社が負担するリスクの面においても類似することを目標に比較対象取引を選定したといえる。これに対し，納税者は，グループ会社より委託された活動を行うにあたって常にコストがカバーされることが保証されており，金銭的なリスクを負っていないこと，役務提供取引に対して再販売価格基準法を移転価格算定方法として採用することの不合理性，活動の目的・内容の違い，について主張した。本件は控訴審にまでいっているが，本稿においてとりあげるのも控訴審の判決である。

　控訴審において裁判所は納税者の果たす機能と，課税当局の選定した比較対象取引の間で機能が異なり，比較対象会社の獲得する利益には販売から生じる利益が含まれていることを指摘したうえで，以下のようにリスクについて言及している。

「本件国外関連取引において控訴人が負担するリスクと，本件比較対象取引において本件比較対象法人が負担するリスクとを比較するに，控訴人（注：本件納税者のこと）は，本件各業務委託契約上，本件国外関連者から，日本における純売上高の1.5％並びに控訴人のサービスを提供する際に生じた直接費,間接費及び一般管理費配賦額の一切に等しい金額の報酬を受けるものとされ，報酬額が必要経費の額を割り込むリスクを負担していないのに対し，本件比較対象法人は，その売上高が損益分岐点を上回れば利益を取得するが，下回れば損失を被るのであって，本件比較対象取引はこのリスクを想定（包含）したうえで行われているのであり，控訴人と本件比較対象法人とはその負担するリスクの有無においても基本的な差異があり，これは受注販売形式を採っていたとして

も変わりがない。本件比較対象取引において，この負担リスクが捨象できる程軽微であったことについては，これを認めるに足りる的確な証拠はない。」

この判決は，納税者がそのグループ会社との契約に基づいて負担するリスクは，グループ会社から受け取る報酬額がコストを下回ることはないが，比較対象会社は受注販売方式をとっていたとしても損益分岐点を割り込む可能性があり，負担するリスクが同水準であるとする証拠はないと結論したわけである。ここで判決は「損益分岐点を下回る」といういい方をしているが，損益分岐点が存在するということは固定的費用が存在することを意味する。受注販売方式をとれば，確かに在庫リスクは減少するであろうが，それでも人件費などは1年という枠の中ではある程度は固定的費用にならざるを得ないものであるから，受注販売方式に基づく販売会社であっても販売量の変動リスクが存在する限り，収入がコストをカバーできない経済的なリスクは存在する。一方で，納税者の関連者間取引ではコストは常にカバーされる。新OECDガイドラインの下ではリスク判断にかかる意思決定の論点の検討が必要となるが，この判決は移転価格税制においてリスクの比較をどう行うかについて示唆に富むものであるといえよう。

5 結 び

本稿においては，移転価格税制においてリスクをどのように理解すべきかについて考察を行い，また実務の世界でどのように扱われうるかについて示唆に富む判決を引用して検討した。その結果，取引当事者の負担するリスクと負担する固定的費用の関係について一定の関係があると考えられ，また実務的にも前例があることがわかる。この前例は，BEPS行動計画の成果に基づいて改定されたOECD移転価格ガイドラインの登場前の判例になるが，今後の日本における移転価格実務においても参考になろう。今後，ビジネス環境が大きく変化していく中でもリスク負担はビジネスモデルの重要なポイントの1つであり，独立企業原則を中心とする移転価格税制においても，引き続き重要視されるであろうが，新OECDガイドラインを踏まえたプラクティスにおいて丁寧に検討されることが期待される。

(注)
(1) OECD (1979), Transfer Pricing and Multinational Enterprises, OECD Publishing, Paris
(2) とはいえ,独立企業間において機能とリスク負担の主体が分離することは往々にしてあり,機能遂行主体を無条件にリスク負担主体とすると現実と整合しない部分が生じうる。また適用範囲(関連者間取引とされる取引の認定基準幅)の広い移転価格税制が採用されている税務管轄では,もしリスク負担主体の認定において契約内容が検討されないと,ビジネスへの影響も小さくないと考えられる。
(3) この判例の内容については本書第4章の北村による論考を参考にされたい。

(山田真毅)

8 バーチャル組織に対する移転価格対応

1 はじめに

　BEPS後の今日，日本でも移転価格税制に係る文書化が要請され，納税者は否が応でも税務コンプライアンスの意識を高めている。2017年4月1日以降開始の事業年度から国別報告事項，事業概況報告事項の作成が義務づけられ，また2018年4月1日以降開始の事業年度からは独立企業間価格を算定するために必要と認められる書類（ローカルファイル）の準備が義務づけられた。ここ数年の企業の関心はこれら新しい文書化への要請にどのように応えるかであり，すなわちグループとして整合的な情報を，どのようにリスクを喚起することを最大限避け文書にするか，そして限られたリソースで継続的に文書作成業務を運用するためにはどのような方法が必要であるかであっただろう。多くの企業ではBEPS対応の序盤で自社グループの移転価格税制に関する課題を洗い出したのち，このような喫緊の課題を優先とし，課題の取捨選択をしながらメリハリのあるBEPS対応を行ってきたと見受けられる。

　発見された課題の中で比較的先送りされがちな課題の1つとして挙げられるのは，いわゆる「複雑な」事例であろう。例えば，バーチャル組織を用いた事業運営など，複数の法人が複雑に事業に関与し，その関与度合いや重要性の測定が難しく，一方で現段階では金額的規模が大きくない事例が挙げられる。BEPS行動計画8─10では，取引実態の認定は契約書の合意内容を第一とし，そして契約書が実態と異なることが判明した場合は活動の実態に基づいて移転価格分析が行われるべきであると明確に示されている。企業は今後どの国外関連取引においても移転価格税制の観点からの契約書の整備が重要になるが，特に複雑な事例では，税務当局との見解の相違，そして税務当局が取引実態の再

構築を行う可能性を抑えるべく，積極的に調査に対する備えを行うべきである。

本章ではバーチャル組織を例に挙げ，どのような検討が必要であるか考えていきたい。

2 バーチャル組織の移転価格対応上の課題

バーチャル組織とは，関与するメンバーが物理的には離れた場所にいながら，情報ネットワークを通じて戦略的な提携を行う仮想組織である。例えば製薬業界では研究開発を含む重要な意思決定について会議体を構成して行われることがあるが，この時，当該会議体は複数の法人から議決権を有する人員が構成員として出されていることがある。特に買収により新たにグループに加入した法人のノウハウを取り込み，迅速にシナジーを発揮するという目的の下では，場合によっては既存の製品ラインであっても，新たにグループに加入した法人の担当者が会議体での議決権を有することは珍しくはない。IT業界でも製品ごとに横断的なプロジェクトチームが作られ，製品企画が進められる。また古くからある製造業でも各地の製造活動のノウハウや品質関連の問題を共有するための会議体として組織されることがある。バーチャル組織は既に様々な業態で取り入れられているが，今後さらに事業が複雑化し，外部専門家との連携が増えたり，もしくは働き方の多様化が進んだりした時には，さらにこのような組織の必要性は高まっていくだろうことが推測される。

移転価格税制は多国籍企業グループの複数の法人がグループ内で取引を行ったとき，独立の第三者同士であったら行われるであろう価格で取引を決めることを求め，その独立企業原則に従いグループ内で適切に所得を分配し，各法人がその税務管轄地において正しい納税を行うことを求める税制である。例えば，資産の売買や役務の提供が法人の主たる事業として行われている場合であれば，ほとんどの会社では移転価格税制を意識し，独立企業間価格の設定がされているだろう。一方で，バーチャル組織は法人の枠組を超えて有機的に機能しているがゆえんか，対価性がある活動であるのか，独立第三者であればどのような対価を得るのかという検討がなされていないケースがほとんどである。しかし，このような組織についても，その組織のメンバーの所在する法人ごとに適切な

所得が与えられる取引の仕組みを作ることが移転価格税制上は必要である。

検討の難易度は当該組織が無形資産の構築に寄与するか否かにより左右されるだろう。BEPS 行動計画 8 —10 において独立企業間原則の適用における鍵とされているのは，関連者間で行われた取引に関する商業上・資金上の関係とそれに付随する経済的諸条件に関する正確な把握，そして，当該正確に把握された関連者間取引の実態と独立企業間で行われたであろう場合の状況との比較の 2 つである。バーチャル組織が無形資産の構築に寄与しないことが明白な場合は，当該組織が事業のバリューチェーンの一部として実際に担う一定の機能・リスクに伴うリターンを得ることができるよう，その設計にあたっての課題は前述の 2 つの鍵のうちの後者，つまり独立企業間で行われたであろう場合の状況との比較であり，実務的には，さらにその先の，どのようにバーチャル組織の活動費用を特定するかを含んだ測定の問題となるだろう。一方で，無形資産の構築に寄与する可能性がある場合は，比較の前提となる関連者間取引の実態を正確に把握すること自体が課題となる。その企業の事業における無形資産とは何か，バーチャル組織はその無形資産の構築にどのように貢献しているのか，バーチャル組織の構成員のすべての活動が無形資産の構築に寄与するものなのか，それとも当該組織の一部の構成員のみが無形資産の構築に寄与しているのかといった広範な分析を行い，判断することが必要となる。

一般的に研究開発は無形資産の構築に寄与する活動と解釈されるケースが多い。先の医薬品業界における研究開発は多大なリスクが伴う投資であり，企業の将来を大きく左右する。開発を進めるか否かを含めた重要な意思決定には実際に臨床試験を進める開発部門のみならず，製造，品質管理，販売といった開発以外の各分野の責任者も加わり，討議が行われる。それぞれの責任者が異なる法人に所属している場合，それら全ての法人が無形資産の開発及び活用に対応する所得を得ることができるかが問題である。

3 無形資産に関する取引の分析の枠組み

第一に，BEPS 行動計画 8 —10 では無形資産をどのように定義し，どのように分析されるものであると書いているか見ていきたい。

図表2-8-1 無形資産の範囲

税務上の無形資産	税務上の無形資産ではないもの
●特許 ●ノウハウ，企業秘密 ●商標，商号，ブランド ●契約や政府の許認可の権利 ●無形資産に関するライセンス及び類似する限定的な権利 ●のれん，継続的企業の価値	●グループシナジー ●市場固有の特長

　行動計画8−10では無形資産を，①有形資産でも金融資産でもなく，②商業活動において使用するために所有又は支配することができ，③第三者間であればその使用又は移転によって対価が発生するものであると定義し，さらに，移転価格分析における無形資産は会計上の無形資産として認識されることや，法的に保護されることは要件ではないということが明確にされている。

　移転価格分析ではこのように無形資産を幅広く定義することで，第三者間では対価が発生するような価値のあるものがいたずらに無形資産の範囲からこぼれないようにしているのである。

　移転価格分析では，無形資産を特定するだけではなく，さらに当該無形資産がどのように事業に対して価値を創造しているか，無形資産の開発・改良・維持・保護・活用（以下，「DEMPE」）に関連する重要な機能及び引き受けるリスクが他の活動もしくは資産とどのような相互作用を起こしているかについても特定が求められている。つまり，特定された無形資産を法的に誰が保有しているのかという形式よりも，実質的に誰が価値創造しているのかに重きを置くということが明確化されたのである。

　無形資産に関するDEMPE活動は，個々の状況により様々ではあるものの，以下の活動は，無形資産に関連する取引において，無形資産の価値創出に重要な貢献をする特別な意味を持つ機能であるとBEPS行動計画8−10で紹介されている。

●研究及びマーケティングプログラムの設計及び管理
●研究プロセスにおける決定，優先順位の設定，指示

- 開発プログラムに関する戦略的な意思決定及びコントロール
- 予算の管理及びコントロール

　バーチャル組織はあくまで仮想組織であるため，バーチャル組織自体が何らかの権利を保有することはなく，これまでは移転価格分析において記載されることは少なかったかもしれない。これは無形資産の定義が広くなったことでも変わるものではない。しかし，無形資産の分析上，どのように価値が創造されているかについて包括的に分析し，説明する必要性が出たことを考慮すると，BEPS後の世界では，分析上，バーチャル組織の露出は高くなっていく可能性はある。バーチャル組織が開発の意思決定を行うための会議体である場合，当該組織，ひいては組織の構成員を出している法人は，少なくとも上述の「特別な意味を持つ機能」を担う法人に該当する。これまでは，開発を実際に行っている法人や，委受託の関係がグループ内で行われている場合の当該委受託契約当事者のみが機能・リスク分析で言及されていたかもしれないが，今後は開発の意思決定をどのように誰が行っているかという点において，当該バーチャル組織の活動が取りあげられることが考えられる。

　バーチャル組織としての活動を説明すること自体はそれほど困難ではない。問題は，バーチャル組織としての活動を法人単位に分けて分析することにある。独立の第三者同士であっても2社がプロジェクトを共同で立ち上げ，両社の協議で進めていくケースは見られるが，多くの場合，2社から同人数，もしくは異なる割合で議決権を持つ者が選出され，1つの観点について共同で意思決定をしているものが多いのではないだろうか。バーチャル組織では，異なる観点・能力を持つ担当者が構成員となるケースがある。異なる観点・能力を持つ構成員が，緊密な連携をもちながら1つの無形資産に関する意思決定をしているケースでは，BEPS行動計画8−10で期待されている価値創出の過程の特定は非常に困難である。実際に，BEPS行動計画8−10ではこのような特定が困難である場面も複数想定しており，その1つとして，第三者間では行われない方法や統合の程度でグループの複数のメンバーが無形資産に関するDEMPE活動を実施している場面を挙げている。バーチャル組織の検討では，バーチャル組織が無形資産に関するDEMPE活動として具体的に何をどのように行って

いるのか確認した後に，構成員のそれぞれがどのような責任・リスクを負っているのかという二段階の深掘が必要となる。

4 リスクの特定及び引き受け

(1) リスクの特定

無形資産の分析は以下の6つのステップを経ることが必要であるとBEPS行動計画8―10で示された。

> ステップ1：DEMPE活動に関連する経済的に重要なリスクを特定する
> ステップ2：無形資産がどのように所有されているか，及びリスクがどのように引き受けられているかについて，法的書類及び関連者との契約における取り決めを特定する
> ステップ3：誰がDEMPE活動を行い，資産を有し，リスクを担っているか機能分析により特定する。特に，経済的に重要なリスクのコントロールを誰がしているのか特定する
> ステップ4：ステップ2で把握された契約書上のリスクの引き受けに関する取極めと，ステップ3で把握された実態が一致しているか確認する
> ステップ5：契約上の取極め及び実際の行動を考慮し，DEMPEに関する実際の関連者間の活動を描写する
> ステップ6：独立企業間価格を決定する

上記ステップにも反映されているとおり，リスクとリスクの引き受けに関する分析は，行動計画8―10で新たに提示された重要な考えである。

移転価格分析で考えるリスクとは，事業に与える不確実性である。すなわちリスクとは必ずしもダウンサイドのみを意味するわけではなく，潜在的な利益を生み出す機会でもある。無形資産に関連する取引において重要なリスクの例として，以下のリスクがBEPS行動計画8―10で挙げられている。

① 研究開発等の失敗に関するリスク
② 競合他社の技術革新により自社の技術や商品が陳腐化するリスク
③ 権利が侵害されるリスク
④ 製造物責任リスク
⑤ 無形資産を活用することによる価値創造が投資を下回るリスク

企業は，このようなリスクを伴う機会を目の当たりにしたとき，そこから創出されるであろう価値に期待し，そして考えられるリスク低減策を講じ，投資するか否かの判断を行う。

　潜在的なリスクとは事業の内容や個々の状況により異なるものであることから，バーチャル組織の検討においても当該組織の活動及びそれに伴う状況にどのような不確実性があるのか見極める必要がある。さらに，リスクが複数考えられる場合は，どのリスクが経済的に極めて重要といえるかについても検討しなければならない。先の研究開発に関するバーチャル組織の例では，その開発における不確実性が，例えばその開発中の製品の科学的特性に基づき十分な実証データが取れないという失敗のリスクなのか，安定的な量産体制が構築できない可能性がある不確実性なのか，その開発中の製品が今後市場でどのようにブランディングするかにより創造される価値が大きく変わるという不確実性なのか，そういった個々の状況と照らし合わせ，検討することになるだろう。

　一般的には，重要なリスクはその取引における戦略と裏表の関係が見られるはずである。また，想定している不確実性の程度により対応策の検討プロセスを企業が加減しているとしたら，どのように意思決定をしているのかといった内部統制の実態からも推測していくことができるかもしれない。このような資料は手掛かりとなりうるため，検討の際には確認することが推奨される。当該資料の内容は，調査の際にも参考にされる可能性があることに留意し，当該資料の内容と移転価格分析における主張は整合的であるように注意が必要だ。

　さらに，どのリスクが重要であるかを検討する際には，常にそのリスクが重要であり続けるのか，それとも製品によっては重要なリスクが変わる可能性があるのかについても同時に考えることが必要だろう。後者の場合は，その時点におけるヒアリング内容及びバーチャル組織に関する分析は，該当する製品にのみ適用されるべきであり，製品が変われば，また，状況が変われば，適切に分析が変更・更新されるべきである。

（2） リスクの引き受け

　次に特定されたリスクについて，誰がコントロールし，経済的に引き受けているのかについて特定することが必要となる。従前は財務負担リスクへの着目

が大きく，費用を負担している法人がリスクを負担していると考えられていた。一方で，BEPS行動計画8—10により，財務負担リスクと事業リスクは明確に区別されていることは特筆すべきである。

　リスクのコントロールとは，①不確実性を伴う機会への対処に関する意思決定を行う能力，②当該機会に伴うリスクへの対処に関する意思決定を行う能力，及び③リスクを低減する能力を有し，かつ，それぞれの意思決定について実行を行う者によりなされる。見出された機会がどのように現在及び将来の事業損益に影響するかを評価し，それに伴うリスクをいかに小さくするかについて，具体的な戦略を構築できるための関連分野における経験を持ち，その実行にかかる意思決定を実行する者によりリスクは管理・コントロールされる。

　また，リスクの引き受けとは，リスクコントロールに関連する費用を負担し，かつ，リスクが具現した場合の結果を負担する財務能力が必要となる。

　以上のことから，バーチャル組織に関する検討でも，構成員がリスクのコントロール及び引受けの能力があるかについて検討が必要である。つまり，第一にバーチャル組織の構成員個々人の能力として，どのような能力・経験を持っているか，特定されたリスクに関連する情報にアクセスする能力もしくは機会を持っているか，第二に，組織としてリスク低減の方策をどのように決定していて，構成員個々人はどのように関与しているか，第三に構成員が所属する法人はリスクが具現化した時に発生する費用に相応する資産を持っているか，もしくは資本市場から資金を獲得する能力があるか，という点について確認することになる。さらに，不確実性を伴う機会をどのように有効活用すれば，グループとしての利益が最大化されるかという点について，どの構成員が戦略を構築し，実行しているのか，戦略構築・実行の責務を負っているのか，関連する費用を引き受けているのかについても併せて確認することが必要である。

　複数の種類のリスクが当該組織に関連する場合は，それぞれのリスクについて引受けの状況を確認することが望ましい。リスク自体の内容・性質で明らかに重要性が判断できる場合もあれば，解釈の幅がある場合もある。後者の場合は，リスク引き受けの状況と総合的に検討・判断すべきであることから，事実確認は包括的に行うことが推奨される。

なお，意思決定機能とは決定事項に関する書類への署名といった形式が求められているわけではないこともBEPS行動計画8—10では明確になっていることを言い添えたい。もしバーチャル組織における会議が事前に定まった内容を互いに確認し，形だけの決議をするためだけの場であれば，バーチャル組織の構成員の能力・リスク引受状況を検討するだけでは不十分であり，当該リスクの検討で着目されるべきは実質的な意思決定がどのようなプロセスで行われ，誰が当事者として参加しているかまで広げるべきである。バーチャル組織の複雑さは，法人を超えた組織であるがために，構成員のレベルまで詳細に見ていく必要があることと，バーチャルであるからこそ，構成員の行動のみでは実態が適切に把握できない可能性を疑って検討を進めないといけないことの二点だろう。

5 取引実態の認定

　移転価格分析は，上述の6つのステップで示したとおり，契約書上の規定と当事者の行動を比較することで取引実態を認定し，そこでの比較分析を基に独立企業間価格を検討するプロセスで行われる。当事者の行動は詳細な機能・リスク分析により明確化され，①取引に関連する契約条件や，②取引当事者が行う機能（関連するリスクや資産を考慮したもの），③取引にかかわる資産や役務の内容，④関連する市場の状況，⑤事業戦略等，事業の業績に影響を与える要因が分析される。

　BEPS行動計画8—10では，契約書が取引実態の把握の出発点であると明確に示された。これは，契約書には契約当事者の契約段階における意図が反映されていることが想定されており，その中には権利義務，リスクの引受け，それらが反映された価格の取極め等の諸条件が含まれることが期待されているからである。契約書が分析に必要な諸条件の情報を十分に含まない場合は，取引当事者の行動が評価されることとなる。また，契約書の中で上述の5つの要因が記載されていた場合であっても，実際の行動が契約書の内容と異なっていた場合には，取引当事者の実際の行動から取引実態が認定されることとなる。

　機能・リスク分析は従前からも移転価格分析で行われていたステップである

が，BEPS行動計画8－10ではこれまでよりも詳細な機能・リスク分析が行われるべきだとされている。事業における価値の創造がどのように行われているか，事業の当事者が相互にどのような作用をもたらし，価値創造に貢献しているかについて，詳細かつ俯瞰的に理解することが求められている。

　バーチャル組織が開発の意思決定を行うための会議体である場合，当該組織は「特別な意味を持つ機能」を担っているため，機能・リスク分析の中で説明がなされ，かつバーチャル組織がその活動に見合う所得を獲得するための「仕組み」，つまり契約関係が法人レベルで整備されていることが期待されているはずである。

　リスク分析を行った結果，対処が必要であるリスクの内容・性質によっては，当該組織の構成員が果たしているリスク負担に差があることもあるだろう。例えば，

① リスクをコントロールする能力を持ち，財務負担能力も兼ね備えている構成員

② リスクをコントロールする能力を持つが，財務負担能力は持たず，会議への参加及びアドバイスを行う構成員

③ リスクをコントロールする能力を持たず，財務負担能力のみを有する構成員

④ リスクをコントロールする能力を持たず，財務負担能力も持たず，会議への参加をする構成員

　リスク負担に差があれば，理論的には，それぞれの構成員（構成員の所属する法人）が獲得すべきリターンには差がでるはずであり，①の構成員のみが無形資産が創出する価値そのもののリターンを得る資格があるだろう。②から④の構成員については，少なくとも，自らが果たす活動に関連するリターンを超えて，当該機会から生み出される価値を獲得することはできない。②から④の構成員のバーチャル組織への参加が，所属する法人の主たる事業の活動の枠内で整理できるか等を考慮し，役務提供等としてリターンを獲得すべきであるかの検討を行うことが考えられるだろう。

　場合によっては，分析の結果，これまでのサプライチェーンで交わされた契

約以上の契約は不要という結論もあるかもしれない。しかしいずれにしても，特別な契約が不要であるという結論は，このような分析の結果が反映されたものであるべきだ。

6　まとめ

　BEPS行動計画8－10は従前のガイドラインを否定するものではなく，あくまでこれまで記載されていなかった内容を明確にしたものという位置づけである。しかし，事業リスクと財務負担リスクが区分され，グループ全体の価値創造を踏まえた広範かつ詳細な機能・リスク分析が要求されたという点で，企業が取引実態を説明するうえでの煩雑さは増した。さらに，これまで関連者間における契約書は第三者間の契約と比較して簡素な内容しか記載されていないケースが散見されたが，今後は契約書を基に取引当事者の責任，どのようなリスクがあり，それを誰が負担するのか，そして報酬の詳細が把握でき，分析できるような契約書作りが課題となるだろう。

　バーチャル組織は法人という形式を超え，複数の構成員が有機的に連携した組織として，その実態を正確に描くことには困難が伴う。特に無形資産の構築と価値の創出に貢献し，複数の観点での意思決定が行われるケースでは，その状況に合わせた経済的に重要なリスクを特定するにあたり，解釈の幅が出てくることが想像される。当事者である企業にとっても，ヒアリングを行った場合，対象となった個々人によって「何が経済的に重要なリスクであるか」という問いに対する回答は異なるかもしれない。当事者であっても解釈に差が出るような複雑な事実関係においては，企業と税務当局との間で解釈の乖離が出てしまう可能性が高いことは容易に想像できる。

　BEPS行動計画8－10による恩恵が何かと考えると，契約書が事実認定の出発点となることが明らかにされたことではないだろうか。事実関係の整理自体が1つのハードルではあるものの，企業自らが当該バーチャル組織の商業上の関係性，DEMPE活動，重要なリスクのコントロール及び引受けの状況を分析・整理し，その分析結果を契約書に反映しておくことは，潜在的な移転価格リスクへの防御となる。これまで手付かずになっていた場合は，当該組織が，そし

てその構成員を出している法人がどのような役割を担っているか，担うことが責務となっているかについて移転価格税制の観点から考えてみてほしい。新たにバーチャル組織を組成する場合は，税務当局との議論を複雑化させないような組織作りも可能である。総合的な判断を必要とし，見方によっては複数の答えが出る可能性はある。しかし，会社が一つ線を引き，自らの税務ポジションを事前に明確にしておくことにより，将来の税務当局との議論において異なる解釈の事実認定をされる可能性を下げ，自社の求める結論へ議論を導く手助けとなることが期待できるだろう。

（上條綾子）

9 インドにおける紛争解決事例の紹介

1 はじめに

　ボーダレス化が加速する企業活動、日本の人口減少、新興国の魅力的な市場開拓等、理由は様々ではあるが、昨今の日系企業の海外進出はますます加速しているようにみえる。かつて日系企業の税務といえば、企業の実務者にとっては、主に国内での税務申告や税務調査がメインストリームであった。しかしながら、昨今では、米系多国籍企業が各国税制の抜け道を利用して極めて過度な節税スキームを形成して二重非課税の恩恵を受けたことが判明し、それを阻止するためにOECDやG20がBEPSプロジェクトを立ち上げた等、日々国際税務の記事が紙面を賑わせている。もはや、日系企業の実務者にとっても、税務は国内での申告や調査のみにとどまらず、事業上の重要な検討要素であると認識されつつある。

　本章では、税務を事業上の重要な検討要素と認識している先進的な大手日系企業が、子会社の進出先国で受けた移転価格による追徴課税に対する具体的な対応を紛争解決事例として紹介し、日系企業の実務者の税務対応の一助としたい。

　そのため、今回は主に多くの日系企業が対応に難しさを感じていると考えられるインドの事例を紹介したい。

2 インド

(1) インドにおける移転価格課税の特徴

　インドは、中国や米国に次いで最も多くの日系企業が進出している国の1つ

であり，在インド日本国大使館及びジェトロによれば，2017年10月時点で約1,300社以上[1]の日系企業がインドへ進出しているといわれている。それらインドに子会社を有する日系企業の多くは，当然進出先であるインドの税制，特に移転価格税制に対応する必要があるが，筆者が多くの日系企業の実務担当者と議論をする中で，多くの実務担当者がインドの特徴的な移転価格税制対応に難しさを感じていることに気づかされる。

　移転価格税制とは，内国法人が，外国の子会社などの関連者（国外関連者）との間で，資産の販売や購入，役務の提供その他の取引（国外関連取引）を行った場合に，その取引が，独立企業間価格で行われたものとみなして，法人税を課す制度をいう。独立企業間価格とは，その取引が，独立の企業の間（非関連者間）で，同様の状況の下で行われた場合に，成立するであろう価格をいう。インド税務当局は，この移転価格税制を利用して，日本親会社とインド子会社との間の取引価格が親子間であるが故に恣意的にインド子会社に不利に設定されている（インドから日本へ課税所得が移転している）という視点で，インド子会社に対して，移転価格による所得更正を行ってくることがある。一般的な移転価格調査の傾向として，インド税務当局はインド子会社に対して，単年度ごとに調査を行い，主に営業赤字又は営業利益水準が低い場合等に移転価格による所得更正を行うといえる。

　筆者が担当するいくつかの大手日系企業は，①インド子会社が営業赤字（低利益）の場合にはTNMMによって比較対象企業の営業利益水準まで所得更正，又は②インド子会社が十分な営業利益を得ている場合でもロイヤルティ等の特定の費用を狙って損金否認，という整理で，毎年単年度毎に移転価格更正通知が発行され，二重課税が積みあがっている状況にある。これらの日系企業がインドで受ける移転価格更正の事例をまとめていくと，インド税務当局が一度ある日系企業のインド子会社に対して移転価格更正を行った場合，当該更正ロジックを1つの更正の型とし，同様のロジックで後続年度も類似の移転価格更正を継続する（毎年の恒例行事化する）傾向が見られ，このような傾向が広く観察できるのはインド特有であると考えられる。

（2） インドにおいて移転価格更正後に二重課税を回避する方法

インドにおいて，インド子会社が日本親会社との取引に関して移転価格更正を受け，二重課税が発生した場合，多くの日系企業はどのように解決を図っていくのであろう。インドにおいても，二重課税の解消方法は，日本やその他諸国と同様に，①インド国内での裁判による解決，又は，②権限ある当局間での相互協議による解決である。

本節では，それぞれの解決方法について，実務の観点から大まかな手順，多くの日系企業の事例から納税者が勝訴又は合理的判決を得るケースの紹介，それぞれの解決方法に関して日系企業が押さえておくべき点等について整理を行いたい。

① インド国内裁判

インドにおける国内裁判の大まかな手順は**図表2-9-1**のとおりである。

インドにおける移転価格調査は，1つの更正通知書の中で移転価格課税と一般法人税課税の両方が含まれることに鑑み，大まかにいえば，法人税調査の一環で行われるといえるかもしれない。

移転価格調査は移転価格調査官（Transfer Pricing Officer）が行い，当該移転価格の調査結果を法人税調査官（Assessment Officer）と共有，法人税調査結果と統合し，1つの更正通知書案（Draft Assessment Order）として納税者へ通知がされる。ここで特徴的であるのが，移転価格調査官と法人税調査官の調査結果を反映した更正通知書が案（Draft）である点であろう。更正通知書が案（Draft）である点については，諸説あるが，筆者は経験やインドの同僚から聞く限り，後述するDispute Resolution Panel（DRP）といったインド税務当局の審査を経る前，つまり審理プロセスの前段階での更正通知書という位置づけであると理解している。この捉え方は，後述する日印相互協議の申立て期限3年が当該審理後の最終更正通知書（Final Assessment Order）の発行日から起算されることからも整合的であろう。

図表2-9-1のとおり，更正通知書案（Draft Assessment Order）を受領した納税者は，後続手続としてDispute Resolution Panel（DRP）又はCommissioner of Income Tax Appeal（CIT若しくはCITA）へ不服を申し立てるこ

9 インドにおける紛争解決事例の紹介

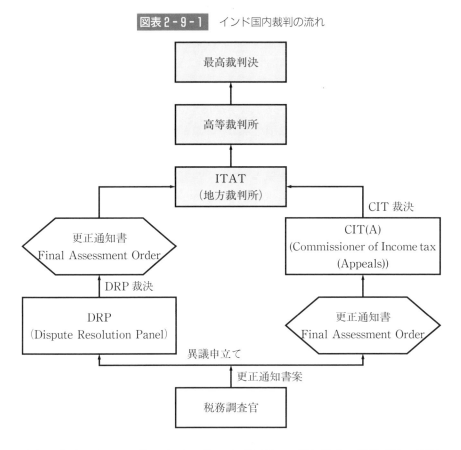

図表2-9-1 インド国内裁判の流れ

とができる。Dispute Resolution Panel (DRP) へ進む場合，納税者は，原則更正通知書案（Draft Assessment Order）の発行日から起算して30日以内に申立てを行う必要がある。Dispute Resolution Panel (DRP) は，申立てから9ヶ月以内に更正通知書案（Draft Assessment Order）を発行した調査官と不服申立てを行った納税者に対し，審査結果を通知することとなっている。その後，移転価格調査官（Transfer Pricing Officer）及び法人税調査官（Assessment Officer）は，当該審査結果の通知日から起算して1ヶ月以内に，審査結果を反映した更正通知書（Final Assessment Order）を発行することとなる。

一方，Commissioner of Income Tax Appeal (CIT もしくは CITA) へ進む場合，納税者は，移転価格調査官（Transfer Pricing Officer）及び法人税調

査官（Assessment Officer）に対して，更正通知書案（Draft Assessment Order）に基づく，更正通知書（Final Assessment Order）の発行を求め，当該更正通知書（Final Assessment Order）の発行日から起算して30日以内に Commissioner of Income Tax Appeal（CIT もしくは CITA）へ申立てを行う必要がある。Commissioner of Income Tax Appeal（CIT もしくは CITA）の場合，Dispute Resolution Panel（DRP）とは異なり，審査期限に定めはないことから，一般的には Dispute Resolution Panel（DRP）よりも多くの時間がかかるとわれている。

ここで，実務的には Dispute Resolution Panel（DRP）と Commissioner of Income Tax Appeal（CIT 若しくは CITA）では，プロセスの違い以外に結局何が違うのかという疑問が出てくる。正確には様々な差異があるものと理解しているが，実務の観点から筆者が重要な差異として認識しているのは，主に，①審査を行う審査官の人数の差，及び，②更正通知書（Final Assessment Order）の発行タイミングの差であると考える。

一点目の審査を行う審査官の人数の差については，結論からいえば，Dispute Resolution Panel（DRP）がパネルという名称からも推察できる通り，複数人で裁決を下すのに対し，Commissioner of Income Tax Appeal（CIT もしくは CITA）はその名の通り，局長が裁決を下す手続きとなっている。かつてインド国内裁判手続の内，税務当局内の審議は Commissioner of Income Tax Appeal（CIT もしくは CITA）のみであったところ，Dispute Resolution Panel（DRP）へ進む道が新設され，当時 Commissioner of Income Tax Appeal（CIT もしくは CITA）において納税者主張が通ることが非常に限られていたこともあり，Dispute Resolution Panel（DRP）において複数人で裁決を下すことで納税者主張がより柔軟に通ることが期待されたと聞いているが，実際は一定期間内に裁決が出るというタイムラインの予測可能性が高まった効果の方が大きかったと理解している。

二点目の更正通知書（Final Assessment Order）の発行タイミングの差については，遅かれ早かれ更正通知が出ることに変わりはないものの，実務の観点からは，後述する日印相互協議を検討する場合の相互協議申立て期限（日印租税条約の場合は更正通知書の発行日から起算して3年以内）を延長しておくか

否かという判断ができると考える。インドの場合，国内裁判と相互協議の同時並行が可能であるため，例えば，2013／3期，2014／3期，2015／3期の3事業年度について類似の移転価格更正を打たれた場合，全て国内裁判の手続に乗せつつ，初年度の2013／3期が Income Tax Appellate Tribunal（ITAT）で勝てるか否かを見極め，仮に勝てたなら後続年度も国内訴訟で勝訴する可能性が高いと見積もり，負けた場合には後続年度（2014／3期と2015／3期）の国内訴訟での勝訴可能性は低いと見積もることができ，当該後続年度（2014／3期と2015／3期）については日印相互協議へ進むという判断ができるかもしれない。このように国内訴訟と相互協議を戦略的に展開することで，場合によっては，二重課税回避にむけた次のアクションとして日印相互協議の申請も検討することができ，実務担当者としては解決に向かえる選択肢が広がるといえる[2]。

　このように二手目を想定して動く場合，後続年度（2014／3期と2015／3期）について，国内訴訟の最初のプロセスは Dispute Resolution Panel（DRP）へ進み，更正通知書（Final Assessment Order）の発行タイミングを Income Tax Appellate Tribunal（ITAT）への申立直前，つまり Dispute Resolution Panel（DRP）の裁決後，としておくことで（一般的に Income Tax Appellate Tribunal（ITAT）の判決が3年以内に出ることが多いため），2013／3期への課税に対する Income Tax Appellate Tribunal（ITAT）判決を見極めたうえで，後続年度（2014／3期と2015／3期）の解決を国内訴訟で図るか，日印相互協議で図るかの経営判断が可能となる[3]。

　Dispute Resolution Panel（DRP）や Commissioner of Income Tax Appeal（CIT もしくは CITA）においても更正が取り消されない場合，納税者は Income Tax Appellate Tribunal（ITAT），所謂地方裁判所に審査請求を行うこととなる。Income Tax Appellate Tribunal（ITAT）への請求期限は，Dispute Resolution Panel（DRP）や Commissioner of Income Tax Appeal（CIT もしくは CITA）の裁決日から起算して60日以内とされている。

　筆者のこれまでの経験からは，Income Tax Appellate Tribunal（ITAT）は，税務調査とは異なり，法令と判例に従って，合理的で中立的な判断を示す傾向が強く，納税者の主張が論理的である場合には，納税者の勝訴率が高いこ

とが特徴である。2018年3月にデロイト トーマツ税理士法人が実施した『税務係争解決セミナー』でも紹介したとおり、デロイト インドの最新データによると、Income Tax Appellate Tribunal（ITAT）に係属中の税務訴訟の件数は37,000件以上で、納税者の勝訴率は6割以上となっている。

筆者の担当する日系企業の事案においても、インド子会社に一定の営業利益が計上されている中での強引な親会社への対価支払（例えばロイヤルティ）の損金を否認するケース、インド子会社の営業利益率が移転価格文書上の独立企業間利益率幅（レンジ）の中に納まっている中で比較対象企業を入れ替える等して所得更正を行うケース等は、Income Tax Appellate Tribunal（ITAT）において、納税者が勝訴し、課税取消しや再調査といった判決が出ている。

更にいえば、事実関係や課税ロジックが類似の場合、所定年度の事案についてIncome Tax Appellate Tribunal（ITAT）で勝訴した場合、後続年度の事案についても勝訴する傾向があるといえる。その理由は、個人的には主に後続年度の事案の判決判断に、前年度の事案の判決内容が多分に参照されることが多いためであると理解している。

具体的には、例えば更正通知書（Final Assessment Order）上のロイヤルティ損金否認の理由が、（税務調査段階において納税者から根拠を示したにもかかわらず）「インド子会社にとっての便益が認められないため」等であったケースでは、Income Tax Appellate Tribunal（ITAT）において税務調査段階と同様の説明をしたところ、「無形資産供与契約に基づき、親会社から技術ノウハウが提供され、それらの技術がなければ製品製造できないことは明らか」等として、税務調査官に対して課税取消しを指示している。当該日系企業は、後続年度も同様のロジックで更正を受けていたが、Income Tax Appellate Tribunal（ITAT）は、それらの後続年度についても、初年度のIncome Tax Appellate Tribunal（ITAT）判決を引用し、課税取消しの判決が出ている。

Income Tax Appellate Tribunal（ITAT）のもう1つの側面として、事実認定と法制と判例に従った法的判断に基づき、判決を出す点があげられる。つまり、Income Tax Appellate Tribunal（ITAT）より上位の裁判所である高等裁判所及び最高裁判所においては、追加の事実認定は行わず、基本的には法的判断の観点からのみ判決が下されることとなっている。Income Tax Appellate Tribunal（ITAT）がそのような位置づけであるためかどうかは定かではないが，インド国内裁判と相互協議を同時並行で進めた場合で，（相互協議実務の詳細に関しては後述するが）相互協議の合意前に，Income Tax Appellate Tribunal（ITAT）の判決が出た場合，インドの相互協議室（Indian Competent Authority）は当該判決結果に固執するという事実がある。

　Income Tax Appellate Tribunal（ITAT）での判決後に高等裁判所へ上訴を行う場合，Income Tax Appellate Tribunal（ITAT）の判決日から起算して120日以内に上訴を行う必要がある。更に，高等裁判所から最高裁判決に上訴する場合には，高等裁判所の判決日から起算して90日以内に上訴を行う必要がある。なお，想像できるとおり，Income Tax Appellate Tribunal（ITAT）はある程度の数がある一方で，高等裁判所は数が限られてしまうことから，高等裁判所での審議にはかなりの時間がかかると理解している。筆者が担当している事案でも上訴後3年以上たった今でも第一回のヒアリングが実施されていないケースも決して稀ではない。

　これは，現在のインド税務当局の税務係争への強気のスタンスも影響していると考えられる。つまり，Income Tax Appellate Tribunal（ITAT）で納税者が勝訴した場合でも原則インド税務当局は当該判決を不服として上訴するため，税務係争案件が高等裁判所に多く滞留してきていると予測できる。さはさりながら，納税者としては上訴されるのであきらめるという訳にはいかないため，基本的には粛々と国内裁判によって二重課税の解消を目指すこととなるだろう。

② 日印相互協議

　相互協議とは，移転価格課税や不必要な源泉税課税等によって，租税条約に適合しない課税（二重課税）が発生した場合，租税条約を締結している国家間の協議によって，当該租税条約に適合しない課税（二重課税）の解消を目指す（努力義務を負わす）という納税者への救済措置である。

　例えば，ある子会社が現地税務当局から移転価格による追徴課税を受けた場合，以下のような手順で両国にて相互協議の申立てが行われる[4]。

　図表9-2-2は，B国親会社がA国子会社と国外関連者間取引を行っていた

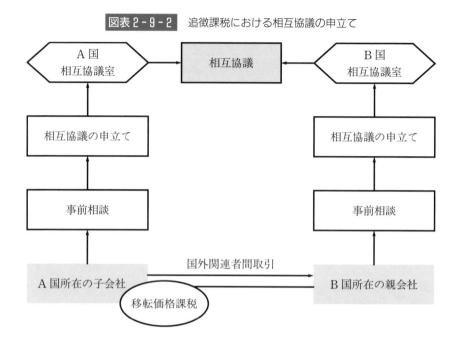

図表2-9-2 追徴課税における相互協議の申立て

時，A国税務当局から，当該国外関連者間取引を通じたB国への課税所得の移転を主張され，移転価格による追徴課税を受け，二重課税が発生したケースを想定している。親会社及び子会社は，二重課税が発生した時もしくは発生することが見込まれる時に権限ある当局への相互協議の申立てを行うことができる。多くの場合，実際に更正通知書を受領してから相互協議の申立てを行うことが一般的ではあるものの，『二重課税が発生することが見込まれる場合』でも相互協議の申立ては可能である。

通常，A国とB国は個別のプロセスとして，自国の権限ある当局へ事前相談[5]と相互協議申立てをそれぞれ行う。なお，相互協議申立ての期限については，相手国との租税条約の中で規定されているが，例えば，日印租税条約の場合は更正通知書の発行日から起算して3年以内である。ここでいう更正通知書とは，上述した更正通知書（Final Assessment Order）である。相互協議の申立てに必要な書類は，各国規定に準ずることとなるが，日本の場合は主に以下の書類が求められる。

➢ 相互協議申立書[6]
➢ 更正通知書等当該課税の事実を証する書類の写し
➢ 当該課税に係る事実関係の詳細及び当該課税に対する申立者又はその国外関連者の主張の概要を記載した書面[7]
➢ 不服申立て又は訴訟を行っている場合には，不服申立て又は訴訟を行っている旨及び申立者又はその国外関連者の主張の概要を記載した書面，並びに不服申立書又は訴状の写し
➢ 移転価格課税に係るものである場合には，当該申立ての対象となる取引の当事者間の直接もしくは間接の資本関係又は実質的支配関係を示す資料，等

　日本での相互協議申立てにおいては，通常相互協議申立ての前に国税庁との事前相談を行い，納税者が申立てを行う自身の案件について，国税庁の担当者（企画官・補佐，係長，担当等）に事前説明を行うことが慣例となっている。

　納税者は，事前相談を通じて，国税庁に自らの論理と当初課税の取消・減額を請求し，相互協議合意による二重課税排除を目指すことができる。例えば，納税者は，海外子会社が受けた不当な課税内容とそれに対する納税者からの合理的反論を国税庁に説明し，国税庁が相互協議において相手国当局課税の不合理性を説くアイデアを提供することができ，それによって当初課税の完全取消はなくとも，部分的な減額は可能となる。事前相談を行うことで，一部の納税者は国税庁から宿題を貰うことがあるが，基本的には相互協議の申立ては上記の書類を出せば受理されるため，宿題の対応については適宜，国税庁の担当者と連絡を取り合い，合意した日程感で回答・提出することで問題ないと考える。

　相互協議の申立後，両国の当局間での相互協議が実施されることになるが，相互協議の開催のタイミングは国税庁と相手国とのコミュニケーションで決まるため，その頻度は年0〜4回等国によってバラバラである。日本とインドの場合，昨今は両国当局間の良好な関係と協議に向けた前向きな姿勢が見られるため，年2回程度は実施されていると理解している。その他に，インドとの相互協議における特徴として，インド側では相互協議申請の実務が存在しないというものがある（**図表2-9-3**を参照）。

　通常は，両国で相互協議を申し立てることとなるが，インドの場合，インド

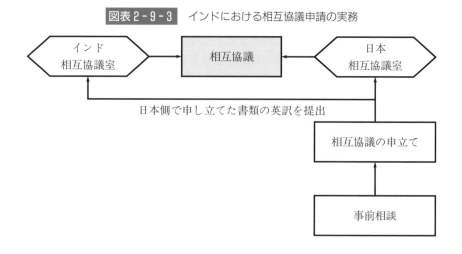

図表2-9-3 インドにおける相互協議申請の実務

国内の納税者から相互協議を申し立てる実務が存在せず，あくまでも相手国側で対インド取引に関連する相互協議が申し立てられた場合に，当該申立書の写しの英訳をインドの相互協議室（Indian Competent Authority）が受理する，若しくは場合によっては相手国からの相互協議の申し入れを持って相互協議を行うこととなっている。このような実務手続を聞くと，「インドの相互協議室（Indian Competent Authority）は相互協議に対して受け身の姿勢であり，前向きな協議がなされないのでは」と懸念する声も聞くが，実際の実務感覚としては，昨今のインドの相互協議室（Indian Competent Authority）はむしろ協議に対して比較的，協力的な姿勢を示していると考えられる。

もう一点のインド相互協議の特徴的な点は，インド国内訴訟と相互協議を並行して進めることが可能であるという点である。実際に，日本とインド間の相互協議案件では，そのほとんどがインドの国内訴訟と同時並行で進みつつも，相互協議が実施され，合意がなされている。このインド国内訴訟と相互協議が同時並行で進むことが，どのような特徴を帯びるかを一言でいえば，訴訟の判決が先行して出た場合，インドの相互協議室（Indian Competent Authority）は相互協議においても当該訴訟結果に固執し，柔軟な協議を行うことをやめてしまうという点である。

より具体的には，インドの相互協議室（Indian Competent Authority）は

Income Tax Appellate Tribunal（ITAT）の判決が出た時点で，当該判決結果がインド課税局の勝訴又は部分勝訴であれば，当該判決結果に固執し，そこから協議ポジションを変えないという方針をとっており，この事実が，Income Tax Appellate Tribunal（ITAT）判決以後の柔軟な協議の妨げとなりうると考える。

　納税者がインドとの相互協議について，日本の相互協議室に事前相談や申立てを行う場合，日本の相互協議室は必ずインド国内での訴訟状況を確認する傾向があるが，その理由は，上記のような訴訟の過程次第では実質的に相互協議が困難となってしまうためである。更に，このインドの相互協議室（Indian Competent Authority）の慣習は，日本の相互協議室としてもインドとの相互協議案件を早期に解決したい動機づけとなるため，昨今のインドとの相互協議は1～2回で合意に至るケースが多い[8]。

　その他，日印相互協議に関する重要な論点としては，そもそもの追徴課税内容（更正通知書内容）が相互協議になじむ内容か否かという点がある。つまり，当初の更正通知書の内容が，TNMMによる所得更正であった場合には，日印相互協議によって，あるべき所得配分を交渉的に協議で決めることができ，協議になじむ事案であるといえる。

　一方，当初の更正通知書の内容が，経済合理性の観点からの一部の支払の損金否認（例えば日本親会社から受けた役務提供に対する対価支払の損金否認等）であった場合，納税者から見れば0か100かの議論になってしまうため，あるべき所得配分を交渉的に協議で決めることが論理的には難しく，協議になじみにくいといえる。

　また，日印相互協議においては，合意年度も，単年度であったり，複数年度であるため，後述の事例紹介でいくつかの特徴的事例を紹介することで，日系企業の税務実務担当者に役に立つ情報としてまとめたい。

　最後に，日印相互協議において，よく議論になる点としては，当初の更正通知書の内容が，インド子会社単体ベースへのTNMMによる所得更正であったとき，当該インド子会社が国外関連者間取引を日本親会社だけでなく，例えばシンガポールの兄弟会社とも行っているようなケースで，はたしてインド当局がどの会社との取引に対して移転価格更正を行ったのかわからないような事案

の取扱いである。このようなケースでは個別事案ごとの慎重な検討が必要となるものの、原則的には移転価格の理論に従って、適切に二重課税が排除されるべきである。

(3) 事例紹介

まずは、インド子会社が日本親会社だけでなくシンガポール兄弟会社とも取引をしていた場合で、インド子会社が受けた更正通知の内容からはどの取引への課税か明確でなかった時でも、全額を日印相互協議の対象として、協議を行い、二重課税の解決を行った事例を紹介したい。本事例での主な商流は**図表2-9-4**のとおりである。

インド子会社は主に製造販売機能を有しており、基本的には現地の第三者サプライヤーから現地調達で製造活動を行うものの、技術ノウハウ等の無形資産と一部の部品（現調よりも親から買う方が安いもの、現調化できないもの等）については日本親会社と取引を行っている。さらに、インド子会社は、現調よりもシンガポール兄弟会社経由でアジアに所在する兄弟会社から仕入れた方が安い部品等については、兄弟会社と取引を行っている。

アジア兄弟会社およびシンガポール兄弟会社は、対インド子会社取引におい

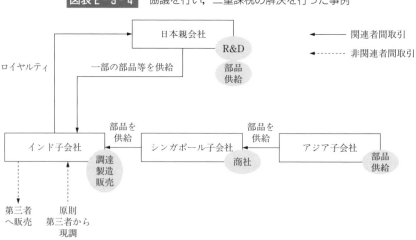

図表2-9-4　協議を行い、二重課税の解決を行った事例

てともに，その機能・リスクは限定されており，取引価格もそれぞれコストプラスと一定口銭で設定されている。換言すれば，当該兄弟会社たちは，インド子会社の一サプライヤーと介在する商社であり，対インド子会社取引において，一定の利益がとれなくなった場合には，そもそもインド子会社へ納品する経済合理性がなくなるため，インド子会社の事業状況にかかわらず，限定された機能・リスクに応じた限定的な利益だけ確保している。

他方，日本親会社は，対インド子会社取引において，技術ノウハウのライセンサー並びに主に現調化できない部品，原材料，設備等のサプライヤーとして，相対的に重要な機能・リスクを有している。

このような状況の下，インド子会社はインド税務当局からTNMMによる所得更正を受けたが，更正通知書上は，当該所得更正が対日本取引を移転価格で更正したのか，対シンガポール取引を更正したのか明確でなかった。しかしながら，納税者は，自らの移転価格ポリシー，各社が担う機能と負担するリスクを上述のとおりと整理しており，理論的にインド当局による課税は対日取引に対する移転価格更正であると理解し，日本の相互協議室へ持ち込み，インド税務当局による所得更正の全額を日印相互協議の対象として二重課税排除を目指したいとして相互協議の申立てを行った。

日本の相互協議室としては，相互協議の対象とする更正金額を増やした場合，相互協議の結果日本側で還付することになる金額が増える可能性もあるため，慎重に受入れを検討することとなるが，本件の場合は，上述のような機能リスクと移転価格ポリシーから移転価格の考え方からして，更正金額の全額が日印相互協議の対象となることに対し，サポーティブな見解を得ることができた。

なお，インド子会社が製造販売する製品は，シンガポール兄弟会社から仕入れた材料部品，日本親会社から仕入れた原材料部品，インド国内で現地調達した原材料部品の全てが混在して製品となることも，日本の相互協議室にとっては，単純に取引割合では切出しが困難であり，協議対象となる金額を移転価格税制上どのように考えるのかを理論的に考える必要があった理由の1つであったと考えられる。

協議は2度行われ，2度目の日印相互協議で仮合意に至り，当該合意の内容としては，当初課税を半分以上引き下げ，相互協議で合意した更正所得部分を

インド側で追徴，日本側では当該所得に対応する税額を還付するというものであった。なお，相互協議の合意文書上は，相互協議で合意した更正金額のみを記載しており，当該金額の算出方法までは記載されていない，いわゆる金額合意であった。

本事案では，2事業年度をまとめて協議したものであったが，日本側の合意文書にはあくまでも2事業年度分の更正所得と当該所得に対応する還付税額の記載があり，進行年度で調整することが記載された。一方で，インド側では，2事業年度分の金額を単年度毎に振り分けており，n年度をゼロ，n＋1年度に相互協議で合意した更正金額と当該所得に対応する税額の記載がされた。これは納税者からの希望で金額合意（合意のロジックを非開示）としたにもかかわらず，各年度に更正所得が振り分けられると，逆算して相互協議で合意した営業利益水準の相場観が見えてしまい，あくまでも協議の結果で前例にはならないとはいえ，後続年度のインド子会社が得るべき所得水準のベンチマークとなり得るため，納税者の希望で上記のように合意文書上は，合意のロジックだけでなく，相互協議で合意した営業利益水準も見えにくくした結果である。

本事案は，日本の相互協議室の担当者もインド案件に明るく，移転価格の経験も豊富であったため，インドとの合意事案としては先進的な合意であったと考える。なお，あくまでも相互協議は個別のFact and circumstancesに基づき，個別に検討・協議がなされるものであるため，本事例があるからといって，必ずしもすべての事案で類似の結果が期待できるわけではない点は，念のため申し添えたい。

次は，上記と同様にインド子会社が日本親会社だけでなくシンガポール兄弟会社とも取引をしていた場合で，かつインド子会社が受けた更正通知の内容からはどの取引への課税か明確でなかった点までは同じであるが，更正全額を取引割合で按分し，対日本親会社との取引割合分だけを日印相互協議の対象として協議を行い，相互協議では部分的に二重課税の解決を行った事例を紹介したい。本事例での主な商流は**図表2-9-5**のとおりである。

一見すると前事例と類似の事例にみえるが，ここではインド子会社が，①製造販売セグメントと②再販売セグメントという2つの異なる機能を有する点が

9 インドにおける紛争解決事例の紹介

図表2-9-5 部分的金額を協議対象とした事例

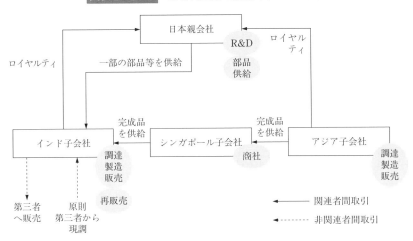

決定的に異なる点である。

インド子会社は主に,①製造販売機能と②再販売機能の2つを有しており,①においては基本的には現地の第三者サプライヤーから現地調達で製造活動を行うものの,技術・ノウハウ等の無形資産と一部の部品(現調よりも親から買う方が安いもの,現調化できないもの等)については日本親会社と取引を行っている。

一方,②においては,インド子会社は,シンガポール兄弟会社経由でアジアに所在する兄弟会社から完成品を仕入れ,インド国内で再販売を行っている。アジア兄弟会社及びシンガポール兄弟会社は,対インド子会社取引に比して,その機能・リスクは相対的には重要であり,取引価格の設定においても,インド子会社がマーケットマイナスで再販売業者(ディストリビューター)としての一定マージンを得る一方で,アジア兄弟会社は製造原価低減を通じて競争力のある価格で製品製造する責任を担う製造業者として,利益の保証のない形で設定されている。シンガポール兄弟会社については,介在する商社として一定口銭を得る形で設定されている。

このような状況の下,インド子会社はインド税務当局からTNMMによる所得更正を受けたが,更正通知書上は,当該所得更正が対日本取引を移転価格で

329

更正したのか，対シンガポール取引を更正したのか明確でなかった。納税者は，自らの移転価格ポリシー，各社が担う機能と負担するリスクを上述のとおりと整理していたため，理論的にはインド当局による課税は対日取引と対シンガポール取引の双方に課されうるものであると理解していたものの，いったんは日本の相互協議室へ全額を日印相互協議の協議対象として欲しいと相談を持ち込んだ。つまり，前事例と同様にインド税務当局による所得更正の全額を日印相互協議の対象として二重課税排除を目指したいとして相互協議の申立てを行った。

しかしながら，日本の相互協議室としては，前事例とは異なり，本事例の場合は，納税者の移転ポリシー，各社の担う機能と負担するリスク，更には，移転価格更正を受けた年度におけるインド子会社の①製造販売セグメント及び②再販売セグメントの双方の営業利益水準が低かったことを考えれば，全額を対日本取引への課税という前提で，全額を日印相互協議の対象とするのは論理的にも違和感があり，かつそのような甘い論拠で日本側の還付税額を不用意に増すことはありえないため，インド税務当局による当初の移転価格課税を①製造販売セグメント及び②再販売セグメントに按分し，①の製造販売セグメントに振り分けられた更正所得金額を日印相互協議の対象とすることを納税者へ提案した。これは一見納税者の要望を覆すようであるが，移転価格の理論的な考え方からすれば正しく，正しいポジションで相互協議を進めることは，相互協議の交渉においても強い交渉材料となるため，当初の納税者の申立てを吟味・再検討し，先進国の相互協議室として有用な提案を行った事案だと考えられる。

納税者は，理論的により説得性の高い日本の相互協議室の提案を快諾し，①製造販売セグメント及び②再販売セグメントへの課税額の配賦についても，日本の相互協議室がいう，取引割合に違和感がなかったため，日本の相互協議室は，自らが考案したポジションで，インド税務当局との協議に臨むこととなった。

協議は2度行われ，2度目の日印相互協議で仮合意に至り，当該合意の内容としては，①製造販売セグメント（対日本取引）分として認定された当初課税分の内，半分以上を取消し，相互協議で合意した更正所得部分をインド側で追徴，日本側では当該所得に対応する税額を還付するというものであった。なお，

②再販売セグメント（対シンガポール取引）分として認定された当初課税については，協議対象外であり，合意文書においても②再販売セグメント（対シンガポール取引）分は，インド国内で引き続き，裁判で係争できるということが明記された(9)。

　ここで当時議論になったポイントは，当該相互協議の合意とインド国内裁判の関係である。つまり，裁判所は，当該相互協議の合意を素直に受け入れ，それを前提に残った②再販売セグメント（対シンガポール取引）分だけを係争することができるのか否かという点である。結論からいえば，それは可能と考える。なぜなら，通常裁判のプロセスとして，原告（納税者）が被告（インド税務当局）を訴えるが，相互協議の合意によって，①が解決し，②のみを裁判で争う場合，原告（納税者）が被告（インド税務当局）に対して取消しを求める課税対象が減り，係争対象額が減るだけで，被告がその請求内容に疑義を唱えるものではないためである。加えて，基本的にはインドの相互協議室，所謂権限ある当局が他国の権限ある当局と合意した内容を，課税局が覆すことは通常ないとも考えられる。

　しかしながら，1つの懸念として残ったことは，インド国内訴訟において，納税者はあくまでもインド子会社の損益水準が低かったのは，①製造販売セグメント及び②再販売セグメント共に，移転価格要因ではなく，事業上の要因，つまり移転価格税制でいう特殊要因であったと主張してきていたにも関わらず，①製造販売セグメントについては，日印相互協議で合意に至っている事実から，やはり移転価格のイシューがあり，条約に反しない移転価格課税があったという前提で合意がなされたという観点で，当該相互協議の合意が見られた場合，残った②再販売セグメントの取消を目指す国内訴訟において，納税者の主張（移転価格要因ではなく，事業上の特殊要因であったという主張）が弱まってしまい，②再販売セグメントにかかる課税取消が難しく，二重課税が部分的に残ってしまうという点である。この点は，現在も係争中であり，まだ答えは出ていないが，相互協議の合意との兼ね合いで議論になったポイントである。

(4) インドでの移転価格課税に対応する型

　インドの移転価格課税は複雑ではあるが，上記の訴訟と相互協議に係る大ま

かな手順や特徴を把握すれば，実務者としての視点は，比較的シンプルであると考える。

　先ずは，課税を受けた後に，いったんは訴訟に進むが，CITとDRPのどちらに進むかとその理由である。個人的には，相互協議申立ての権利を長く留保する観点，局内審査には期待できないという観点，さらに裁決までの期間の予測可能性が高まる観点から，DRPを選ぶことは説得的であると考えられる。もちろん，CITのコミッショナーが有能で論理的な裁決を出すこと等もありえるため，タイミングや諸事情によっては，CITに進むこともありえるかもしれない。

　次に，裁判を進めるにあたっての勝訴率の見極めである。これは容易ではないものの，判例はある程度公開されており，国際税務関連の雑誌にもコラム等があるため，それらの情報から，自社事案に類似する案件がどのように帰結しているのか，特にITATでどのような判決となっているのかは，重要な判断要素となりえる。しかし，ITATで勝つと見込んだ場合でも，その後の高裁や最高裁での判決までは長時間かかるため，そのタイムラインをどのように評価するかも会社にとっては重要なポイントである。よくみかけるのは，会社として長期化しても看過できる金額水準であれば，勝訴率の高さを見極めたうえで，訴訟を継続するというものである。

　加えて，相互協議に馴染む事案か否かという観点での評価も重要である。これは上記事例のように全額を日印相互協議で解決できるような課税内容と事実関係か否か，部分的に解決する場合でも，それは訴訟を継続するよりも二重課税排除の可能性が高いのか，又はタイムラインの観点から相互協議による部分的な解決が魅力的なのか，等という観点である。この観点は，相互協議という交渉要素や日本とインド双方の相互協議担当者が誰か等によっても評価が変わり得る可能性があるため，ある程度は専門的知識を有するコンサルタントと協業し，判断・実行することが望ましいと考える。

　デロイト トーマツは，日本とインドの相互協議室の双方に強固なネットワークを有しており，日印相互協議案件だけでなく，日印APA事案も多く取り扱っている。さらに，上記のような事例の蓄積もあるため，多くの日系企業にソリューションを提供できる体制が整っているといえる。日系企業の実務担当者

も上記のような大局的な整理（インドでの移転価格課税や訴訟，相互協議の仕組み等）を理解し，その上で，デロイト トーマツのような専門的知識を有するコンサルタントと協業することで，さらに自社の実例に基づく専門知識や経験を得ることができ，結果として実務レベルが大きく向上し，社内での対応の型作り等につなげることができると考えられる。

本章が，そのような多くの実務関係者の一助となれば，大変幸いである。

（注）
(1) http://www.in.emb-japan.go.jp/Japanese/2017_co_list_jp_pr.pdf
(2) 当然，Income Tax Appellate Tribunal（ITAT）は原則個別事案ごとで検証するものであり，所定の年度に対する判決が，必ず後続年度に影響するとはいえないものの，事実関係や課税ロジックが類似の場合には，判決結果も類似すると見通せると考えている。
(3) Dispute Resolution Panel（DRP）に進んでいたとしても，当然，後続年度の相互協議申請期限までに必ず前年度のIncome Tax Appellate Tribunal（ITAT）の結論がでるとは限らないものの，あくまでも実務上二重課税排除のための選択肢を多く残す方向へ動くための1つのアイデアとして記載をしている。
(4) ここではA国及びB国間で租税条約が締結されており，かつ相互協議に関する規定が含まれていることを前提としている。
(5) どのような課税があり，二重課税が発生したのか。
(6) 相互協議申立書は，国税庁HPに公開されている。（https://www.nta.go.jp/taxes/tetsuzuki/shinsei/annai/sogokyogi/pdf/01_2.pdf）
(7) ただし，課税に至っていない場合には，課税を受けるに至ると認められる事情の詳細及び当該事情に対する申立者又はその国外関連者の主張の概要を記載した書面。
(8) それにしては，インドとの相互協議在庫が一定程度たまっているように見えるのは，実務的なカラクリがあるためであるが，ここではその理由は割愛させて頂く。
(9) 当時は，インド-シンガポール間の租税条約上，相互協議ができず，日印相互協議の対象外となった二重課税については，国内裁判でしか解決が図れなかった。

（矢内卓人）

最近の我が国の税務調査

1 はじめに

　我が国の税務調査は平成23年（2011年）の国税通則法改正による調査手続の法制化により，手続には大幅な制度上の規制が加わった。
　本章では税務調査手続がどのように変わったか，そしてそのことが調査を受ける側にどのような影響を与えているかを詳述し，次に最近の調査の動向について述べ，最後に最近の調査において益々重要性が高まっている資料情報について，説明することとしたい。

2 調査手続の法制化

　税務調査における事前通知の有無，調査理由の開示等のいわゆる調査手続については，従来，国税当局内部の規定にそって運用されてきていた歴史があり，最高裁等の判例においても，その調査手続は違法なものではないとされていた。
　しかし，調査手続の透明性及び納税者の予見可能性を高め，調査にあたって納税者の協力を促すことで，より円滑かつ効果的な調査の実施と申告納税制度の一層の充実・発展に資する観点及び課税庁の納税者に対する説明責任を強化する観点から，従来の運用上の取扱いを法令上明確化することとなり，平成23年12月2日に国税通則法（以下，「通則法」という）が大幅に改正され，事前通知の法定化等を含む調査手続に関する諸規定が盛り込まれた。この規定は平成24年10月からの試行期間を経て，平成25年1月1日以降の税務調査から適用されている。
　新しい調査手続もすっかり定着した感があるが，調査手続改正後の税務調査

がどのように変わったかいま一度確認してみたい。

(1) 調査手続に関する改正通則法の概要

平成23年12月改正の主な内容は以下のとおりである[1]。

① 調査に先立って事前通知を行うこととする規定等，調査手続に関して，従来の運用上の取扱いを法制化し，法令上明確なものとされた。

② すべての不利益処分について理由附記を要することとされた。

以下，各個別手続について概説するとともに，その執行状況をコメントしたい。

(2) 事前通知

① 規定の概要

事前通知については，次のような規定が設けられた。

納税者に対し実地の調査を行う場合には，あらかじめ，納税者及び税務代理人に対し[2]，調査を行う旨及び(i)調査開始日時，(ii)調査開始場所，(iii)調査の目的，(iv)調査対象税目，(v)調査対象期間，(vi)調査の対象となる帳簿書類その他の物件，(vii)調査対象となる納税義務者の氏名，住所，(viii)調査担当者の氏名所属官署（複数のときは代表者だけで可），を通知する（通則法74条の9①，通則法施行令30条の4①）。

なお，事前通知をすることにより違法又は不当な行為を容易にし，正確な課税標準等又は税額等の把握を困難にするおそれ等がある場合には，事前通知を要しない旨も規定された（通則法74条の10）。

② 執行状況

基本的に従来から原則として行ってきた事前通知を法定したものであり，その限りにおいては，何ら執行面での大きな変更はない。しかし，以下の点に変化を感じることができる。

イ　事前通知の前に，プレミーティングの場を設けることが多くなった

従前は，電話での事前通知があり，電話のやり取りだけで日程調整をして

いたことが多かったが，改正後は，実際の調査開始日時決定前に，半日程度会社を訪問し，調査開始日程のすり合わせをすることが多くなった。

これは，「調査手続きの実施に当たっての基本的な考え方等について（事務運営指針）」（以下，「事務運営指針」という。）第2章2（1）に，「事前通知に先立って，納税義務者及び税務代理人の都合を聴取し，必要に応じて調査日程を調整の上，事前通知すべき調査開始日時を決定することに留意する。」との記載があり，納税者の都合を考慮した運用をすることとされていることのあらわれかもしれない。

このプレミーティングの場では，納税義務者，代理人と調査開始日時の調整をするとともに，「依頼事項一覧表」を手交し，税務調査に際して納税者に準備してもらいたい資料について説明するとともに，税務調査はまだ始まっていないが，事業概況についても，この場で簡単に説明を求められることが多い。

ロ　無予告調査に一定の制限が課せられた

法人税の調査については，従来から約9割[3]は事前通知を行っていたようであるが，今回の通則法改正に伴い新設された「国税通則法第7章の2（国税の調査）関係通達」（以下，「調査手続き通達」という。）において，事前通知を行わない場合の例示が記載されており[4]，また，同通達4－7において，「単に不特定多数の取引先との間において現金決済による取引をしているということのみをもって事前通知を要しない場合に該当するとはいえないことに留意する。」と現金取引を行っていることのみでは事前通知を行わない理由にならないことが明記された。従前は，いわゆる現金商売（料飲店等が典型）であることのみを理由とした無予告調査も多々見られたが，通達で明示的に禁止されたものである。

国税内部においても，無予告調査を行うためには，理由を付して幹部の承認を受けることも必要とされているようでもあり，無予告調査のハードルが高くなっていることは間違いない。

八　対象期間の対象税目の調査を「一の調査」として調査が行われることとなった

●規定の概要

調査の単位はその税目となるため，「法人税の調査」という事前通知があっ

た場合には，移転価格も含めた法人税全体が調査対象範囲となる。言いかたを変えると，法人税調査が終わった年分は移転価格についての調査も終了したこととなる。

　後で述べる再調査の制限の規定が導入されたため，課税庁側で別途移転価格調査を予定している場合等不都合があると認められる場合には，実地の調査に先立って納税者の同意があれば，同一課税期間の法人税の調査について，移転価格調査とそれ以外の部分の調査に区分することができることとされた（調査手続き通達3－1（4））。

　この合意は文書でされることとなっており，調査担当者から区分の調査についての事前の申し出があり，納税者が文書で合意しない限り，その調査は移転価格も含めた調査となる。

　この場合は，仮に一般調査がおおむね終了したのちに移転価格調査が開始した場合でも，移転価格調査が終了するまでは，一般調査も終了しないこととなる。

　また，移転価格調査の場合にも同様に，調査官からの区分の調査の申し出に納税者が文書で合意しない限り，一般調査も含めた法人税調査となることとなる。

●執行の状況

　一般の法人税調査に比べて移転価格調査の件数は極めて少ないので，一般の法人税調査で区分の調査の申し出を受けることはめったにない。一方，移転価格調査では必ず一般の法人税調査は行わないで，移転価格調査のみを行うという区分の調査の申し出を受けることになっているようである。

　そのような経緯から一般の法人税調査が移転価格も含んだ調査となったため，事前準備資料の段階から，移転価格に関する資料の提出要求がはっきりと増えている。しかし，そこから本格的な移転価格調査を行っているケースはあまり目にしないため，当局内においても一般税務調査における移転価格調査のあり方を検討する必要があるのではないかと思料する。

　なお，移転価格調査は，関連者間の取引価格が独立企業間価格と比べて適正な水準にあるか否かを調査するという特殊な内容であり，一般の法人税調査とは内容が大きく異なるため，原則として，移転価格調査のエキスパート

を含む専門チームが担当している。国税局調査部の中の「国際情報」という呼称がつく部署は移転価格専門チームである。

（3） 調査結果の内容説明
① 規定の概要
調査終了時の手続規定も通則法第74条の11に規定された。

その内容は，
- 調査の結果修正事項がない場合にはその旨を書面で通知する。
- 修正事項がある場合にはその内容を説明する。
- 修正事項がある場合には修正申告の勧奨をすることができる。
- 修正申告の場合には不服申立てができないこと等を説明する。

というものであり，不服申立てができないこと等の教示については納税義務者にその内容を記載した文書を交付し，交付した確認として納税義務者（会社担当者）の署名，押印を求めている。

② 執行の状況
従前は調査官が来なくなって，いつの間にかそのまま調査が終わっていた，というような話も耳にしたが，そのような事態をなくすための規定ともいえよう。

例えば，調査官と調査結果について合意し，修正申告のドラフトを提出した後，当局内部の審理，決裁を経てこの調査結果の説明が行われている。

多くの調査はその前段階で納税者と国税側が調査結果について合意済みであるため，この調査結果の説明は，いわば調査終了のセレモニーのようなものとなっているが，文書交付，署名押印も含め必ず行われているものである。

しかし，納税者と国税側が調査結果に合意していない場合には，この調査結果の内容説明は，課税当局内で調査の処理に必要な内部処理が終了して行われるものであるということを認識しておかなければならない。すなわち，この段階に至ると課税当局の処理方針は確定しており調査官との折衝の機会はない，ということである。この段階で課税当局の処理になお不満があれば，不服申立てにより争うほかないということになる。ゆえに，調査官の指摘事項に対して

反論したいことがある場合には，時機を失さないように早めに反論を行うことが重要である。

　もっとも，調査結果の内容説明後においても，更正処分等の処理が行われるまでの間に，調査結果の内容説明の前提となった事実が異なることが明らかになったような場合には必要に応じ調査を再開することとされている（事務運営指針第2章4（4））ので，事実関係について事実誤認のまま処理がされようとしている場合には，このタイミングでも正しい事実関係の説明をすることにより，調査結果の見直しはありうるということになる。

(4)　「更正決定等をすべきと認められない旨の通知書」の発行
①　規定の概要
　実地調査の結果，更正決定等をすべきと認められない場合には，納税義務者に対して更正決定等をすべきと認められない旨を書面により通知することとなった（通則法74条の11①）。

②　執行の状況
　例えば，2015，16，17年の3年間の法人税と消費税の調査を通知し，調査の結果2017年の法人税だけ非違があった場合には，その非違の内容については調査結果の内容説明を行い，非違のなかった2015，6年分の法人税及び2015，16，17年分の消費税については「更正決定等をすべきと認められない旨の通知書」が送られてきている。

　このいわゆる「是認通知書」の制度は従前から（運用として）あったが，従来は，非違事項がなく，かつ指導事項もない場合に限り発行することとされていたため，めったに発行されることはなかった。しかし，通則法改正後は修正事項がない限り，必ず発行されることとされた。

　上記の例だと，5つの通知書が発行されることとなるが，これは5枚の通知書が発行されるわけではなく，一枚の通知書に5つの項目（税目別，年度別）が列記された形となっている。

(5) 再調査の制限規定
① 規定の概要
　調査結果の内容説明手続を終了した後においても，新たに得られた情報に照らして非違があると認められるときは，その年度の再調査を行うことができると規定された（通則法74条の11⑥）。
　これは，逆からいうと，新たに得られた情報に照らして非違があると認められない限り，一回調査終了した年度の再調査はできない，ということである。この規定が導入されたため，前述の区分の調査の同意書が必要となったものである。
　従前は，一度調査が終了した年度においても，更正の期間制限の範囲内（例えば法人税法なら申告期限から5年間）ならば，調査官の裁量で自由に再調査ができていたが，再調査の制限規定の導入により，一度調査が行われた年度は原則として再調査が認められなくなった，ということができる。

② 執行の状況
　調査官が再調査をするときは，非違につながる新たな情報を入手した場合に限定されるので，例外的な状況に限られるのではないかと思料するが，改正通則法が施行されて，まだそれほど年数も経っていないので，一般調査において再調査の制限規定に関して問題となった事例は耳にしていない。
　しかし，何をもって新たに得られた情報というかについては，微妙な問題であり，必ずやトラブルが起きるのではないかとも思われ[5]，その立ち位置が安定するまでには，しばらく時間がかかりそうである。

(6) 不利益処分に対する理由附記
① 改正の概要
　従来は，青色申告書に対する更正処分の場合等，ごく一部の場合にのみ，理由附記がなされていたが，通則法の改正により，すべての不利益処分について理由附記が必要とされることとなった（通則法74条の14①）。
　これにより，更正の請求を棄却する際の「更正をすべき理由がない旨の通知書」や「加算税の賦課決定通知書」等に処分理由を記載しなければならないこ

② 執行の状況

　加算税の賦課決定書においてその効果は顕著である。過少申告加算税の場合は，更正を予知しない修正申告に該当せず，加算税を賦課しない正当な理由がない旨を記載した定型文書が来るだけであるが，重加算税はその賦課理由がかなり具体的に記載されており，どの部分が重加算税の対象だったかわからない，というようなことはなくなっている。何をもって仮装，隠ぺいと認定したかという国税側の課税根拠が明らかにされており，従前よりも慎重な課税がなされているように思われる。

3　最近の税務調査の動向

　新しい調査手続を見てきたが，改正通則法は国税当局に丁寧な手続を踏むことを求めているため，国税内部の手続にかける事務負担は相当大きくなったようである。

　平成28事務年度（平成28年7月から平成29年6月までの1年間）に行われた法人税調査の件数は9万7千件であった（国税庁記者発表による）。通則法改正前の平成23事務年度の法人税調査件数は12万9千件であった（国税庁記者発表資料による）ことを思うと，調査件数は大幅に減っているといえる。調査手続の効率化が図れない限り，調査件数はこの水準にとどまることが想定され，そうであれば，国税当局は調査件数よりも，調査の質に重点を置いていくようになるのではないかとも思われる。そう考えると，いったん税務調査がくると入念な調査が行われる可能性も高くなり，調査を受ける側としては，十分な準備をしておく必要があると考える。

　調査における重点項目は法人ごとに異なっているともいえるが，最近の税務調査の動向としては次のような点があげられる[6]。

(1) 組織再編税制適用法人に対する深度ある調査

① 当局の動向

　組織再編税制が導入されたのは平成13年税制改正であるから，導入から20年近くが経過していることになる。その後も毎年のように改正が行われ，納税者にとっては当初よりも使い勝手がいいものとなったが，その反面，その規定は大変複雑なものとなっている。複雑な制度の適用に対して，国税当局は制度の適用可否についての形式的なチェックは従来から当然行っていたが，あまりその実態に深入りしての調査はされていなかった感があった。

　しかし，昨今の新聞報道でも見られるように，組織再編を行った企業に対する厳しい調査が目立つようになってきた。この背景には，組織再編税制が定着し，適用企業も増えてきたこと，適用の可否によって増加する所得金額が多額なものとなる場合が多く調査のターゲットとなりやすいこと，また，国税当局内においても，組織再編税制に対する十分な理解を持った調査官が増加していることもあると考えられる。

② 調査のポイント

　組織再編税制調査のポイントは適格・不適格の判断とグループ内適格再編の場合における繰越欠損金・特定資産譲渡等損失の使用制限にある。

　適格・不適格の判断は，完全支配（100％）関係グループ内再編，支配（50％超100％未満）関係グループ内再編，共同事業を営むための再編，のそれぞれについて税制上の適格であるための要件を満たしているかのチェックを行う。

　また，繰越欠損金・特定資産譲渡損失の適用可否についての判断は，グループ化後5年以内の適格組織再編において，繰越欠損金等の利用制限を外すための要件である，みなし共同事業要件等の要件を満たしているかのチェックがポイントとなる。

　特に注意したいのは，組織再編税制には「組織再編に係る行為又は計算の否認規定」（法人税法132条の2）があり，組織再編に係る法人税について「その法人の行為又は計算で，これを容認した場合には，……法人税の負担を不当に減少させる結果となると認められるものがあるときは，その行為又は計算にかかわらず，税務署長の認めるところにより，その法人に係る法人税の課税標準

……を計算することができる。」と規定されている点である。新聞報道のあった調査事例では，みなし共同事業要件について，それぞれの要件は満たしているが，繰越欠損金を引き継ぐために形式的に行われたものであり，税務上は認められない，として課税処分をしたようである。

③ 調査対応の留意点

組織再編税制は調査で否認された場合の税額も多額なものになることも多いため，再編に当たっては，税法の適用について慎重な検討を行う必要がある。組織再編の規定は複雑かつ，毎年のように改正が行われているため，制度に精通した専門家のアドバイスを受けながら行うことが望ましい。

また，法律上の個別要件をすべてクリアしたとしても，行為計算の否認規定が発動されるリスクもあるので，組織再編の要件の検討において，税務上の理由だけでなく，事業上の必要に基づいた組織再編であることを説明できるようにしておくことが望ましい。リスクを軽減するためには，各国税局に組織再編税制担当の事前相談窓口（例えば東京国税局では課税一部審理課）が用意されているので，そちらに照会して実務上の取扱いについて確認を取ることも考慮してよいと考える。

(2) 海外取引のある法人に対する積極的な調査

① 当局の動向

従前から海外取引のある法人に対する調査は積極的に行われてきたが，国税庁では平成28年10月に「国際戦略トータルプラン―国際課税の取組の現状と今後の方向―」を発表し，その中で，「国税庁では，情報収集・活用の強化，専門体制の整備・拡充及び外国当局との協調等の複数の取組を積極的に推進することにより，富裕層や海外取引のある企業による海外への資産隠しや国際的な租税回避行為に適切に対処するとともに，新たに生じる国際課税上の課題に積極的に対応してまいりたいと考えています。」として，

- 情報リソースの充実（情報収集・活用の強化）
- 調査マンパワーの充実（専門体制の整備・拡充）
- グローバルネットワークの強化（外国当局との協調等）

を掲げ，海外取引のある企業に対しては，海外取引等に関する情報の集約分析等を行い，調査が必要と認められる法人を的確に選定するように努め，問題取引の内容に応じて機動的に国際税務専門官が支援を行うほか，関係部署が連携して関係企業に対する同時調査を実施するなど効果的な税務調査の実施に努めている，としており，海外と取引のある法人に対する調査について，より積極的な姿勢をみせている。

② 調査のポイント

特に，国外関連者との取引については，
- 出向者の給料を国内で負担していないか？　負担している場合には格差補てんとして適正なものか？
- 支援出張の対価を収受しているか？
- 海外子会社が負担すべき経費を親会社で負担していないか？
- 取引価格が独立企業間価格で行われているか？　等

が調査担当者の関心となることが多い。

移転価格調査の観点からは，棚卸資産の価格設定の妥当性，海外関連会社に対する役務提供の対価の妥当性，海外関連会社との資金貸借がある場合にはその金利の妥当性も検証されることとなる。

また，海外関連会社から費用の付替えがある場合には，その付替えの合理性も必ず検討されるポイントとなる。

③ 調査対応の留意点

出向，出張等の費用を日本側で負担している場合にはその負担の正当性を示す資料を用意しておく必要がある。出向の場合は現地給与として適正な額を出向先で負担していることを示す資料が，出張の場合は日本側の都合で出張していることを示す資料が必要となろう。移転価格については，海外の関連会社との棚卸取引については，価格設定が独立企業間価格であることを説明した文書を作成しておく必要がある。また，海外の関連会社に対する役務提供についても，原則として独立企業間対価を収受すべきなのであるが，役務の内容が「本来の業務に付随する」ものであるといった一定の場合には，かかったコストの

総額を請求すればよいとの取扱いがある。ただし，この場合でも，役務提供者の直接コストだけでなく，間接経費も請求する必要があるので注意が必要である（移転価格事務運営要領2-10参照）。

　また，海外の関連会社との間で資金貸借がある場合には，その金利には第三者間金利を適用する必要がある。よくある間違いは，自社の円貨での調達金利（例えば2％）を適用して海外の関連会社にユーロ等の外貨で貸し付けているような場合である。独立企業間価格として参考とする金利は通貨，期間が同じものでなければならないので，ユーロ貸付に円金利を適用することはできないことに留意する必要がある。具体的な金利の設定方法については，「移転価格事務運営要領2-7」及び「移転価格税制の適用に当たっての参考事例集　事例4，前提条件2：金銭の貸借取引の場合」を参照されたい。

(3)　消費税固有の非違に対する積極的な調査
①　当局の動向
　消費税の不正還付が問題となっており，当局は消費税の大口還付法人に対しては原則として調査を行った後に還付することとしているようである。この不正還付とはどのようなものかというと，輸出免税制度を利用して，国内取引を輸出取引に仮装して仮払消費税額を過大に還付するケース，ダミーの会社に対して外注費を架空計上し，架空の仮払消費税を計上し，過大な還付金を計上するケースなどがあるようである。

　このような特定のケースを除いては，従来，法人税調査に際しては消費税の観点からの調査はほとんど行われず，法人税の非違に連動して消費税も修正する，という調査が多かったように見受けられたのであるが，不正還付が多いこともあってか，法人税調査と同時に消費税固有の観点からの調査も積極的に行われているようである。

②　調査のポイント
　消費税調査のポイントは課税事業者の行っている取引が，課税取引，非課税取引，不課税取引，免税取引のどの取引に該当するかという課非判定である。
　よくある指摘事項は，(i)支払手数料勘定で支出した出向社員の給与負担額を

仕入税額控除の対象としていたが，調査で，これは人件費の付替えであり，消費税のかからない不課税取引であるとされたケース，(ⅱ)国内のリース会社と締結していた海外工場資産のリース料について，国内取引として課税仕入れとしていたが，資産が海外にあることから，消費税の課税対象外取引であるとされたケース，(ⅲ)クレーム費用を課税取引としていたが，調査でその内容は実費弁償分と損害賠償金に区分され，損害賠償金については不課税取引であるとされたケース等々がある。

③ 調査対応の留意点

　100万円を超えるような大口の還付申告の場合には，消費税の観点からの調査（少なくとも電話による聴き取り）があると思っておいた方がよい。調査に備えて還付申告に至った理由を整理しておくと，調査が短期間で終了して，早期の還付処理をしてもらうことができる。輸出売上が多く毎年多額の還付があるような場合には，調査担当者もあまり問題意識を持たないと思われるが，昨年まではずっと納付ポジションであったが今年の申告は還付になったという場合には，昨年までとの違いがわかるような形で資料を添えて説明すると調査官も理解が早いと思われる。

　消費税の課非判定にあたっては，判断に悩む微妙なケースも多いので，必要に応じて専門家のアドバイスを受けながら処理していくことが重要である。

(4) グループ法人に対する積極的な調査
① 当局の動向

　オーナーA（甲署管内）を頂点としたグループ企業B（局調査部所管），C（乙署管内），D（丙署管内）がある場合，従前は調査対象法人の選定も各個別法人あるいは個人に限定して行われており，例えばC社を選定した乙署の調査官はC社だけに限った調査を行い，C社だけで調査を完結させることが多かったようである。

　しかし，このような調査方法では，木を見て森を見ない調査となり，グループ全体に対する十分な深度ある調査を行うことができていないとの考えから，所轄署，個人，法人の垣根を越えて，グループ全体の同時調査を行うようになっ

てきているようである。

　グループ法人税制が導入され，グループ法人間の取引に対する当局の関心も高まる中，グループ企業全体を睨んだ調査の重要性はさらに増していると言える。

② 調査のポイント

　調査担当班はその時の必要に応じて柔軟に編成され，所得税，資産税，法人税，源泉所得税の担当者が集結する場合もあるようである。調査のポイントはグループ法人間の資本的，人的，物流的関係を把握し，グループ法人全体として適正な申告がなされているかを確認することにあると思われる。

③ 調査対応の留意点

　オーナー企業に限らないが，グループ法人においては，グループ全体の同時調査が行われる可能性があるので，グループ間取引については，十分な説明資料を用意しておくことが望ましい。また，オーナー企業においては，オーナー個人の所得も同時調査の対象となる恐れがあり，法人調査の際に，オーナー個人預金等の調査もなされる可能性があるため，オーナー個人の預金口座についても不明朗な資金の流れ等がないように日ごろから留意しておく必要がある。

（5） 調査周期にこだわらない弾力的な調査法人選定

① 当局の動向

　従来から，調査法人の選定に当たっては，法人の申告事績，過去の調査事績，資料せん，前回調査からの間隔等を総合的に検討して選定することとされているが，選定においては，例えば，前回調査から3年間は原則として調査間隔をあける，という法人ごとの調査周期の占めるウエイトがかなり高いものであったように見受けられた。

　もちろん，調査対象の選定基準は調査周期だけではないので，資料情報の内容等から調査が必要と認められる法人に対しては調査周期にかかわらず調査を行ってきていたが，近年，その割合が増しているように見受けられる。従来3～4年は間隔を空けて調査に来ていた法人に対して，中一年で調査に来たり，

中には連年で調査にきているものもあるようである。

　これは，当局の選定方針が調査周期重点選定（これは見方によっては，積極的な選定理由のない選定といえるかもしれない）から，個別の選定理由による調査法人選定にシフトしているといえるのかもしれない。

② 調査のポイント

　通常の調査周期より早く調査が来た場合には，調査官は特に調査対象として選定した特定の調査ポイントをターゲットとしていると見られる。それは，申告内容の分析によるのかもしれないし，資料情報の確認になるのかもしれない。いずれにせよ，調査の早い段階で調査官が入念に調べ始めたポイントがあれば，その項目が調査対象選定理由となった可能性が高いと考えられる。

③ 調査対応の留意点

　調査連絡があってからあわてて準備しても遅いので，今年は調査がない年だから……，という考えはやめて，何時調査があっても対応できるように，帳簿書類も含めた，取引に関する裏づけ資料を整理保管しておくことが重要である。

　特に，遠隔地取引や単発取引は調査官の調査の対象となりやすいので，十分な説明資料を保管しておくことが望ましい。

(6) 最後に

　以上，最近の調査動向について述べてきたが，調査手法自体は昔からそれほど変わっていない。ゆえに，会社側の対応についても，従来からの対応とそれほど変わる点はないことになるが，調査対応の基本的なポイントを押さえつつ，上記の点に留意して調査対応を行うことが重要であると考える。

4　資料の重要性について

　近年の税務調査でその重要性をとみに増しているのが資料情報である。

　資料情報には大別して法定資料と法定外資料があり，法定資料は，所得税法で43種類，相続税法で4種類，租税特別措置法で8種類，内国税の適正な課税

の確保を図るための国外送金等に係る調書の提出等に関する法律(国外送金等調書法)で4種類,合計59種類の資料について提出が義務づけられている。

平成28事務年度(平成28年7月1日~平成29年6月30日の1年間)における収集枚数は3億6,269万枚であった。

法定外資料は法定資料以外の資料を総称しており,その収集方法も
① 実地収集の方法による特別収集,
② 書面照会の方法による一般収集,
③ 調査の際の収集,
④ 「資料デー」として指定した特定の日に各部門が共同して申告書などの部内簿書から資料収集を行うもの,及び
⑤ 資料情報担当者などにより業界の景況,地域の動向,取引形態や資産の保有形態の変化,国際化及び控除情報化の進展を注視して税務調査に有効な資料源の開発を行い資料を収集する「資料源開発」

と多岐にわたっている(「最近10年の動き(平成11年7月~21年6月)」(国税庁)による。)。

平成28事務年度における収集枚数は1億5,156枚であった。

また,資料情報の中でも,特に調査での活用効果が大きいと思われるものが海外取引関係の資料情報であり,これには,
1 国外送金等調書
2 租税条約等に基づく情報交換制度
3 CRS(共通報告基準)による金融口座情報の自動交換制度
4 多国籍企業情報の報告制度

がある。

以下,これらの制度について説明する。

(1) 国外送金等調書

大企業の調査(調査部調査)で最も活用されている法定資料は「国外送金等資料せん」である。

これは個人又は法人が100万円以上の海外送金を行う,あるいは海外からの受

金を受けた場合にその取引銀行から国税当局に提出される法定資料であり，だれが，いつ，どこの国の誰に，いくら，何のために，送金したか（あるいは受金したか）がわかるようになっている。

国税当局はこの情報をすべて当局のデータベースに入力することにより管理しているようで，調査担当者は準備調査に際して期間を設定して国外送金等調書のデータをアウトプットして検討することができるようになっているようである。

国外送金調書を活用した事例として国税庁が公表している事例があるので以下その事例を紹介する（以下の事例1，2は国税庁「国際戦略トータルプラン」平成28年10月25日による。事例3は筆者の経験に基づく事例である。）。

＜事例1＞

調査法人は，家具・装備品の製造及び販売を営む法人である。

調査法人は，多額の国外送金が認められることから，その支払取引実態を確認するため調査を行った。

調査において，X国に所在するA法人に支払った工業所有権の使用料について租税条約の届出書を提出し免税適用を受けていたが，当該工業所有権がA法人からY国に所在するB法人に譲渡され，支払先がA法人からB法人に変更されている事実を把握した。

日本とY国の租税条約では使用料の免税適用はないため，B法人への使用料の支払に係る源泉所得税を追徴課税した。

＜事例2＞

調査対象者Aは，複数のマンションを保有し，不動産賃貸を行っているかたわら，国外送金等調書などから海外で資産運用を行っていると想定されたことから，詳細を解明すべく調査に着手した。

調査において，調査対象者AがY国に法人Sの株式を保有しており，その株式を親族が代表を務めるY国の法人Tに譲渡した事実は認めたものの，赤字であるとの申し出があった。

法人Tから受け取った法人Sの株式の譲渡価格は，法人Sの財務諸表（会社

の純資産額）から評価した法人Ｓの株式の時価を大幅に上回るものであり，法人Ｔから調査対象者Ａに対して受贈益が発生していると認められたため課税した。

また，課税を免れるため，税理士に対し虚偽の答弁をするなどし，株式の保有の事実を隠ぺいしていたことから，重加算税を賦課した。

以上のような事例でもわかるように，国外送金等調書は調査選定の重要なファクターとなるものである。この場合に，単発的な送金や通常の取引先以外の第三国への送金があると間違いなく調査の重点項目となる。以下の事例を紹介する。

＜事例３＞

Ａ社はＸ国のＢ社から10億ドルのプラント建設を受注した。プラントの売り込みに際して，Ｂ社の代表Ｆ氏からプラント成約の条件としてＦ氏に対するリベート50万ドルの支払を要求された。Ａ社としてはリベートを支払っても採算のよい取引であったため，Ｆ氏の要求に従い，Ｆ氏の指定したＹ国（タックスヘイブン国）にあるＣ社との間でＢ社向けプラント販売に関する役務提供契約を締結し，コミッションとしてＣ社の口座に50万ドルを送金した。

このやり取りはすべてＦ氏との間で行われており，Ａ社担当者はＣ社のことについては何も知らない状況であった。

（調査の展開）

準備調査の段階でタックスヘイブン国Ｃ社向けコミッションの支払に着目していた調査官は，海外送金のアプリケーションファイルを提出させるとともに，稟議書を悉皆的に検討し，Ｘ国向け10億ドルプラント受注に関連してＣ社に50万ドルのコミッションが支払われたことを確認した。

調査官が取引の担当者にＣ社について説明を求めたところ，Ｂ社がプラント建設の可能性があるという情報を持ってきて，Ｂ社への売り込みのセッティングをしてくれた，という説明であった。具体的な資料の提示を求めたが，すべて電話で行っており，名刺もないとのことであった。

調査官はＣ社の実態に不審を持ち，国税局が契約している企業情報会社にＢ

社及びC社の情報を依頼した。すると，B社とC社の代表者は同一人物(F氏)であり，C社は実態のないペーパーカンパニーであることが判明した。

担当者にその旨を告げると，担当者はF氏にリベートを要求され，F氏に指示された方法でリベート50万ドルを支払った旨説明し，Y国C社への送金はまずいかなとも思ったが，取引を進めるにはF氏の指示に従うしかなかった旨を記載した確認書を調査官に提出した。調査官は，交際費課税を免れるために架空のコミッションを計上したとして，重加算税を課した。

この事例のように，イレギュラーな国外送金は国外送金等調書によって調査官の知るところとなり，予め調査の重点項目として取り上げられている場合が多いと思っておいた方が賢明である。調査に際しては海外送金のアプリケーションも準備するように求められることが多いが，どのような海外送金がなされているかは事前に承知してきていることが多いのである。

本事例の場合は，予めF氏に対する謝礼である旨を記載して交際費として処理していれば，B社側の処理としては問題にされることはなかったと思われる。

ただし，本件のようなケースはX国側の課税問題になりうるとして，調査官がX国にこの取引について情報提供することがあるので，やはり注意は必要である。

（2） 租税条約等に基づく情報交換制度

国税当局では従前から租税条約に情報交換規定を定めており，相手国税務当局との間で情報提供に係る協力体制を作ってきている。

近年では，いわゆるタックスヘイブン国との間においても情報交換協定を締結するなど，そのネットワークは平成30年5月1日現在で70条約等，123か国・地域に及んでいる。

ちなみに情報交換協定が締結されている国・地域は，マカオ，サモア，ガーンジー，ジャージー，マン島，リヒテンシュタイン，ケイマン諸島，英領バージン諸島，パナマ，バハマ，バミューダの11か国・地域である。

租税条約等に基づく情報交換には，大きく分けて3種類の制度があり，「要請に基づく情報交換」，「自発的情報交換」及び「自動的情報交換」と呼ばれてい

る。

① 「要請に基づく情報交換」

　「要請に基づく情報交換」は，海外取引に係る税務調査等において，納税者の有する資料，納税者からの説明だけではその事実確認が十分にできないため，その事実関係の確認を取引先相手国の税務当局に依頼するものである。この要請は租税条約の情報交換規定に基づいてなされるものであるため，取引先居住国・地域が租税条約を締結していない国・地域である場合には依頼できない。そのため，情報交換規定を有する租税条約ネットワークを拡大する意義は税務当局にとっては非常に大きなものといえよう。

　「要請に基づく情報交換」は，いわば相手先税務当局に反面調査を依頼するものであり，取引先相手の登記情報のような公開データだけでなく，申告書，決算書等の税務当局が有している情報の提供や，必要な場合には取引先に直接出向いて事実確認を実施して情報提供を行うものである。

　我が国においては，相手国から要請に基づく情報交換依頼があった場合には，その要請を受け情報収集先を所管する国税局の国際税務専門官等が実際に納税者を訪問して情報収集を行い，相手先当局へ情報提供を行っているようである。情報収集に際しては，調査官は質問検査権を行使することになるが，この根拠規定は租税条約実施特例法（正式には「租税条約の実施に伴う特例等に関する法律」）9条に「相手国から情報の提供要請があった場合の当該職員の質問検査権」の規定があり，この規定の定める権限に基づいて行われている。

　平成28事務年度における「要請に係る情報交換」の件数は国税庁から外国税務当局に発した要請件数が473件，外国税務当局から国税庁に寄せられた件数が415件となっており，件数としては決して多くはないが，それぞれが個別の税務調査の要請に基づくものであろうことを考えると相当な件数であるとも考えられる[7]。

　国税庁が公表している「要請に基づく情報交換」の活用事例として，次のようなものがある。

＜事例１＞

　内国法人の法人税調査において，その製品輸出先であるＡ国の居住者Ｂに対して支払ったとする手数料に不審点が見受けられたため，Ａ国税務当局に対して，当該手数料の会計上の処理確認を要請した。Ａ国税務当局はＢに接触し確認した結果，内国法人が支払ったとする金額とＢが実際に受領した金額に大きな差があり，内国法人の計上する支払手数料が架空のもであることを把握した。

（国税庁プレスリリース「平成28事務年度における租税条約等に基づく情報交換事績の概要」（平成29年11月）による。）

＜事例２＞

　法人税調査において，内国法人が，Ａ国法人からの輸入取引に関してＡ国個人Ｂに手数料を支払っていたが，その役務提供の事実が確認できないことから，Ａ国税務当局に対して，その個人Ｂに支払った手数料に係る事実関係の確認を要請した。その結果，内国法人が手数料として支払った金員は，架空手数料であることが判明した。

（国税庁プレスリリース「平成26事務年度における租税条約等に基づく情報交換事績の概要」（平成27年11月）による。）

＜事例３＞

　調査法人は，機械の製造及び販売を営む法人である。

　調査法人は，Ｙ国の取引先Ａ社に対し，正規の金額で機械販売をしたにもかかわらず，納品した機械に欠陥があり，売上値引きをしたと仮装することにより，所得金額を圧縮していた。

　調査において，売上値引処理について不審点が見受けられたため，真実の取引実態を把握するために，Ｙ国税務当局に対し，Ａ社の経理処理等について租税条約に基づく情報提供の要請を行った。

　Ｙ国税務当局がＡ社に接触し，取引実態を確認した結果，機械の購入に関して調査法人の主張する値引きの事実はなく，調査法人が架空の売上値引きを計上していた事実を把握した。

（国税庁「国際戦略トータルプラン」平成28年10月25日による。）

●実務への示唆

　実際の調査において，特定の海外取引について提出された資料や納税者からの説明では十分な解明ができず，調査担当者がさらに確認が必要であると判断した場合には，まずは国税当局が契約している信用調査会社のデータベースを用いて，取引先情報の入手を行っているようである。しかし，特定の取引の解明等は民間会社のデータベースではわからないため，外国税務当局に情報収集を依頼することとなる。

　この場合は，その他の部分の調査終了後，相手先当局からの情報入手まで事実上調査がペンディングになり，情報入手後再開されることとなる模様である。相手先当局からの情報の入手には数ヶ月以上の相当な日数を要することから，事務年度を挟んで調査担当者が異動となり，担当者が代わってしまうこともあるようである。

　いずれにせよ，海外のことだから調査官が自分で調べられないからわからないだろう，という安易な発想は危険であることを認識しておく必要がある。

② 「自発的情報交換」

　「自発的情報交換」とは，自国の納税者に対する調査等の際に入手した情報で外国税務当局にとって有益と認められる情報を自発的に提供する制度であり，平成28事務年度において国税庁から外国税務当局に提供した「自発的情報交換」の件数は272件，外国税務当局から国税庁に提供された件数は549件となっている[8]。

　国税庁が公表している「自発的情報交換」の活用事例として，次のようなものがある。

＜事例４＞国税庁から外務当局に情報提供をした例

　内国法人は，Ｃ国に所在する法人Ｄから製品を輸入しているが，その代金はＣ国以外の第三国に所在する法人Ｅ名義の口座に送金されており，法人ＤがＣ国において申告すべき売上を除外しうると想定されたため，Ｃ国の税務当局に

対し,送金や取引に関する資料を提供した。
(国税庁プレスリリース「平成28事務年度における租税条約等に基づく情報交換事績の概要」(平成29年11月)による。)

＜事例5＞国税庁から外務当局に情報提供をした例
　内国法人の代表者が,C国に所在する法人Dから輸入した商品の仕入代金の一部を,C国に出張した際現金で支払っており,法人Dにおいて現金支払分の売上げの計上漏れが想定されたことから,事実をC国の税務当局に提供した。
(国税庁プレスリリース「平成27事務年度における租税条約等に基づく情報交換事績の概要」(平成28年11月)による。)

＜事例6＞外国税務当局から国税庁に対して自発的に情報提供された例
　E国法人Fが内国法人に対して支払った外注費に関しその支払が現金で行われるなどの理由により,内国法人において売上の計上漏れが想定される取引に係る情報を,E国の税務当局から受領した。
(国税庁プレスリリース「平成26事務年度における租税条約等に基づく情報交換事績の概要」(平成27年11月)による。)

③ 「自動的情報交換」
　「自動的情報交換」は法定調書等から把握した非居住者等への支払等(配当,不動産所得,無形資産の使用料,給与・報酬,キャピタルゲイン等)に関する情報を,支払国の税務当局から受領国の税務当局へ一括して送付する制度であり,平成28事務年度において国税庁から外国税務当局に提供した「自動的情報交換」の件数は53万1千件,外国税務当局から国税庁に提供された件数は20万5千件となっている[9]。
　次で述べるCRS(共通報告基準),多国籍企業の報告制度もこの制度に含まれるものであり,今後,自動的情報交換の件数は大幅に増加するものと見込まれている。
　国税庁が公表している「自発的情報交換」の活用事例として,次のようなものがある。

10 最近の我が国の税務調査

＜事例7＞

　日本の居住者Fが海外金融機関（G銀行）から受け取った利子に関する資料を，E国の税務当局から入手し，これとFの申告内容を照合したところ，E国のG銀行に預け入れた預金に係る受取利子が申告されていなかったことを把握した。

(国税庁プレスリリース「平成28事務年度における租税条約等に基づく情報交換事績の概要」（平成29年11月）による。)

（3） CRS（共通報告基準）による金融口座情報の自動交換制度

　平成26年，外国の金融機関等を利用した国際的な脱税及び租税回避に対処するため，OECDにおいて，非居住者に係る金融口座情報を税務当局間で自動的に交換するための国際基準である「CRS（Common Reporting Standard）（共通報告基準）」が公表された。この基準に基づき，各国の税務当局は，自国に所在する金融機関等から非居住者が保有する金融口座情報の報告を受け，租税条約等の情報交換規定に基づき，その非居住者の居住地国の税務当局に対しその情報を提供することとなっている。

　我が国においても，平成27年度税制改正において，国内に所在する金融機関が口座保有者（非居住者）の氏名，住所，居住地国，外国の納税者番号，口座残高，利子・配当等の年間受取総額等の情報を所轄税務署長に報告する制度が導入された。この制度は平成29年1月1日から施行され，国内に所在する金融機関は，平成30年以後，毎年4月30日までに前年の非居住者の金融口座情報を所轄税務署長に報告し，報告された金融口座情報は，租税条約等の情報交換規定に基づき，各外国税務当局に提供されることとなり，また，国税庁は，外国の税務当局から，日本の居住者がその国の金融機関に保有する金融口座の情報について提供を受けることとなる。

　今後は，日本法人，個人の海外に有する金融口座についてはその情報がことごとく国税当局の知るところとなると認識しておく必要がある。

　平成29年11月現在，日本を含めて102か国・地域が，平成30年までにCRSに従って自動的情報交換を開始することを表明しており，現状64か国・地域と情報の交換が可能となっている（加盟国数等は国税庁プレスリリース「平成28事

務年度における租税条約等に基づく情報交換事績の概要」（平成29年11月）による）。

（４） 多国籍企業情報の報告制度

　平成27年11月にOECDより公表されたBEPSプロジェクト[10]の勧告を踏まえ，平成28年度税制改正において，多国籍企業グループの国ごとの事業活動状況に関する情報（「国別報告事項（CbCレポート）」），多国籍企業グループのグローバルな事業活動の全体像に関する情報（「事業概況報告事項（マスターファイル）」）及び関連者との取引における独立企業間価格を算定するための詳細な情報（「ローカルファイル」）を所轄税務署長に提供（又は作成・保存）することが義務づけられた。

　国別報告事項及びマスターファイルについては，直前の会計年度の総収入金額が1,000億円以上である多国籍企業グループの最終親会社等が，会計年度の終了の日の翌日から１年以内に，電子申告による提出が義務づけられている（平成28年４月１日以後に開始する会計年度から適用）。このうち，国別報告事項は，租税条約等の自動的情報交換に基づき，多国籍企業グループの構成会社等の居住地国の税務当局に情報提供されることとなり，国税当局では，平成30年９月までに，外国の税務当局への情報提供を開始するとともに，諸外国から国別報告事項に相当する情報を受領することとなっている。

　従前から法人税申告書別表17（４）（国外関連者に関する明細書）において，国外関連者の営業収入等の記載欄はあるものの，その記載がない申告書も見受けられるようであった。今後はそのような納税者の国外関連者の状況についてもすべて明らかになるため，この情報は，特に移転価格課税の分野において，調査選定等の場面で国税当局に非常に強力な武器となりうるものと考えられる。

　国税当局の情報収集は非常に広範な範囲にわたっており，特にこの度のCRSや多国籍企業報告制度の導入により，これまで得られなかった情報も自動的に入手できることとなり，さらに大きな武器を持つことになる。

　国内外を問わず，何らかの経済活動を行うと，必ず足跡を残すことになり，それは国税当局が情報として知りうる可能性があることを認識しておくべきであろう。

(注)
(1) この他に，従来1年間とされてきた更正の請求の期間を5年間に延長するという重要な改正もなされている。
(2) 平成26年度改正において，税務代理権限証書に，当該納税義務者への調査の事前通知は税務代理人に対してすれば足りる旨の記載がある場合には，当該税務代理人に対してすれば足りることとされた。また，平成27年度税制改正においては，複数の税務代理人がある場合に，税務代理権限証書に，当該納税義務者への調査の事前通知は税務代理権限証書を提出した代理人を複数の税務代理人を代表する旨の記載がある場合には，当該代理人に対してすれば足りることとされた。
(3) 2011年版国税庁レポートP23に「事前通知は，所得税の調査で約8割，法人税の調査で約9割実施しています。」との記載がある。
(4) 調査手続き通達4-9（「違法又は不当な行為を容易にし，正確な課税標準等又は税額等の把握を困難にするおそれ」があると認める場合の例示）
　法第74条の10に規定する「違法又は不当な行為を容易にし，正確な課税標準等又は税額等の把握を困難にするおそれ」があると認める場合とは，例えば，次の（1）から（5）までに掲げるような場合をいう。
（1）　事前通知をすることにより，納税義務者において，法第127条第2号又は同条第3号に掲げる行為を行うことを助長することが合理的に推認される場合。
（2）　事前通知をすることにより，納税義務者において，調査の実施を困難にすることを意図し逃亡することが合理的に推認される場合。
（3）　事前通知をすることにより，納税義務者において，調査に必要な帳簿書類その他の物件を破棄し，移動し，隠匿し，改ざんし，変造し，又は偽造することが合理的に推認される場合。
（4）　事前通知をすることにより，納税義務者において，過去の違法又は不当な行為の発見を困難にする目的で，質問検査等を行う時点において適正な記帳又は書類の適正な記載と保存を行っている状態を作出することが合理的に推認される場合。
（5）　事前通知をすることにより，納税義務者において，その使用人その他の従業者若しくは取引先又はその他の第三者に対し，上記（1）から（4）までに掲げる行為を行うよう，又は調査への協力を控えるよう要請する（強要し，買収し又は共謀することを含む。）ことが合理的に推認される場合。
　調査手続き通達4-10（「その他国税に関する調査の適正な遂行に支障を及ぼすおそれ」があると認める場合の例示）
　法第74条の10に規定する「その他国税に関する調査の適正な遂行に支障を及ぼすおそれ」があると認める場合とは，例えば，次の（1）から（3）までに掲げるような場合をいう。
（1）　事前通知をすることにより，税務代理人以外の第三者が調査立会いを求め，それにより調査の適正な遂行に支障を及ぼすことが合理的に推認される場合。
（2）　事前通知を行うため相応の努力をして電話等による連絡を行おうとしたものの，応答を拒否され，又は応答がなかった場合。
（3）　事業実態が不明であるため，実地に臨場した上で確認しないと事前通知先が判明しない等，事前通知を行うことが困難な場合。
(5) 例えば，東京国税局で移転価格担当部門である国際情報1課の萩原課長（当時）は平成26年6月11日に行われた日本租税研究協会での講演で「X1事業年度に対する法人税調査が行

われ，移転価格調査に対する特段の検討を行わないまま，法人税調査を終了した場合，(中略) 後続するX2事業年度を対象とした移転価格調査において価格設定方法や切り出し損益等関する資料の提出を受け，移転価格の観点から検討を行ったところ，所得移転の蓋然性が高いことが合理的に判断されたとします。改正通則法や関連通達の趣旨あるいは考え方を踏まえれば，X2事業年度において移転価格上の問題が生じているとされた国外関連取引がX1事業年度から継続している場合においては，改正通則法にいう「新たに得られた情報に照らして非違があると認められるとき」に該当すると考えられることから，X1事業年度についても，再調査することができることになると思われます。」(租税研究2014年10月号261，262頁) という判断をされており，「特段の検討を行わないまま」の解釈は分かれるところかと思われるが，見方によっては，一般の法人税調査を終了した年度においても，移転価格の調査を行うことは十分可能ということになる。

(6) 国税庁が大企業の調査において重点的に取り組んでいるとして公表している項目は，
 ・連結法人の管理・調査の充実
 ・重点化を通じた深度ある調査の実施
 ・海外取引調査の適切な実施
 ・移転価格調査の充実等
 ・調査審理の充実
となっている。
　また，中小法人の調査において重点的に取り組んでいることとしては，
 ・消費税調査の充実等（不正還付対策を含む）
 ・海外取引法人等に対する調査の充実
 ・無申告法人に対する取り組み
 ・ICT調査の充実等（高度情報化対応）
 ・組織力を生かした広域的調査の実施
 ・公益法人等に対する調査の充実
となっている。
(いずれも，「第66回事務年報」(国税庁)(平成28年度)による。)
(7) 件数はいずれも国税庁プレスリリース「平成28事務年度における租税条約等に基づく情報交換事績の概要」(平成29年11月)による。
(8) 件数はいずれも国税庁プレスリリース「平成28事務年度における租税条約等に基づく情報交換事績の概要」(平成29年11月)による。
(9) 件数はいずれも国税庁プレスリリース「平成28事務年度における租税条約等に基づく情報交換事績の概要」(平成29年11月)による。
(10) BEPSプロジェクトとは，各国間の税制の違い等を利用した多国籍企業の国際的租税回避が世界的な問題として取り上げられたことを契機として，その問題にいかに対処するかを検討するために平成24年（2012年）にOECDにおいて立ち上げられたプロジェクトをいう。BEPSとはBase Erosion and Profit Shiftingの略で我が国では「税源浸食と利益移転」と訳されている。

(有安寛次)

最近の脱税事案の概観

　脱税事案が刑事事件として起訴されるケースは，数としては決して多くはないものの，納税者に与える影響は非常に大きい。このように刑事事件化されるケースというのは，どのような事案であり，どのような問題点があるのであろうか。本章では，公表された最近の脱税事件のうち否認事件に関する裁判例を概観し，その傾向ないし問題点について検討を加えている。

1　はじめに

　本章では，公表された最近の脱税事件のうち否認事件に関する裁判例[1]を取り上げ，その傾向等について概観する。裁判例を大別すると，①「偽りその他の不正行為」における逋脱の故意が争われた事案，②所得等の帰属主体が争われた事案に分類することができ，一定の傾向ないし問題点を読み取ることができる。

2　逋脱の故意が争われた事案

(1)　裁判例①：東京地裁平成25年3月1日判決[2]（第一審），裁判例②：東京高裁平成26年1月31日判決[3]（控訴審）

　証券会社の社員であった被告人が，源泉徴収されずに海外口座に入庫等された株式賞与等の収入を秘匿し，所得税の一部を免れたとされた所得税法違反被告事件であり，過少申告の逋脱の故意の有無が主な争点となった。

　第一審は，被告人の経歴等，収入の詳細，確定申告の状況等の複数の間接事実について詳細な検討を行い，結論として，過少申告の認識がなかったとする被告人の供述を否定することができず，被告人に所得税の逋脱の故意があった

と認めるには合理的な疑いを入れる余地があるとして、被告人を無罪とした。

検察官は、第一審判決を不服として控訴したが、控訴審は、「本件は検察官において多数の間接事実の積み重ねによって被告人の逋脱の故意を立証しようとするものであるが、この場合積極方向の事情のみならず、消極方向の事情をも踏まえて総合判断をすべきは当然のことである」との事実認定の一般的な枠組を示したうえ、本件について、「所得秘匿工作を全く行っておらず、いったん税務当局が調査に入れば多額の脱税の事実が直ちに判明する状況になったことは、逋脱の故意を推認するに当たり消極方向に働く事情であることは留意すべき点である」ことなどを挙げて、控訴を棄却し、原判決の結論を維持した。

(2) 裁判例③：神戸地裁平成26年1月17日判決[4]

夫の遺産を相続した被告人が、相続財産から預貯金、株式等を除外して課税価格を減少させ、ことさら過少な金額を記載した内容の虚偽の相続税申告書を提出し、正規の相続税額との差額の税を免れたとされた相続税法違反被告事件である。「偽りその他不正の行為」における主観的要件の充足の有無が争点となり、弁護人は、客観的に過少申告があったことは認めつつ、それは被告人の誤解、失念等によるものであって、被告人には相続税を不正に免れようとする意図（逋脱の意図）はなかったのであるから、「偽りその他不正の行為」にはあたらないと主張した。これに対し、検察官は、未必の故意を含む構成要件的故意があれば租税逋脱罪成立の主観的要件としては十分であり、逋脱の意図に基づき過少申告を行ったことは要しないと主張した。

裁判所は、過去の最高裁判例[5]を挙げつつ、事前の秘匿隠蔽工作を伴わない過少申告事案における逋脱罪の成立には、「単に過少申告があったというだけでは足りず、税を不正に免れようとの意図（逋脱の意図）に基づき、その手段として、申告書に記載された課税物件が法令上のそれを満たさないものであると認識しながら、あえて過少な申告を行うことを要し、反対に、行為者が、そのような意図に基づかず、例えば不注意や事実の誤認、法令に関する不知や誤解などの理由によって過少申告を行った場合には、「偽りその他不正の行為」にはあたらないと解するのが相当」とし、本件では、被告人が逋脱の意図に基づきあえて虚偽の過少申告を行ったと認めるべき証拠はないとして、被告人を無罪と

した。

（3）　裁判例④：東京地裁平成28年6月9日判決⁽⁶⁾，裁判例⑤：東京高裁平成29年2月1日判決⁽⁷⁾

葬祭業を営む被告会社の実質経営者であり被告会社の代表取締役であった被告人が，ことさら過少な所得金額を記載して法人税を免れた法人税法違反被告事件であり，脱税の故意の有無等が争点となった。

第一審は，被告人から内容虚偽の確定申告書を作成するよう指示された旨の従業員の証言の信用性を認め，被告人の脱税の故意を認定して有罪とした。

被告人は，第一審判決を不服として控訴し，事実誤認を主張したが，控訴審も，当該従業員の証言の信用性を認めて控訴を棄却し，原判決の結論を維持した。

（4）　裁判例⑥：名古屋地裁平成29年3月17日判決⁽⁸⁾

投資スクールを商材とし，実在しないファンドへの投資を勧誘するというネットワークビジネスを主宰していた被告人Ａと，投資スキームを構築し投資金の管理等を行っていた被告人Ｂが，共謀のうえ，多数人から多額の金員を詐取し，被告人Ｂが被告人Ａの所得を秘匿して所得税を免れたとする詐欺，所得税法違反被告事件である。弁護人は，所得税法違反の点について，被告人Ａは報酬について積極的に仮装隠蔽を行う意図はなく，すなわち，真実の所得を隠蔽し，それが課税対象となることを回避するために，偽りその他不正の行為を行っていたという認識がなかったと主張して故意を争った。

裁判所は，関係証拠から，被告人Ｂが会員から振り込まれた投資金を複数の借名口座に送金し，被告人Ａも借名口座が用いられることを当然認識していたことを認定したうえで，複数の借名口座を用いる理由については，金融機関により口座が凍結される危険を分散する目的なども考えられ，被告人Ａの納税義務を免れることが主目的であったと認められないものの，結果として被告人Ａの所得の隠蔽を可能とするものであり，被告人Ａはそのような事実関係を認識していた以上，不正行為を行う認識，すなわち所得税法違反の故意が認められるとし，被告人Ａを有罪とした。

（5） 裁判例⑦：大阪地裁平成29年5月19日判決[9]，裁判例⑧：大阪高裁平成30年2月13日判決[10]

　　被告人が，相続人及びその協力者と共謀の上，相続財産の大部分が社会福祉法人に遺贈により寄附されたように仮装して相続税を過少申告し，不正に相続税の一部を免れた相続税法違反被告事件である。弁護人は，相続人が相続財産の一部を社会福祉法人に遺贈により寄附する旨仮装して過少申告して相続税の一部の支払を免れたことについては争わないものの，被告人については，相続税の納税義務者（相続人）の存在を知らず，納税義務の内容や不正の方法についての認識もないと主張し，虚偽申告の認識・認容（故意）の有無等を争った。

　　第一審は，関係証拠から，被告人は，本件の寄附が，相続税の申告期限が切迫する中での相続税対策として行われたものであって，寄附が実態の伴わない仮装であることを知りながら協力したものであり，自らの協力が相続人における虚偽過少申告につながることを認識，認容していたと認めて故意を認定し，被告人を有罪とした。

　　被告人は，第一審判決を不服として控訴し，事実誤認を主張した。弁護人は，いったん社会福祉法人等に寄附して相続税を減額したうえで実質的に相続人に戻すスキームを実行することが，直ちに脱税行為になるわけではなく，この点は脱税の故意を肯定する根拠にはならないとも主張したが，控訴審は，相続財産を社会福祉法人等に実質的に帰属させるつもりもないのに，そのように装って税の大幅な減額を図る行為はまさしく「偽りその他不正の行為により相続税を免れる」行為にほかならず，被告人においてこの点の十分な認識があったとしてかかる弁護人の主張を排斥し，関係証拠によれば被告人は虚偽過少申告を認識・認容したと認めることができるとして，控訴を棄却し，原判決の結論を維持した。

3　所得等の帰属主体が争われた事案

（1）　裁判例⑨：東京地裁平成26年5月21日判決[11]，裁判例⑩：東京高裁平成28年2月26日判決[12]

　　被告人A及び被告人Bが共謀の上，被告人のAが個人事業として行った多

数の不動産取引を関係会社が行った取引と仮装するなどして所得を秘匿し，所得税を免れたとする所得税法違反被告事件である。収益の帰属主体が争点であり，検察官は，被告人Aが個人事業として行った不動産取引を，繰越欠損金を計上する複数の関係会社が行った取引のように仮装したものであり，取引による収益は被告人A個人に帰属すると主張したのに対し，弁護人は，取引による収益は被告人A個人ではなく関係会社に帰属すると主張した。

　第一審は，収益の帰属主体について，「収益が誰に帰属するかについて，所得税法12条は，「資産又は事業から生ずる収益の法律上帰属するとみられる者が単なる名義人であって，その収益を享受せず，その者以外の者がその収益を享受する場合には，その収益は，これを享受する者に帰属するものとして，この法律の規定を適用する。」と定めている（法人税法11条にも同様の規定がある）。この条文は，実質主義を定めた条文であるといわれているが，課税の対象である利益は，経済活動ないし経済現象に基づいて発生するものであるところ，その経済活動ないし経済現象は，第一次的には私法によって規律されているのであるから，課税は，原則として私法上の法律関係に即して行われるべきものであり，このことは，租税法律主義の目的である法的安定性を確保するためにも必要なことといえる。したがって，前記条文の意味する「実質」も，法による枠組みを離れた犯罪行為等による収益の場合を除いては，基本的に法的な意味での実質をいうものと解される。そして，本件における各収益が，直接には本件各不動産の売買契約又は賃貸借契約に基づいて発生していることからすれば，これらの契約当事者である売主又は貸主が，収益を享受する者といえる」とし，契約当事者の判断方法について，「契約書に買主として記載された者と所有者として登記された者が一致するならば，特段の事情がない限り，その者が実質的にも買主であり，所有権を取得したものと推認される」とし，かかる推認が働く場合における特段の事情の認定及び推認が働かない場合における契約当事者の認定について，「売買契約においては，これが売主においてある財産権の移転を約し，買主においてその代金の支払を約することを要素とする契約であることからすれば（民法555条），買主が誰かという問題は，代金を支払い，権利を取得したのは誰かということであ」り，「前者の代金支払に関しては，売買代金の出捐者が誰であるかという意味で，購入原資の出所が重視すべき要素であり，

後者の権利取得に関しては，その取得後の使用，収益，処分状況，すなわち，当該不動産を賃貸したり売却したりした際に得た金員の行方などが重視すべき要素であることとなる」とともに，「会社の法律行為は代表者が行うのであるから，買主とされる各関係会社の代表者の意思も考慮する必要がある」との判断基準を示した。そして，かかる判断基準に本件の事情をあてはめると，被告人Aに本件の不動産取引による収益が帰属するとは認められないとして，被告人A及びBを無罪とした。

　検察官は第一審判決を不服として控訴した。控訴審は，収益の帰属主体の判断について，第一審判決は収益の帰属者が所有者であるとの見解と実質的に同じ結論に至っているが，「私法上の所有権の帰属は，取引の安全を図るため，名義及び契約の文言（外部に表示された意思の内容）が比較的重視されるのに対し，実質所得者課税の原則が適用される場面における収益（所得）の帰属は，取引がなされ，これに伴う経済的利得の帰属が確定した後に，担税力という観点から定められるもの」であり「私法上の所有権の帰属は，事業取引の主体を判断するに当たり，取り分け，譲渡又は賃貸（貸付け）を伴う取引類型においては，一定の推認力を有する重要な間接事実ではあるものの，それのみで事業所得の帰属を決定する事情とはいえない」とした。そして，「所得税法上，事業所得においては，資産価値の増加（収益）は，事業活動を行う個人に帰属する建前であるから，その収益（所得）の帰属を認定するに当たっては，事業活動に属する取引（事業取引）の主体は誰かという観点から検討するのが相当である」とし，「事業取引の主体を認定するに当たっては，第三者への不動産の貸付け及び譲渡によって得られた利益の帰属先及び不動産購入原資を含む事業資金の調達実態を中心に，取引の経過を全体的に評価し，自己の計算により事業活動を行った者（経営主体）を事業取引（事業活動に属する取引）の主体と評価すべきと解される。その際，①外形上，法人格のない事業体に損益計算が帰属する可能性等も考慮し，②中核部分となる利益の実質的な帰属及び事業資金の調達実態を中心に，対外的な取引を伴わない資金移動等に留意する必要がある」との判断基準を示し，原判決の判断は，全体の判断枠組みを誤り，事業取引の主体を認定するために考慮すべき重要な間接事実に対する十分な検討を怠り，適切に認定，評価していないものであって，事実誤認の疑いが生じるものであ

るとし，さらなる審理を尽くす必要があるとして，第一審判決を破棄し，差し戻した[13]。

(2) 裁判例⑪：福岡高裁平成27年6月3日判決

被告会社が，セミナー等の事業を営む被告会社に帰属する売上げを関連会社の売上げや傘下の宗教法人の寄附収入として計上するなどして所得を秘匿して法人税を免れ，また，被告会社に計上すべき課税売上げを事業実体のない関連会社の課税売上げであるかのように仮装するなどの方法により消費税等を免れるとともに不正に消費税等の還付を受けたとされる法人税法違反，消費税法違反，地方税法違反被告事件であり，売上げの帰属主体が，被告会社により計上されたとおりに被告会社であるのか，そうではなく関連会社等であるのかが争いとなった。

裁判所は，関係証拠によると，関係会社は設立後独自の事業活動をしたことは全くなく，消費税に関するいわゆる事業者免税点制度による消費税の納税義務を免れること以外にその意義を見出しがたく，関係会社に計上された売上げは仮装されたものであって実質は被告会社に帰属するものであるとし，また，被告会社が宗教法人への寄附として除外した売上げは，被告会社の事業に関して取得した受講料請求権の一部であるから，これを売上げから除外したのは収益を隠蔽したものというべきであるとして，有罪とした。

4 裁判例の傾向等について

(1) 逋脱の故意が争われた事案

租税犯は，故意犯であるから，その成立のためには構成要件に該当する事実の認識が必要であるが，所得税等の逋脱犯についていえば，所得の存在についての認識が必要であり，所得の存在についての認識を欠く場合には逋脱犯は成立しないと解されている[14]。

逋脱の故意等が認められないとした裁判例①及び裁判例②と，逋脱の故意が認められるとした裁判例④，裁判例⑤及び裁判例⑥については，逋脱の故意の意義自体は争いになっておらず，間接事実，証拠からの事実認定によって逋脱

の故意が認められるか否かを判断しており，かかる判断の仕方について脱税事案特有の問題はない。上記裁判例に限らず，逋脱の故意について争われる事案の大半は，逋脱の故意の意義自体には争いはなく，事実認定が問題となる事案であると思われる。

　一方，裁判例③については，構成要件的故意があれば租税逋脱罪成立の主観的要件としては十分であり，逋脱の意図に基づき過少申告を行ったことは要しないとの検察官の主張に対して，裁判所は，税を不正に免れようとの意図（逋脱の意図）に基づき，その手段として，申告書に記載された課税物件が法令上のそれを満たさないものであると認識しながら，あえて過少な申告を行うことを要すると判示しており，故意とは別個の主観的要件として逋脱の意図が必要としているようにも見え，そうであれば，前述した逋脱の故意の解釈及び判例との整合性が問題となる。しかしながら，当該事案は，被告人が，生前の被相続人の意思により家族名義にしていた預貯金，株式などが，相続財産に含まれるものであり申告が必要であるとの認識自体を欠いていたとされた事案であるため，前述した故意の解釈及び判例の立場に立っても故意が否定される事案であったと思われる。

　なお，被告人を無罪とした裁判例②及び裁判例③に共通する事情として，被告人が所得秘匿工作を全く行っていないことが挙げられる。裁判例②は，所得秘匿工作を全く行っていなかったことは逋脱の故意を推認するに当たり消極方向に働く事情であることは留意すべきであると判示し，裁判例③は，被告人が何の隠蔽工作も行わずに重大な過少申告を行い，実際に調査が入るまで漫然と構えていたというのは，逋脱の意図を有する者の行為としては違和感を禁じ得ず，被告人に逋脱の意図がなかったからこその経緯と考える方が自然であると判示している。逋脱の故意の有無については，複数の間接事実の総合的な判断によるものであり，所得秘匿工作の有無は上記各事案において考慮された１つの事情に過ぎないものの，裁判所が逋脱の故意を否定する方向に評価する事情として，参考になるものと考えられる。

（２）　所得等の帰属主体について

　まず，課税物件の帰属主体については，名義と実体，形式と実質が一致しな

い場合に特に問題となる。裁判例⑨及び⑩の事案では，不動産取引による収益の帰属主体が被告人個人であるか関係会社であるかが問題となったが，両裁判例は，いわゆる実質所得者課税の原則に言及している。

実質所得者課税の原則については，租税法の適用にあたり，要件事実の認定に必要な事実関係や法律関係の「外観と実体」，「形式と実質」ないし「名目と内容」がくいちがっている場合には，外観・形式ないし名目に従ってではなく，実体・実質ないし内容に従って，それらを判断し認定しなければならないという意味に解されている[15]。実質的所得者課税の原則の意義について，裁判例⑨(第一審)は，課税物件の法律上(私法上)の帰属につき，その形式と実質とが相違している場合には，実質に即して帰属を判定すべきとする法律的帰属説に立ち，裁判例⑩(控訴審)は，課税物件の法律上(私法上)の帰属と経済上の帰属が相違している場合には，経済上の帰属に即して課税物件の帰属を判定すべきとする経済的帰属説に立っている。もっとも，裁判例⑨が収益の帰属主体を関係会社であると認定して被告人を無罪とし，他方で裁判例⑩が収益の帰属主体を被告人であると認定して被告人を有罪としたのは，裁判例⑨が，不動産の所有権の帰属ないし不動産購入契約の当事者(買主)が誰かという基準を定立したうえで，かかる基準のあてはめに必要となる間接事実を前提とした，やや限定的，形式的とも思われる判断を行った結果，裁判例⑩が重視した重要な間接事実についての考慮を欠いているのに対し，裁判例⑩は事業主体が誰か[16]という観点から種々の間接事実について実質的な判断を行ったことによる結論の違いと考えられ，必ずしも実質的所得者課税の原則の意義についての上記立場の違いによるものではないと思われる。

次に，課税要件事実の認定にあたり，仮装行為が問題とされることがある。仮装行為というのは，意図的に真の事実や法律関係を隠蔽ないし秘匿して，みせかけの事実や法律関係を仮装することであり，仮装行為が存在する場合には，仮装された事実や法律関係ではなく，隠蔽ないし秘匿された事実や法律関係に従って課税が行わなければならないものと解されている[17]。裁判例⑪は，このような観点から，被告会社の関係会社に計上された売上げを仮装であるとし，また，被告会社が宗教法人への寄附として売上げを除外したのは収益を隠蔽したものとして，売上げの帰属主体を被告会社と認定している。

ただし，仮装行為が問題となる事案における事実認定については，契約が仮装行為であるか否か，真実の法律関係は何であるかの認定は，きわめて微妙な作業であることが多いから，慎重に行わなければならないとされている[18]。一般論として，本人としては適法な租税回避[19]の目的で特定の法形式を選択したつもりであっても，それが仮装行為にあたるとして異なる法形式に従い課税要件事実が認定されて脱税にあたるとの判断がなされる可能性はあり得るところであり[20]，納税者側としては，仮装行為が問題となる事案において，選択した法形式が真実の法律関係であって仮装行為にはあたらないことをいかに主張立証するかが重要である。

5 おわりに

以上見てきたように，最近の裁判例については，①「偽りその他の不正行為」における逋脱の故意が争われた事案，②所得等の帰属主体が争われた事案に分類することができ，それぞれに特有の傾向ないし問題点があるが，その多くは，脱税事件固有の争点はなく，間接事実からの事実認定が問題となる事案である。そのため，納税者の立場においては，実務上は，調査段階等のなるべく早期の段階から専門家が関与したうえで，当該事案における証拠をもとに事実関係を分析し，有利な主張立証方針の組み立てを行うことが望ましいといえよう。

(注)
(1) 本章では，公訴事実の全部又は一部に争いがあるため事実認定の理由が判示される否認事件のみを取り上げ，公訴事実に争いのない自白事件については取り上げていない。
(2) 判例秘書搭載。
(3) 判タ1407号242頁。
(4) 判例秘書搭載。
(5) 最高裁昭和42年11月8日大法廷判決（刑集21巻9号1197頁）ほか。
(6) 判例秘書搭載。
(7) 判例秘書搭載。
(8) 判例秘書搭載。
(9) 判例秘書搭載。
(10) 判例秘書搭載。
(11) 判タ1412号296頁。
(12) 判タ1427号133頁。

(13) 当該控訴審判決に対しては被告人が上告したが、上告は棄却されて控訴審判決が確定したようである。
(14) 金子宏『租税法［第21版］』1013頁。なお、逋脱の故意における事実の認識の対象について、最高裁判所昭和34年2月27日第二小法廷判決（刑集13巻2号250頁）は、被告人が、物品税法所定の無申告製造罪が成立するためには、行為者において当該製造にかかる物品が同法による物品税の課税物品であることを認識していることが必要であり、この認識は犯罪構成要件たる事実そのものの認識であって、これを欠くときは故意を阻却すると解すべきであると主張した事案において、「本件製造物品が物品税の課税物品であること従ってその製造につき政府に製造申告をしなければならぬかどうかは物品税法上の問題であり、そして行為者において、単に、その課税物品であり製造申告を要することを知らなかつたとの一事は、物品税法に関する法令の不知に過ぎないものであつて、犯罪事実自体に関する認識の欠如、すなわち事実の錯誤となるものではない」と判示している。
(15) 前掲(14)金子139頁。ただし、要件事実の認定に必要な法律関係について、表面的に存在するように見える法律関係に即してではなく、真実に存在する法律関係に即して要件事実の認定がなされるべきことを意味するに止まり、真実に存在する法律関係から離れて、その経済的効果なり目的なりに即して法律要件の存否を判断することも許容するものではないともされている（同140頁）。
(16) 判例・通達は、事業の経営主体が誰であるか、または生計を主宰しているのは誰であるかによって事業所得の帰属を決めようとしており、考え方としては一応正当であるとされている（前掲金子170頁）。
(17) 前掲金子141頁。
(18) 前掲金子142頁。
(19) 租税回避は、課税要件の充足そのものを回避する行為であり、課税要件の充足の事実を全部又は一部秘匿する行為である脱税とは異なるものとされている。なお、節税とは、租税法規が予定しているところに従って税負担の減少を図る行為とされており、租税法規が予定していない異常な法形式を用いて税負担の減少を図る行為としての租税回避とは概念的に区別されている（前掲金子126頁）。
(20) 租税回避行為について、個別の否認規定がない場合でも、課税の前提となる私法上の当事者の意思を、私法上、当事者間の合意の単なる表面的・形式的な意味によってではなく、経済的実態を考慮した実質的なかたちにしたがって認定し、その真に意図している私法上の事実関係を前提として法律構成をし、課税要件へのあてはめを行うことにより、結果として租税回避の否認と同様の効果をもたらすという、事実認定・私法上の法律構成による「否認」の考え方が認められているところである（中里実『課税逃れ商品に対する租税法の対応（上）』ジュリスト1169号116頁）。概念的には脱税と租税行為とが区別されているとはいえ、実務上は、脱税か租税回避かの区別というよりも、事実認定における真実の法律関係は何かという事実関係の問題に帰着するように思われる。

（千葉直人）

■執筆者紹介

山川　博樹

デロイト トーマツ税理士法人 パートナー、理事会議長。税理士。Global Tax Controversy Team Japan Leader、経団連21世紀政策研究所国際租税研究会メンバー、日本機械輸出組合国際税務研究会委員。調査対応、争訟対応、相互協議、事前確認、国際プランニング等のサービスに従事。

1982年慶応義塾大学経済学部卒業後、国税庁入庁。国税庁調査査察部調査課長を退官後、2014年9月に入社。32年間の在任中、東京国税局国際情報課長、国税庁国際調査管理官、および国税庁相互協議室長等の国際課税の要職の他、東京国税局査察部次長、東京国税局調査第二部長、国税庁審理室長、および法務省司法法制部審査監督課長等を歴任。米国ハーバード大学ロースクール（International Tax Program）、米国コロンビア大学国際公共政策大学院・ビジネススクール日本経済研究所の客員研究員の経験を有する。著書として、『移転価格対応と国際税務ガバナンス』（中央経済社、2017年）、『移転価格税制』（税務研究会、2007年）、『我が国における移転価格税制の執行』（税務研究会、1996年）の他、共著書多数。また、日本経済新聞社、ACCJ（在日米国商工会議所）・EBC（駐日欧州商工会議所）、ニューヨーク大学ロースクール等が主催するものも含め、基調講演・スピーカーの経験多数。

　本書では第2部第1章を執筆。

長田　大輔

デロイト トーマツ税理士法人 シニアマネジャー

製造業、サービス業、資源、化学等の日系企業の移転価格プランニング、バイラテラルAPA（事前確認）、移転価格文書化対応等、多数の移転価格プロジェクトに関与。
2014年9月～2015年3月には経済産業省による「平成26年度対内直接投資促進体制整備事業（BEPSを踏まえた我が国の事業環境整備と企業の親子間情報共有のあり方等に関する委託調査事業）」に従事し、今後の国内法の整備及び日本企業にとって今後あるべき親子会社間の情報共有の在り方について検討を行った。共著書『移転価格対応と国際税務ガバナンス』（中央経済社、2017年）にて「第10章　日本企業の移転価格税制への対応状況」を執筆。東京大学公共政策大学院 修了。

　本書では第1部補論を執筆。

溝口　史子

デロイト トーマツ税理士法人 ディレクター。ドイツ税理士。

1996年東京大学法学部卒業後、自治省（現在の総務省自治局）入庁。ロンドンスクールオブエコノミクス欧州政策学修士。2001年1月にドイツ大手税理士法人に入社、2005年3月にドイツ税理士登録。ドイツ滞在期間中、ドイツ税理士として日系企業の法人税および付加価値税申告作成、移転価格文書化、税務調査対応、組織再編、買収時のタックスデューデリジェンスを行う。2015年に帰国、デロイト現職。現在はグローバルサプライチェーンにおける間接税マネジメントとトレードオートメーションを専門としてアドバイスを行う。著書として、『EU付加価値税の実務』（中央経済社、2017年）の他、共著書多数。

　本書では第2部第2章を執筆。

福永　光子

デロイト トーマツ税理士法人 シニアマネジャー

大手グローバルメーカーで勤務後，2015年税理士法人トーマツ（現 デロイト トーマツ税理士法人）に入所。約15年間，関税に関するアドバイザリー業務やロビイング案件に従事。国内外の関税案件に関する実務経験を活かして，FTA・EPA等貿易協定の戦略的活用，関税評価・分類面での関税コスト削減・プランニング，関税・FTAに関するシステム導入支援，経済産業省に対する通商動向の助言提供等に関わる。併せて，グローバルバリューチェーンを展開する日系企業における関税コスト削減およびコンプライアンス対応に係る全社的な体制の導入等を支援する。自動車業界，電気・機械業界，化学業界，繊維業界をはじめとした幅広い業界における関税業務に精通。慶應義塾大学法学部法律学科卒。

　本書では第2部第3章を執筆。

北村　豊

デロイト トーマツ税理士法人 ディレクター
弁護士・ニューヨーク州弁護士・税理士。

長島・大野・常松法律事務所（2000～2009年），金融庁総務企画局政策課金融税制室課長補佐（2009～2012年），京都大学法科大学院非常勤講師（税法事例演習）（2010～2015年），EY税理士法人・EY弁護士法人（2012～2017年）を経て，2017年6月からデロイト トーマツ税理士法人に入社し，税務係争解決チームに参画。グローバルな税務係争リスク管理をサポートする，税務係争解決サービスを提供している。「一時的に多額の株式譲渡益が発生した場合のCFC税制の事業基準」『国税速報』6502号（2018），「最近の税務判例の傾向と対策～CFC税制の経済活動基準」『租税研究』2018年1月号（2018），「同族会社の行為計算否認―グループ法人税制外しと認定された事例」『ジュリスト』1503号（2017）など，多数の論考を発表している。東京大学法学部・東京大学大学院法学政治学研究科卒（法学修士），米国ミシガン大学LL.M.，米国ニューヨーク大学LL.M. in Taxation。

　本書では第2部第4章を執筆。

梅本　淳久

デロイト トーマツ税理士法人 マネジャー

公認会計士・米国公認会計士。司法書士試験合格（2017年）。税理士法人トーマツ（現 デロイト トーマツ税理士法人）に入社後，税務申告業務，国際税務コンサルティング業務を経験し，現在は，税務訴訟研究を通じて教育研修業務に従事している。

民間専門家として，国税審判官（特定任期付職員）に登用され，国際課税事件の調査・審理を行った経験を有する。著書に『事例と条文で読み解く　税務のための民法講義』（ロギカ書房），『詳解　タックス・ヘイブン対策税制』（清文社・共著），税務専門誌への寄稿記事に「過年度遡及会計基準の影響は？　決算修正の税務　会計方針・表示方法の変更」税務弘報59巻8号（中央経済社・共著）などがある。京都大学理学部卒。

　本書では第2部第5章を執筆。

手塚　崇史

DT弁護士法人　パートナー。弁護士・ニューヨーク州弁護士。

自治省（現総務省）入省後，地方自治行財政の業務を担当したのち，西村あさひ法律事務所等勤務を経て，2017年9月からDT弁護士法人に入社し，デロイト トーマツ税理士法人と連携して税務係争解決チームに参画。国税や地方税に関する税務調査の際の法的分析についての意見書の作成，税務係争，海外税務係争リスク管理等の業務のほか，アンチダンピング等の貿易救済措置をはじめとする国際通商法，一般企業法務等の業務を行っている。九州大学法科大学院，早稲田大学大学院税理士補佐人講座（現任），日本知的財産協会定例研修（現任）で租税法関係の講師を務める。おもな著書に『契約書作成のための国際税務のポイント』，『知的財産権取引の国際課税・国内課税』（共に中央経済社），『移転価格税制のフロンティア』（有斐閣・共著），『日本人だけが知らない「貿易救済措置」』（小樽商科大学出版会・共著）。そのほか，論文・講演多数。東京大学法学部卒，ハーバード大学ロースクール（International Tax Program）。

本書では第2部第6章を執筆。

山田　真毅

デロイト トーマツ税理士法人　パートナー

大手都市銀行，大学院を経て，2008年7月に税理士法人トーマツ（現 デロイト トーマツ税理士法人）に入社。以降，数多くの日系多国籍企業，外資系多国籍企業の移転価格税制対応のサポートに関与。東京大学経済学部卒，米国ブラウン大学Ph.D.（経済学）。

本書では第2部第7章を執筆。

上條　綾子

デロイト トーマツ税理士法人　シニアマネジャー

東京事務所及びワシントンDC移転価格チームにて，移転価格調査対応，移転価格証拠資料作成，移転価格プランニング，相互協議のサポート，事前確認申請に関するコンサルティングサービスを提供してきた。担当した業界は，製薬業界をはじめとして，総合電機メーカー，自動車，化学，資源，運輸，IT等多岐に渡る。慶応義塾大学経済学部卒。

本書では第2部第8章を執筆。

矢内　卓人

デロイト トーマツ税理士法人　パートナー

自動車／製造業を中心に移転価格に関するプランニング，調査対応，APAや相互協議対応等にプロジェクトマネージャーとして関与。2015年からは約2年間大手メーカーの経理本部へ出向し，インハウスでのBEPS移転価格文書整備・各国の移転価格対応・その他各種国際税務案件をプロジェクトマネージャーとして担当。アジア各国での積極的な移転価格課税への対応や変革の時代にある自動車業界の事業戦略に伴う国際税務の観点からのアドバイザリー業務等にも強みを有する。京都大学大学院 地球益経済論 修了。

本書では第2部第9章を執筆。

有安　寛次
デロイト トーマツ税理士法人 ディレクター

国税当局にて二十余年の勤務経験を有し。その間，国税不服審判所，国税庁本庁（うち2年間はロンドン駐在調査官），広島・仙台・東京の各国税局調査部を経験し，豊富な調査経験を有する。2005年8月より税理士法人トーマツ（現 デロイト トーマツ税理士法人）に移り，現在ビジネスタックスサービスユニットの一員として，内外の企業に対して国税の実務経験を踏まえた幅広いアドバイスを行っている。主な著書に『税務調査のすべてQ&A』（共著，清文社）があるほか，『旬刊・経理情報』（中央経済社）に「税務調査の基礎のキソ」を26回にわたって，「業種別　税務調査の対策ポイント」を7回にわたって連載，その他寄稿記事が多数ある。慶應義塾大学経済学部卒。

　本書では第2部第10章を執筆。

千葉　直人
DT弁護士法人 アソシエイト

裁判官任官後，ブレークモア法律事務所（2010～2014年），EY弁護士法人（2014～2017年）での勤務を経て，2017年10月からDT弁護士法人に入社し，税務係争解決チームに参画。税務訴訟を含む企業を代理した訴訟及び訴訟外の交渉等の紛争案件を中心に企業法務に関する案件を幅広く扱う。早稲田大学法学部卒。

　本書では第2部第11章を執筆。

国際課税・係争のリスク管理と解決策

2018年10月10日　第1版第1刷発行

編著者	山　川　博　樹
発行者	山　本　　　継
発行所	㈱中央経済社
発売元	㈱中央経済グループ パブリッシング

〒101-0051　東京都千代田区神田神保町1-31-2
電話 03 (3293) 3371 (編集代表)
　　 03 (3293) 3381 (営業代表)
http://www.chuokeizai.co.jp/

© 2018
Printed in Japan

印刷／昭和情報プロセス㈱
製本／誠　製　本　㈱

＊頁の「欠落」や「順序違い」などがありましたらお取り替えいたしますので発売元までご送付ください。(送料小社負担)

ISBN978-4-502-28241-6　C3034

JCOPY〈出版者著作権管理機構委託出版物〉本書を無断で複写複製(コピー)することは，著作権法上の例外を除き，禁じられています。本書をコピーされる場合は事前に出版者著作権管理機構 (JCOPY) の許諾を受けてください。
JCOPY〈http://www.jcopy.or.jp　eメール：info@jcopy.or.jp　電話：03-3513-6969〉